PRINCIPLES OF FINANCE

금융학원론

김 창 기

문우사
MoonWoo

이 저서는 2014년 정부(교육부)의 재원으로 한국연구재단의 지원을 받아 수행된 연구임(NRF-2014S1A3A2036037)

머리말

우리는 은행, 증권회사, 보험회사 등 다양한 금융회사들과 거래를 맺으며 금융과 함께 살아가고 있다. 또한 최근 금융에 대한 관심이 높아지면서 금융회사에서 근무하는 직원, 금융을 연구하는 연구자들뿐만 아니라 많은 사람들이 다양한 금융분야에서 금융행위를 하고 있다. 국가, 기업, 그리고 개인은 자금을 어떤 방법을 통해 투자하고 관리할 것인지에 대해 의사결정을 한다.

이러한 금융 의사결정을 할 때에는 금융정보를 수집하고 활용하여 결정에 따른 수익과 위험을 따져봐야 결과의 불확실성을 줄일 수 있다. 그렇기 때문에 우리는 금융에 대한 전반적인 이해가 필요한 것이다. 좀 더 많은 사람들이 금융과 관련된 제도와 이론을 인지하고 있다면 금융위기에 대한 대응 능력도 커지고 경제도 발전할 수 있을 것이다. 따라서 금융의 주요 개념들에 대한 이해와 금융의 역사에 대한 인식은 대단히 중요하다.

최근 세계 경제의 중요 이슈 중 하나는 바로 금융위기이다. 이것은 거의 주기적으로 찾아오기 때문에 아시아 금융위기, 세계 금융위기, 유럽 금융위기, 그리고 앞으로 도래할 위기에 대하여 정확한 이해가 필요하다. 이제 위험관리와 금융위기관리는 우리에게 매우 중요한 문제가 되었다. 금융위기관리에 적극적이지 못한 국가, 기업, 개인들은 위험에 빠지기 쉽기 때문이다. 이 문제를 해결하는 첫 발걸음은 금융에 대한 정확한 이해이다.

이 저서의 내용은 금융의 기본 개념, 금융의 역사, 금융시장, 금융제도, 금융상품, 그리고 국제금융시장 등으로 구성되었으며 금융에 대한 전반적인 이해와 효과적인 금융 이용 방법에 대한 지식을 제공한다.

저자는 이 저서가 금융업계에 진출한 인재들, 학교에서 금융을 배우는 학생들, 그리고 국민들에게 금융을 이해하는 좋은 안내서가 될 것이라는 믿음을 가지고 집필하였다. 또한 이 저서가 우리나라를 금융강국으로 우뚝 서게 하는 초석이 될 것이라고 기대한다.

끝으로 본서의 내용을 풍부하게 할 수 있도록 많은 조언과 자료를 제공한 금융업계의 여러분들과 원고 집필 과정에서 많은 도움을 준 고려대학교 학생들에게도 감사의 말을 전하고 싶다.

2015년 8월

고려대학교 경영대학 연구실에서

김창기

차 례

Part I 금융의 개념과 역사

I

PART I
금융의 개념과 역사

우리는 은행, 증권회사, 보험회사 등 다양한 금융회사들과 거래를 맺으며 금융과 함께 살아가고 있다. 또한, 최근 금융에 대한 관심이 높아지면서 금융회사에서 근무하는 직원, 금융을 연구하는 연구자들뿐만 아니라 기업과 가계의 경제를 위해서 많은 사람들이 다양한 금융 분야에서 금융 행위를 하고 있다. 특히 국가, 기업, 그리고 개인은 자금을 어떤 방법을 통해 투자하고 관리할 것인지에 대한 의사결정을 내리며 살아가고 있는데 이러한 금융 의사결정을 할 때에는 금융 정보를 수집하고 활용하여 결정에 따른 수익과 위험을 따져봐야 결과의 불확실성을 줄일 수 있다. 즉 우리는 금융에 대한 전반적인 이해를 기본으로 갖추고 있어야 하는 것이다. 또한, 금융과 관련된 제도와 이론을 많은 사람들이 인지하고 있으면 금융 위기 능력에 대한 대응 능력도 향상되고 경제가 발전할 수 있다. 따라서 금융에 대한 주요 개념의 이해와 금융의 역사에 대한 인식은 대단히 중요하다.

CHAPTER

01

금융의 기본 개념

경제 성장이 지속되고 경제 규모가 커짐에 따라 경제 주체인 국가, 기업, 개인의 자금이 커지고 있기 때문에 실생활에서 이를 어떠한 방식으로 운용, 조달, 상환할 것인지 결정해야 한다. 또한, 그동안 아시아 금융 위기, 서브프라임모기지 사태로 촉발된 국제금융위기 등을 통해 국가와 금융 기관의 역할 및 성과가 가계, 기업, 정부에 큰 영향을 주는 것을 직접 느낄 수 있었다. 금융 현상은 복잡하고 가변적이며 상호의존적이다. 금융의 세계화와 더불어 외화의 유입과 유출이 용이해졌고 이로 인해 외화의 이동 방향에 따라 각국의 금리, 환율, 주가 등이 영향을 받고 있다. 즉, 화폐 금융시장은 세계적 연관성이 있다고 할 수 있다. 또한 금융 분야는 채권시장, 주식시장, 외환시장이 밀접하게 연관되어 있어 예측 불가능한 변동이 심하기 때문에 복잡하고 위험한 분야이다. 그러므로 금융 지식이 부족하면 금융 시장에서 낙오될 수 있고 큰 손실을 입을 수 있기 때문에 이에 대비하여야 한다. 그러므로 금융에 대한 정확한 지식이 없으면 경제 주체가 보유한 자산, 생계 등에 위협이 생길 수 있기 때문에 금융 시장의 구조와 금융 기관의 역할, 금융 상품의 가격 결정과 같은 금융 전반에 대한 기본 개념을 이해하는 것이 중요하다.

1 금융의 정의

1.1 금융

(1) 금융의 발생

금융(金融)[1]이란 경제 주체 간에 이루어지는 '금전(金錢)'의 '융통(融通)'이 합쳐진 말로 자금을 조달하거나 운용함으로써 나타나는 돈의 흐름을 의미한다. 다시 말하면, 금융은 자금의 공급자와 수요자 사이에서 융통되는 자금의 흐

1) 안철원, 금융경제학, 한경사, 2013

름이다. 즉, 필요 이상의 돈을 가진 공급자들은 투자를 통해 수익을 얻어 더 큰 자금을 얻고자 할 것이며 돈이 부족한 수요자들은 돈을 빌리고자 할 것이기 때문에 이러한 자금의 융통으로 인해 금융이 생겨나게 되었다. 그러므로 금융은 시간상 불균형과 공간상 불균형의 해소[2]를 위해 생겨났다고 볼 수 있다. 여기서 불균형은 수요와 공급의 균형이 맞지 않는 것을 의미하는데 이러한 불균형은 시간상과 공간상으로 존재할 수 있다. 시간상 불균형이란 시기에 따라 자본의 수요와 공급이 불균형을 이루는 것을 의미하며 공간상 불균형이란 집단 간의 수요와 공급이 불균형을 이루는 것을 의미한다. 그러므로 이러한 배경과 점점 복잡해지는 사회에 의해 금융이 생겨났다고 할 수 있다.

이러한 불균형을 해소하기 어려운 이유에는 높은 탐색비용, 정보 비대칭성, 위험 회피성향, 높은 거래비용, 규모의 불일치와 같은 5가지 요인[3]이 있다. 이 5가지 요인은 불균형을 심화시키는 요인으로 금융이 이러한 요인을 줄이거나 해소하는 역할을 한다. 따라서 아래에서는 이 5가지 요인을 자세히 살펴보고 금융이 이러한 요인을 어떻게 해소할 수 있는지 알아보자.

첫 번째 요인은 높은 탐색비용이다. 즉, 사회가 복잡해지고 거대해지면서 누가, 언제, 어디서 수요와 공급의 불균형을 겪고 있는지 알아내기 힘들다. 이러한 문제는 금융 회사를 매개로 쉽게 연결됨으로써 탐색비용을 크게 줄일 수 있다. 두 번째 요인은 정보의 비대칭성이다. 정보의 비대칭성은 역선택과 도덕적 해이로 나타난다. 우선 역선택이란 정보의 불균형으로 인해 불리한 의사 결정을 하는 상황을 의미한다. 예를 들어,[4] 보험사는 보험 가입자의 건강 상태 및 사고 확률에 대해 정보를 가지고 있지 않기 때문에 이러한 정보의 불균형으로 인해 질병 및 사고확률이 높은 사람을 보험에 가입시킴으로써 보험재정을 악화시키는 선택을 할 수 있다. 또한 대리인 관계에서 대리인의 능력에 관한 정보의 부족으로 위임자가 대리인의 능력에 비해 많은 보수를 지급하거나 능력이 부족한 대리인을 역으로 선택하는 상황도 한 예가 될 수 있다. 반면 도덕적 해이[5]

2) 이홍모, 단숨에 배우는 금융, 새로운 사람들, 2014
3) 이홍모, 단숨에 배우는 금융, 새로운 사람들, 2014
4) 이종수, 행정학사전, 대영문화사, 2009
5) 박은태, 경제학사전, 경연사, 2011

란 정보를 가진 측이 정보를 가지지 못한 측의 이익에 반하는 행동을 취하는 경향을 말한다. 예를 들면, 자동차 보험의 보상 조건과 실비 조건이 매우 좋다면 보험 가입자는 일부러 사고를 유발하려는 동기를 부여받을 수 있으며 복지 제도가 좋은 국가에서는 도덕적 해이를 통해 국민들의 근면 성실함이 사라지기도 한다. 이러한 정보의 비대칭성은 금융 심사기능, 감시 기능을 통해 상대방의 정보를 최대한 얻을 수 있도록 노력함으로써 완화될 수 있다. 세 번째 요인은 위험 회피성향이다. 일반적으로 투자자들을 위험 회피형, 위험 중립형 및 위험 추구형 등 3가지로 분류하고 있지만 평균적으로 대부분이 위험을 싫어하고 피하고자 하는 위험 회피형에 속한다. 그렇기 때문에 금융 거래를 하기 위해서는 이러한 위험을 회피하고 신뢰를 만들어 줄 수 있는 환경이 뒷받침되어야 한다. 금융 회사는 위험의 형태를 다양하게 분산시켜 투자자가 직접 부담하는 위험을 줄일 수 있다. 네 번째 요인은 높은 거래비용이다. 금융 거래는 일종의 계약으로 계약에 필요한 내용들은 법적 책임을 가지고 있으므로 이를 보장해 줄 수 있는 전문가가 필요하다. 그러므로 거래비용이 높아질 수밖에 없으며 이는 원활한 금융 거래를 저해한다. 하지만 금융회사는 이러한 거래비용도 획기적으로 줄일 수 있다. 왜냐하면, 금융회사는 수만 건 이상의 거래를 동시에 처리하기 때문에 한사람에게 청구되는 비용이 줄어들기 때문이다. 마지막 요인은 규모의 불일치이다. 일상생활에서 서로 거래하고자 하는 자본 규모의 일치를 찾는 것은 매우 힘들다. 그러나 금융은 풀링(pooling)이라는 기법을 통해 다양한 자금을 모을 수 있기 때문에 이러한 불균형을 심화시키는 요인들을 감소시킴으로써 좀 더 원활한 자본거래를 할 수 있는 기반을 만들어 주었다.

(2) 금융의 추세[6)]

1) 금융의 세계화

최근 금융 시장이 개방됨에 따라 금융이 특정 국가 내에서만 한정적으로 영향을 미치는 것이 아니라 세계적으로 영향을 미치게 되고 연관성을 가지게

6) 안철원, 금융경제학, 한경사, 2013

되어 금융의 세계화가 이루어지고 있다. 자금이 국경을 넘어 자유롭게 이동하고 있기 때문에 채권시장, 주식시장, 외환시장이 밀접하게 연관되어 있고 이로 인해 금리, 환율, 주가 등 금융변수도 상호 연관성을 가지게 되었다.

2) 금융의 증권화

금융의 증권화란 은행과 같은 금융 중개 기관에 의해 발행된 증권을 금융시장증권으로 만드는 것을 말하며 여기에는 자산 유동화 증권(ABS : Asset Backed Securities)과 주택저당증권(MBS : Mortgage Backed Securities) 등이 포함된다. 금융 중개 기관 입장에서는 증권화를 통해 대출 수수료를 받고 매각할 수 있어 자금 조달이 용이해지며 투자자에게 높은 수익을 제공할 수 있다는 점에서 금융의 증권화 성장을 촉진시켰다.

3) 금융의 선물화

금융 시장은 복잡하고 변동이 많기 때문에 미래의 불확실성에 대한 위험이 항상 존재한다. 이러한 위험을 회피하고 손실을 최소화하기 위하여 선물거래, 옵션거래, 스왑거래 등과 같은 파생상품이 도입되었으며 이를 통해 위험의 관리가 가능해지고 일반화되었다.

4) 금융의 산업화

금융이 점차 일자리와 소득의 중요한 원천이 됨에 따라 금융을 하나의 산업으로 인식하기 시작하였다. 특히 금융 산업의 일자리는 다른 산업에 비해 상대적으로 좋은 일자리이기 때문에 고용에 많은 기여를 하였고 주요한 핵심 산업으로서 성장과 발전을 해오고 있다.

5) 금융의 다극화

금융의 다극화란 글로벌 금융의 지형이 점점 더 넓은 영역으로 급속히 확대되는 것을 말한다. 서구의 채무 축소와 신흥 국가의 지속적인 금융 성장이 이러한 금융 다극화를 더욱 강화하고 있다.

6) 산업의 금융화

대규모 제조기업들이 금융 산업에 참여하기 시작하면서 산업의 금융화가 발생하고 있다. 대표적으로 삼성의 경우 삼성 화재, 삼성 증권, 삼성 생명 등 금융업을 겸영하고 있다.

7) 규제 완화와 재규제의 반복

국가의 엄격한 규제는 금융 기관의 수익성에 큰 제약을 주었고 금융의 활성화를 저해하였기 때문에 점차 금융 규제가 완화되고 금융 자유화가 활발해졌다. 그러나 글로벌 금융위기를 겪으면서 그 피해를 줄이기 위해 금융 안정에 목적을 두고 금융 산업을 재규제하기 시작했다. 하지만 한편으로는 재규제가 성장과 발전에 악영향을 미치므로 금융 제도를 자유화해야 한다는 목소리도 여전히 높다. 이렇게 금융 시장은 규제 완화와 재규제의 반복이 계속되고 있다.

1.2 금융 서비스

(1) 일반 금융

1) 예금

예금이란 일정한 계약에 의하여 은행이나 우체국과 같은 금융 기관에 돈을 맡기는 것으로 많은 사람들이 보편적으로 이용하는 금융 기관의 서비스를 말한다. 예금은 계약 내용에 따라 요구불 예금과 저축성 예금으로 분류된다.

① 요구불 예금

요구불 예금이란 고객이 예금 인출을 원하면 금융 회사는 언제든지 조건 없이 예금을 지급해야 하는 것을 말한다. 예금 인출이 자유롭기 때문에 현금과 유사한 유동성을 가지므로 통화성 예금이라고도 하며 보통 금융 기관의 자금결제수단으로 많이 쓰인다. 하지만 유동성이 큰 만큼 운용이 불안정하게 되어 지급 이자가 거의 없거나 매우 낮다. 요구불 예금에는 보통예금, 별단예금, 당좌예금, 가계당좌예금, 공공예금 등이 있다.

② 저축성 예금

저축성 예금이란 고객이 약속한 만기까지 예금을 인출하지 않을 것을 약속하고 일정 금액을 은행에 예치하는 것을 말한다. 만기까지는 자금을 지급할 의무가 없기 때문에 금융회사는 자금을 자유로이 운용할 수 있으므로 요구불 예금에 비해 높은 이율이 적용된다. 하지만 약정 금리는 만기까지만 적용되기 때문에 만기가 되었는데도 찾지 않을 경우 약정 금리에 훨씬 못 미치는 만기 금리가 적용되므로 만기 시 즉시 인출하거나 새로운 예금에 가입하는 것이 좋다. 저축성 예금에는 정기예금, 정기적금, 기업자유예금, 저축예금 등이 포함된다.

2) 대출

대출이란 소비자의 신용이나 자산을 담보로 하여 돈을 차입하는 것으로 투자 및 증권 관련 기관을 제외하고 대부분의 금융 기관에서 제공해 주는 금융 서비스이다. 대출 금액이 소액일 경우 은행의 마이너스 통장, 신용 카드, 예금 상품 등을 이용하여 간편하게 대출 서비스를 이용할 수 있다.

3) 지로 및 자동 계좌 이체 서비스

지로(giro)란 은행과 같은 금융 기관에서 돈을 보내는 사람의 부탁을 받아 돈을 받을 일정한 번호의 개인이나 단체의 예금 계좌에 돈을 넣어 주는 방식을 말한다. 자동 계좌 이체 서비스란 은행 창구를 이용하지 않고도 현금 자동 지급기(CD)나 현금 자동 입출금기(ATM), 인터넷 뱅킹을 통해 다른 은행 계좌로 돈을 송금할 수 있는 제도이다. 이러한 금융 서비스를 통해 기업이 직원들의 월급을 특정한 날에 통장으로 자동 지급하기도 하며 전기 요금, 신용 카드 대금, 전화 요금, 보험료 등 각종 요금을 지정한 납기일에 자동으로 지불하도록 할 수 있다.

4) 카드(card)

① 신용 카드

상품이나 서비스의 대금을 은행이나 카드사가 보증하여 일정 기간 뒤에 지급할 수 있도록 하는 신용 판매 제도에 이용되는 카드이다. 이는 외상으로 물건을 구매하는 것이기 때문에 과소비를 조장할 수 있으므로 주의해야 한다.

② 직불 카드

카드와 연결된 예금 계좌 잔액 범위 안에서 사용할 수 있는 카드로서 일정 기간 뒤에 지급하는 신용 카드와는 달리 잔액 범위 안에서 바로 결제되는 카드이다. 그러므로 자신의 예금 계좌 한도 내에서만 소비가 가능하다.

③ 선불 카드

일정액의 현금을 미리 내고 구입한 카드를 충전한 후 그 액면 내에서 결제하는 카드이며 주로 공중전화나 교통카드 등에 이용된다.

(2) 전자 금융

1) 전자 금융 관련 기기

① 현금 자동 입출금기(ATM)

현금 자동 입출금기(ATM : Automatic Teller Machine)란 은행에 직접 가지 않고 현금 인출 카드나 예금 통장을 사용하여 현금 및 수표의 입금과 출금, 이체, 기장, 잔액 조회, 통장 정리 등을 가능하게 해주는 기계 장치를 의미한다. 그러므로 금융 기관의 현금 자동 입출금기가 있는 곳에서는 공휴일 및 업무 시간에 상관없이 24시간 이용 가능하다는 장점이 있다. 하지만 비밀번호 유출, 개인 정보 유출 등 보안에 문제가 생길 수 있으므로 주의해서 이용해야 하며 명세서는 분쇄기를 통해 잘라 버리는 것이 좋다.

② 현금 자동 지급기(CD)

현금 자동 지급기(CD : Cash Dispenser)란 예금을 현금으로 자동 인출 하는 기계이며 무인 현금 인출기라고도 말한다. 예금주는 금융 기관으로부터 발급받은 현금 인출 카드를 사용하여 자기의 계좌에서 자동으로 현금을 인출할 수 있으며 계좌 이체, 잔액 조회 등이 가능하다. 예금주가 신상 정보와 금융 기록이 담긴 카드를 카드 판독기에 삽입하고 암호와 인출 금액을 입력하면 현금이 인출된다.

2) 전자 금융 서비스

전자 금융 서비스란 은행을 직접 방문하지 않고도 집이나 회사처럼 은행이 아닌 다른 공간에서 정보화 기기를 이용해 은행 업무를 볼 수 있는 것을 말한다. 여기서 정보화 기기란 PC, 전화, 휴대폰, TV, PDA 등과 같은 전자적 이용 매체를 의미하며 이를 통해 예금, 대출, 이체, 결제, 증권 거래 등의 다양한 금융 서비스를 제공받을 수 있으며 이를 활용한 대표적인 서비스로는 인터넷 뱅킹, 텔레뱅킹, 모바일 뱅킹, 펌 뱅킹, 전자 화폐 등이 있다.

① 인터넷 뱅킹(internet banking)

인터넷 뱅킹이란 은행에서가 아닌 인터넷을 사용할 수 있는 가정이나 회사에서 정보화 기기를 통해 은행의 서비스를 이용할 수 있는 뱅킹을 말한다. 이러한 서비스는 개인 인터넷 뱅킹과 기업 인터넷 뱅킹으로 나뉘며 이는 개인, 사업가, 법인, 국가 기관, 단체 등 다양한 대상이 이용가능하다. 인터넷 뱅킹을 이용하면 금융 회사 입장에서는 인력 절감, 고객 유치, 금융 거래 활성화 등의 장점이 있고 고객 입장에서는 직접 은행을 방문하는 수고를 덜고 수수료 할인, 적금 가입 시 우대 이율 적용 등 다양한 부가서비스를 받을 수 있다. 하지만 보안상의 문제점이 발생할 수 있는 것이 인터넷 뱅킹의 단점이라 할 수 있다. 예를 들어, 인터넷 뱅킹을 통해 거래 대금을 거래 상대방이 아닌 타인에게 송금한 경우 예금주의 협조를 받지 못하면 돈을 돌려받기 쉽지 않다. 물론 법원에 예금주를 상대로 부당이득금 반환 청구 소송을 제기하면 돈을 돌려받을 수 있지만 이는 많은 시간과 비용을 필요로 한다. 그러므로 입금 계좌번호, 예금주를 철저히 확인하여 송금하는 것이 좋다.

② 텔레뱅킹(telebanking)

텔레뱅킹은 인터넷 뱅킹보다 먼저 도입된 서비스로 직접 은행을 방문하지 않고 전화로 은행 업무 및 금융 거래가 가능한 서비스로 전화만 있으면 언제 어디서든 24시간 금융 거래를 할 수 있다. 가입 절차도 간단하여 금융 기관에서 서비스 신청 후 비밀번호를 등록해 이용 가능하다. 하지만 거래 내역을 육안으로 확인할 수 없고 보안상의 문제가 발생할 수 있다.

③ 모바일 뱅킹(mobile banking)

모바일 뱅킹[7]이란 인터넷 접속이 가능한 휴대전화가 보편화되면서 휴대전화를 통해 언제 어디서나 잔액 조회, 계좌 이체, 환율 조회, 자기앞수표 조회, 거래내역 조회, 신용카드 거래, 현금서비스 등 다양한 은행 업무를 볼 수 있는 전자 금융 서비스를 말한다. 이동하면서 모바일 뱅킹 서비스를 이용할 수 있기 때문에 시간을 절약할 수 있고 장소의 제약도 덜 받는다. 하지만 모바일 뱅킹을 이용하면 통화료 및 금융 서비스 관련 비용이 증가한다.

④ 펌 뱅킹(firm banking)

펌 뱅킹이란 기업체의 컴퓨터와 금융기관의 서버를 전용회선 또는 통신망(VAN : Value Added Network)으로 연결하여 기업 자금 관리, 자동 계좌 이체, 자금 이체 업무 등을 제공하는 금융서비스이다. 온라인으로 실시간 처리가 가능하기 때문에 '리얼타임(Real-Time) 펌 뱅킹'이라고도 부른다. 펌 뱅킹은 공개된 인터넷 뱅킹을 이용하는 인터넷 뱅킹과 달리 기업과 금융 기관의 전용 통신망을 이용한다. 기업은 펌 뱅킹을 통해[8] 여러 계좌로 입금되는 물품 대금을 한 계좌로 집금할 수 있고 거래처의 계좌로 물품 대금이나 결제 대금 등을 직접 송금해 줄 수 있다.

⑤ 전자 화폐(electronic cash)

전자 화폐[9]란 IC칩이 내장된 카드나 네트워크에 연결된 PC 등의 전자기기에 은행 예금이나 돈과 같은 화폐적 가치를 전자기호 형태로 저장하였다가 현금을 대신하여 상품 등의 구매에 사용할 수 있도록 하는 새로운 개념의 전자 지급 수단이라고 할 수 있다. 이는 인터넷이 상용화됨에 따라 현금이나 신용카드와 같은 일반적인 지불 수단에서 벗어나 좀 더 편리하게 금융 거래에 이용할 수 있도록 만든 새로운 화폐라고 할 수 있다. 하지만 사용할 수 있는 금액이 미리 정해져 있고 특정 업체에서만 사용된다는 한계가 있다.

7) 기획재정부, 시사경제용어사전, 대한민국정부, 2010
8) 매일경제 경제경영연구소, 알기 쉬운 금융 지식, 매일경제신문사, 2012
9) pmg 지식엔진연구소, 시사상식사전, 박문각, 2009

전자 화폐는 일반적으로 그 운용방식에 따라 PC의 하드디스크에 저장해 사용하는 네트워크형 전자 화폐, 칩 카드에 가치를 저장해 사용하는 IC 카드형 전자 화폐, P2P 기반의 공개 키 암호 방식으로 거래되는 비트코인이 있다.

3) 전자 금융 보안 장치

① 보안 카드

보안 카드란 전자 금융 거래 시 본인 인증을 위해 이용하는 카드를 말한다. 보안 카드에는 30~50개 정도의 고정된 숫자가 기록되어 있으며 전자 금융 거래를 할 때 보안 카드의 일정한 위치에 있는 숫자를 입력하면 본인 인증이 되어 거래를 가능하게 한다.

② 공인인증서

공인인증서란 전자상거래를 할 때 신원을 확인하고, 문서의 위조와 변조, 거래 사실의 증명 등을 목적으로 시중 은행, 한국정보인증 등 공인 인증기관에서 발행한 사이버 인감증명서이다. 공인인증서는 '전자서명법'[10]에 의해 법적 효력과 증거력을 가지고 있으므로 인터넷에서 성립되는 계약 및 거래를 유효하게 하는 효력이 있다. 따라서 공인인증서는 타인에 노출될 수 있는 공용 컴퓨터에는 절대 보관해서는 안되며 USB, CD 등과 같은 이동식 저장장치에 따로 저장해두는 것이 보다 안전하게 이용할 수 있는 방법이다.

③ USB 키

USB 키란 PC의 USB 포트에 꽂아 사용하는 휴대용 보안 장치이다.

④ 일회용비밀번호생성기(OTP : One Time Password)

OTP(One Time Password)란 전자 금융 거래 시 고정된 패스워드 대신 무작위로 생성되는 난수를 이용하여 일회용 패스워드를 이용하는 사용자 인증 방식을 말한다. 기존 보안 카드의 경우 30~50개 정도의 고정된 난수가 기록되어 있기 때문에 비밀번호가 유출될 위험이 있으나 OTP는 계속적으로 새로운 비밀

10) 매일경제 경제경영연구소, 청소년을 위한 금융·경제 핵심정리, 매일경제신문사, 2014

번호를 생성하기 때문에 보안 유출의 위험이 적다.

⑤ PC 보안프로그램

해킹의 공격으로 인해 개인 정보가 유출되지 않도록 수시로 보안프로그램을 업데이트해주어야 한다. PC 보안프로그램은 자동 업데이트 기능을 통해 자동적으로 프로그램을 업데이트할 수 있어 안전하게 인터넷 뱅킹을 이용할 수 있다.

⑥ 거래 내역 SMS 서비스

계좌 이체 내역, 신용 카드 사용 내역 등 금융 거래 내역을 실시간으로 알려주는 SMS 서비스를 통해 본인 명의의 거래 내역을 바로 확인할 수 있으며 타인이 무단으로 금융 거래를 하는 경우 신속하게 인지하여 대응할 수 있다.

4) 전자 금융 거래 시 주의할 점

전자 금융 서비스는 시간과 장소의 제약 없이 편하고 자유롭게 금융 서비스를 이용할 수 있는 장점이 있는 반면에 온라인상에서 개인 정보가 유출될 경우 큰 피해를 야기할 수 있기 때문에 이를 이용할 때는 꼭 주의해야 한다.

① 인터넷 뱅킹 이용 시

인터넷을 통해 계좌 조회, 송금, 이체, 예금 등의 금융 거래를 할 경우 주의해야 할 사항들이 있다. 우선 비밀번호를 다른 금융 서비스의 비밀번호와 중복되지 않으면서 본인이 기억할 수 있을 정도의 복합성을 가지고 생성하며 주기적으로 바꾸어 주어야 한다. 또한 거래가 확실히 종료되었는지 확인 후 반드시 로그아웃을 하여 타인에게 개인 정보가 노출되는 것을 막아야 한다. 거래 금액의 한도를 설정하는 것도 금융 피해를 줄일 수 있는 좋은 방법이다. 컴퓨터 바이러스로 인한 피해를 방지하기 위해서는 바이러스 백신 프로그램을 설치한 후 주기적으로 바이러스를 검사해 치료하는 것이 중요하다. 그리고 자신이 입력한 정보가 컴퓨터나 주변 다른 공간에 남아 있게 하지 않도록 해야 한다. 예를 들어, 컴퓨터나 휴대폰에 금융 정보를 저장해 두지 않는 것이 좋다.

② 온라인 결제 이용 시

온라인을 통해 거래할 때에는 신용 카드, 실시간 계좌 이체, 온라인 입금, 휴대 전화 소액 결제 등 다양한 결제 수단을 이용할 수 있기 때문에 주의해야 할 사항들이 있다. 우선 거래 사이트나 사업자등록번호 등을 통해 거래 상대방을 사전 조사하여 신뢰할 수 있는지 판단하여야 하며 결제를 위한 개인 정보, 금융 정보 제공 시에도 주의해야 한다. 금융 정보를 묻는 의심스러운 문자나 전화가 오는 경우 직접 거래 회사에 전화해 확인해 보는 것이 좋다. 또한 온라인 결제 시에도 비밀번호 누출을 주의해야 하기 때문에 비밀번호나 카드번호를 묻는 경우 주의해서 결제하고 전자 화폐 이용 시 약관을 통해 충분히 이용 방법을 숙지한 후 결제에 이용하는 것이 좋다.

2 수입과 지출

2.1 수입

수입이란 돈을 벌어들이는 것을 말한다. 수입의 원천은 근로 소득, 사업 소득, 보험금, 자산 매각에 의한 수입, 부채 증가로 인한 수입, 이자 수입 등 다양하다.

(1) 소득

소득이란 일정 기간 동안 개인이나 법인이 노동, 자본, 토지 등 생산 요소를 제공하여 경제활동에 참여함으로써 얻는 재화를 의미한다. 소득은 크게 경상 소득과 비경상 소득으로 구성된다. 이러한 소득은 가계 소비의 원천이 되며 여기서 고정 비용 성격의 지출인 비소비 지출을 제외하면 경제 주체가 자유롭게 소비할 수 있는 가처분 소득이 된다. 그러므로 가처분 소득은 크게 소비와 저축으로 구성되는데 여기서 소비란 필요와 욕망을 충족하기 위해 재화를 소모하는 것을 의미하며 저축이란 소득 중에서 소비로 지출되지 않는 부분을 미래를 위해 절약하여 모아둔 것을 의미한다.

1) 경상 소득

경상 소득이란 경제 활동을 통해 얻는 소득으로 비교적 정기적이고 예측 가능한 소득을 의미한다. 예를 들면, 월급, 임대료 수익, 이자 수익, 배당금 수익, 정부나 타 기관으로부터 이전되는 이전 소득 등이 경상 소득이라 할 수 있다.

① 근로 소득

근무처에 고용된 회사원이 노동을 제공한 대가로 받는 소득이며 각종 세금과 부담금을 공제하기 전의 급여, 상여, 수당, 휴가비 등이 포함된다.

② 사업 소득

개인이 계속적인 자가 사업을 통해 얻는 소득으로 우발적이거나 일시적인 기타 소득과 달리 개인 사업가로서 계속적인 경제생활을 통해 용역과 재화를 공급하고 받는 소득이다.

③ 재산 소득

재산 소득[11)]이란 자본에 대한 발생 소득을 의미하며 자기 영업에 투자한 자본 외에 출자 또는 재산 소유를 통해 건물, 토지, 돈 등을 빌려주거나 파는 과정에서 발생하는 소득을 말한다. 이자 소득, 배당금, 부동산 임대료 등이 포함된다.

④ 이전 소득

아무런 대가나 희생 없이 정부, 타 기구, 비영리 단체 등으로부터 일방적으로 이전되는 소득을 의미한다. 이에는 연금법[12)]에 의한 국민 연금, 사회 보장 제도에 의한 정부의 생활 보조금 등이 포함된다.

---

11) 고성삼, 회계·세무 용어사전, 법문출판사, 2006
12) 매일경제 경제경영연구소, 청소년을 위한 금융·경제 핵심정리, 매일경제신문사, 2014

2) 비경상 소득

비경상 소득이란 불규칙하고 예상 불가능하며 일시적으로 발생되는 소득을 의미한다. 이에는 복권 당첨금, 퇴직 수당, 경조 소득 등이 포함된다.

(2) 총소득과 가처분 소득

총소득은 경제 주체가 벌어들이는 모든 재화의 합으로 가계 소비의 원천이 되는 전체 소득을 의미한다. 여기서 고정 비용 성격의 지출인 비소비 지출을 제외하면 경제 주체가 자유롭게 소비·저축을 할 수 있는 가처분 소득이 된다. 그러므로 일정 기간 동안 개인의 총 소득이 높아질수록 가처분 소득도 많아진다.

$$\text{총소득} - \text{비소비 지출} = \text{가처분 소득}$$

가처분 소득[13]은 개인 총소득에서 소득세나 재산세와 같은 세금, 연금, 보험 등 고정 비용 성격의 비소비 지출을 공제하고 여기에 아무런 대가나 희생 없이 정부, 타 기구, 비영리 단체 등으로부터 일방적으로 이전되는 이전 소득을 더한 것으로 소득 분배에 대한 평등 정도[14]를 측정하는데 활용된다.

$$\text{소비성향} = \frac{\text{소비}}{\text{가처분 소득}} \qquad \text{저축성향} = \frac{\text{저축}}{\text{가처분 소득}}$$

$$\text{소비성향} + \text{저축성향} = 1$$

가처분 소득 중 소비 부분이 차지하는 비중을 소비성향이라 하며 가처분 소득 중 저축이 차지하는 비중을 저축성향이라 한다. 또한 가처분 소득은 소비와 저축으로 이루어져 있기 때문에 소비성향과 저축성향을 더하면 1이 나온다. 고소득층[15]일수록 저축성향이 높고 유년기·노년기는 소비성향이 1보다 높고 저축성향은 (−)이다. 또한 성년기는 0<소비성향, 저축성향<1 이다.

13) 매일경제 경제경영연구소, 청소년을 위한 금융·경제 핵심정리, 매일경제신문사, 2014
14) 매일경제 경제경영연구소, 청소년을 위한 금융·경제 핵심정리, 매일경제신문사, 2014
15) 매일경제 경제경영연구소, 청소년을 위한 금융·경제 핵심정리, 매일경제신문사, 2014

2.2 지출

지출이란 돈을 지급하는 것을 의미한다. 총지출은 소비 지출과 비소비 지출로 이루어지며 수입을 고려하여 지출하는 것이 바람직하다.

(1) 소비 지출

소비 지출이란 일상생활에서 필요한 재화, 물건, 서비스 등과 같은 소비재 구입을 위한 소비자의 지출을 의미한다. 예를 들면, 식료품비, 전기세, 교육비, 통신비, 주거비 등이 소비 지출을 구성한다고 할 수 있다.

(2) 비소비 지출

비소비 지출이란 소비 지출에 포함되지 않는 지출을 의미한다. 소득세, 재산세, 자동차세와 같은 세금, 국민 연금, 건강 보험, 대출 이자, 분실금 등이 비소비 지출의 예이며 지출 금액이 어느 정도 고정되어 있는 고정 비용이라고 할 수 있다. 비소비 지출이 많아질수록 가처분 소득은 작아진다. 최근 대출 이자 비용의 증가, 보험의 증가로 인해 비소비 지출이 늘어나는 추세이다.

1) 세금

세금은 비소비 지출에 속하므로 세금이 늘어날수록 가처분 소득은 줄어든다. 그러므로 고소득층에 대한 누진 세율을 높일수록 가처분 소득이 줄어 소득 재분배 효과가 나타난다.

① 비례세

비례세는 과세 대상 금액에 상관없이 동일한 세율(%)을 적용하는 조세로서 과세 표준의 증감에 비례하여 조세가 결정된다.

② 누진세

누진세란 과세 대상 금액이 커질수록 높은 세율을 적용하는 조세이며 소득세, 법인세, 상속세, 증여세 등이 있다.

③ 역진세

역진세는 누진세와 반대로 과세 대상 금액이 커질수록 오히려 세율이 낮아지는 조세이다. 우리나라 세제에는 역진세가 없지만 생필품과 같이 세액이 일정한 경우 소득액이 높아질수록 그에 포함되는 과세액의 비율은 작아지기 때문에 역진세 성격을 가진다고 할 수 있다.

④ 정액세

정액세는 납세자나 그 밖의 사정에 관계없이 일정한 금액을 거두는 조세를 말한다.

2) 사회보장비

사회보장비도 비소비 지출에 속하므로 이에 들어가는 금액이 커질수록 가처분 소득은 줄어든다. 최근 미래의 불확실성을 대비하기 위해 보험과 연금의 중요성이 커짐에 따라 여기에 들어가는 금액이 늘어나면서 비소비 지출이 늘어나는 추세이다. 국민의 생활 안정과 복지 향상을 위해 우리나라에서 시행되고 있는 4대 보험은 국민 연금, 국민 건강 보험, 고용 보험, 산업 재해 보상 보험이다.

① 국민 연금

국민 연금이란 국민의 생활 안정과 복지를 증진하기 위해 만들어진 제도로 연금 가입자가 노령으로 인한 정년퇴직 등으로 소득원을 잃은 경우 근로 소득 상실을 보전하기 위해 일정한 소득을 보장하는 사회 보장 제도이다.

② 국민 건강 보험

국민 건강 보험이란 평소에 기금을 마련해 국민에게 질병 및 부상에 대한 치료 등 보험사고가 생겼을 때 의료서비스를 제공받을 수 있도록 하여 건강 증진을 향상시키는 사회 보장제도이다. 또한 국민 건강 보험은 법에 의해 강제성을 띠고 있다.

③ 고용 보험

고용 보험이란 근로자가 실직한 경우 생활 안정을 위하여 일정 기간 동안 급여를 지급하는 실업급여 제도이다. 이와 더불어 실직 근로자의 생활 안정을 위해 직업능력 향상·개발, 적극적인 취업 알선을 통한 재취업 촉진 및 지원금 지원 등을 목적으로 하는 사회보험의 하나이다. 실업 보험사업, 고용 안정 사업, 직업 능력 사업 등의 노동 시장 정책과 연계하여 통합적으로 실시[16)]한다.

④ 산업 재해 보상 보험

산업 재해 보상 보험이란 근로자의 업무상의 질병과 상해에 대해 신속하고 공정하게 치료비와 보험금을 보상하기 위한 제도이며 '산재 보험'이라고 부른다. 이를 통해 상해를 입은 근로자의 노동력 보전, 근로자 가족들의 생활 안정, 기업의 위험 부담 경감을 지원한다. 또한 산재 보험은 사업주의 강제 가입 방식으로 운영되므로 법의 강제성을 띄고 있다.

⑤ 노인 장기 요양 보험

노인 장기 요양 보험이란 건강 보험, 국민 연금, 고용 보험, 산재 보험에 이어 제5의 사회보험으로 불리는 사회 보장제도로서 고령이나 노인성 질병 등의 사유로 일상생활을 혼자서 수행하기 어려운 노인 등에게 신체 활동 또는 가사 활동 지원 등 장기 요양 급여를 제공하는 사회보험 제도이다. 이를 통해 노후의 건강 증진 및 생활 안정을 도모하여 국민의 삶의 질을 향상시키는 목적을 가진다.

3) 대출 이자

대출 이자란 빌린 돈에 대해 지불하는 이자를 말하며 이는 비소비 지출에 속하기 때문에 대출 이자가 높아질수록 가처분 소득은 감소한다. 최근 주택 관련 대출과 사업 자금을 위한 대출이 증가하는 동시에 대출 이자의 상승으로 총 이자 비용이 증가하는 추세이다.

16) 매일경제 경제경영연구소, 청소년을 위한 금융·경세 핵심정리, 매일경세신문사, 2014

(3) 가계 소비 지출

경제 주체가 벌어들이는 모든 재화의 합인 총소득에서 고정 비용 성격의 지출인 비소비 지출을 제외하면 경제 주체가 자유롭게 소비·저축을 할 수 있는 가처분 소득이 된다. 이러한 가처분 소득에서 저축을 제한 나머지 부분은 경제 주체가 일상생활에 필요한 재화를 구입하거나 욕구 충족을 위해 자유롭게 소비하는데, 이것을 가계 소비라고 말한다. 가계 소비[17)]에는 식료품비, 광열·수도비, 교육비, 주거비, 교양·오락비, 피복·신발비, 교통·통신비, 보건·의료비 등이 포함된다.

1) 식료품비

식료품비에는 음식을 만들기 위한 식료품을 사거나 밖에서 음식을 사 먹는 데 들어가는 외식비가 포함된다. 총 가계 소비 지출액에서 식료품비가 차지하는 비중을 엥겔 계수(Engel's coefficient)라 말하며 이것은 일반적으로 고소득일수록 높고 저소득층일수록 낮다.

$$\text{엥겔 계수} = \frac{\text{식료품비}}{\text{가계소비}} \times 100$$

2) 광열·수도비

조명이나 냉방, 난방 등에 사용되는 전기, 석유, 석탄 등과 같은 연료와 수돗물 사용과 관련된 비용이다. 이 비용은 다른 것에 비해 일상생활에 꼭 필요하여 소비되기 때문에 필수적인 성격이 강하다.

3) 주거비

집을 구입하거나 빌리는 비용과 노후로 인한 감가상각비, 수리비, 관리비 등 주거와 관련된 비용을 말한다.

17) 매일경제 경제경영연구소, 청소년을 위한 금융·경제 핵심정리, 매일경제신문사, 2014

4) 교육비

가족 구성원들의 교육 활동을 위해 소비하는 수업료, 입학금, 교재비, 학원비, 학용품비 등을 말한다. 총 가계 소비 지출액에서 자녀 교육비가 차지하는 비중을 엔젤 계수(angel coefficient)라 말하며 엥겔 계수와 반대로 고소득일수록 낮고 저소득층일수록 높다.

$$\text{엔젤 계수} = \frac{\text{자녀 교육비}}{\text{가계소비}} \times 100$$

5) 교양·오락비

여가 생활을 즐기기 위한 음악 감상, 영화 관람, 독서 등 취미 활동 관련 비용과 신문 구독료, 휴가비 등이 교양·오락비를 구성한다.

6) 피복·신발비

옷이나 신발을 구매하거나 수선하는 데 지출되는 비용을 말한다.

7) 교통·통신비

자동차와 관련된 대중 교통비, 자동차 연료비 등과 통신과 관련된 전화 요금, 인터넷 요금 등이 포함되는 비용을 말한다.

8) 보건·의료비

질병의 치료나 건강 증진 목적을 위해 지출되는 진료비, 의약품비, 수술비, 건강 진단비 등을 말한다.

(4) 가계 소비에 영향을 미치는 요인

1) 소득

소비는 과거·현재·미래의 소득에 모두 영향을 받는다. 과거 소득으로 인해 소비 성향이 변화하며 이는 현재의 소비에 영향을 미친다. 또한 미래 소득이 높아질 것이라고 기대하면 소비도 증가한다.

2) 실질 자산 가치의 변동

가계가 소유하는 주식, 부동산 등 실질 자산 가치가 높아지면 소비가 증가하고 하락하면 소비는 감소한다.

3) 이자율

이자율은 현재 소비에 영향을 주는 동시에 미래 소비에 영향을 준다. 이자율이 증가하면 현재 소비를 감소시켜 저축이 늘어날 것이며 이는 미래 소비가 증가하는 데 영향을 줄 것이다. 반대로 이자율이 감소하면 저축이 축소되고 현재 소비가 증가하며 이에 따라 미래 소비는 감소한다.

4) 미래 경기에 대한 전망

미래 경기가 좋아질 것이라고 기대하면 현재 소비가 늘어날 것이며 미래 경기가 나빠질 것이라고 기대하면 현재 소비도 줄어들 것이다.

3 저축과 투자

3.1 저축

(1) 저축의 의의

저축이란 가처분 소득 중 현재의 만족을 얻기 위한 지출인 현재 소비를 줄이고 미래를 대비하여 미래의 소비를 위해 소득을 저장하여 두는 것을 말한다. 즉, 가처분 소득 중 소비하지 않은 부분을 의미하며 저축을 통해 원금 보전과 정해진 이자 수익을 얻을 수 있다. 가처분 소득 중 저축이 차지하는 비율을 저축률이라고 하며 우리나라 가계 저축률은 하락하는 추세이다.

(2) 저축의 중요성

1) 개인 차원의 중요성

저축은 소득 중에서 소비되지 않은 나머지 부분을 모아 두는 것이므로 생산 활동의 밑천이 되며 미래에 발생 가능한 질병이나 재난, 노후 준비, 주택 구입, 교육비 등을 위한 목돈 마련의 수단도 된다. 또한 은행에 예금함으로써 미래에 이자의 형식으로 더 큰 수입을 얻을 수 있으며 불필요한 소비를 줄이는 데도 도움이 된다. 그러므로 개인의 차원에서 저축은 삶을 안락하게 하고 풍요롭게 해주며 안정적인 가계 운영을 가능하게 한다.

2) 기업 및 국가 차원의 중요성

개인이 저축한 돈은 금융 기관을 통해 기업과 국가에도 큰 영향을 미친다. 개인이 은행에 저축한 돈은 은행에서 대출을 통해 기업에 공급해 투자와 생산을 촉진하고 그 결과 일자리가 늘어나 경기가 좋아지고 소득이 늘어 다시 저축이 늘어난다. 이를 통해 물가가 안정되고 불필요한 소비가 줄어 자원 절약에도 도움이 된다. 또한 저축이 늘어나면 해외 투자를 통해 큰 수익을 얻을 수 있고 외국의 도움 없이 자체적으로 투자를 늘릴 수 있다. 그러므로 저축은 기업 성장과 국가 경제에 중요한 역할을 한다.

(3) 이자

이자란 금전 또는 기타의 대체물을 빌려주거나 빌리는 대가로서 원금액과 사용기간에 비례하여 지급되는 금전이나 기타 대체물을 의미한다. 즉, 은행에 예금한 대가로 이자를 받고 은행에서 돈을 빌린 대가로 이자를 지불한다. 이러한 이자를 계산하는 방법에는 단리식, 복리식, 72의 법칙이 있다.

1) 단리식

$$\text{단리식의 이자} = \text{원금} \times \text{이자율} \times \text{기간}$$

$$\text{단리식의 원리금} = \text{원금} \times (1 + \text{이자율} \times \text{기간})$$

단리식은 원금에 대한 이자만을 계산하는 방법이다. 예를 들어, 1년간 단리식 이자가 5%일 경우 10만 원에 대한 단리식의 이자는 5,000원이 된다.(=100,000×0.05×1)

2) 복리식

$$\text{복리식의 이자} = (1+\text{이자율})^{\text{기간}} - \text{원금}$$

$$\text{복리식의 원리금} = \text{원금} \times (1+\text{이자율})^{\text{기간}}$$

복리식이란 이자에 대한 이자를 계산하는 방법으로 첫해에는 단리법과 동일하나 그 다음 해부터 원금에 대한 이자를 모아 원금에 가산시킨 후 이 합계액을 새로운 원금으로 하여 계산하는 이자 계산 방법이다. 예를 들어, 1년간 단리식 이자가 5%일 경우 2년간 복리식 이자를 받는다고 가정하면 첫해의 10만 원에 대한 복리식의 이자는 단리식과 동일하게 5,000원이 된다.(=100,000×0.05×1) 반면에, 다음 해의 이자는 원금에 이자를 더한 새로운 원금 105,000원으로 다시 이자 계산을 하여 단리식 이자는 5,250원이 된다. (=105,000×0.05×1)

3) 72의 법칙

$$\frac{72}{\text{연이율}} = \text{원금의 2배가 되는 기간}$$

72의 법칙이란 복리식으로 이자를 계산한 경우 새로운 원금이 기존 원금의 2배가 되는 기간이 얼마나 걸리는지 계산하는 방법으로 정확한 기간은 아니지만 대략적인 기간을 계산할 수 있다. 예를 들어, 이자율이 4%라면 원금이 2배로 늘어나기까지는 18년$\left(=\frac{72}{4}\right)$이 걸린다.

(4) 금리

이자가 추상적인 관념인 데 비하여 금리란 자금을 빌리거나 빌려줄 때 부과하는 사용료이다. 즉, 금리는 자금시장에서 구체적으로 거래되고 있는 자금의 사용료 또는 임대료를 의미한다. 적용되는 장소에 따라 은행에서 사용하는 이자율을 공공금리, 시장에서 적용되는 금리를 시장금리로 구분하며 이러한 이자율은 현재의 가치와 미래의 가치를 연결해 준다.

1) 금리의 종류

① 예금 금리와 대출 금리

예금 금리는 금융 기관이 특정인의 예금에 대하여 예금자에게 지급하는 금리이며 예금 잔액에 대한 예금 금리의 비율을 예금 이율이라고 한다. 즉, 예금자는 정해진 기간 동안 돈을 쓰지 않고 예금을 하였기 때문에 이를 기다린 시간에 대한 보상이라 할 수 있다. 예금 중에도 유동성이 높은 통화성 예금은 언제든지 돈을 찾을 수 있기 때문에 이 돈의 수요가 적어 이자가 없거나 낮은 것이 통상적이다. 또한 예금 금리는 예금의 거치기간이 긴 것일수록 높기 때문에 일반적으로 보통 예금보다는 정기 예금의 예금 금리가 높다.

대출 금리는 예금 금리와 반대로 돈을 빌렸을 때 내야 하는 금리를 말한다. 대출 기간이 길고 돈을 빌리는 사람의 신용도가 낮으면 은행은 돈을 돌려받지 못할 위험 부담이 있기 때문에 대출 금리는 올라간다. 또한 금융 기관이 예금자에게 돌려줘야 할 이자뿐 아니라 이익도 고려해 대출 금리를 결정하기 때문에 일반적으로 예금 금리보다 대출 금리가 더 높다. 이렇게 예금 금리와 대출 금리의 차이를 통해 얻은 이익을 '예대 마진'이라고 한다.

② 할인율과 수익률

할인율[18]은 인플레이션과 같이 시간의 흐름에 의해 변화되는 화폐의 미래가치를 현재의 가치와 같게 하는 비율이다. 채권수익률은 대표적인 할인율이다. 그러므로 채권수익률이 높아진다면 채권을 상환해서 받을 현금의 현재가치가 떨어지기 때문에 채권가격이 떨어진다. 반면에 채권수익률이 낮아진다면 앞으로 받을 현금의 현재가치가 높아진 것이므로 채권가격은 올라가게 된다. 이처럼 채권가격은 채권수익률과 반비례 관계에 있다.

수익률은 현재가치에 대해 발생하는 미래가치의 비율, 즉 현재 투자하는

18) 매일경제, 매경닷컴

금액에 대해 미래 시점에 받게 되는 이자의 비율이다. 일반적으로 이자율이 올라가면 나중에 더 많은 수익을 얻기 때문에 수익률이 높아지며, 미래가치를 현재가치와 일치시키는 비율도 높아지기 때문에 할인율도 높아진다.

③ 고정금리와 변동금리

고정금리란 상품에 가입한 기간에 시중 금리가 아무리 큰 폭으로 변하더라도 처음 정한 이자율이 만기까지 변하지 않고 정해져 있는 것을 의미하며 예금상품, 채권, 기업어음(CP), 양도성예금증서(CD), 개발신탁 등이 고정금리[19]를 주고 있다.

변동금리란 적용되는 시장 상황에 따라 금리가 계속 변하는 것을 말한다. 변동금리는 불확정적이므로 안정적인 재무 설계에는 어려움이 있다는 단점이 있다. 예금자의 경우 미래에 금리가 오를 것이라고 기대되면 변동금리, 낮아질 것이라고 기대되면 고정금리를 이용하는 것이 유리하다. 하지만 대출인의 경우 그와 반대로 금리가 오를 것이라고 기대되면 고정금리, 낮아질 것이라고 기대되면 변동금리를 이용하는 것이 좋다. 따라서 고정금리와 변동금리 중 무엇을 선택할지 결정하는 데 가장 중요한 요인은 미래 금리에 대한 예측이라고 할 수 있다.

④ 명목 금리와 실질 금리

명목 금리란 물가 상승률을 감안하지 않고 표시된 금리이며 실질 금리란 물가 상승률을 차감하여 산정되는 금리를 말한다. 그러므로 명목 금리에서 물가 상승률을 차감한 금리를 실질 금리라고 한다.

⑤ 세전 금리와 세후 금리

세전 금리란 세금을 제하기 전의 금리이고, 세후 금리란 세금을 제한 후의 금리이다.

⑥ 콜 금리

콜 금리는 주로 은행, 보험, 증권업자 간에 단기적인 여유 자금이 부족한

19) 기획재정부, 시사경제용어사전, 대한민국정부, 2010

경우 이루어지는 거래의 단기간 대차(貸借)에 적용되는 금리이다.

⑦ 리보(LIBOR) 금리

리보 금리는 London Inter-bank Offered Rate의 약칭으로 영국 런던의 유로 금융시장에서 우량은행이 다른 은행에 대출할 때 적용하는 금리로 런던의 은행 간 대출 금리를 말한다. 영국 런던이 국제 금융 시장의 중심지이기 때문에 국제 금융 시장의 기준 금리로 활용되고 있으며 금융기관이 외화자금을 들여올 때도 기준으로 한다.

⑧ 코리보(KORIBOR) 금리

코리보 금리는 Korea Inter-bank Offered Rate의 약칭으로 영국 런던의 리보 금리와 같이 은행 간 단기 자금거래의 기준 금리를 도입할 필요성에 의해 2004년 개발되었다. 코리보 금리는 국내 14개 상업 은행이 제시하는 기간별 금리를 통합해서 산출되는 단기 기준금리이다. 이 금리는 CD금리보다 변동폭이 작고 만기기간이 다양하며 안정적인 장점을 가지고 있다.

2) 금리의 결정 요인

① 경기 동향

경기가 호황일 때는 가계의 저축이 감소하고 소비가 증가해 기업이 물건을 더 많이 생산할 유인을 가진다. 그리하여 투자가 증가되고 돈의 공급에 비해 돈의 수요가 늘어 금리는 올라간다. 반면에 경기가 불황일 때 가계는 소비를 줄이고 저축을 늘리기 때문에 기업의 투자 유인이 감소하고 돈의 공급에 비해 돈의 수요가 줄어 금리는 하락한다.

② 물가 상승

미래에 물가 상승이 기대되면 현재 소비를 많이 하게 되고 이는 돈의 수요를 늘려 금리가 올라가게 한다. 반면에 물가가 안정될 것이라고 기대되면 미래에 대한 소비를 위해 현재 소비가 줄 것이기 때문에 돈의 수요가 줄어 금리도 하락한다.

③ 다른 나라의 금리 수준

최근 국가 간 금융 장벽이 허물어지면서 자금이 자유롭게 이동될 수 있기 때문에 다른 나라의 금리 수준도 금리를 결정하는 요인이 된다. 우리나라의 금리가 다른 나라에 비해 높으면 외국인들이 우리나라에 투자하게 되고 이는 돈의 공급을 증가시켜 결국 금리는 하락하게 된다. 반면 우리나라의 금리가 다른 나라에 비해 낮다면 우리나라의 투자자들도 외국에 투자할 유인을 가지기 때문에 국내에서 돈이 빠져나가 돈의 공급이 줄어 금리는 높아진다.

3) 금리와 경제

경기가 호황일 때는 기업의 투자 의욕이 증대되면서 돈의 수요가 늘어 금리가 올라간다. 하지만 금리가 상승하는 것은 대출 이자가 높아진다는 것을 의미하기 때문에 기업은 투자를 줄이게 되고 이에 따라 소비자들도 소비를 줄이고 저축을 늘리게 된다. 따라서 이때에는 돈의 공급이 증가하여 금리는 하락하게 된다. 이렇게 금리가 하락하면 다시 기업은 투자를 늘리게 되고 소비자들은 소비를 늘리게 되는데 이로써 돈의 공급에 비해 수요가 늘어 금리가 상승하고 경기도 좋아지게 된다.

(5) 화폐의 시간 가치와 이자율

시간이 흐르면 동일한 화폐라도 구매할 수 있는 상품이 변하는 것에서 알 수 있듯이 화폐는 시간의 흐름에 따라 가치가 변화하는데 이를 화폐의 시간가치라 한다. 일반적으로 사람들은 미래의 현금보다 현재의 현금을 선호하며 이러한 순환과 상호작용에 의해 금리는 적정하게 유지된다. 그러나 이러한 이론에 비해 현실에서는 자동 조절이 이루어지지 않기 때문에 정부의 개입이 불가피한 현재의 현금을 더 선호한다. 왜냐하면 인간의 생명은 유한하여 미래의 소비보다는 현재의 소비를 선호하는 경향이 있고 미래의 인플레이션으로 인해 구매력이 감소될 가능성도 가지고 있기 때문이다. 또한 현재의 현금흐름을 통해 새롭게 투자함으로써 더 높은 수익을 얻을 수 있고 미래의 불확실성으로 인한 미래의 위험이 사라지기 때문이다. 이처럼 현재의 현금흐름을 선호하는 현상을 유동성 선호라고 한다. 이러한 선호도를 바꾸기 위해서는 추가적으로 금액을 더 지불하여 미래의 현금흐름을 더 많이 제공하여야 하는데 이렇게 현재의 현금흐름 중 추가로 지불하는 금액의 비율을 이자율이라고 한다. 그러므로 이자율은 화폐의 시간적 가치를 반영하며 화폐란 시간의 경과에 따라 가치가 달라지므로 화폐의 시간가치, 즉 화폐의 현재가치[20]와 미래가치[21]를 고려하는 것이 중요하다.

(6) 저축 상품

1) 요구불 예금

요구불 예금이란 필요할 때 언제든지 현금의 입금과 출금이 가능하여 만기나 예치 기간이 정해지지 않은 예금을 말한다. 자유롭게 입출금이 가능하기 때문에 유동성이 크며 현금과 유사함에도 은행에 안정적으로 금전을 보관할 수 있는 장점을 가진다. 하지만 금융 기관의 경우 고객이 이 예금을 언제 찾아갈지 알 수 없으므로 이 예금에 대한 수요가 낮아 이자율이 매우 낮거나 거의 없는 편이다.

① 보통 예금

보통 예금은 누구라도 자유롭게 수시로 입금하고 출금하는 것이 가능하므로 가입대상, 예치금액, 예치기간 등에 아무런 제한이 없다. 그 대신 이자율이 매우 낮기 때문에 자금 보관, 결제를 위한 계좌로 주로 이용된다.

② 당좌 예금

당좌 예금이란 수표 또는 어음을 통해 거래되며 수표 소지인이 언제든지 찾을 수 있는 예금을 말한다. 이 예금은 금융 기관이 정한 자격에 맞는 법인이나 사업자등록증을 가진 개인에 한하여 가입할 수 있으며 예금자는 입출금을 위해 은행에 가야 하는 번거로움을 줄일 수 있다. 반면 은행으로서는 이를 거래

20) 미래의 현금흐름을 현재의 현금흐름으로 환산한 것을 화폐의 현재가치라 한다.
21) 현재의 현금흐름을 미래의 현금흐름으로 환산한 것을 화폐의 미래가치라 한다.

하는 데 번거로움이 따르고 자금 운용도 제약을 받기 때문에 당좌 예금에 대해 이자를 지급하지 않는다.

③ 가계 당좌 예금

가계 당좌 예금이란 금융 기관에서 정한 일정한 자격을 충족하는 개인이나 개인 사업자가 이용할 수 있으며 가계 수표를 통해 자유롭게 입출금이 가능한 당좌 예금이다. 이는 수표거래의 대중화를 통해 국민의 현금 사용을 줄이고 은행 이용도를 높임으로써 신용사회를 이룩하며 가계저축을 증대시키기 위해 도입되었다. 가계 당좌 예금의 경우 보통 예금 정도의 이자도 지급한다.

④ 별단 예금

별단 예금(special deposits)이란 금융기관이 업무 중에 있어 발생하는 거래 중 처리 곤란한 미결제·미정리된 일시적 보관, 예수금 등을 처리하기 위해 만든 일시적이고 편의적인 계정으로서 후에 다른 계정으로 지급되거나 대체될 예금을 말한다.

2) 저축성 예금

저축성 예금이란 예금주가 이자 수입을 얻기 위해 은행에 일정 기간 동안 매월 일정액을 넣거나 비정기적으로 넣어 만기에 이자가 포함된 계약 금액을 돌려받는 것을 말한다. 저축성 예금은 만기까지 은행이 자유롭게 자금 운용을 할 수 있고 예금주도 돈을 예치하고 만기까지 기다리는 시간적 보상이 필요하므로 이율은 보통 예금보다 비교적 높다. 저축성 예금에는 대표적으로 적립식 예금과 거치식 예금이 있다.

① 적립식 예금

적립식 예금이란 목돈 마련을 목적으로 매월 일정한 금액을 예금한 후 만기 때 사전에 정한 이자를 계산하여 이자 수익과 원금을 찾는 금융 상품으로 '적금' 또는 '부금'이라고 불린다. 만기가 있기 때문에 돈을 자유롭게 입출금 할 수 없어 유동성이 낮은 대신에 이자율이 높은 장점이 있다.

• 정기 적금

정기 적금이란 적립식 예금의 대표적인 상품으로 예금 신규 시 일정한 기간과 금액을 정해 정기적으로 납입한 후 만기에 이자와 함께 원금을 돌려받는 적금을 말한다. 만기가 정해져 있긴 하지만 중도 해지가 가능하며 그럴 경우 약속된 이자보다 훨씬 적은 이자를 받게 된다. 그러므로 정기 적금 가입 시 예금주의 상황에 맞게 만기와 일정 금액을 정하는 것이 중요하다.

• 장기 주택 마련 저축

장기 주택 마련 저축은 정부의 조세특례제한법에 따라 무주택자에게 다양한 금융 세제상의 지원을 강화함으로써 무주택자의 내 집 마련과 주거환경의 개선을 도모하기 위하여 1994년 도입되었다. 7년 이상의 장기 적립식 예금으로 분기당 300만 원 이내에 자유롭게 납입 가능하다.

• 상호 부금

상호 부금은 예금자가 일정 기간 부금을 납입한 경우에 일정 금액을 대출받을 수 있는 권리를 보장해 주는 목적부 적립식 예금이다.

② 거치식 예금

거치식 예금이란 예금주가 예금 신규 시 일정 기간까지 약속한 금액을 예치하기로 약속한 후 만기에 약속한 이자와 원금을 돌려주는 예금을 말한다. 중도해지도 가능하지만 만기 시 약속받은 이자보다 낮은 이율로 이자를 받게 된다.

• 정기 예금

정기 예금이란 사전에 일정 기간을 미리 정해 그 기간 동안 해지하지 않을 것을 약속한 후 일정 금액을 은행에 예치하는 것을 말한다. 은행이 이 예금을 일정 기간 동안 안정적으로 운용할 수 있기 때문에 다른 예금에 비해 이자율이 높은 편이며 기간이 길어질수록 이자율은 더 높아지지만 중도 해지 시 약정 이자율보다 낮은 이자를 받게 된다.

• 양도성 예금 증서

양도성 예금 증서(CD : Certificate of Deposit)란 은행의 정기예금을 제3

자에게 양도할 수 있는 양도성을 부여한 무기명 예금 증서이다. 중도 해지가 허용되지 않으나 양도가 자유로워 유동성이 높은 상품이다.

3) 입출금식 예금

① 저축 예금

저축 예금은 가계저축 증대를 도모하고 은행의 수신 기반 확충을 위해 1985년 4월에 도입된 가계우대예금이다. 수시 입출금이 가능하고 가입대상은 실명의 개인으로서 1인 1계좌이며 예차한도는 3,000만 원이다. 보통 예금과 비교하여 비교적 높은 금리가 지급되는 입출금식 예금의 하나이다.

② 시장 금리부 수시 입출금식 예금

시장 금리부 수시 입출금식 예금(MMDA : Money Market Deposit Account[22])은 미국의 은행이 투자신탁회사의 단기금융상품인 MMF(Money Market Funds)와 종합금융회사 등의 어음 관리 계좌인 CMA(Cash Management Account)에 대응하기 위해 도입한 상품이다. 은행이나 수산업협동조합·농업협동조합에서 취급하며 시장 실세 금리를 적용하여 보통 예금 금리보다 높은 이자를 지급하는 고금리 저축성예금을 의미한다. 보통 예금과 같이 입출금이 자유롭고 각종 이체와 결제도 할 수 있으며 예금자보호법에 의하여 5,000만 원 한도 내에서 보호를 받을 수 있다. MMDA는 가입 대상에 제한이 없고 통상 일반 저축예금보다 금리가 높으나 금융 기관에 따라 500만 원 미만의 소액이거나 법인의 경우 예치기간이 7일 미만인 경우에는 이자가 일반 저축예금보다 낮거나 없을 수도 있다.

③ 기업 자유 예금

기업 자유 예금이란 기업의 일시적인 여유 자금을 운용할 수 있게 하도록 1988년 12월에 도입된 예금을 말한다. 단기예치자금에 대해서도 높은 이자가 지급되는 것이 특징이며 자유롭게 수시 입출금이 가능한 저축성 예금이다. 하지만 1997년 7월 7일부터 정부의 4단계 금리자유화에 의해 7일 이상의 예금에

22) 금융감독용어사전, 금융감독원, 2011

대한 이자는 자유화되었으며 7일 미만의 예금에 대해서는 이자를 지급하지 않는다.

4) 주가 지수 연계 예금

주가 지수 연계 예금(ELD : Equity Linked Deposit)이란 2002년 국내에 도입된 예금상품으로 주가연계상품의 한 종류로서 지급이자가 주가지수나 주식 가격에 연동하여 결정되는 예금상품을 말한다. 이는 은행에서 발행하고 판매하며 투자액의 대부분을 정기예금에 넣거나 안전 자산에 투자하여 원금을 보전한다. 반면에 여기서 나오는 이자나 나머지 금액들은 선물, 파생, 주가지수 옵션과 같은 파생상품으로 운용하여 높은 수익률을 추구한다.

5) 절세형 저축 상품

절세형 저축 상품[23])이란 저축을 장려하기 위해 이자세율을 일반저축상품보다 낮게 적용하는 상품을 말한다. 예금 등 이자소득에 대한 세율은 14%에 주민세 1.4%가 부가돼 15.4%에 이르지만, 세금우대를 적용받으면 이자소득세 9%에 농특세 0.5%를 합친 9.5%만 납부하면 되기에 5.9%의 세금이 절약된다.

3.2 투자

(1) 투자의 의의

투자란 미래의 이익을 얻기 위하여 현재의 자본이나 자금을 지출하는 것을 말한다. 저축과 달리 투자는 원금이 손실될 수 있는 위험성과 미래의 이익을 얻기 위한 기대 수익이라는 개념을 가지고 있다. 일반적으로 이러한 위험성과 기대 수익은 상충 관계를 가진다. 'high risk, high return'이라는 말이 있듯이 위험성이 높으면 높은 기대 수익률을 가지고 위험성이 낮으면 낮은 기대 수익률을 가진다. 그러므로 투자자는 위험 성향에 따라 위험성과 기대 수익을 고려해 투자 활동을 해야 한다.

23) 미래와 경영연구소, NEW 경제용어사전, 미래와 경영, 2006

(2) 투자 vs 투기

미래의 이익을 얻기 위해 현재의 자본이나 자금을 지출하여 정상적인 가격 변동에서 차익을 획득하는 투자와 달리 투기[24]는 생산 활동과는 관계없이 오직 이익을 추구할 목적으로 실물 자산이나 금융 자산을 구입하여 의도적인 가격 조작이나 허위 가격 형성 등 비정상적인 시세 차익을 유도하는 행위를 말한다. 투자와 투기는 이익을 추구한다는 점에서는 같지만 그 방법에 있어 투자는 생산 활동을 통한 이익을 추구하는 반면 투기는 생산 활동과 관계없이 시세 차익에 따른 이익을 추구한다. 예를 들어, 부동산을 구입할 때 그곳에 공장을 지어 상품을 생산할 목적을 지닌 경우는 투자가 될 수 있지만 부동산 가격의 인상만을 노려 일정 기간 후에 이익을 남기고 다시 팔려는 목적을 가진 경우에는 부동산 투기 행위가 된다고 볼 수 있다. 이처럼 투자와 투기를 구분하는 기준은 사회 전체에 미치는 영향을 따져보는 것이다. 즉, 투자는 '플러스섬 게임(Plus-Sum Game)'[25]이고 투기는 '제로섬 게임(Zero-Sum Game)'이다. 투자는 개인이 이익을 얻는 동시에 사회 전체적으로도 가치를 창출하지만 투기는 누군가 이익을 얻으면 다른 사람은 반드시 손해를 본다. 이렇게 투기는 사회 전체적으로 악영향을 미치고 자원이 낭비되기 때문에 투기를 근절하기 위한 노력이 필요하다.

(3) 투자 의사 결정

투자 상품을 선택할 때에는 기본적으로 수익성, 안정성, 유동성 등을 고려해야 하고 이와 더불어 투자에 따르는 위험인 '체계적 위험'과 '비체계적 위험'에 대해서도 살펴볼 필요가 있다.

1) 수익성

수익성이란 투자로 인해 발생하는 이익의 정도를 말한다. 투자자에게 있어서는 적은 투자 금액으로 최대의 수익을 창출하는 것이 최적의 투자이지만

24) 이상수, Basic 고교생을 위한 사회 용어사전, 신원문화사, 2006

25) 매일경제 경제경영연구소, 청소년을 위한 금융·경제 핵심정리, 매일경제신문사, 2014

위험과 기대 수익이 상충 관계에 있기 때문에 이를 고려하여 수익률이 높은 상품에 투자하는 것이 바람직하다.

2) 안전성

안전성이란 원금을 보장하는 정도를 의미한다. 시장 위험, 금리 위험, 인플레이션 위험 등에 의해 안정성이 영향을 받을 수 있기 때문에 이러한 투자 위험 요소와 안정성을 고려하여 투자 의사 결정을 해야 한다.

3) 유동성

유동성이란 투자금을 빠르게 현금화할 수 있는 정도를 말한다. 토지나 건물처럼 현금으로 전환하기 위해 시간이 많이 소요된다면 이는 유동성이 낮다고 할 수 있으며 이런 측면에서 유동성이 가장 큰 자산은 현금, 유동성이 낮은 자산은 부동산이라 할 수 있다. 이렇게 수익성·안전성·유동성이 서로 상충되는 경우가 많으므로 투자자의 성향에 맞게 중요도를 정해 투자해야 한다. 예를 들면, 안전성에 큰 가치를 두고 있는 투자자라면 은행의 예금이나 적금에 투자하는 것이 적절하며 고위험·고수익을 얻고자 하는 투자자라면 주식에 투자하는 것이 좋다.

4) 체계적 위험

체계적 위험은 전체적인 시장 상황과 관련된 변동위험으로서 증권시장 또는 증권가격 전반에 영향을 미치는 위험을 말한다. 예를 들면, 증권시장에 영향을 미치는 경제적, 정치적, 사회적 요인인 경기변동, 인플레이션, 경상수지, 사회·정치적 환경 등이 있으며 이러한 위험은 증권시장 전반에 관한 위험이기 때문에 분산투자에 의해서도 감소시킬 수 없으므로 개별 투자자가 회피할 수 없는 위험이다.

5) 비체계적 위험

비체계적 위험이란 전체적인 경기 동향과는 관계없이 회사의 부정부패, 내부 비리, 파업, 경영실패, 신제품 발명, 소비자 기호의 변화, 소송 등과 같이 일부 특정 기업에게만 개별적으로 영향을 주는 위험요인을 말한다. 이처럼 비체계적인 위험은 일부 투자에만 영향을 미치기 때문에 투자자는 포트폴리오를 구성함으로써 이 같은 비체계적 위험을 축소시키거나 회피할 수 있다.

(4) 투자 방법

1) 직접 투자

직접 투자란 개인 투자자가 자신의 책임하에 직접 투자 대상에 대해 분석하고 의사결정을 내리는 투자를 말한다. 즉, 직접 투자는 투자자가 특정 기업에 대해 경영참가를 하기 위해 주식을 취득하거나 기술제휴 등 기업 성장 및 투자를 목적으로 자금을 대출해 주는 행위를 말한다. 주식 취득을 통해 얻은 배당금이나 이자 수익은 투자자의 소유가 된다. 이러한 직접 투자는 개인의 책임이 따르기 때문에 투자 지식, 경험, 시간적 여유 등을 가지고 투자하는 것이 바람직하다.

① 주식

주식[26]이란 주식회사의 자본을 이루는 단위로서의 금액, 그리고 이를 전제로 한 주주의 권리 및 의무를 의미한다. 다시 말하면 주식회사가 회사 경영을 위한 자본을 마련하기 위하여 투자자의 자본과 회사의 소유권을 교환하는 것이다. 즉, 투자자가 자본을 빌려주는 것이 아닌 직접 회사를 소유함으로써 회사의 주인이 되어 회사가 이익을 창출하면 주식에 비례하여 이익을 받는 '배당'이라는 권리를 가진다. 이러한 권리와 소유한 주식만큼 출자할 의무도 함께 가지고 있으며 회사 파산 시에도 소유한 주식만큼 손해를 보게 된다. 이렇게 주식을 보유한 주주들은 회사가 이익을 창출하면 배당을 통해 주식에 비례하여 이익을 얻을 수 있는 반면, 회사의 경영 실적이 나쁜 경우 배당을 받지 못할 수도 있다. 또한 주주들은 이러한 배당뿐 아니라 시세차익으로도 이익을 얻을 수 있으며 대부분의 사람들이 주식에 투자하는 이유 또한 이러한 시세 차익으로 인한 이익을 추구하기 때문이다.

26) 두산백과

주식은 이익 배당, 잔여 재산 분배권, 의결권 등의 권리에 따라 보통주, 우선주, 후배주, 혼합주로 분류된다.

• 보통주

일반적으로 주식이라 할 때는 보통주를 말하며 이 보통주는 주식의 일반적인 성격을 지니고 각 주식은 평등의 권리내용을 가진다. 보통주 1주당 1개의 의결권 행사가 가능하기 때문에 경영 참여권을 가지고 있으며 이익이나 잔여 재산을 받을 권리도 가지고 있다. 하지만 보통주는 회사 사업이 부진할 때는 배당을 받지 못하게 되고 사업이 호황이 되면 높은 배당을 받을 수 있어 투기적인 성격을 가진 주식이라 할 수 있다.

• 우선주

우선주란 보통주보다 이익, 이자배당, 잔여재산의 분배 등 재산적 내용에 있어서 우선적 권한 인정된 주식을 말하며 보통주보다 높은 배당을 받는다. 하지만 의결권이 없기 때문에 회사 경영에는 참여할 수 없다.

• 후배주

후배주란 이익배당 또는 잔여재산 분배 등에 있어서 보통주보다 낮은 권리를 가지는 것을 말한다.

• 혼합주

혼합주는 보통주와 비교하여 이익 배당에 있어서는 우선주로서의 성격을 가지며 잔여재산의 분배권에서는 후배주로서의 성격을 가진다.

② 채권

채권은 정부, 공공단체와 주식회사 등이 일반인으로부터 거액의 자금을 일시에 조달하기 위하여 미래에 이자와 원금을 지불할 것을 약속하고 발행하는 차용증서를 말한다. 이러한 채권은 신용도가 높은 곳에서 발행하기 때문에 이자와 원금의 안정성이 높아 만기까지 보유함으로써 이익을 얻을 수 있다. 또한 만기 이전에 이를 유통 시장에서 자유롭게 매매하면서 거래 차익을 얻을 수도 있기 때문에 유동성도 높은 편이다.

2) 간접 투자

간접 투자란 개인이 직접 주식이나 채권에 투자하지 않고 수익 증권, 뮤추얼펀드 등 증권회사, 자산 운용사, 투자신탁회사, 은행, 보험 등이 운용하는 파생상품에 가입해 투자전문가에게 투자자 자금의 운용을 맡기는 투자를 말한다. 금융 회사는 간접 투자 상품에 투자하고자 하는 투자자들의 자금을 모아 펀드를 형성하고 이를 유가 증권이나 자산 등 다양한 금융 상품에 투자해 수익을 얻은 후 손익을 투자자 자금에 비례하여 나누게 된다. 즉, 여기서 펀드란 일종의 기금과 같이 투자를 통해 이익을 얻고자 여러 사람들한테 모은 돈을 의미한다.

이러한 간접 투자는 직접 투자에 비해 다양한 장점을 가지고 있기 때문에 많은 투자자들이 선호하는 투자 방법이다. 우선 간접 투자는 많은 투자자들의 자금을 모아 투자하기 때문에 소액의 투자도 가능하다. 또한 직접 투자는 전문지식, 경험, 상당한 시간이 요구되는 반면 간접 투자는 전문가를 통해 투자하기 때문에 위험을 줄이고 수익을 높일 가능성이 많다. 그리고 펀드 투자는 여러 종목으로 구성된 포트폴리오에 투자하기 때문에 훨씬 안전성이 높아 위험을 크게 줄일 수 있다. 여기서 포트폴리오란 주식투자에서 위험을 줄이고 투자수익을 극대화하기 위한 일환으로 하나의 자산에 투자하지 않고 주식, 채권, 부동산 등 여러 종목에 분산 투자하는 방법을 말한다. 즉, 투자 위험을 줄이기 위해 위험을 분산하여 투자하기 때문에 포트폴리오 안에서 특정 회사의 주식이 떨어져도 다른 회사의 주식이 상승할 수 있어 위험을 상쇄할 수 있는 장점을 가진다.

① 펀드

• 증권 펀드(securities fund)

증권 펀드[27]란 투자 자산의 50%를 초과하여 증권이나 증권을 기초 자산으로 하는 파생 상품에 투자하는 펀드를 말한다. 이러한 증권 펀드는 다시 주된 투자대상의 편입비율에 따라 주식형, 채권형, 혼합형으로 구분된다. 주식형은 자산총액의 60% 이상을 주가 지수 선물, 옵션과 같은 주식으로 운용하는 펀드이며, 채권형은 자산총액의 60% 이상을 금리, 선물과 같은 채권에 투자하되 운

27) 금융감독용어사전, 금융감독원, 2011

용 대상에 주식을 전혀 편입하지 않는 펀드를 말한다. 혼합형은 주식 편입 최고 비율(50%)을 기준으로 혼합 주식형과 혼합 채권형으로 구분된다. 혼합 주식형이란 자산 총액의 50% 이상, 60% 미만을 주가 지수 선물, 옵션과 같은 주식에 운용하는 것을 말하며 혼합 채권형은 자산 총액의 50% 미만을 주가 지수 선물, 옵션과 같은 주식에 운용하는 것을 의미한다.

• 부동산 펀드(real estate fund)

부동산 펀드란 펀드 재산의 50%를 초과하여 부동산 및 부동산 관련 자산, 부동산을 기초로 하는 파생 상품, 부동산 관련 유가 증권 등에 투자하는 펀드를 말한다.

• 특별 자산 펀드(special asset fund)

특별 자산 펀드란 펀드 재산의 50%을 초과하여 증권 및 부동산을 제외한 특별 자산에 투자하는 펀드를 말한다.

• 단기 금융 상품 펀드(short-term money market fund)

단기 금융 상품 펀드란 투자 자산의 전부를 금융기관이 취급하는 예금 등으로 단기적 자금운용 목적을 가지고 소유하거나 만기 1년 이하의 금융상품에 투자하는 것을 말한다. 단기 금융 상품[28]으로는 양도성예금증서(CD), 환매조건부채권(RP), 어음관리구좌(CMA), 신종기업어음(CP), 금전신탁, 정기예금, 정기적금, 초단기수익증권(MMF), 수시입출금식예금(MMDA) 등이 있다.

• 혼합 자산 펀드

혼합 자산 펀드란 증권, 부동산, 특별자산에 대한 투자 비율을 적용받지 않는 펀드이다. 혼합 자산 펀드는 투자비율의 제한 없이 투자가 가능하다는 장점이 있다.

② 수익 증권과 뮤추얼 펀드

• 수익 증권(beneficiary certificate)

수익 증권이란 투자자의 자산 운용을 투자 전문 대행사에 운용을 맡긴 경

28) 한경닷컴, 한경 경제용어사전, 한국경제신문

우 이로부터 얻은 수익을 되돌려 받을 수 있는 권리를 표시한 증권이다. 금융기관이 투자자들의 자금을 모아 펀드를 형성하고 이를 유가 증권이나 자산 등 다양한 금융 상품에 투자해 수익을 얻은 후 수익을 분배하는 형태로 펀드와 같은 개념이며 펀드라는 용어가 더 일반적으로 사용되고 있다.

• 뮤추얼 펀드(mutual fund)

뮤추얼 펀드[29)]란 주식 발행을 통해 투자자를 모집하여 형성된 투자 자금을 투자 전담 주식 회사가 운영하도록 맡기고 발생한 수익을 투자자에게 배당금의 형태로 배분하는 것을 의미한다. 그러므로 투자자는 주식을 구입함으로써 펀드의 주주가 되기 때문에 펀드 상품이 주식 회사의 형태를 가지며 거래소 등에 상장이나 등록이 되어야만 거래가 가능하다. 우리나라에서는 1999년 간접투자 상품으로 도입하였으며 회사형 투자신탁이라고도 한다.

③ 기타 펀드

• 인덱스 펀드(index fund)

인덱스 펀드[30)]란 1970년대 초반 미국 시장에 도입되어 지수에 투자하는 펀드로서 목표지수인 인덱스를 선정해 이 지수의 움직임에 따라 수익률을 올릴 수 있도록 운용하는 것을 말한다. 즉, 인덱스 펀드는 주가지수에 영향력이 큰 종목들 위주로 펀드에 편입해 펀드 수익률을 주식 투자 수익률의 시장 평균 수익률에 접근시키려는 투자법이다. 이러한 인덱스 펀드 금융시장이 발달하면서 위험회피 전략이나 차익 실현을 위한 중요한 수단으로 부각돼 왔다. 인덱스 펀드는 효율적으로 위험을 분산할 수 있고 증권매매에 따르는 비용이 절감되어 저렴한 비용으로도 운용이 가능하다. 하지만 목표 인덱스보다 투자성이 낮고 구성종목 교체가 어려우며 비편입종목에 악영향을 미치는 등 다양한 단점이 있다.

• 상장 지수 펀드(ETF : Exchange Traded Fund)

상장 지수 펀드란 특정 주가지수와 연동되는 수익률을 얻을 수 있도록 설

29) pmg 지식엔진연구소, 시사상식사전, 박문각, 2009
30) pmg 지식엔진연구소, 시사상식사전, 박문각, 2009

계된 인덱스 펀드를 거래소나 코스닥시장에 상장시켜 주식처럼 거래하는 것을 말한다. 즉, 인덱스 펀드를 기초로 발행하는 수익증권이나 뮤추얼 펀드 주식을 바로 ETF 증권이라 한다. 인덱스 펀드처럼 지수에 연동해 수익률이 결정되며 증권시장에 상장해 주식처럼 실시간으로 매매가 가능하다는 점에서 인덱스 펀드와 주식의 성격을 동시에 갖추고 있다고 할 수 있다. 일반 펀드보다 수수료가 적으며 장중 실시간 거래가 불가능했던 인덱스 펀드의 한계를 상당 부분 해소하였다.

• 사모 펀드(private equity fund)

사모 펀드란 사모 방식을 통해 비공개로 소수의 투자자들을 모집하여 모은 자금을 사적으로 운용하는 펀드를 말한다. 이러한 사모 펀드는 크게 '일반 사모 펀드'와 '사모 투자 전문 회사'로 나뉜다. 일반 사모 펀드란 소수 투자자들로부터 자금을 모아 투자하는 주식형 사모 펀드가 대표적이며 사모 투자 전문 회사는 자산 가치가 저평가된 기업에 투자하여 기업 가치를 높인 후 기업주식을 되팔아 차액에 대한 수익을 남기는 운용 방식을 가지고 있다.

• 헤지 펀드(hedge fund)

헤지 펀드는 주식, 채권, 파생상품, 실물자산 등 다양한 상품에 적극적으로 투자해 투자 위험 대비 높은 수익을 달성하는 것을 목적으로 한다. 불특정 다수로부터 자금을 유치하는 공모 펀드보다는 대규모 자금을 굴리는 소수의 기관 고객을 상대하는 사모 펀드 형태가 일반적이다. 본래 헤지란 위험을 회피하고 분산시키는 뜻이지만 헤지 펀드의 목적은 위험 회피보다는 고수익을 목적으로 하고 있기 때문에 투자 위험이 높은 투기성 펀드이다.

④ 주가 지수 연동 상품

• 주가 연계 증권(ELS : Equity Linked Securities)

주가 연계 증권[31]이란 개별 주식의 가격이나 주가지수와 연계되어 수익률이 결정되는 파생상품으로 증권사에서 발행하고 판매된다. ELS는 거래의 결제

31) 기획재정부, 시사경제용어사전, 대한민국정부, 2010

이행을 보증해 주는 거래소가 없기 때문에 '장외파생상품'으로 분류되며 일정한 자격을 갖춘 투자매매업자만이 ELS의 발행이 가능하다. ELS는 목표 수익률에 따라 조건과 구조가 다양하기 때문에 투자자의 선호도에 따라 폭넓은 선택이 가능하다. 특히 ELS는 높은 수익률을 추구하면서도 주식이나 선물옵션에 비해서는 높은 안정성을 보장받을 수 있기 때문에 안전성에 큰 가치를 두는 투자자에게 적합하다. 그러나 원금보장형이라도 만기 전에 환매할 경우 기준가의 90% 이상 지급되기 때문에 손실이 발생할 수도 있다.

• 주가 지수 연계 펀드(ELF : Equity Linked Fund)

주가 지수 연계 펀드란 개별 주식의 가격이나 채권, 주식 등 기초자산과 옵션을 조합하여 다양한 형태의 수익이 가능한 금융상품으로 증권사나 은행에서 판매된다. ELF는 예탁자산의 대부분을 채권에 투자하고 채권의 이자 발생분을 주식파생상품에 투자하여 원금을 보장하면서도 주가지수와 연계하여 고수익을 추구하는 상품이다. 상품 구조는 ELS와 비슷하지만 ELF는 펀드 형태로 만들어 판매하기 때문에 주식 매매 차익이 비과세 된다는 장점이 있다. 하지만 ELF가 원금 보장형이라 할지라도 실제 운용 중 손실이 발생할 수도 있다.

(5) 기타 투자 상품

① 어음 관리 계좌(CMA : Cash Management Account)

어음 관리 계좌는 증권 회사 및 종합 금융 회사에서 판매하는 수시입출금 상품으로 확정금리가 아닌 실적배당 상품이며 이에 결제 기능까지 결합되었다. 일반 고객이 예치한 자금을 받아 CD, CP 등 단기 고수익상품이나 국공채 등에 투자하여 그 수익을 고객에게 분배한다.

② 환매 조건부 채권(RA : Repurchase Agreements)

환매 조건부 채권이란 금융기관이 경과 기간에 따른 확정금리를 보태어 되사는 조건으로 발행하는 채권을 말한다. 주로 금융기관이 보유한 국공채, 특수채, 신용 우량 채권, 공사채, 상장법인 등이 발행한 채권 등을 담보로 발행하므로 일정 기간 후 일정 가격으로 다시 환매수 보장이 되는 이점이 있다. 이러한 조건으로 만기 이전의 채권을 매매하기 때문에 장기 채권에 유동성을 높여주는 역할을 하고 있다.

③ 기업 어음(CP : Commercial Paper)

기업 어음이란 신용상태가 양호한 기업이 상거래와 관계없이 단기자금을 조달하기 위하여 자기신용을 바탕으로 발행하는 만기가 1년 이내인 어음 형식의 단기 채권을 의미한다. 단기자금을 조달할 목적으로 신용도가 B등급 이상인 기업이 발행하는 약속어음이므로 기업과 어음상품투자자 사이에 자금 수급, 신용도 등을 고려하여 금리가 자율적으로 결정된다. 기업어음은 신용에만 의지해 자금을 조달하는 것이므로 담보나 보증을 제공할 필요가 없다는 장점이 있다.

4 신용과 부채

4.1 신용

(1) 신용

신용이란 사람의 경제적인 지불 능력에 대한 믿음을 의미한다. 즉, 신용이란 장래의 어느 시점에 상대방이 상환할 수 있는 능력을 갖는다고 인정하고 현재의 물건이나 돈을 빌려 주거나 지불을 연기하여 주는 것을 말한다. 보통 돈을 빌리거나 외상으로 물건을 구매한 후 돈을 갚겠다는 약속을 잘 지키는 사람을 신용이 높다고 말하듯이 이는 개인의 경제적 활동에 대한 평가가 된다.

(2) 신용 거래

신용 거래란 자신의 신용을 담보로 하여 외상으로 물건을 사거나 현금, 서비스 등을 현재에 제공받고 미래에 돈을 지불할 것을 약속하는 거래를 말한다. 즉, 빌리는 입장에서의 신용이란 현재 제공받은 서비스와 재화를 미래의 약속된 시점에 충실이 이행할 것이라는 신뢰를 의미하며 빌려주는 입장에서의 신용이란 계약 조건에 따라 서비스와 재화를 충실히 제공하는 것을 의미한다. 빌리는 입장에서는 이를 '빚'이라고 인식하기 때문에 신용과 빚은 동전의 양면과 같다고 할 수 있다. 하지만 신용 거래는 장점과 단점이 존재하기 때문에 이를 잘 살펴보고 개인의 상황을 고려하여 신용 거래를 결정하는 것이 좋다.

1) 신용 거래의 장점[32)]

① 현재의 구매력 증가

사람의 일생을 보면 소득과 지출의 주기가 거의 일치하지 않는다. 일반적으로 30대에는 집, 육아비용, 교육비 등으로 많은 지출이 필요하지만 50대에는 지출보다 소득이 많아지는 편이다. 이럴 경우 신용 거래를 이용하여 50대의 미래 소득을 앞당겨서 현재에 사용할 수 있기 때문에 현재의 구매력이 증가하여 현재 시점에 만족을 얻게 해준다. 한 달 후 청구되는 카드요금, 전화요금 등도 이와 같은 개념이다.

② 대출의 용이성

가족 구성원에게 갑자기 사고로 인한 질병이 생기면 의료비 지출을 위해 큰돈이 필요할 경우가 있다. 또한 대학 등록금, 결혼 비용 등 당장 목돈이 필요한 경우도 많다. 이렇게 예기치 못한 큰 지출의 경우 신용 거래를 통해 대출을 하여 가계의 비상자금을 충당할 수 있다.

③ 개인 자산 보호

미래에 금리가 상승하고 인플레이션이 생긴다고 예상한다면 현재의 낮은 금리를 적용한 장기대출을 받는 방법도 좋으며 사야 할 물건을 신용거래로 먼저 구매함으로써 이익을 볼 수도 있다. 그러므로 신용 거래가 금리와 인플레이션에 대비해 소득 및 자산을 보호할 수 있고 그로 인해 이득도 얻을 수 있다.

32) 금융위원회, 똑똑한 금융내비게이션, 금융위원회, 2012

④ 개인 신용도 축적

신용이란 현재 제공받은 서비스와 재화를 미래 약속된 시점에 충실이 이행할 것이라는 신뢰를 의미하기 때문에 이를 연체 없이 충실히 이해하고 성실하게 상환하면 개인 신용도가 높아진다. 신용은 현대 사회에서 매우 중요한 경제적 자원이기 때문에 신용도가 높아지면 대출이 용이해지고 수수료 감면 등 다양한 부가서비스도 제공받을 수 있다.

2) 신용 거래의 단점

① 거래 비용 증가

신용 거래를 위한 이자, 수수료뿐 아니라 약속된 날에 이행할 약속을 지키지 못했을 경우 발생하는 연체료 등이 발생하기 때문에 거래 비용이 증가한다.

② 충동구매 및 과소비 위험

과거에 비해 대출과 신용카드 발급이 용이해짐에 따라 충동구매와 과소비가 늘어 개인 부채와 카드 요금 연체 등 많은 사회 문제들이 발생하고 있다. 계획적이고 이행 가능한 신용거래를 하는 것이 중요하다.

③ 미래의 소비에 부정적 영향

신용거래를 이용할 경우 미래 시점에 꼭 지불해야 하는 고정비 성격의 지출이 되기 때문에 그만큼 소비를 줄여야 한다. 그러므로 미래의 소비에 부정적인 영향을 준다.

④ 개인 정보 유출의 가능성

신용 카드로 인터넷이나 휴대폰에서 거래할 경우 해킹으로 개인 정보나 비밀번호가 유출될 수 있기 때문에 각별히 주의해야 한다.

(3) 신용 정보

1) 신용 정보의 종류

신용은 미래의 지불 이행 가능성에 대한 능력을 나타내는 중요한 정보이기 때문에 거래 전 이러한 정보를 파악하는 것이 중요하다. 하지만 이러한 정보를 수집하기 위해서 많은 시간과 비용이 소요되기 때문에 이를 줄이기 위하여 전국 은행 연합회와 신용 조회 회사들이 개인의 신용을 평가하고 그 결과를 공유하고 있다.

① 식별 정보

성명, 주민등록번호, 주소, 전화번호, 성별 등과 같이 개인을 식별할 수 있는 정보를 말한다.

② 채무 불이행 정보

대출금이나 카드 요금의 연체 및 불이행에 대한 정보를 의미한다.

③ 신용 거래 정보

금융 회사와의 신용거래에 대한 정보로 계좌나 신용카드 발급에 관한 거래 개설 정보, 대출 정보, 채무 보증 정보, 신용 카드의 현금 서비스 사용 내용, 채무 조정 정보 등을 포함한다.

④ 능력 정보

개인의 경제적 능력인 개인 재산, 소득에 대한 정보이다.

⑤ 공공기록 정보

공공기관이 보유한 정보로 법원이 판결한 정보, 국세청이 보유한 세금 체납 정보 등을 의미하며 공공기관이 전국 은행 연합회로 정보를 등록하여 공유한다.

2) 신용 정보 조회

금융 회사와 공공 기관이 가진 신용 정보를 종합 신용 정보 집중 기관인 은행 연합회에 집중시키고 있으며 이 정보를 통해 신용 정보 회사는 신용 등급을 평가하고 금융 회사는 개인의 신용도를 판단한다. 현재 서민금융 119 홈페이지(s119.fss.or.kr)나 각 신용정보회사 사이트에서 4개월마다 연체관련정보, 대출관련정보, 신용조회정보, 카드개설정보, 신용등급, 신용 점수 등을 무료로 열람할 수 있기 때문에 이를 통해 개인의 신용 상태와 채무 현황을 정기적으로 점검하고 관리하는 것이 좋다.

3) 신용 정보의 활용

신용 정보는 미래의 지불 이행 가능성을 평가할 수 있는 중요한 척도가 된다. 그러므로 은행은 이러한 신용 정보를 이용하여 대출 여부, 대출 금액, 대출 이자 등을 결정한다. 또한 신용 카드 발급이나 통신사 가입, 결혼정보회사 등의 예와 같이 금융 회사와 비금융 회사 모두 신용 정보를 거래를 위한 근거로 삼고 있다. 인터넷, 전화, 문자 등을 통해 대출을 하게 되면 신용 정보 조회를 하게 되며 다음과 우려가 있으니 주의해야 한다.

① 개인 정보 유출 우려

대출을 받기 위해 다양한 금융 회사, 대부업체에 신청 서류를 접수하기 때문에 개인정보 유출과 명의도용의 우려가 있다. 그러므로 대출을 하는 경우 사설 대출중개업체보다는 금감원의 서민금융 119 사이트(s119.fss.or.kr)[33]를 이용하여 본인의 신용도와 목적에 맞는 대출 서비스를 미리 찾아보는 것이 좋다. 한국이지론[34]이 운영하는 대출 서비스는 400여 개의 금융 회사와 900여 개의 금융 상품이 등록되어 있어 쉽게 대출 상품을 찾을 수 있다.

② 사기 및 불법 중개 수수료 수취 우려

금융 회사를 사칭하여 사기 행각을 벌이거나 불법 중개 수수료를 수취하는 경우가 많으나 이들에 대한 추적이 어렵기 때문에 개인 정보 제공과 금전 요구에 응해서는 안 된다.

(4) 개인 신용 관리

신용은 현대 사회에서 매우 중요한 경제적 자원이기 때문에 신용이 나쁜 사람들은 경제 활동에 심한 제약을 받는다. 보험에 가입할 때와 취직할 때, 심

33) 금융감독원, 금감원의 알기 쉬운 금융 이야기, 부광, 2012
34) 금융감독원, 금감원의 알기 쉬운 금융 이야기, 부광, 2012

지어 결혼 및 이민을 하는 경우에도 신용 등급이 이용되고 신용 등급이 개인의 재정 상태를 증명하기 때문에 이에 따라 불이익을 받을 수 있다. 또한 신용이 단순히 빚을 잘 갚는 능력을 넘어 하나의 자산 관리 도구로 여겨지고 있기 때문에 개인 신용 관리의 중요성은 점점 더 커지고 강화되고 있다. 개인이 신용을 잘 관리하면 필요할 때 신용 거래가 용이하고 낮은 금리로 대출받을 수 있다. 반면 이러한 신용 관리가 중요해질수록 채무 불이행자도 늘어 사회적 문제가 되고 있는데 신용은 한 번 잃어버리면 다시 회복하기 어렵기 때문에 자신의 신용 관리에 관심을 가지고 관리해야 한다.

1) 개인 신용 등급

개인 신용 등급은 개인의 신용을 숫자로 구체화한 것으로 이를 통해 체계적이고 효과적인 신용 등급 관리가 가능해진다. 금융 회사를 이용하는 사람들은 모두 신용 등급이 있으며 소득, 직업, 대출 금액, 연체 여부, 세금 등을 통해 종합적으로 평가된다. 현재 이러한 신용을 평가하기 위하여 금융 기관들은 개인 신용 평가 시스템(CSS : Credit Scoring System)[35]과 신용 정보 회사인 CB(Credit Bureau)를 이용하고 있다. 개인 신용 등급은 크게 최우량, 우량,

표 1-1 개인 신용 등급

등급	내용
최우량 등급(1~2등급)	오랜 신용 거래 경력으로 부실화 가능성이 매우 낮은 등급이다.
우량 등급(3~4등급)	꾸준히 우량 신용 거래를 하면 1~2등급의 상위등급으로 진입할 가능성이 있는 등급이다.
일반 등급(5~6등급)	대부업과 같은 신용업체나 중소 금융 회사와 거래가 있는 고객으로 단기 연체 경험이 있고 부실화 가능성은 일반적인 수준이지만 신용 관리에 주의가 필요해지는 등급이다.
주의 등급(7~8등급)	대부업이나 중소 금융 회사와 거래가 많은 고객으로 단기 연체 경험도 여러 번 있어 단기적인 신용도의 하락이 예상되기 때문에 주의해야 하는 등급이다.
위험 등급(9~10등급)	심각한 연체 경험이 많고 현재도 연체 중일 경우 매겨지는 등급으로 부실화 가능성이 매우 높아 관리가 필수인 등급이다.

35) 매일경제 경제경영연구소, 청소년을 위한 금융·경제 핵심정리, 매일경제신문사, 2014

일반, 주의, 위험 다섯 등급으로 나눠지며 10개 등급으로 세분화된다. 여기에서 최소 일반 등급인 6등급 이상이 되어야 대출이 가능하며 하위 등급은 대부업이나 중소 금융 회사를 통해 대출받을 수 밖에 없다. 이러한 개인 신용 등급은 신규 고객의 재정 상태를 파악하여 대출해 주거나 카드를 발급할 때 이용하며 기존 고객 신용 등급의 경우 대출 만기 여부나 이자율, 대출 금액을 정할 때 이용된다.

2) 개인 신용 등급 관리 방법

개인 신용 등급은 채무 불이행, 연체, 대출금 증가 등에 의해 변동되기도 하지만 개인의 관리 소홀, 정보 부족 등에 의해 변동되는 경우도 많다. 그러므로 이러한 이유로 개인 신용 등급이 떨어지지 않도록 관리하는 방법을 알아두고 주의할 필요가 있다.

① 건전한 신용 거래 이력 관리

개인 신용 등급은 과거와 현재의 거래 내용을 바탕으로 결정되기 때문에 연체 없이 대출금과 신용 카드 요금을 상환하여 신뢰 있는 모습을 쌓아나가는 것이 좋다. 과도한 대출이나 여러 장의 카드 발급은 신용 등급에 안 좋은 영향을 끼치므로 가급적 피하는 것이 좋다.

② 적정한 채무 규모 설정

과도한 채무로 인해 대출금이 연체될 수 있다. 이렇게 연체되면 신용 등급이 떨어져 다음 번에 대출받기 어려워질 수 있으며 이자율도 높아져 이자 부담이 커진다. 그러므로 본인이 상환할 수 있는 규모로 채무 규모를 설정해야 한다.

③ 연체 금지

소액의 금액이라 할지라도 지속적으로 연체되면 개인 신용 등급이 하락한다. 금융 회사의 대출뿐 아니라 백화점, 통신사 등 비금융 채무를 연체하는 경우에도 신용 등급에 악영향을 미칠 수 있기 때문에 주의해야 한다. 그러므로 모든 상환일을 어기지 않도록 대출금의 만기일을 정확히 체크하고 자동 이체를 활용하거나 주기적인 통장 관리를 통해 관리해야 한다.

④ 보증 금지

타인의 보증을 서는 경우 이러한 내역이 개인 신용 등급에 반영되기 때문에 주 채무자의 연체 여부와 관계없이 등급이 하락할 수 있다. 그러므로 보증은 최대한 피하는 것이 좋다.

⑤ 장기 연체부터 상환

여러 건의 연체가 발생하는 경우 연체 기간이 길수록 신용 등급이 하락하기 때문에 장기 연체부터 상환함으로써 불이익을 줄여야 한다.

⑥ 주소지와 연락처 관리

주소지와 연락처가 변경된 경우 이를 금융 회사에 고지하지 않으면 청구서 전달도 힘들며 연체 발생도 안내받기 어렵다. 그러므로 주소지와 연락처가 변경되면 그 즉시 금융 회사에 연락하여 기존의 정보를 변경해야 한다.

⑦ 주거래 금융 회사 집중 거래

주거래 금융 회사에 집중적으로 거래하여 예금액, 대출액, 신용카드 사용액 등 거래 실적이 많아지면 고객에 대한 금융 회사의 평가가 좋아져 신용 등급에 긍정적인 영향을 미치고 수수료 면제, 금리 우대 등 다양한 부가서비스도 제공받을 수 있다.

⑧ 본인의 신용 정보 현황 파악

본인의 신용 정보를 주기적으로 파악하고 오류가 있으면 신용 조회 회사에 이의를 제기해야 한다. 금융 소비자는 4개월에 한 번 무료로 본인의 신용 정보를 열람할 수 있으며 오류 발생 시 1단계로 신용 조회 회사에 이의를 제기한 후 해결되지 않으면 금융감독원에 설치된 '개인 신용 평가 고충처리단'[36]을 통해 도움을 받을 수 있다.

36) 매일경제 경제경영연구소, 청소년을 위한 금융·경제 핵심정리, 매일경제신문사, 2014

(5) 신용 카드

고객이 당장 돈이 없어도 신용을 바탕으로 상품이나 서비스를 먼저 받고 나중에 그 값을 고객의 예금계좌에서 자동적으로 갚게 하는 지급 수단의 일종으로 고객의 신분과 계좌를 확인해 주는 보증서 같은 신용 장치라고 할 수 있다. 그러므로 현금이나 수표에 이어 신용카드를 '제3의 화폐'라 부른다. 또한 신용 카드는 현재 현금이 없어도 물건을 구매할 수 있을 뿐 아니라 할부 구매나 신용 구매와 같이 신용을 바탕으로 한도 내에서 결제가 가능하기 때문에 신용 공여 및 창조의 기능도 가진다.

신용 카드 이용 시 은행이나 카드 회사와 같은 카드 발행자, 카드 가맹점, 카드 회원 등 3명이 관여하게 된다. 카드 발행자는 개인의 신용을 판단하여 일정 자격 요건을 갖춘 사람에게 카드를 발급하고 이에 카드 수수료, 이자, 연회비 등을 통해 수익을 올린다. 카드 회원은 신용 카드를 발급받아 카드 가맹점에서 현금을 지불하지 않고도 미리 물건을 구매하거나 서비스를 제공받을 수 있고 이 금액은 카드사에서 미리 지급한다. 그 후 카드사는 약속된 기간에 카드 회원으로부터 카드 대금을 회수하며 또한 카드 가맹점은 카드 발행자에게 수수료를 지급한다. 이러한 원리를 통해 현재 카드 회원들과 카드 가맹점들이 신용카드를 이용하고 있다.

1) 신용 카드의 장점

① 편리성

현금이 없어도 재화를 구매하거나 서비스를 제공받을 수 있고 큰 금액의 거래에 있어 현금을 직접 소지할 필요 없이 카드를 이용해 거래가 가능하기 때문에 편리하다.

② 안전성

현금을 소지함으로써 발생할 수 있는 도난이나 분실의 위험이 적기 때문에 안전하다. 또 기술의 발전으로 결제 시스템 보안기술이 향상함에 따라 결제의 안전성도 확대되고 있다.

③ 합리적인 가계 관리

신용 카드 회사에서는 일정 기간 동안의 카드 이용 내역에 대해 고객에게 고지해주기 때문에 언제, 어디에서 많은 소비를 했는지 한눈에 파악할 수 있고 이를 통해 자신의 소비 내역을 정리하여 합리적인 소비 계획을 할 수 있도록 해준다.

④ 금전적 이득

할부 구매를 통해 차입 효과도 나타날 수 있고 카드 이용 후 일정 기간이 지난 후에 이용 대금을 지불하기 때문에 지불하기 전까지 보유한 자금으로 이자를 받을 수 있어 금전적 이득이 생긴다.

⑤ 세금 절약

상거래 투명성을 위해 신용 카드 사용액의 일정 부분을 소득공제 해주기 때문에 세금 절약의 효과가 있다.

⑥ 신용도 증가

신용 카드를 연체시키지 않고 상환기간을 지키면서 사용하면 좋은 신용을 쌓을 수 있기 때문에 신용도가 증가된다.

⑦ 부가 서비스의 혜택

가맹점 할인, 포인트 적립 등 다양한 부가 서비스의 혜택이 있다. 기업들의 프로모션 전략으로 카드에 연동되는 할인혜택, 사은품 증정과 같은 서비스 혜택폭이 넓어지는 추세이다.

⑧ 신용 한도 이용

소액 대출인 현금 서비스나 카드론 등과 같은 신용 한도 서비스를 이용할 수 있다. 이 서비스를 통해 소액에 한해서 은행 창구를 통한 복잡한 절차를 거치지 않고도 대출 서비스를 이용할 수 있게 되었다.

2) 신용 카드의 단점

① 과소비 조장

신용 카드를 이용하여 현금 없이 외상으로 물건을 구매하기 때문에 충동구매하기 쉽고 이를 통해 과소비가 조장된다.

② 신용 악화 위험

정해진 신용 카드 요금 결제일에 제대로 상환하지 못하고 연체하게 되면 부채가 발생될 뿐 아니라 신용 등급이 하락할 수 있기 때문에 파산에 이를 위험이 존재한다.

③ 미래 소득 감소

신용 거래는 미래의 소득을 앞당겨서 현재에 소비하는 것이기 때문에 카드 대금을 갚아야 하는 미래에 이러한 카드 요금은 고정 비용이 된다. 그러므로 미래에 소비할 수 있는 가처분 소득이 감소하게 된다.

④ 사회적 비용 증가

카드 회사 간의 지나친 경쟁 때문에 무분별하게 카드가 발급되면 발급 비용과 연회비가 증가하여 사회적 비용이 증가된다. 또한 카드 가맹점의 수수료 부담 때문에 재화나 서비스의 가격이 상승할 수 있다.

⑤ 개인 정보 유출

카드사나 은행이 해킹되거나 온라인 거래를 통해 개인 정보가 유출될 가능성이 높다.

3) 신용 카드 사고 예방 방법

신용 카드는 현금이 없어도 쉽고 빠르게 결제할 수 있어 편리하지만 분실하게 되면 큰 손해를 입힐 수 있다. 그러므로 신용 카드 사용에 주의를 다해야 사고를 예방할 수 있다.

우선 카드를 발급받으면 반드시 카드 뒷면에 서명을 해야 분실이나 도난 시

보상을 받을 수 있다. 또한 카드사의 분실신고 전화번호를 별도로 기록하여 분실이나 도난 발생 시 부정사용이 되지 않도록 신속히 처리해야 한다. 또한 카드 사용 내역을 알려주는 SMS를 신청하면 부정 거래 즉시 그 내역을 알 수 있다. 비밀번호 관리에 있어서도 본인만이 알 수 있는 번호를 정해 타인에게 노출되지 않도록 해야 하며 사용하지 않는 카드는 해지 신청 후 폐기하는 것이 좋다.

4.2 부채

(1) 소비자 신용

대출이란 은행에서 예금을 통해 모은 자금을 개인이나 기업에 빌려주는 것을 의미하며 특히 개인이나 가계에 돈을 빌려주는 것을 '소비자 대출(금융)'이라고 한다. 또한 '소비자 신용'이란 개인이나 가계에 대출을 해주거나 대출금 상환을 연장해 줌으로써 이자나 수수료를 지급받을 것을 약속한 것을 말한다. 이 소비자 신용은 크게 신용 판매와 소비자 대출(금융)로 나뉜다.

1) 신용 판매

신용 판매란 할부 판매와 같이 신용을 바탕으로 물건이나 서비스 등의 상품을 외상으로 제공하고 그 대금은 후에 지불할 수 있도록 하는 외상 판매 방법을 말한다. 할부 금융사, 캐피탈 회사, 신용 카드 회사 등이 신용 판매 회사에 속한다.

2) 소비자 대출(금융)

소비자가 자동차·가전제품 등과 같은 소비재를 구입할 때 금융기관이 제공하는 신용을 소비자 금융이라 한다. 즉, 금융 회사가 소비자들에게 소비에 필요한 자금을 대출해주고 일정 기간이 지난 후 이자와 함께 원금을 회수하는 방법이다. 주로 은행, 카드사, 보험사, 상호저축은행 등 다양한 금융 회사가 소비자 금융을 제공하고 있으며 신용대출, 할부금융, 주택대출 서비스, 신용 카드 현금 서비스 등이 포함된다.

(2) 소비자 대출 시 고려할 사항

소비자 대출은 적절하고 계획적으로 사용하면 필요할 때 큰 목돈을 마련해 주지만 그렇지 않을 경우 개인의 부채에 해당하기 때문에 재무적으로 큰 부담이 될 수 있다. 그러므로 소비자 대출 시 주의해야할 사항을 고려함으로써 소비자 대출이 개인에게 짐이 되지 않도록 해야 한다.

1) 소득 대비 적정한 대출 한도

가계 소득 범위 내에서 상환 가능할 정도의 적정한 대출 한도를 정해야 한다. 담보 대출 한도 결정은 일반적으로 총부채 상환 비율(DTI : Debt To Income ratio)을 기준으로 결정된다. 총부채 상환 비율은 대출상환액이 소득의 일정 비율을 넘지 않도록 제한하기 위해 실시한 것으로 연소득 대비 연간 대출 원리금 총액의 비율을 의미한다.

$$DTI = \frac{\text{해당 주택 담보 연간 원리금 상환액} + \text{기타 부채의 연간 이자 상환액}}{\text{연소득}}$$

2) 대출 금리의 조건

① 고정금리

고정금리란 상품에 가입한 기간에 시중금리가 아무리 큰 폭으로 변하더라도 처음 정한 이자율이 만기까지 변하지 않고 정해져 있는 것을 의미한다. 그러므로 금리가 상승하더라도 추가로 이자를 부담할 필요가 없으며 일반적으로 변동금리보다 금리가 높다.

② 변동금리

변동금리란 적용되는 시장 상황에 따라 일정한 주기로 금리가 계속 변하는 것을 말한다. 변동금리는 금리 변화에 따라 이자 부담이 불확정적이므로 안정적인 재무 설계에는 어려움이 있다.

③ 혼합형 금리

혼합형 금리란 고정금리와 변동금리를 동시에 적용하는 것으로 일정 기간 고정금리를 적용 후 변동금리를 적용하거나 반대로 변동금리 적용 후 고정금리를 적용하는 방식이다.

3) 대출 상환 방식

대출 상환 방식에는 만기 일시 상환, 원금 균등 분할 상환, 원리금 균등 분할 상환 등이 있으므로 개인의 재무 설계에 맞게 적절한 상환 방식을 선택하는 것이 중요하다.[37]

(3) 대출의 종류[38]

1) 담보 유무에 따른 분류

금융 기관이 대출을 해주는 경우 채무자가 약속한 기한 안에 돈을 갚을 수 없는 위험이 있기 때문에 이를 대비해 채무자의 자산이나 제3자의 신용 보증을 담보로 하여 대출해 주기도 한다. 이러한 조건을 가진 대출을 담보 대출이라고 하며 담보 유무에 따라 크게 담보 대출과 신용 대출로 나뉜다.

① 담보 대출

• **물적 담보**

물적 담보란 채무자의 재산을 이루고 있는 자산 중에 집이나 부동산 등 특정 자산을 대출을 위한 담보로 충당하는 제도를 말한다. 일반적으로 담보물의 가치에 따라 대출 금액이 달라진다.

• **인적 담보**

인적 담보란 대출 후 원금 상환의 안전을 위하여 채무자 이외 특정인의 인적 신용에 의한 채권의 담보를 말하며 대인 담보라고도 말한다. 일반적으로 채무자 이외의 특정인은 보증인[39]이나 연대 보증인[40]을 세우며 이들의 신용에 따

37) 상환 방식의 자세한 내용은 p.60의 4) 상환방법에 따른 분류 참조.

38) 매일경제 경제경영연구소, 알기 쉬운 금융 지식, 매일경제신문사, 2012

39) 주 채무자가 채무 상환을 이행하지 않을 경우 채무에 대한 채권을 갚을 의무가 있어 보증인에게 상환을 요구한다.

40) 연대 보증인은 채무자와 같이 대출금 상환 의무를 가지기 때문에 연대 보증인이 대출을 받은 것과 동일한 상황이 된다. 그러므로 금융 기관은 주 채무자에게 먼저 상환 요구하지 않고 연

라 대출 금액이 달라진다.

② 신용 대출

신용 대출이란 부동산, 집을 담보로 한 물적 담보, 제3자의 신용 책임을 이용한 인적 담보 등을 사용하지 않고 본인의 신용만으로 금융 회사에서 대출받는 경우를 말한다. 신용 대출을 위해 금융 기관은 개인 신용 평가 시스템(CSS : Credit Scoring System)에 따라 직업, 소득, 재산, 거래 내역 등을 종합적으로 분석하고 판단하여 대출 금액을 결정한다.

2) 채무자에 따른 분류

① 가계 자금 대출

일반 개인, 가계에 대출하는 것으로 채무자는 개인이 된다.

② 기업 자금 대출

기업에 대출하는 것으로 채무자는 기업이 된다.

3) 거래 방식에 따른 분류

① 건별 대출

대출 계약과 동시에 대출금을 지급하는 대출이다.

② 한도 대출

마이너스 통장과 같이 대출 한도를 정하고 그 안에서 채무자의 필요에 따라 인출 가능한 대출이다.

4) 상환 방법에 따른 분류

① 만기 일시 상환

대출 기간 동안 이자를 부담하고 만기 도달 시 한꺼번에 원금을 상환한다. 그러므로 대출 만기 시 원금을 상환해야 하는 재무적 부담이 있다.

대 보증인에게 상환 요구를 할 수 있다.

② 원금 균등 분할 상환

대출 원금을 약속한 기간으로 균등하게 나누어 상환하고 이자는 매달 줄어든 대출잔액에 대해서만 지급하는 방법이다. 분할 금액과 이자를 매달 갚아 나가는 방식이기 때문에 상환해야 할 원금이 줄어들면서 이자도 감소하며 매달 상환해야 할 금액이 달라진다. 매월 일정한 소득이 있고 이자의 부담을 줄이고 싶으면 이 방법을 이용하는 것이 좋으나 대출금 회수로 인해 자금 운용기회가 줄어드는 단점이 있다.

③ 원리금 균등 분할 상환

대출 만기 시 지급해야 할 원금과 이자의 총합을 미리 계산하여 약속된 기간으로 나누어 매달 균등하게 갚아 나가는 방법이다. 미리 상환해야 할 금액이 계산되기 때문에 일정한 고정비 성격을 가지고 있으며 자금 계획을 세우는데도 좋다. 상환 기간 초기에는 상환액 중 이자의 비중이 높지만 원금을 갚아 나가면서 이자 비중은 줄고 원금의 비중은 높아진다. 그러므로 총 지급이자는 원금 균등 분할 상환에 비해 높다.

5) 자금 성격에 따른 분류

① 일반 대출

은행의 예금과 적금으로 대출해 주는 것을 의미한다.

② 카드론

신용 카드 회사에서 카드 회원을 대상으로 고객의 신용도와 카드 이용 실적에 따라 대출 한도와 금리를 정해 대출해 주는 상품이다. 카드 이용실적이 많고 연체 없이 결제할 경우 신용 등급이 올라 대출받을 수 있는 금액도 증가한다. 쉽고 빠르게 대출받을 수 있지만 대출 금리가 높고 수수료도 지급해야 하여 비용 부담이 있다.

③ 약관 대출

보험사에 납입한 보험료 안에서 대출을 받는 것으로 계약자가 가입한 보험

해약환급금의 70~80% 범위에서 수시로 대출받을 수 있는 제도이다.

④ 증권 대출

증권사 등의 금융 기관이 유가증권, 채권, 주식을 담보로 잡고 증권 보유자에 대출해 주는 것을 말한다.

(5) 부채 관리

부채란 상환의 의무가 있는 빚 또는 채무를 말한다. 부채를 만들지 않는 것이 재무 설계에 있어 좋은 방법이지만 큰 목돈이 필요한 상황에서 현명하게 사용하면 큰 도움이 되기도 한다. 하지만 국가, 기업, 개인에게 과도한 부채는 연체나 파산, 심지어 파국을 일으킬 수 있기 때문에 적절하고 사전 예방적인 합리적 부채 관리를 하는 것이 중요하다. 그러므로 종합적인 재무 관리를 위하여 아래 사항을 고려하여 부채를 이용하는 것이 좋다.

1) 부채의 위험성

① 가계의 상환 능력 부족

우리나라의 가처분 소득 대비 대출액은 약 146%[41]로 미국(120%), 일본(110.7%) 등과 비교했을 때 세계적으로 높은 수준이다. 성장의 둔화로 인해 소득 활동에 비하여 부채가 지속적으로 증가하고 가계의 부채 상환 능력 부족이 우려되는 상황이다. 가계 부채의 절반 정도를 차지하는 주택 담보 대출은 대부분 변동금리 상품이며 금리 인상 시 가계에 큰 부담이 된다. 이렇게 금리가 인상되면 저소득층의 소득 대비 대출액이 상승하고 연체율이 높아져 가계 경제에 악영향을 끼칠 수 있다.

② 금융 기관의 부실

가계 부채에서 주택 담보 대출이 가장 큰 비중을 차지하고 있기 때문에 가계의 부채 상환 능력이 부족하게 되면 금융 시장의 건전성이 악화되고 금융 기관은 대출금을 회수하지 못해 부실 사태에 직면하게 될 수 있다. 이로 인해 고

41) 금융감독원, 금감원의 알기 쉬운 금융 이야기, 부광, 2012

객의 예금을 지급할 수 없는 상황에 도달해 저축 은행 사태[42]가 재발할 수 있고 이로 인해 국가와 국민 모두에게 큰 피해를 줄 수 있다.

2) 과다 가계 채무의 원인

① 생계형 채무

불안정한 경기 변동과 고용 보장의 약화 등을 이유로 안정적인 소득 활동을 할 수 없는 실직, 사업 실패 등을 경험하면 생계유지를 위해 빚을 질 수밖에 없다.

② 투기·도박·과소비형 채무

주식 투자, 도박, 과소비, 쇼핑 중독, 충동구매 등에 빠져 빚을 지게 되거나 사기, 보증, 명의 도용 등으로 거액의 금융 채무를 지게 되는 경우를 말한다.

③ 하우스푸어

하우스푸어란 집을 보유하고 있지만 무리한 대출로 인한 이자 부담 때문에 빈곤하게 사는 사람들을 의미한다. 가계 부채 중에서 주택 담보 대출이 가장 높은 비중을 차지하고 있는 만큼 이를 부담하기 위해 다시 채무를 지게 되는 경우도 있다.

3) 부채 관리 원칙

① 대출의 타당성

대출의 용도와 목적을 분명히 하고 대출 여부를 결정하는 것이 좋다. 주택 자금 마련, 교육비, 대학 등록금, 의료비 등 개인의 생계를 유지하기 위한 필수적인 자금인지 단기간 투자나 과소비는 아닌지 신중히 생각하고 결정해야 한다. 또한 대출로 인한 투자의 경우 대출에 의한 이자와 수수료 비용을 계산하여 손익을 따져보고 대출 여부를 결정하는 것이 좋다.

---

42) 2011년 금융위원회가 국제결제은행(BIS) 기준 자기자본비율이 일정 비율에 미달된 저축 은행들에 영업정지 조치를 내리면서 발생한 사태로, 이같은 조치로 인해 5,000만 원 이상 예금자와 후순위 채권 투자자들은 원금 손실이 불가피해졌다.

② 대출 기간과 상환 계획의 적절성

대출의 목적에 맞는 대출 기간을 결정하고 상환 계획을 세우는 것이 좋다. 이자만을 고려한 경우 대출 기간이 짧은 것이 갚아야 할 이자가 적어 유리해 보일 수 있으나 자금 사용 목적이 장기인데 단기로 대출할 경우 상환 계획에 차질이 생길 수 있다. 상환 방법으로는 만기에 일시 상환, 원금 균등 분할 상환, 원리금 균등 분할 상환 등 다양한 방법이 있으므로 본인의 대출 목적과 소득 형태, 소비 형태에 적절한 상환 계획을 결정하는 것이 좋다.

③ 적절한 부채 규모

대출로 인한 연체와 파산을 막기 위해서는 자신이 부담할 수 있는 규모의 대출을 하는 것이 중요하다. 일반적으로 총자산에 대한 총부채 금액 비율, 총소득에 대한 부채 상환액 비율 등을 기준으로 하여 부채의 적정성을 파악하는 것이 좋다.

④ 주거래 은행 활용

주거래 은행을 활용하여 금융 거래를 하게 되면 실적이 쌓이게 되고 이로 인해 대출 금리 인하, 수수료 감면 등 다양한 부가 혜택이 있기 때문에 이를 활용하는 것이 좋다.

⑤ 절세 효과 이용

대출 자금 용도가 전세 자금이나 주택구입 비용일 경우 세금 감면의 혜택이 있기 때문에 이러한 점을 고려하여 대출하는 것이 좋다.

⑥ 채무 규모와 상환의 우선순위 파악

만기별, 금리별로 자신의 전체적인 채무 규모를 파악하고 채무에 우선순위를 부여하여 고금리 채무를 먼저 상환한다거나 바꿔드림론, 환승론 등 저금리 상품[43]으로 전환하여 부채를 관리하는 노력이 필요하다.

43) 금융감독원, 금감원의 알기 쉬운 금융 이야기, 부광, 2012

⑦ 채무 발생 원인에 따른 해결 방안 강구

실직이나 사업 실패로 인한 생계형 채무일 경우 각 지역의 고용센터나 자활센터를 통해 일자리 정보를 제공받아 지속적으로 소득 활동에 종사하는 것이 필요하다. 투기·도박·과소비형 채무의 경우 자신의 소비 성향을 분석하고 파악하여 소비 습관의 개선을 통해 부채 증가를 억제해야 한다.

⑧ 불필요한 지출 감소를 위한 노력

소비 패턴의 분석을 통해 지출 항목의 우선순위를 정하고 과소비를 조장하는 신용카드나 투기, 도박 등에 대한 접근을 줄임으로써 불필요한 지출을 줄이는 것이 기본이 되어야 한다.

(6) 채무 조정 제도

부채가 너무 많고 연체가 계속되면 본인 혼자 해결하기 어렵기 때문에 민간이나 정부에서 운영하는 채무 조정 제도의 도움을 받는 것이 좋다. 채무 조정 제도를 통해 이자율 조정, 상환기간 연장, 채무 감면 등과 같은 도움을 받을 수 있어 채무자에게 경제적으로 다시 회생할 수 있는 기회를 준다.

1) 개별 금융 회사의 채무 조정 지원

개별 금융 회사는 소액의 부채를 가진 연체자들을 위한 채무 조정 지원 제도를 가지고 있다. 그러므로 채무자는 부채 연체 가능성이 있으면 미리 금융 기관에 연락하여 도움받는 것이 좋다.

2) 개인 워크아웃 제도(individual workout system)

개인 워크아웃 제도란 2002년 10월부터 시행된 것으로 연체 기간이 3개월 이상이고 채무 금액이 5억 원 이하인 금융 채무연체자에게 신용 회복의 기회를 주기 위해 상환기간 연장, 변제기 유예, 채무 감면 등을 지원해 안정적 채무상환이 가능하도록 하는 제도를 말한다. 신용회복지원협약에 가입한 3,500여 개 금융 기관들은 채무를 상환받기 위해 자발적인 채무 조정을 통해 채무자가 채무를 갚을 수 있도록 지원하고 있다. 이자 전액, 원금 50% 내에서 감면될 수 있으며 개인 워크아웃이 결정되면 채무자는 조정 금액을 신용회복지원협약에 보내고 이를 금융회사에 다시 전달한다.

3) 프리워크아웃 제도(pre-workout system)

프리워크아웃(사전 채무 조정) 제도는 신용회복지원제도 중의 하나로 채무자의 실직, 재난, 휴업, 소득 감소 등으로 인해 채무의 조정이 필요할 경우 연체이자 전액감면, 이자율 인하, 상환기간 연장을 통해 채무를 상환하고 정상적인 생활을 할 수 있도록 도와주는 제도를 말한다.

4) 개인 회생 제도

개인 회생 제도는 2004년부터 시행되었으며 채무 금액이 크고 사채와 같은 중소 금융 회사의 채무, 보증 등이 많아 신용회복위원회의 도움을 받을 수 없는 경우 법원이 강제로 채무를 재조정해 파산을 구제받을 수 있도록 하는 제도를 의미한다. 일정한 소득이 있는 채무자들이 법원의 허가를 받아 5년 동안 빚을 성실히 갚으면 나머지 빚을 면책해 주는 제도로 이를 통해 채무자가 사회적 경제적 불이익을 당하지 않고 경제적으로 회생할 수 있도록 하는 데 의의를 둔다. 하지만 신청비용이 많이 들고 절차가 까다로워 시간이 많이 소요되는 단점이 있으며 또한 소득이 없어 5년간 빚을 갚을 능력이 없다고 판단되는 채무자는 이용할 수 없다.

5) 개인 파산 제도

개인 파산 제도란 채무자가 모든 채무를 자신의 능력으로 변제할 수 없어 파산 신청을 하는 제도로 '소비자 파산 제도'라고도 불린다. 법원에 파산 신청을 하면 채무자의 모든 자산을 돈으로 바꾸어 채권자에게 평등하게 배분하고 나머지 채무는 변제받아 채무자가 경제적으로 재기할 수 있는 기회를 준다. 파산 절차 신청 후 법원의 선고에 의해 바로 면책 신고를 할 수 있고 이에 따라 빚을 변제받을 수 있다. 하지만 파산 결정이 되면 신원증명서에 기재되기 때문에 각종 금융거래와 취직 등에서 불이익을 받을 수 있으며 공무원, 교원, 회계사, 의사, 기업체 임원 등이 될 수 없다.

CHAPTER

02

위험관리와 보험

금융 생활에서 수익을 창출하는 것 못지않게 중요한 것은 위험관리이다. 아시아 금융위기와 세계 금융위기, 유럽 경제위기 등을 겪으면서 위험관리는 더욱 중요한 이슈가 되었다. 보험은 금융의 한 축을 담당하는 동시에 전통적인 위험관리의 중요한 수단으로 발전되어왔다.

1 위험관리

위험(risk)이란 불확실성(uncertainty), 가변성(variability), 또는 변동성(volatility) 등과 관련이 있다. 위험은 미래의 예측하지 못한 사건으로 인하여 손실을 볼 수 있는 가능성이며, 위험관리는 위험을 관리하기 위한 프로세스 또는 일련의 과정이라고 정의될 수 있다. 이 과정은 주로 위험확인(risk identification), 위험측정(risk measurement), 위험관리전략수립(risk management strategy), 그리고 전략수행 및 검토(implementation and feedback)의 네 단계로 구성된다.

1.1 위험의 분류[1)]

(1) 재무 위험과 비재무 위험

1) 재무 위험

재무 상태가 손해를 입거나 수익이 증가될 수 있는 불확실한 상황에 노출되는 것을 말한다. 재무 위험은 자산 위험, 신용 위험, 시장 위험, 금리 위험, 유동성 위험 등의 형태로 나타나는데 이러한 재무 위험을 효율적으로 관리하면 오히려 수익을 증가시킬 수 있다.

1) 매일경제 경제경영연구소, 알기 쉬운 금융 지식, 매일경제신문사, 2012

① 신용 위험

신용 위험이란 신용 거래에 있어서 채무자가 계약조건을 전부 또는 일부 이행하지 못할 경우 채권자가 손실을 입게 될 가능성을 말한다. 예를 들면 금융 회사가 기업에 대출을 해준 경우 기업이 대출금을 갚지 못해 금융 회사가 손실을 입게 되는 위험을 신용위험이라 할 수 있다. 그러므로 거래 상대방의 정보를 수집하고 분석하여 자신이 감내할 수 있는 범위 내에서 신용 거래하는 것이 좋다.

② 시장 위험

금리나 주가, 환율, 부동산 가격, 상품 가격 등 시장변수가 불리하게 작용해서 금융회사나 개인이 보유한 자산의 가치에 손실을 입히게 되는 가능성을 시장 위험이라 한다. 그러므로 위험 자산의 가중치를 매겨 분산 투자함으로써 시장 위험을 최소화할 수 있다.

③ 유동성 위험

유동성 위험이란 보유 자산을 현금화하기 어려워 자금 부족이 발생하고 이로 인하여 만기까지 거래 상대방의 자금 조달 계획에 악영향을 미치는 위험을 말한다. 유동성 위험이 있으면 금융 시장에서 필요 자금을 즉시 조달할 수 없기 때문에 그에 대한 보상으로 이자율이 높아진다. 그러므로 유동성이 매우 낮아 현금화하기 어려운 부동산에 대한 투자액을 적정 수준으로 설정하고 부채는 만기 중심으로 관리하여 자금 조달의 용이성을 확보하여 유동성 위험에 대비해야 한다.

④ 금리 위험

금리 위험이란 금리나 주가·환율 등 시장 변수의 변동으로 인해 자산이나 부채 등 금융 자산의 가치가 변동하여 예상치 못한 손실을 입을 수 있는 위험을 의미한다. 이자율이 이미 정해진 고정금리 채권[2)]은 금리의 상승폭이 크고 만기가 가까워 올수록 시장 가격이 더 크게 떨어져 상대적으로 이자를 덜 받게 된다. 그러므로 투자 자산을 일정한 한도 안에서 관리하고 금리와 시장상황을 예

2) 매일경제 경제경영연구소, 알기 쉬운 금융 지식, 매일경제신문사, 2012

측하여 금리 상품을 선택하는 것이 좋다.

⑤ 인플레이션 위험

인플레이션이란 물가가 상승하는 것을 말하며 이로 인해 돈의 가치가 떨어져 구매력이 낮아지게 된다. 이런 이유로 인플레이션 위험을 구매력 위험이라고도 부른다. 인플레이션은 만기가 길수록 위험이 크며 자산의 실질 가치를 저하시키므로 채권자에게 불리하고 채무자에게는 유리하다. 그러므로 인플레이션 위험을 피하기 위해서는 물가와 연동되어 인플레이션을 반영하는 변동금리 상품을 선택하는 것이 좋다.

2) 비재무 위험[3)]

자산의 증감과 관련된 재무 위험 외에도 계량화하기 어렵고 개인에 따라 다르게 나타나는 비재무 위험도 존재한다. 직장에서의 해고, 중년의 위기, 가족 관계 문제, 자녀 교육 문제, 이혼 위기, 부부 문제, 노년 문제 등이 비재무 위험에 속한다. 개인에 따라 위험 인식 정도가 다르지만 미리 대비하면 신속하게 대처할 수 있어 위험이 크게 완화될 수 있다.

① 전문성 위험

전문성 부족에 처하지 않기 위해 꾸준한 지적 탐구를 통해 지식을 습득하고 경험과 사고를 통해 지식수준을 높여야 한다.

② 중년 위험

욕심을 버리고 레포츠, 낚시, 공연 등 취미생활을 함으로써 현재를 즐기는 것이 중요하다.

③ 가족 관계 위험

가족 관계 위험을 최소화하기 위해 가족과 대화하는 시간을 늘리고 가족이 함께할 수 있는 활동을 통해 유대감을 쌓고 화합할 수 있는 기회를 만드는 것이 중요하다.

3) 매일경제 경제경영연구소, 알기 쉬운 금융 지식, 매일경제신문사, 2012

④ 자녀 교육 위험

자녀와의 깊은 대화를 통해 진로를 상의하고 자녀의 견해를 존중해줌으로써 자녀가 스스로에게 맞는 교육을 효율적으로 받고 미래를 준비할 수 있도록 도와주어야 한다.

⑤ 기타 위험

비재무적 위험에 대한 개인적인 노력이 한계가 있을 경우에는 전문가의 도움을 받는 것이 좋다.

(2) 동태적 위험과 정태적 위험[4)]

1) 동태적 위험

경제 변화에 의한 사회적 현상의 변화로 야기되는 위험을 말한다. 경제 변화는 불규칙하여 동태적 위험을 예측하고 측정하는 데에 어려움이 있지만 장기적으로 자원의 재분배를 통해 사회의 발전과 혜택으로 연결될 수 있다.

2) 정태적 위험

경제 변화와 관련 있는 동태적 위험과는 달리 자연적으로 발생하거나 타인에 의해 발생되는 위험이다. 정태적 위험은 자산의 손실과 소유의 변화를 일으키지만 규칙성 있게 발생되어 예측 가능하다.

(3) 기본 위험과 특정 위험

1) 기본 위험

개인이나 국가의 통제를 벗어나 누구에게나 공통적으로 발생되는 위험으로 실업, 전쟁, 인플레이션, 지진, 홍수 등이 포함된다. 이러한 기본 위험은 사회보험을 통해 위험을 대비하고 보장할 수 있다.

4) 매일경제 경제경영연구소, 알기 쉬운 금융 지식, 매일경제신문사, 2012

2) 특정 위험

손실의 원인과 결과가 개인적이기 때문에 특정 개인에게 발생하여 손해를 입히는 위험을 말한다. 화재 사고, 자동차 사고, 질병 등이 이에 속하며 개인의 자유의지에 따라 인보험이나 손해보험인 민영보험에 가입하여 위험을 최소화할 수 있다.

(4) 객관적 위험과 주관적 위험

1) 객관적 위험

객관적 위험은 객관적으로 측정 가능한 위험으로 대수의 법칙에 근거해 통계적으로 측정한다.

2) 주관적 위험

객관적으로 측정할 수 없는 위험으로 개인의 심리적인 불확실성으로 인해 발생할 수 있다. 개인의 위험 성향, 심리, 마음 상태에 따라 인식하는 위험의 정도가 다르다.

(5) 순수 위험과 투기적 위험

1) 순수 위험

손실의 유무에 대한 불확실성이 위험이다. 즉, 이익을 취할 수 없고 오직 손실이 발생할 가능성만 있기 때문에 보험을 통해 위험을 회피하고자 한다.

① 인적 위험

사망, 장수, 상해, 질병, 실어 등과 같이 개인의 신체와 관련된 위험으로 이로 인해 소득의 상실이나 추가 비용의 발생 등 손실이 발생할 수 있는 위험을 말한다.

② 재산 위험

재산의 손실 가능성에 대한 위험으로 이로 인해 사산의 가치와 의무가 하락할 수 있다. 재산 위험은 직접 손해와 간접 손해로 구분된다.

③ 배상책임 위험

과실이나 고의로 인해 타인에게 금전적인 손해를 입혀 이를 배상해야 하는 책임이 발생할 수 있는 위험을 말한다. 재산적 손해, 비재산적 손해, 기타 비용으로 구분된다.

2) 투기적 위험

도박과 같이 손실과 이득이 동시에 있는 위험으로 대수의 법칙이 적용되지 않기 때문에 거의 보험의 대상이 될 수 없다.

1.2 위험관리방법

(1) 위험 통제

위험 통제란 손실의 빈도와 정도를 줄이는 방법을 말한다. 이를 위한 방법으로는 위험 회피와 위험 축소가 있으며 이를 개별적이거나 통합적으로 사용하여 위험을 줄인다.

1) 위험 회피

가장 일반적인 위험 관리 방법으로 위험을 일으킬 수 있는 요소나 상황을 제거함으로써 위험을 회피하는 것을 말한다.

2) 위험 축소

위험 축소는 위험의 규모와 정도를 줄이는 방법으로 손실 빈도를 줄이는 손실 방지와 손실의 정도를 줄이는 손실 축소로 구분된다.

(2) 위험 재무

위험 재무란 위험에 의한 손실을 회복하기 위해 미리 자금을 준비해두는 것이며 위험 이전, 위험 보유의 방법으로 구분된다.

1) 위험 이전

위험 이전이란 보험과 같이 미래에 발생하는 손실의 전부나 일부를 제3자에게 이전하는 것을 말한다.

2) 위험 보유

위험을 보유하는 것 외에 방법이 없을 경우 이를 보유하며 발생하는 손실에 대한 책임을 스스로 지는 것을 말한다.

2 보험

2.1 보험의 의의

보험이란 미래에 예측할 수 없는 재난이나 사고로 인한 손실의 위험에 대비하고 경제적 필요를 충족시키기 위해 생긴 제도를 말한다. 즉, 미래의 위험을 대비하고자 하는 많은 사람들이 미리 공동기금을 구성하여 두고 사고나 재해를 당했을 때 이 기금으로 약정된 금액을 지급함으로써 개인 피해자의 부담을 덜어주도록 상부상조하는 경제제도이다.

경제가 발전하여 사회가 발달하고 복잡해짐에 따라 개인이 직면할 수 있는 위험요소가 많아지게 되면 사고나 재난의 위험에 노출될 수 있기 때문에 보험의 효용은 더욱 커진다. 질병, 사망, 실업, 은퇴 등 예기치 못한 사고로 가족들의 생계에 부담이 생길 수 있기 때문에 보험을 이해하고 적극적으로 활용함으로써 위험을 미리 대비하는 것이 중요하다.

(1) 보험의 특성

1) 우연한 사고

보험은 계획된 사고나 재해가 아닌 예측하거나 인식하지 못하는 상태에서 갑자기 닥친 우연한 사고에 대해 보상금을 지원한다.

2) 위험의 이전

보험계약자는 미래의 예기치 못한 위험에 대비하기 위해 보험회사에 보험료를 납부함으로써 미래의 위험에 대한 보험료를 지급해 줄 수 있는 보험회사로 위험을 이전한다.

3) 손실예측

과거 발생했던 손실 데이터를 바탕으로 미래의 손실을 예측하면 이를 통해 위험이 줄고 적정한 보험료 측정이 가능해진다.

4) 손실보상

갑작스러운 사고에 대해 금전적으로 보상해줌으로써 가족의 생계유지를 돕고 재무적 상태를 회복할 수 있도록 돕는다.

(2) 보험의 원리

1) 대수의 법칙(law of large numbers)

대수의 법칙이란 관찰 수를 늘려갈수록 개인 고유의 요인은 희석되고 표본으로 얻은 측정치가 그 집단 전체에 내재된 본질적인 성향과 가까워지는 현상을 가리키며 보험은 이러한 대수의 법칙을 바탕으로 한다. 예를 들면[5] 인간의 수명이나 사망률을 장기간에 걸쳐 많은 모집단에서 구하고 대수의 법칙을 이용하여 보험금액과 보험료율 등을 산정한다.

2) 수지상등의 법칙(principle of equivalence)

수지상등의 법칙이란 미래의 위험에 대비하고자 하는 사람들이 납부한 보험료 총액이 사고를 당한 사람들에게 지급하는 보험금와 균형을 이루는 것을 말한다.

5) 이종수, 행정학사전, 대영문화사, 2009

3) 급부·반대급부 균등의 법칙

개인이 납입하는 보험료는 고유의 위험 확률과 보험금액을 곱한 기댓값으로 결정되므로 위험에 따라 보험료율이 달라진다.

(3) 보험의 기능

1) 경제적 기능

보험을 통해 사업의 위험을 대비하여 나눌 수 있고 신용도 증대되기 때문에 안정적으로 경영할 수 있고 신규 사업으로의 진출도 용이해지며 또한 예상하지 못한 사고나 재난으로 인해 회사의 운영에 어려움이 있을 때 보험금을 통해 빠르게 재기할 수 있다. 그중에서도 근로자 보험은 생산자에게 안정감을 부여하여 생산성을 높이고 자신이 속한 집단에 소속감을 갖게 한다.

2) 사회적 기능

① 순기능

미래의 위험에 대비해 보험을 이용하면 위험에 대한 걱정을 줄일 수 있고 혹여 사고나 재해를 당하더라도 보험금을 지급받아 빠르게 재개할 수 있다. 또한 보험계약자들이 납입한 보험료는 기금을 형성해 대출, 투자 등으로 이용되기 때문에 금융 시장을 확대하고 활성화하는 데 도움을 줄 뿐만 아니라 상거래나 신용 거래에 있어서 안정감을 주기 때문에 사회 전반의 위험이 감소한다.

② 역기능

보험은 보험료, 보험회사 운영비 등 사회적 비용을 발생시키며 보험금을 받기 위한 보험 범죄도 늘어나고 있다. 또한 보험료 과다 청구 문제도 야기되고 있는데 이러한 문제들이 발생할 경우 다수의 보험자에게 피해를 줄 수 있고 사회적 비용도 증가시킨다.

2.2 보험계약

보험계약이란 보험계약자와 보험회사의 합의에 의해 보험계약자가 약정한 보험료를 지급하고 보험회사는 불확정한 사고나 재해가 생길 경우에 일정한 보험금액을 보험계약자에게 지급할 것을 약정하는 것을 말한다.

(1) 보험계약의 특징

1) 유상계약성

보험계약자는 보험료를 납부하고 보험회사는 보험금을 지급하기 때문에 상호 대가 관계가 있어 보험계약은 유상계약이다.

2) 쌍무계약성

사고 발생 시 보험계약자는 보험회사에 보험료를 청구할 수 있고 보험계약 후 보험회사는 보험계약자에게 보험료를 청구할 권리가 있으므로 쌍무계약이다.

3) 불요식의 낙성계약성

보험계약은 보험계약자와 보험회사 간의 합의로 성립하기 때문에 낙성 계약이고 의사 표시에 특별한 방식을 요구하고 있지 않아 불요식이다.

4) 사행계약성

보험계약은 우연한 사고나 재해를 전제 조건으로 하기 때문에 불확실성에 의존하는 사행계약이다.

5) 부합계약성

보험회사는 다수의 계약자와 보험계약을 맺기 때문에 보험내용이 정형화되어야 해 미리 작성한 보험약관으로 계약한다. 그러므로 부합계약성을 지닌다.

6) 선의계약성

보험은 우연한 사고에 대해 보상하므로 이를 판단하기 위해 보험계약자의 선의성이 요구된다. 그러므로 보험회사는 보험계약자가 보험사고를 의도했거나 사고에 중대한 과실이 있었음에도 사고를 당한 사실을 거짓으로 알릴 경우 보험을 해지할 수 있도록 선의성을 확보하는 조항을 가지고 있다.

7) 계속계약성

보험은 우연한 사고가 한 번 일어날 경우 계약이 종료되는 것이 아니라 계약 기간 동안 권리와 의무가 유지되기 때문에 계속계약이다.

8) 영리적 상행위성

보험회사는 보험영업과 운용을 통해 이득을 남기는 상행위를 하기 때문에 보험계약은 영리적 상행위라 할 수 있다.

(2) 보험계약요소

1) 보험계약자

보험회사와 보험계약을 하는 당사자이며 약정된 금액의 보험료를 납부할 의무, 고지 의무, 보험계약 임의해지권, 보험계약 취소권 등 다양한 권리와 의무를 가진다.

2) 피보험자

생명보험계약에 있어 피보험자는 생·사라는 보험사고 발생의 객체가 되는 사람이며 손해보험계약에서는 사고가 발생함으로써 손해를 입어 보상을 받을 권리를 가지고 있는 자를 말한다.

3) 보험수익자

보험회사로부터 보험금을 받게 되는 사람을 보험수익자라 한다. 손해보험의 경우 피보험자가 손해를 입고 보험금을 청구하여 수령하기 때문에 피보험자가 보험수익자가 된다. 반면 생명보험의 경우 피보험자가 사망하면 유족이 보험금을 수령하기 때문에 유족이 보험수익자가 된다.

4) 보험회사

보험업법에 따라 정부의 허가를 얻어 보험사업을 하는 보험업자로서 보험계약자로부터 보험료를 받아 투자나 대출 활동을 하고 미래의 우연한 사고가 발생하면 보험계약자에게 보험금을 지급해주는 업무를 전문적으로 하는 회사를 말한다.

5) 보험대리점

보험대리점이란 보험회사를 위하여 보험계약의 체결을 대리, 중개하고 보험료 수납 등의 행위를 하는 집단을 말한다. 이같은 보험대리점은 보험대리업무에 관한 위임계약을 체결하고 등록요건을 갖추어 금융위원회에 등록되어 있어야 한다.

6) 보험금

보험금이란 보험사고로 인정되는 사고나 재해가 발생하였을 때 보험계약에 따라 약정된 금액을 지급하는 것을 말한다.

7) 보험료

보험료란 보험계약에 의거하여 보험회사가 보험금 지급 책임을 지는 대가로 계약자가 납입하는 금액을 말한다. 보험회사는 예정위험률, 예정이율, 예정사업비율을 바탕으로 보험료를 계산한다. 이같은 보험료는 순 보험료와 부가보험료로 구성되어 있다. 순 보험료는 장래의 보험금을 지급하기 위한 것으로 사망 보험금 지급의 재원이 되며 이것은 다시 예정위험률에 의해 산출된 위험보험료와 예정이율을 기초로 산출되는 만기 보험금 지급을 위한 저축 보험료로 나뉜다. 부가 보험료는 보험계약을 유지하고 관리하는 데 필요한 경비로 쓰이는 금액으로 예정사업비율을 기초로 산출하며 신계약비, 유지비, 수금비로 구성되어 인건비, 물건비 등 영업비에 쓰인다.

보험료 = 순 보험료(= 위험 보험료 + 저축 보험료) + 부가 보험료

① 예정위험률

대수의 법칙을 토대로 과거의 일정 기간 동안 일어난 보험사고 확률을 통해 앞으로 보험사고가 일어날 사고 확률을 예측한 것을 말한다. 예를 들면 과거 데이터를 통해 산출한 보험금 지급 비율, 보험계약자의 사망·사고 비율 등이다. 그러므로 보험료 산정에 있어 예정위험률이 높으면 보험료가 올라가고 예정위험률이 낮으면 보험료가 내려간다. 또한 예정위험률과 실제 사망률의 차이를 위험률 차손익이라고 한다.

② 예정이율

예정이율은 은행의 금리와 유사한 개념으로 보험사가 보험계약자에게 보험금 지급 시 가산해야 하는 이자를 보장하는 금리를 의미한다. 즉, 보험계약자로부터 보험료를 받아 기금을 구성해 보험금 지급 전까지 이 자금을 운용하는데 이에 대한 수익과 보험료를 현재가치로 환산하여 보험료를 산정하는 데 적용되는 이율이다. 이러한 예정이율과 실제 자산운용수익률과의 차이를 이자율 차손익이라고 한다.

③ 예정사업비율

신계약비, 수금비, 유지비 등으로 구성되는 사업비는 보험계약의 체결, 유지, 관리 등 보험사업의 운용에 쓰인다. 한편 예정사업비율이란 보험료 중 미리 계산된 사업비의 비중을 의미하며 이러한 예정사업비율에 의해 도출된 사업비와 실제 사업비의 차이를 사업비 차손익이라 한다.

8) 보험기간

보험기간이란 보험의 효력이 미치는 기간으로 보험계약 시 약정되며 이 기간 중 발생하는 보험사고에 대해 보장받을 수 있다.

9) 보험증권

보험증권은 보험계약의 성립을 증명하는 문서로서 보험계약자의 청구에 의해 보험회사가 보험계약사항을 적어 발행하는 증권을 의미한다.

(3) 보험계약의 체결과정

보험가입에 희망하는 자는 다양한 보험상품의 특징에 대해 보험회사를 통해 안내받거나 직접 조사하여 본인의 목적에 맞는 상품을 선택한다. 그 후 선택한 상품에 대한 약관을 살펴본 후 청약서를 작성하고 자필로 서명한다. 그러고 나서 청약서 부본과 약관을 받고 회사인수 여부 심사를 기다린다. 회사가 인수할 결정을 내리면 발행된 보험증권을 수령하고 청약서의 약관과 보험증권을 비교하여 보험계약사항을 한 번 더 확인하면 보험계약이 체결된다.

2.3 보험의 유형

(1) 사회보험

국민이 살아가는 동안 겪을 수 있는 위험인 실업, 질병, 상해, 사망 등의 사고로 생계유지가 어려울 때 국가가 이를 지원해주거나 보험회사의 역할을 함으로써 국민의 생활을 보장해주고자 하는 것을 사회보험이라 한다. 사회보험은 국가에 의해 운영되므로 강제성을 가지고 있으며 민영보험이 해결할 수 없는 위험으로부터 보호하고자 한다. 그리고 이를 통해 소득 재분배 효과가 나타난다.

1) 사회보험의 기본 원칙

① 최저생활보장의 원칙

연금보험과 같이 재직시기 대비 일정 수준의 보험금을 보장해줌으로써 국민의 최저생활을 보장해준다.

② 소득재분배 원칙[6)]

사회보험은 사회적 적정성에 초점을 맞추고 있기 때문에 소득재분배가 가능하다. 의료보험의 경우 소득에 비례하여 보험료를 부과하지만 균등하게 수혜받을 수 있으며, 국민연금은 균등 부분과 소득비례 부분을 합산하는 한편 산재보험은 사용자가 보험료를 전부 부담하기 때문에 소득재분배 효과가 있다.

③ 보편주의 원칙

사회보험은 모든 국민이 차별 없이 가입할 의무가 있고 사회적 위험의 분산, 보험료 지급 등에 있어 보편적이다.

④ 기여 분담의 원칙

연금보험과 국민건강보험은 당사자와 고용주가 각각 50%씩 부담하고 있듯이 보험가입자와 고용주 또는 국가가 함께 보험금을 분담하기 때문에 기여 분담의 원칙이 성립한다.

2) 4대 사회보험

우리나라에서 시행되고 있는 4대 보험은 국민연금, 국민건강보험, 고용보험, 산업재해보상보험으로 국민의 생활안정과 복지향상을 위해 시행되고 있다. 전 국민이 의무적으로 국민건강보험과 국민연금에 가입해야 하고 그중에서도 직장인과 근로자는 고용보험과 산업재해보상보험에 의무적으로 가입해야 한다.

① 국민연금

국민연금이란 국민의 생활안정과 복지를 증진하기 위해 만들어진 제도로 노령의 연금가입자가 정년퇴직 등으로 소득원을 잃은 경우 근로소득 상실을 보전하기 위해 일정한 소득을 보장하는 사회보장제도이다. 가입자, 사용자, 국가로부터 보험료를 받아 노령연금, 유족연금, 재해로 인한 장기근로 상실에 따른 소득 보장 등을 위해 보험금을 지급한다.

6) 매일경제 경제경영연구소, 청소년을 위한 금융·경제 핵심정리, 매일경제신문사, 2014

② 국민건강보험

국민건강보험이란 평소에 기금을 마련해 국민의 질병 및 부상에 대한 치료 등 보험사고로 인한 목돈이 필요할 때 가계의 부담을 줄이고 생계유지를 위해 의료서비스를 제공받을 수 있도록 하여 건강증진을 향상시키는 사회보장제도이다. 국민들이 법에 의한 강제성에 의해 의무적으로 납부하는 국민건강보험료는 국민건강보험공단이 관리·운영한다.

③ 고용보험

고용보험이란 근로자가 실직한 경우 생활안정을 위하여 일정 기간 동안 급여를 지급하는 실업급여제도이다. 이와 더불어 실직근로자의 생활안정을 위해 직업능력 향상·개발, 적극적인 취업알선을 통한 재취업 촉진 및 지원금 지원 등을 목적으로 하는 사회보험의 하나이다. 실업보험사업, 고용안정사업, 직업능력사업 등의 노동시장정책과 연계하여 통합적으로 실시한다.[7)]

④ 산업재해보상보험

산업재해보상보험이란 근로자의 업무상 질병과 상해에 대하여 신속하고 공정하게 치료비와 보험금을 보상하기 위한 제도이며 '산재보험'이라고 부른다. 이를 통해 상해를 입은 근로자의 노동력 보전, 근로자 가족들의 생활안정, 기업의 위험부담 경감을 지원한다. 또한 산재보험은 사업주의 강제가입방식으로 운영되므로 법의 강제성을 띄고 있다.

⑤ 노인장기요양보험

노인장기요양보험이란 건강보험, 국민연금, 고용보험, 산재보험에 이어 제5의 사회보험으로 불리는 사회 보장제도로서 고령이나 노인성 질병 등의 사유로 일상생활을 혼자서 수행하기 어려운 노인에게 신체 활동 또는 가사 활동 지원 등 장기 요양 급여를 제공하는 사회보험제도이다. 이를 통해 노후의 건강 증진 및 생활안정을 도모하여 국민의 삶의 질을 향상하도록 하는 목적을 가진다.

7) 매일경제 경제경영연구소, 청소년을 위한 금융·경제 핵심정리, 매일경제신문사, 2014

(2) 민영보험

민영보험은 최저 생활선 이상을 보장받기 위해 스스로 보험을 활용해 위험으로 인한 손해를 완화하고자 하는 것을 말한다. 사회보험과 대비되는 개념으로 사회보험과 민영보험은 상호 보완적인 성격을 지닌다.

1) 인보험

인보험이란 보험자가 피보험자의 생명이나 신체에 대한 예상치 못한 사고에 대비하기 위해 일정한 보험금을 지급할 것을 약정하고 보험계약자는 이에 대한 보험료를 납부할 것을 약정하는 보험이다. 인보험에는 생명보험, 상해보험, 질병보험, 퇴직보험 등이 있으며 이를 통해 개인의 사망, 생존, 상해, 질병 등에 대한 보험사고를 보장한다.

2) 손해보험

사람의 생명이나 신체에 대한 보험사고를 보장하는 인보험과 달리 손해보험은 우연한 사고로 인해 피보험자에게 생기는 재산상의 경제적 손해를 보험회사의 보험금을 통해 보상하기 위해 보험료를 납부하는 것을 말한다. 만기가 정해져 있으며 보험계약 당시 약정한 기간 동안 보험사고가 일어날 경우 보상받을 수 있다. 보험기간 중 피보험자의 직업이나 직무가 바뀌었다면 이를 보험회사에 알려 위험 정도에 따라 보험 가입 금액을 조정해야 한다. 그렇지 않으면 손해 보험에 가입하고도 보험금을 지급받지 못할 수 있기 때문에 이를 반드시 유의해야 한다.

(3) 종신보험

종신보험이란 정기보험처럼 보험기간을 한정하지 않고 평생을 담보로 하며 피보험자가 사망하게 되면 자살과 같은 특별한 사유가 아닌 이상 사망 원인에 관계없이 보험금을 100% 지급하는 보험 상품으로 유가족의 생계유지를 목적으로 한다. 보험료 불입 기간은 종신불, 유한불, 일시불 등이 있다.

(4) 정기보험

정기보험이란 사망보험 중에서 보험회사의 책임의 시기인 보험기간이 일정한 기간으로 한정되어 있는 생명보험을 의미한다. 보장기간을 보험계약자가 선택할 수 있으며 1년·3년·5년으로 해마다 갱신된다. 보장기간 동안에만 보험금을 지급받을 수 있기 때문에 종신보험에 비해 합리적으로 고액의 보험금을 받을 수 있는 반면 보험기간 만료까지 생존해 있으면 보험금을 지급받을 수 없다.

(5) 보장성보험

피보험자에게 사망·상해·입원·생존·질병 등과 같이 사람의 생명과 관련된 보험사고나 재해가 생겼을 때 피보험자에게 약정된 보험금을 지급하는 상품을 말한다. 일반적으로 재해보장보험, 암보험, 건강생활보험, 자동차보험, 화재보험 등이 보장성보험에 속하며 중도 해약이나 만기 시 환급금이 납입 보험료를 초과하지 않는다.

(6) 저축성보험

저축성보험은 목돈 마련이나 노후 생활 자금 등 필요한 시기에 쓰려는 목적을 위한 보험상품으로 납입한 보험료보다 만기 시 지급되는 보험금이 더 많다. 저축성보험은 보험료 중 사업비와 보장에 필요한 부분을 제외한 금액에 대해 높은 이율을 적용하여 만기에 지급하므로 주택 자금, 결혼 자금, 교육비 등 목돈 마련에 효과적이며 10년 이상 납입 시 비과세 혜택과 복리 이자 등의 혜택을 받을 수 있다. 저축성보험은 만기에 일시불로 수령하거나 연금처럼 분할 수령할 수 있다.

(7) 배당보험

배당보험이란 보험회사가 보험계약자에게 수령한 보험료를 실제 운용하며 생긴 이익이나 잔여금을 배당해주는 보험을 말한다.

(8) 무배당보험

무배당보험은 배당보험과 반대로 이익이나 잔여금을 배당해 주지 않는 보험을 말한다. 보험회사의 운영으로 인한 이익이 모두 보험회사에 귀속되는 대신 운영에 의한 손해도 회사가 책임을 진다. 무배당 보험료 계산 시 미리 배당을 감안하여 예정사망률, 예정이율, 예정사업비율의 안전도를 축소하여 보험료를 할인하기 때문에 배당보험에 비해 저렴하다.

(9) 의무보험

의무보험이란 보험계약자와 보험회사 간의 계약에 의해 성립되는 것이 아닌 국가의 법에 의해 강제로 가입해야 하는 보험을 말하며 가입하지 않으면 과태료가 부과되거나 처벌된다.

(10) 임의보험

임의보험이란 보험계약자의 의사에 따라 가입하는 보험을 말한다.

CHAPTER

03

금융의 역사

현대의 흐름 속에서 점점 전 세계적으로 자본주의가 만연해지고 있는 실정이다. 따라서 더 이상 삶에 있어서 돈과 관련된 내용을 따로 구분 지어 설명하기가 어려워졌다. 즉, 현대인들은 간접적으로 혹은 보다 직접적인 형태로 어떠한 방식에서든 돈과 연관을 맺고 있는 양상을 보인다. 이때, 직접적인 관계는 주로 돈과 관련된 산업에 관여하였을 때 발생하는데, 그중에서도 금융업은 돈과 관련하여 현대인들이 직접적으로 관여하는 가장 대표적인 산업으로 들 수 있다.

현대에 이르러 금융업은 해당 산업 내에서도 여러 갈래로 나뉘어져 존재한다. 각각의 갈래는 우리 생활 속에 깊이 침투하고 있으며 날이 갈수록 그 중요성을 더해 가고 있다. 이렇듯 현대 세계 경제의 흐름을 주도하는 중요한 산업으로 성장하기까지, 금융업은 인류의 역사 속에서 공존하며 끊임없는 발전을 거듭해 왔다. 따라서 금융업의 유구한 역사를 살펴보는 것은 과거 시대를 되짚어 보는 것만큼 의미있는 활동일 것이다. 이러한 점에서 앞으로는 금융업 내부에 존재하는 여러 갈래를 확인하고 각각의 갈래 내에서 시대 흐름의 일반적인 기준을 두어 금융업의 역사와 발전 양상을 살펴보고자 한다. 여기에서는 일반적인 시대적 기준을 차용하여 고대, 중세, 근대, 현대로 구분하였으며, 각 시대 내에서 두드러지는 특징을 중점으로 과거의 금융업 형태에 관해 집중 조명해보겠다. 그리하여 우리는 화폐, 은행, 보험, 주식, 국채 및 조세의 순으로 금융업 내 개별 산업의 발전적 과정을 시대별로 심도 있게 다루게 될 것이다. 이렇게 전체적인 흐름을 짚어본 후 우리나라의 금융업은 역사 속에서 어떠한 과정을 통해 발전해 왔는지 보다 큰 흐름으로 다뤄보고자 한다.

1 화폐의 역사[1)]

1.1 화폐의 의미와 기능

(1) 화폐의 의미[2)]

화폐는 상품의 교환 및 유통을 원활히 하는 데 쓰이는 매개물의 일종이다. 근대의 자본주의경제는 분열된 무수한 개별경제(경제주체·경제단위)들이 모여서 이루어진 하나의 종합경제라고 할 수 있는데, 여기서 화폐는 재화이자 상품인 동시에 각 개별경제를 결부시키는 고리의 역할을 한다. 화폐의 존재의미는 대표적으로 '매개적 존재'와 '목적적 존재', 이렇게 두 가지로 나눌 수 있다. '매개적 존재'는 상품을 구입한 대가로 지불하는 화폐 흐름이며, 이때 화폐는 구매수단이자 유통수단이 된다. '목적적 존재'는 화폐가 한 방향으로만 흘러가 이자가 붙은 화폐가 되어 다시 돌아올 것을 기대한다. 여기서는 화폐 그 자체가 상품처럼 거래대상이 된다.

(2) 화폐의 기능[3)]

- 교환의 매개수단 : 화폐는 상품과 서비스의 거래에 있어 교환매개로서의 기능을 수행한다. 이는 욕구의 일치를 통해 물물교환시스템의 비효율성을 해결하고, 서로 다른 객체의 가치 비교수단이 된다.
- 가치척도의 기능 : 화폐는 상품, 서비스 및 기타 거래에 있어, 시장가치를 측정해 주는 표준수치 화폐단위이다.
- 가치저장의 수단 : 화폐는 다른 물품의 거래가 일어나기 전까지 가치저장의 수단이 된다. 이 화폐의 가치는 시간이 지남에 따라 변할 수 있다(인플레이션, 디플레이션).

---

1) 캐서린 이글턴·조너선 윌리엄스, 양영철·김수진 옮김, MONEY 화폐의 역사, 말글빛냄, 2008
2) 임석민, 경영학자가 쓴 '돈의 철학' Money, 나남, 2010
3) William Stanley Jevons, In Money and the Mechanism of Exchange, New York : D. Appleton and CO., 1875

1.2 고대의 화폐[4)]

(1) 물물교환의 시대

명확한 증거가 남아있지 않아 정확한 시기는 모르나, 소위 '물물교환'이라 일컫는 거래방식은 10만 년 전으로 거슬러 올라간다. 이러한 물물교환의 방식은 거래되는 상품의 정확한 가치 측정 불가능, 과다한 거래비용 등의 문제가 있어 상당히 비효율적이었다. 결국 문명이 발달함에 따라 세계의 여러 문명은 '돈(화폐)'을 개발하였다.

(2) 메소포타미아 문명과 이집트 문명

처음으로 화폐를 사용한 것은 기원전 3,000년경 메소포타미아에서였다. 귀한 금속이 이 당시 화폐로 사용되었는데 특히 초기(기원전 2,400년경)에는 주로 '은'이 사용되었다. 이런 금속의 가치를 결정 짓는 것은 무게였기 때문에 미나(고대 그리스의 무게 단위로 약 500그램 정도), 세겔(유대의 무게단위로 약 5온스 정도) 등 금속의 무게를 표시하는 단위들이 곧 화폐의 단위로 통용되었다. 그리고 당시 주로 거래되는 기본적인 재화는 바로 '곡물'이었으므로 곡물 또한 화폐의 대용가치로 많이 활용되었다. 메소포타미아 남부에 위치한 '우르'에서 발견된 상인들의 결산내용을 담은 문서를 보면 은과 곡물이 거의 모든 부분에서 화폐로 사용되었음을 알 수 있다.

비슷한 시기에 이집트는 '동'을 화폐로 사용했다. 금에 대한 애착이 강한 이집트가 금을 화폐로 사용하지 않은 이유는 금이 풍부했기 때문이다. 미탄니(Mitanni)의 왕 아벤호텝 3세(AbenhotepⅢ)에게 바친 서한을 보면 이집트는 "먼지보다 금이 더 흔했다."라는 구절이 담겨 있을 정도였다. 이집트의 문서에는 '동'이 화폐로 기능했음을 알 수 있는데, 이 또한 주조된 동전이라기보다는 표준화된 무게로 평가했다. 이집트 신왕조의 문서를 보면 무게가 곧 가치의 단위가 되었음을 알 수 있는데 그 당시 무게의 단위로는 데벤(deben, 91그램),

4) 캐서린 이글턴·조너선 윌리엄스, 전게서(이 장에서는 해당 문서를 바탕으로 내용을 재구성하였으며, 추가적으로 다른 자료를 이용했음을 밝힙니다.)

카이트(kite, 데벤의 10배) 등이 사용되었다.

이상을 통해 메소포타미아와 이집트는 지리적으로 다른 곳에서 발생한 문명이지만, 화폐에 있어서 상당한 유사성을 지니고 있음을 알 수 있다. 가치의 표준을 채택하고, 이를 희소한 금속의 무게와 곡물의 양으로 표현했다. 특히 메소포타미아의 단위인 '세겔'과 '미나'는 지중해로 건너가, 지중해 교역에 있어 하나의 표준이 되었다. 이 당시 지중해 무역의 대부분은 여전히 물물교환의 형태가 많았지만, 금과 은은 상당히 가치있는 것으로 여겨져 다른 상품과 교환하는 데 유리했기에 효과적인 거래 수단이 되었다.

(3) 주화의 발견

역사상 최초의 '주화'가 어느 것인지에 대해서는 아직 많은 학설이 있다. 리디아인들이 자연 합금인 일렉트럼(electrum)으로 만든 금속 물건이 첫 주화라는 주장이 있지만 이와 비슷한 시기에 중국 또한 청동으로 주화를 만들었고, 이보다 앞서 기원전 600년경 흑해 주변에서 만들어진 화살촉 모양의 청동 물건 역시 원시 주화라는 설도 있다. 또한 앞서 말한 이 주화들이 과연 표준화된 규격과 오늘날과 같은 방식의 주화별 가치 차이가 있었는지 또한 아직 논란이 되고 있다.

지중해 지역의 경우, '은화'가 주로 통용되었다. 이는 주변국들 대부분이 '은'을 화폐로 사용하였고, 합금은 그 가치를 따지기가 어려웠기 때문이다. '은화'를 제조한 것으로 알려진 대표적인 도시국가는 '그리스'다. 특히 아테네의 경우 은 자체의 가치보다 은화의 가치가 더 높아 화폐주조를 통해 부를 축적했다. 아테네의 경우 법 개정 이후 주화를 공식적으로 공인했다. 이러한 화폐제도는 이후 은보다 가치가 낮은 청동 주화 등도 개발되어 사용되는 등 주화 자체는 계속 변화했지만 기본적인 통화의 양식은 로마 시대로 이어졌다.

은화가 널리 통용되었지만, 모든 나라가 주화를 직접 제조한 것은 아니다. 이에 대해서는 여러 가지 이유가 있는데 은이 부족한 나라도 있었고, 스파르타처럼 금과 은을 소유하는 일을 속물적인 사고방식이라 폄하하며 이를 거부한 나라도 있었다.

(4) 로마 시대의 주화

로마 시대 사람들이 실제 주화를 어떻게 사용했는지는 로마령 이집트의 파피루스나 문학작품 및 복음서 등의 사료를 보면 알 수 있다. 로마가 지중해 주변국을 정복해 가면서 사용한 통화는 '데나리우스'이다.(데나리우스는 그리스식 단위로 드라크마라고도 하며, 1데나리우스는 64쿼드란스에 해당한다.) 로마는 실용주의를 견지했기에 정복한 나라에도 기존에 있던 주조화폐를 계속 사용하도록 허락했다. 한때, 은의 함량이 적은 주화도 만들어 유통시키기도 했지만 나중에는 은이 부족해져 청동 주화가 은화의 자리를 대체하였고, 이는 3세기까지 지속되었다.

3세기에 이르러 영국에서 대량의 은화가 생산되어, 은화의 가치는 하락하고, 이에 따라 청동 주화는 더 이상 가치를 갖지 못하였다. 또한, 잦은 전쟁으로 유럽의 통화는 매우 불안정해졌다. 후기 로마는 금화를 주된 통화로 사용하며 통일적인 화폐제도를 꿈꿨지만 인플레이션과 주화 간의 가치가 커짐에 따라, 서로마 제국은 붕괴한다.

1.3 중세의 화폐[5)]

(1) 로마 화폐제도로부터 탈피(450~750년 무렵)

평화의 시기가 도래하자 모든 국경에서 무역이 활발하게 진행되었고 교육 덕분에 많은 거래가 발생했다. 금화와 은화가 모두 활발하게 유통되었고, 황제의 하사품과 같은 고급상품도 가치 저장 수단으로 이용되었다.

이탈리아에서는 576년 말 서로마 제국에 의해 주화 양식이 정립되어 금, 은, 동 주화가 생산되었다. 뿐만 아니라 북아프리카, 이베리아 반도 등 많은 지역에서 로마의 화폐제도를 유사한 형태로 계승했다. 하지만, 로마에서 독립한 나라들은 대부분 금화를 사용하였는데, 가치 높은 화폐의 사용은 게르만 사회의 특징인 법률상 납입, 부조 제공, 그리고 경영인들의 확대된 요구에 더 부합

5) 캐서린 이글턴·조너선 윌리엄스, 전게서

하였기 때문이다. 또한, 로마의 중앙집권화가 약해짐에 따라 각 왕국들은 자체 화폐를 더 많이 사용하게 되었다. 화폐 주조 권한도 교회 등으로 인계되어, 교회는 주로 부를 축적하는 목적으로 화폐를 주조했다.

수 세기 동안 서유럽의 통화 역사는 로마제국의 본질적 단일화에서 각 이방인 계승자들의 체제에 따른 다수화로의 변천이라고 할 수 있다. 그들 모두가 로마의 유산을 공유하였지만, 그와 동시에 자신들만의 정체성을 가지고 있었던 것이다.

(2) 다양한 화폐제도의 도입(750~1150년 무렵)

카롤링거 왕조가 들어서면서 유럽의 통화제도는 크게 변화하였다. 711~715년 아랍에 의한 스페인의 몰락을 시작으로 유럽에는 이슬람의 화폐제도가 유입되기 시작했다. 프랑스에서는 은의 함량이 높은 원래의 페니를 복원하고는 급진적 개혁을 시도했고, 이는 유럽의 주축 은화로 통용되었다. 이때, 모든 주화에 통치자의 성명이나 이니셜을 새기도록 하여 화폐 주조에 대한 관리·감독도 강화하였다.

은이 부족한 북부 영국의 경우 은의 함량이 적은 은화를 사용하다가 바이킹 족에게 점령되어 화폐 주조가 중단되었다. 바이킹 족의 유럽 침략으로 서유럽은 화폐의 공급팽창과 약화를 동시에 경험하였고, 막대한 조공에 대량의 화폐가 필요하게 되었다. 9세기 말 바이킹 통치자들도 화폐 생산을 시작하면서, 유럽에 다시 화폐의 사용과 주조가 확산되기 시작하였다.

10세기부터 12세기 초까지 프랑스와 독일에서는 지방분권화 현상이 심화되어, 부와 권력이 증대된 고관들에게 화폐 주도권이 넘어갔다. 그렇다 보니 자기 화폐의 신뢰도를 높이기 위해 주조화폐를 고정화할 필요성이 제기되었다.

한편, 이슬람과 유럽의 사이에 놓인 비잔티움 제국은 주변국에 막대한 영향력을 행사하였는데, 독립적 통화를 구축하기 위해 노력한 결과, 500년이 넘는 기간 동안 솔리두스 금화와 노미스마를 통화의 근본으로 사용하면서, 지중해 지역의 무역을 주도하였다.

(3) 서유럽의 중세 후기(1150~1450년 무렵)

12세기에 이르자 주화 형태의 화폐 발행은 유럽에서 대부분 일상화가 되었고, 화폐주조는 더욱 중앙 집권화되었다. 화폐주조에 관한 엄격한 관리·감독은 화폐의 위상 또한 높아졌음을 시사한다. 새로운 은의 유입으로 질이 좋은 은화가 발달하였고, 이에 따라 소단위 통화에는 관심이 없어졌다. 이때, 구리의 함량이 높은 은화도 주조되었는데, 이들은 '검은돈'이라 불렸다. 이런 파생 은화들은 높은 화폐의 공급에 있어 부분적인 방편에 지나지 않았다.

13세기, 이탈리아가 북아프리카의 금 교역을 독점하면서 금화가 다시 유통되기 시작했다. 결국 14세기에는 금과 은의 위상을 고정시키고자 이 둘의 상대적 가치를 반영한 주화도 생산되었다. 하지만, 15세기에 새로운 은이 발견되고, 주조기술이 발달하게 되자 유럽은 새로운 전환기를 맞게 된다.

1.4 근대 초기의 화폐[6)]

(1) 인플레이션

15세기 후반, 유럽의 화폐변동은 세 가지로 요약될 수 있다. 첫째는 동전의 외관이 르네상스의 영향을 받아 변하였다는 것이다. 둘째는 금은의 새로운 공급원이 확보되어 통화 공급량이 늘어났고, 이에 따라 화폐의 사용범위도 넓어졌다는 것이다. 셋째는 유럽의 신대륙 발견으로 투자와 개척의 범위를 전 세계로 늘려 세계 경제의 초석을 마련했다는 점이다.

16세기는 인플레이션의 시대이다. 물가가 1540~1640년 사이 6배나 상승하였고, 이 영향은 지속되었다. 이에 따라, 16세기 후반 새로운 대형 금은 주화가 도입되었고 대형, 소형 화폐의 가격 범위도 확장되었다. 이러한 인플레이션에도 불구하고, 저가 화폐는 소규모 거래에 더 자주 이용되어 그 명맥을 유지하였다. 그러던 중 15세기에 부활한 구리 주화의 지속적 발달로 17세기 초반에는 북유럽과 서유럽 대부분의 지역까지 확산되었다.

6) 캐서린 이글턴·조너선 윌리엄스, 전게서

(2) 지폐의 도입

지폐는 일찍이 11세기경 중국에서 유통되어, 원나라(1206~1367년)에서 엄청난 인기를 누렸다. 유럽의 경우 17세기 중반 신대륙에서 은의 생산량이 감소하여, 금은 주화의 관계가 흔들림에 따라 18세기 초반에 지폐가 시험적으로 도입되기 시작했다. 하지만, 지폐가 처음부터 환영받은 것은 아니었는데 이는 여전히 통화 공급이 주화에 맞춰져 있기 때문이었다. 또한, 초기에 발행된 지폐들은 모두 본질적으로 투기적이었으며, 기존의 절차가 없었기에 지폐보다는 신용증서가 우선적으로 도입되었다. 서서히 돈의 속성과 사회적 역할에 대해 이성적인 사고가 뒤따름에 따라 통화로서 지폐가 정립되었다.

1.5 근·현대의 화폐[7)]

(1) 지폐의 발달

18세기 후반까지만 해도 화폐에 대한 귀금속 중심의 사고는 깨지지 않았다. 하지만 유럽은 재료가 되는 물질의 가치보다는 신뢰도에 기반한 신용화폐를 표준주화로 대량생산했다. 그리고 이것은 곧 유럽과 미국에서 광범위하게 사용되기 시작하였는데 이는 귀금속 통화로 언제든지 바꿀 수 있다는 내재적 가치, 믿음에서 기인한 결과이다. 또한, 지폐는 금이나 은과는 달리, 갑작스러운 공급량 변화에 크게 반응하지 않으며 지폐의 유통은 어느 정도 정부가 통제할 수 있다는 점에서 또 다른 장점을 지닌다. 유통 과다에 의한 평가절하 및 산업혁명으로 인한 갑작스러운 통화량 증가 등의 측면에서 지폐는 몇 가지 문제점을 보이긴 했으나, 지금까지 가장 널리 통용되는 화폐 중의 하나로 자리매김하였다.

(2) 전자화폐의 도입

20세기 동안 많은 서양 국가들에서는 대규모 거래에 더 이상 현금을 사용하

7) 캐서린 이글턴·조너선 윌리엄스, 전게서

는 일은 없었다. 대신에 신용기관과 수표, 그리고 전자화폐가 사용되었는데 이런 기술적인 발전은 점차 전 세계로 뻗어 나가 이제 은행계좌는 보편적인 가치 저장의 수단으로 군림하고 있다. 최근에는 신용카드, 현금카드 등 전자화폐의 종류와 기능이 점차 다양해지고 있어, 화폐는 이제 또 다른 국면을 맞이하고 있다.

2 우리나라의 화폐[8)]

우리나라의 고대 화폐는 기원전 957년 기자조선에서 자모전(子母錢)이라는 철전을, 신라에서는 금은 무문전을 사용했다는 기록 등이 남아있으나 그 실물은 전해 내려오지 않고 있다. 고려 성종(996년) 때에 처음으로 화폐를 제조하기 시작하여, 고려 때는 동국(東國), 해동(海東), 삼한(三韓)전, 조선 시대에는 조선통보(朝鮮通寶), 상평통보(常平通寶)와 엽전들이 주조, 유통되었다. 그 후 고종 19년(1882년)에 비로소 서양식 화폐제도를 도입하여 오늘날 우리가 사용하는 주화와 같은 압인식 화폐를 주조하기 시작했다. 이때부터의 경화(硬貨)를 근대 주화라 한다.

2.1 우리나라 주화의 역사

(1) 고려전(高麗錢, 996～1392년)

건원중보 배 동국, 동국중보, 동국통보, 해동원보, 해동중보, 해동통보, 삼한중보, 삼한통보 등이 996년부터 1105년까지 100여 년간 사용되었으며 글씨체에 따라 예서, 해서, 행서, 전서, 팔푼서 등으로 분류하는데 약 30여 종이 있다.

8) 캐서린 이글턴·조너선 윌리엄스, 전게서

(2) 조선전(朝鮮錢, 1392~1882년)

조선은 1392년 개국한 이후, 세종 5년(1423년)에 조선통보를 발행하고, 인조 11년(1633년)에 이르러 상평통보를 주조하기 시작했다. 상평통보는 영조, 정조에 이르러서는 각 중앙관서, 지방감영, 병영 등 60여 개소에서 주조하여 그 종류는 대략 2,500여 종에 이른다.

(3) 근대주화(近代鑄貨, 1882~1910년)

고종 19년 대동전의 발행을 시작으로 압인식 주화가 선을 보인 후, 1910년 나라를 잃을 때까지 20원, 10원, 5원 금화, 닷냥, 한냥, 반원, 20전, 10전 은화, 두돈오푼 및 5전 백동화 10문, 5푼, 1전, 반전 동화 등 30여 종의 근대주화가 유통되었다.

(4) 현행 주화(1959~현재)

1959년에 대한민국 최초의 현행주화인 10원, 50원, 100원, 이렇게 3종의 주화가 미국에서 주조되어 발행되었고, 1962년 3차 화폐개혁 이후 1966년엔 1원, 5원, 10원, 1972년에는 50원, 1970년부터는 100원, 1982년부터는 500원 주화가 발행되기 시작하여, 지금까지 모두 170여 종이나 된다.

(5) 기념주화(1970~현재)

우리나라 기념주화는 1970년에 발행된 '대한민국 오천년 영광사 기념주화'에서 시작되어 '광복 70년 기념주화'에 이르고 있다. 최근에는 발행횟수도 많아지고 있으며 칠보주화, 이색주화 등 새로운 조폐기술도 도입하여 다양한 기념주화를 발행하고 있다.

2.2 우리나라 지폐의 역사[9)10)]

우리나라 최초의 지폐는 인천전환국 설치와 함께 인쇄된 태환서 발행의 '호조 태환권'이지만 발행·유통되지는 못하였다. 여기에서 비롯되는 우리나라 지폐의 역사는 우선 구한말에서 현행 지폐 발행까지를 몇 시기로 나누어 볼 수 있다.

(1) 호조태환권(1893년)

5, 10, 20, 50량 모두 4종으로 만들어졌으나 발행되지는 못하였다.

(2) 제일은행권(1904~1909년)

10전, 20전, 50전과 1원, 5원, 10원권으로 모두 9종이 발행되었다.

(3) 구한국은행권(1910~1911년)

1원, 5원, 10원권 3종이 발행되었다.

(4) 조선은행권 I(해방 이전 1914~1945년)

10전, 20전, 50전과 1원, 5원, 10원, 100원권으로 지급어음 포함 모두 22종이 발행되었다.

(5) 조선은행권 II(해방 이후 1945~1947년, 정부수립 후 1949년)

1947년까지 1원, 10원, 100원권 8종이 발행되었으며, 정부수립 후에 5전, 10전, 50전과 5원, 10원권 5종이 발행되었다.

9) 캐서린 이글턴·조너선 윌리엄스, 전게서
10) 한국은행 홈페이지〈www.bok.or.kr〉
kin.naver.com/qna/detail.nhn?d1id=11&dirId=111001&docId=64225613&qb=7Jqw66as64KY6528IO2ZlO2PkOydmCDsl63sgqw=&enc=utf8&section=kin&rank=2&search_sort=0&spq=0&pid=RvhE8U5Y7u0ssa5GqhKssc--413676&sid=UDYm8Z70NVAAAFJ4kao (사진출처)

(6) 한국은행 원(圓)권(1950년, 1952년)

100원, 500원, 1,000원권 모두 4종이 발행되었다.

(7) 한국은행 환권(1953~1962년)

1환, 5환, 10환, 50환, 100환, 500환, 1,000환 액면으로 17종이 발행되었다.

(8) 한국은행 현용지폐(1962~현재)

1962년 제3차 통화조치 이후 발행된 지폐 26종 가운데 10전, 50전권을 제외하고 모두 시중에서 통용 가능한 법정통화다. 50,000원권 1종, 10,000원권 5종, 5,000원권 4종, 1,000원권 2종, 500원권과 100원권 각 3종, 50원권과 10원권 각 2종 그리고 5원권 및 1원권이다.

3 은행의 역사

은행이란 예금의 수입(受入), 유가증권 또는 기타 채무증서의 발행에 의하여 일반 대중으로부터 널리 채무를 부담함으로써 획득한 자금을 규칙적, 조직적으로 대출하는 업무를 영위하는 기업을 말한다.[11] 금융의 사전적 의미가 이자를 받고 자금, 즉 화폐나 통화 따위를 융통하여 주는 것임을 고려한다면 은행의 활동이 곧 금융활동이며, 금융의 역사는 곧 은행의 역사와 그 맥락을 같이 한다고 볼 수 있다. 이러한 은행업은 인류역사 내내 다양한 형태로 존재해왔다.

표 3-1 은행업의 역사[12]

시기	지역 및 국가	은행서비스 제공자	서비스 형태
12~13세기	유럽	유대인, 기사단, 기독교인	대부, 환전
13~14세기	이탈리아	페루치, 바디	금융중개업
15~16세기	이탈리아	메디치	금융중개업
17~18세기	영국	골드스미스 은행	은행원 공급
19세기	독일	로스차일드	투자금융

3.1 고대의 은행

자금융통의 측면에서 봤을 때 은행은 고대문명에서부터 이미 시작되었다. 은행의 역사는 '눈에는 눈, 이에는 이'라는 구절로 유명한 기원전 17세기에 씌어진 바빌로니아의 함무라비 법전으로까지 거슬러 올라간다. 여기에는 재산의 단순한 기탁 외에도 기탁된 재산의 운용이나 그에 따른 이자에 대한 규정도 명기되어 있다. 함무라비 법전에서의 이자에 관한 기록은 다음과 같이 나타난다. '상인이 곡물을 빌려줄 때 곡물 1구르에 대해 100실라의 이자를 받는다. 은을 빌려줄 때는 은 1세겔에 대해 6분의 1세겔 6그레인의 이자를 받는다.' 1세겔은

11) terms.naver.com/entry.nhn?docId=1133569&cid=40942&categoryId=31829
12) www.hankyung.com/news/app/newsview.php?aid=2014080804161

176.24그레인이므로 이자율은 20%가 된다. 그리고 이자를 20% 이상 받는 상인은 '원금을 상실하는 처벌을 받는다'고 나와 있다. 사실 이자에 대한 기록은 함무라비 법전보다 훨씬 이전에 수메르인들이 설형(쐐기)문자로 남긴 점토판에도 등장하는데 이 점토판은 인류 역사에서 가장 오래된 기록이기 때문에 이자 수취 행위는 기록된 역사만큼이나 오래됐다는 것을 말해 준다. 뿐만 아니라 이자는 문자가 발명되기 이전부터 존재했다고 추측할 수 있다.[13] 즉, 금융은 화폐와 함께 인류 역사 내내 이어져 왔으며 그 형태와 복잡성은 다르지만 은행업 역시 그와 함께 이어져 왔다고도 할 수 있다.

3.2 중세의 은행

함무라비 법전에 은행업이 나오지만 그것은 오늘날과 같은 현대적 의미의 은행 형태가 아니라 단순히 돈을 빌려주는 대부업이었다고 볼 수 있다. 중세에 이르러 지중해 연안에서 상업적 교역의 길이 열렸으나, 당시는 잡다한 종류·품질의 화폐가 유통되어 상업적 교역이 원활히 이루어지지는 못하였다. 이로 인해 환전상이 나타나 뱅크(bank)로 불리는 환전대 위에서 환전업을 영위하기 시작하면서 화폐 수수가 원활하게 이루어질 수 있는 발판이 마련되었는데 이것이 오늘날 은행이 뱅크(bank)라고 불리는 연유다. 초기의 환전은행은 보관은행(保管銀行)이었으나, 이후 단순한 대체방법을 이용해 보관된 화폐를 상인들 간에 서로 주고받을 수 있도록 하는 길이 열리면서 다시 대체은행(對替銀行)으로 발전하였다. 대체은행의 출현은 화폐의 지급, 확실한 결제, 화폐유통의 원활화에 크게 공헌하였다.

현대적 은행의 형태는 14세기 이탈리아에서 처음 나왔다. 잉글랜드 에드워드 3세의 채무불이행으로 1345년 파산했던 페루치 가(家)는 단순한 대부업이나 환전상이 아닌 예금을 받고 대출해주는 금융중개인이었다. 페루치 가는 그 유명한 메디치 가가 나오기 전 14세기 바르디 가와 함께 이탈리아에서 가장 큰 금융 가문이었다. 페루치나 바르디와 같은 금융중개업 형태가 나타난 것은 오랜 기간 유럽에 존재했던 이자금지법과 밀접한 관련이 있다. 이자금지는 유

13) www.hankyung.com/news/app/newsview.php?aid=2014080804161

대인의 율법에 의해 유대인 사이에 내려오다가 기독교 사회에서 처음에는 성직자들에게만 적용되었으나 중세 말기 상업의 발전과 함께 신용거래가 보편화되면서 일반 신도들에게까지 확대됐다. 이것은 당시 사회가 이자를 죄악시했음을 말해준다. "돈을 빌려주고 이자를 받는 건 존재하지 않는 것을 파는 것이기 때문에 그 자체로 불공정하며, 더 나아가서는 정의에 반하는 불평등이라는 결과를 초래한다"는 중세 기독교의 대표적 신학자 토마스 아퀴나스의 말은 이런 인식을 그대로 드러낸다.[14)]

이렇게 비우호적인 금융환경에서는 원금을 되돌려 받을 수 없는 위험, 즉 '역선택'의 위험이 많은 한편 위험이 크기 때문에 이자율은 높을 수 밖에 없다. 그러나 돈을 빌려주는 입장에서는 높은 금리를 받는 것보다 더 중요한 것이 원금을 되돌려 받는 것이므로 역선택의 위험을 피하기 위해 생겨난 것이 담보대출이다. 이러한 담보대출은 오늘날까지도 금융거래의 중요한 방식 중 하나로 자리 잡고 있다. 그러나 담보대출은 반복적이고 단기적인 금융거래에서는 많은 거래 비용을 수반하기 때문에 이러한 거래비용을 줄이기 위해 나온 것이 신용거래였다. 상인들은 지속적이고 반복적인 거래를 통해 서로의 사업 상태에 대한 정보와 신용도를 바탕으로 거래를 했으며 이것은 어음의 탄생으로 이어졌다. 어음은 일정한 시기에 일정한 장소에서 일정한 금액을 내겠다고 약속한 증서이다. 처음에는 어음 발행자가 채권자에게 빚진 금액을 주화나 재화로 직접 지급했지만, 시간이 흐르면서 어음의 이서를 통하여 상인들 사이에서 서로 이전되고 할인시장에서 유통되기도 했다. 그 과정에서 자연스럽게 발전한 것이 바로 예금은행업이다. 명성이 높은 무역상이 발행한 어음이 먼 지역에서조차 신뢰성 있는 지급수단으로 사용되자 작은 상인들이 자신들의 자금을 그 무역상에 예치하는 일이 발생했는데 무역상은 그 과정에서 예치된 자금을 이용해 다른 어음을 할인해서 살 수 있음을 발견했다. 이것은 이자금지법을 피해 이자를 받고 대출을 해줄 수 있는 것과 같았으며, 이렇게 해서 생긴 것이 페루치나 바르디와 같은 은행가들이다.[15)]

14) www.hankyung.com/news/app/newsview.php?aid=2014080804161
15) www.hankyung.com/news/app/newsview.php?aid=2014080804161

3.3 근대의 은행

근대에 들어와 영국에서는 화폐제도가 개선됨에 따라 중세적인 대체은행의 중요성이 점차 줄어들었다. 이 무렵에는 상업거래의 발달과 더불어 자금수요가 증대되었고, 이에 대응하여 골드스미스(goldsmith)라고 하는 금장(金匠 : 처음에는 금 세공사로 환전상을 겸하였으나 귀금속 보관업으로 전환하여 근대적 은행업의 효시가 됨)이 등장하였다. 17세기 무렵 런던의 상인들은 금화·귀금속의 보관을 금장에게 의뢰하고, 보관영수증으로 '골드스미스 노트'를 받았다. 이 노트가 금화·귀금속을 대신하여 시중에서 유통되었기 때문에 금장은 보관하고 있는 금화·귀금속의 가액을 초과하는 노트를 발행·대부함으로써 이자소득을 얻었다. 이처럼 금장이 보관 중인 금화·귀금속의 가액 이상으로 노트를 발행할 수 있었던 것은 다음과 같은 근거에서였는데, 이를 '골드스미스 원리'라고 한다.

노트의 일부는 금화·귀금속에 의해 환급(還給) 청구를 받는 일이 거의 없다. 그 밖의 노트는 금화·귀금속에 의한 환급 청구가 있다 하더라도 모두가 동시에 환급을 청구하는 일은 없다. 한편에서 노트가 금화·귀금속으로 환급됨과 동시에 다른 한편에서는 노트의 발행과 상환(相換)으로 새로운 금화·귀금속이 보관된다. 이와 같은 골드스미스 노트의 발행에 의한 대부는 마침내 은행의 은행권 발행에 의한 대부로 발전하였다. 그러나 은행권 발행에 대해서는 그 후 잉글랜드 은행(영국중앙은행)에 독점권이 주어짐으로써, 그 밖의 은행은 예금통화를 직접 만들어 내거나 예금을 받아들여 그 자금으로 대출을 행하는 대부은행 또는 예금은행으로 발전하였다.

이처럼 고대에서 중세에 걸쳐 유럽대륙에서 환전은행·대체은행이, 근대에 와서는 영국에서 예금은행이 발달하였다. 그러나 환전은행이나 대체은행도 예금은행의 일면을 지니고 있고, 예금은행도 환전은행이나 대체은행의 일면을 지니고 있으므로 이와 같은 은행의 호칭은 각기 그 특징에 따라 이름 지은 것에 불과하다. 그러나 경제사회에서의 은행은 예금은행의 명칭을 갖게 되었을 때 더욱 중요한 역할을 수행하게 된다.[16)]

16) terms.naver.com/entry.nhn?docId=1133569&cid=40942&categoryId=31829

19세기에 공업화가 진행되는 기간에는 대폭 확대되고 복잡해진 경제 메커니즘을 필요로 하는 금융서비스를 제공하는 은행과 기타 금융기관의 수가 크게 증가했고 그 종류도 더욱 다양해졌다.[17)]

영국의 경우 1844년의 은행법하에서 잉글랜드 은행의 주식은행에 대한 독점이 은행권 발행에 대한 독점으로 대체되었다. 이 은행은 비록 민간 소유였지만 정부에 대해 금융서비스를 제공하는 정부은행의 성격이 강했다. 그러나 점차 이 은행은 은행들의 은행이 되었으며 19세기 말에는 의도적으로 중앙은행의 역할을 수행하였다.[18)] 잉글랜드 은행은 현대에 이르러서는 다른 나라들의 중앙은행과 마찬가지로 영국에서 유일하게 화폐를 발행하는 발권 기능을 가지고 있고 금리를 결정하는 등 금융 정책을 총괄한다. 그러나 다른 나라들과 달리 잉글랜드 은행은 국채 발행 등 현대적 금융기법을 사상 처음으로 도입한 역사적 의미를 지니고 있는 은행이기도 하다. 잉글랜드 은행이 처음 세워진 당시 영국은 명예혁명(1688년)을 거치면서 제임스 2세를 퇴위시키고 네덜란드 총독이자 제임스 2세의 사위인 오렌지 공(公) 윌리엄 3세에게 왕권을 넘겼다. 이후 제임스 2세와 윌리엄 3세 사이에 전쟁이 시작되었으며 윌리엄 3세는 제임스 2세를 굴복시킨 이후 프랑스와도 전쟁을 치렀다. 두 차례의 전쟁을 통해 영국 왕실의 재정은 바닥을 드러내었고 돈이 필요했던 왕실에 돈을 빌려주기 위해 잉글랜드 은행이 세워졌다. 아이디어를 낸 사람은 윌리엄 패터슨이라는 상인이었다. 그는 상인들을 주주로 모은 뒤 120만 파운드를 출자해 잉글랜드 은행을 세우고 그 돈을 전부 왕에게 빌려주었고 그 대신 상인들은 출자한 액수만큼 은행권을 발행해 이를 화폐처럼 사용할 수 있도록 했다. 잉글랜드 은행이 사용한 이 같은 대출 방식은 현대 정부가 재정을 확보하기 위해 발행하는 국채(國債)의 개념과 비슷한 것이었다.[19)]

일반 대중으로부터 예금을 받아 경영기업에게 보통단기로 대출해주는 수많은 주식회사 형태의 상업은행은 잉글랜드 은행과 함께 근대 영국의 은행제도

17) Rondo Cameron · Larry Neal, 간결한 세계경제사 4판, p. 337~338

18) 위와 같음

19) terms.naver.com/entry.nhn?docId=645491&cid=43126&categoryId=43126

의 특징을 보여준다. 런던과 지방에 소재한 이러한 은행의 수는 1870년대까지 급증하다가 인수와 합병으로 인해 그 수가 감소하여 1914년경에는 약 40개 정도만 남게 되었는데, 그중 5개는 런던에 본점을 두고 영국 전역에 지점을 설치하였으며 은행권 총자산의 약 2/3 정도를 지배하였다.

영국 은행제도의 또 다른 특징인 런던의 민간 상업은행가는 다른 두 가지 특징에 비해 별로 두드러지지 않았다. 로스차일드 사, 베어링 브러더스 사 그리고 모건 사와 같은 명망을 얻지 못한 민간기업이 주로 국제무역에 대한 자금지원과 외환거래에 관여하였으며, 런던증권거래소에 상장된 외국 유가증권의 인수에도 참여하였다. 이 기관들은 국내 기업을 위한 자본조달 기능을 지방 증권거래소에 위임한 채 거의 전적으로 해외투자에 특화를 하였다.[20)]

3.4 현대의 은행

한편 근대에서 현대로 넘어오면서 금융의 중심이 영국의 은행가에서 미국으로 옮겨오게 되는데, 이는 두 차례의 세계대전, 그를 통한 미국의 초강대국으로의 발전 등 여러 이유를 찾을 수 있겠지만 가장 직접적인 원인은 금본위제에서 찾아볼 수 있다. 역사를 통틀어 금은 가장 중요한 화폐수단으로 자리매김해왔다. 금은 휴대가 쉬워 물건값을 지불하기 좋았으며 그 자체만으로도 가치를 지니고 있었다. 제1차 세계대전 발발 이전까지 모든 국가의 통화는 일정량의 금에 고정돼 있었고, 모든 국가들의 통화는 금을 기준으로 가격이 매겨졌다. 이처럼 금이 세계 화폐의 중심이 되는 체제를 금본위제도라 한다. 금본위제도는 금이 화폐와 어떻게 교환되는가에 따라 몇 가지로 나뉘는데, 우선 '금화본위제'는 제1차 세계대전 이전까지 영국을 중심으로 운영되던 금본위제다. 금화가 유통되고 금화의 자유로운 주조와 금 수출입의 자유가 인정되는 가장 원시적인 형태이다.[21)]

영국은 1816년 최초로 금본위제도를 채택했다. 영국중앙은행이 금을 보유

20) Rondo Cameron·Larry Neal, 간결한 세계경제사 4판, p. 338
21) navercast.naver.com/contents.nhn?rid=108&contents_id=3790

하고 있으면서 그것을 파운드로 바꿔주는 제도를 실시한 것이다. 금을 기초로 하는 통화 중에서도 영국 파운드화는 세계 무역 중 60%를 장악했고, 런던 금융시장은 전 세계 투자의 절반을 소화했다. 다른 통화는 금을 대신할 자격이 없었고 당시 파운드화만이 금을 대체할 유일한 수단이었다.

금본위제도 아래에서 상업은행들은 고객들에게 금을 받았고, 다시 이를 대출 재원으로 활용했다. 전 세계 시민들은 금을 화폐처럼 사용했고 은행거래도 금으로 했다. 고객들이 돈을 인출할 때 은행은 금을 내줘야 했는데 그러다 보니 은행은 예금 받는 금의 양을 초과하는 금을 대출할 수 없었다. 일시에 자금상환요구가 있을 경우 보유하고 있는 금이 부족해 고객들의 자금상환 요구를 소화할 수 없었기 때문이다. 따라서 금본위제하에서는 예산적자 또는 무역적자 국가가 대규모 화폐발행을 단행하는 것이 불가능했다. 경제가 적자를 기록하면 이들 국가가 보유한 금은 유출되고, 금이 유출되면 이자율이 상승하고 경기는 가라앉기 때문이다. 자연히 금본위제하의 국가들은 예산이나 무역에서 균형을 맞추기 위해 노력했다.

영국을 중심으로 한 국제금본위제도는 제1차 세계대전의 종전과 함께 서서히 파탄의 조짐을 드러냈다. 전쟁 비용을 마련하느라 각국이 돈을 너무 많이 찍어낸 것이다. 결국 영국은 1914년에 금본위제를 포기하겠다고 선언했고 실제로 1931년에는 '더 이상 파운드화를 가져와도 바꿔줄 금이 없다'며 금을 지급하지 않기 시작했다.

이에 세계 통화질서는 1944년 일대 변혁을 맞게 된다. 미국을 포함한 세계 44개국 대표 730명이 미국 뉴햄프셔주 브레튼우즈의 한 호텔에 모여 3주간의 회의 끝에 근대 역사상 처음으로 통화정책 조절을 위한 국가 간 협약에 서명했다. 바로 '브레튼우즈체제'의 탄생이다. 브레튼우즈체제의 가장 큰 의미는 금본위제도의 변화에 있었다. 즉 미국 달러는 금 1온스당 35달러로 고정됐고, 다른 주요 통화들은 고정환율로 달러에 고정됐다. 금의 '대리인'이 파운드가 아니라 '달러'로 바뀌었다. 이른바 달러를 중심으로 한 금환본위제가 성립된 것이다. 미국은 당시 세계 금 보유고의 80%를 소유하고 있었기 때문에 브레튼우즈체제

에 서명한 국가들은 미국의 지급능력을 의심하지 않았다.[22)]

그러나 결국 1971년 8월, 미국 정부의 막대한 부채와 재정적자를 감당할 능력이 없던 닉슨 대통령이 달러와 금을 교환하는 금태환의 정지를 선언하고, 외국 정부가 달러를 금으로 교환해줄 것을 요구해도 응하지 않겠다고 밝히면서 미국에서도 사실상 금본위제도가 폐지되었다. 하지만 그럼에도 불구하고 이미 달러가 기축통화로서 기능하고, 미국의 은행가가 세계금융의 중심지가 된 것은 자명한 사실이었다.

현대 미국 금융산업의 중심지는 바로 월 가(Wall Street)이다. 이 부근에는 주식거래소를 비롯하여 어음교환소, 연방준비은행, 기타 유력한 시중 은행들이 집중되어 있어 이곳을 뉴욕 주식시장이나 미국 금융자본의 대명사로 일컫는다. 월 가는 처음에 유럽상품 거래시장으로 출발하였으나 독립 뒤인 1783년에 공채나 은행 주식을 중심으로 증권거래가 시작되어 시장의 중심이 점차 금융과 증권거래 쪽으로 이행되어 갔다. 특히 1817년 뉴욕증권거래소의 전신인 뉴욕증권거래회의소가 설립된 뒤 철도건설에 수반되는 철도주식거래를 중심으로 모건, 쿤로브 등의 투자은행 사업이 활발해지면서 증권거래 중심지로서 이름을 떨치게 되었다.[23)]

한편 투자은행이란 주로 자금을 필요로 하는 기업들과 투자 주체를 연결시켜 주는 역할을 하는 회사로 기업들이 자금을 조달하기 위해 증권을 발행할 때 중개역할을 하는데, 우리나라의 국민·신한·하나 은행 등과 같이 단기자금 및 일반예금, 대출을 취급하는 상업은행(CB: Commercial Bank)과 대비된다. 이러한 투자은행은 소비자금융뿐만 아니라 주식, 채권을 인수·판매해 기업에 장기자금을 공급하며, M&A자문·투자자문·금융파생상품 매매서비스도 제공하면서 투자와 관련된 각종 지원·서비스 업무를 한다. 또한 정부·공공단체·민간기업의 증권을 발행하기 용이하도록 적절한 조건을 설정하고, 증권의 일부나 전부를 인수한 뒤 기관투자자와 개인투자자에게 판매한다. 일반 은행과 달리 예금은 받지 않으며, 차입 또는 증권 발행 등을 통해 자금을 조달한다. 대표적인

22) navercast.naver.com/contents.nhn?rid=108&contents_id=3790

23) terms.naver.com/entry.nhn?docId=930476&cid=43667&categoryId=43667

투자은행에는 JP모건, 모건스탠리 뒨위터, 메릴린치, 골드만삭스, 워버그 딜런 리드, 노무라증권 등이 있다.

이들은 증권회사와 유사하지만 1933년 미국에서 상업은행 업무와 투자은행 업무를 동시에 하지 못하도록 하는 글래스 스티걸법(Glass-Steagall Act)이 제정된 뒤 투자은행이라 불리게 되었다. 1933년 이전에는 수탁자산의 운용, 거액예금의 수취, 대출 등 은행업무도 취급하였으며, 1960년대부터 증권회사의 인수업무에 대한 경쟁이 심화되면서 투자은행업계의 재편이 이루어지는 과정에서 M&A, 프로젝트 파이낸스, 국제금융업무 등으로 업무가 다각화되었다. 그리고 앨런 그리스펀이 미국 연방준비제도(Fed) 의장으로 취임한 후, 1999년 글래스 스티걸법이 폐지되고, 금융규제 완화를 내용으로 한 그램 리치 블라일리법(Gramm-Leach-Bliley Act)이 통과되면서 상업은행과 투자은행의 겸영이 가능해졌다.[24] 전문가들은 이 과정에서 상업은행의 파생상품에 대한 대규모의 무차별적 투자가 가능해졌고, 이것이 2007~2008년 글로벌 금융위기를 초래하였다고 보고 있다.

한편 2008년 9월 21일 미국 5대 투자은행 가운데 월 가 위기에서 살아남은 골드만삭스와 모건스탠리가 은행지주회사로 전환해 상업은행 업무를 시작한다고 발표하였다. 그에 앞서 2008년 3월 사실상 파산한 베어스턴스가 JP모건체이스에 인수된 후, 리먼브러더스의 파산신청, 뱅크오브아메리카(BOA)의 메릴린치 인수에 이어 나온 이같은 조처는 월 가의 상징이었던 순수(독립) 투자은행의 폐막을 의미한다.[25]

24) 시티그룹이나 도이체방크(Deutsche Bank)처럼 양쪽의 업무를 모두 처리하는 은행은 유니버설뱅크로 따로 분류한다.

25) terms.naver.com/entry.nhn?docId=930542&cid=43667&categoryId=43667

4 보험의 역사

4.1 보험의 정의

보험은 일반적으로 소비자들이 미래의 잠재적 위험에 대해 대응하기 위해 가입하는 금융상품으로 정의된다. 즉, 다수의 경제 주체들이 미래의 불확실성에 관해 합리적인 사고를 통해 각자로부터 보험료를 모아 재원을 마련하여, 구성원 중 일부가 예기치 못한 위험으로 손해를 입는 경우 보상해주는 경제제도인 것이다.[26] 이러한 보험의 등장에 관해서는 정확한 기록이 전무하여 이에 대해서는 여러 가지 학설이 존재한다. 그중에서도 가장 유력한 학설인 '모험 대차설'을 기준으로 보험은 기원전 1750년경에 원시적 형태로 등장하여 현대에 이르기까지 그 형태와 종류에 있어 발전을 이루어 왔다. 현대에서 보험업은 세계 시장을 기준으로 약 4조 6,125억 달러[27]가 넘는 대규모의 산업으로 자리 잡고 있으며, 본질적 목적인 사고 보장기능 외에도 저축 및 절세의 기능을 활용한 재테크의 수단으로도 활용되고 있다. 이렇듯 보험이 현재의 형태를 갖추기까지, 시대적 구분을 기준으로 역사의 전개에 따라 보험의 발전 과정을 설명하고자 한다. 역사를 큰 흐름으로 나누어 본다면, 고대, 중세, 근대, 현대로 그 기준을 삼을 수 있을 것이다. 앞으로 전개될 내용을 통해 각 시대 속 보험의 발전 상황과 전개 양상에 대해 살펴보도록 하겠다.

4.2 고대 시대의 보험

(1) 그리스·로마 시대 이전의 보험

앞서 언급했듯이, 보험의 기원에는 여러 가지 학설이 존재하기 때문에 정

26) 김창호, 보험상식 충전소, 2010

27) 주요산업 시장분석보고서 시리즈, 2013.2.
2012년 시기를 기준으로 삼을 시, 세계 시장의 보험업 규모를 의미함(US달러 기준)

확한 등장의 시점에 대해서는 학자 간의 여러 이견이 존재한다. 거론되는 여러 학설에 있어 공통점은 고대 시대 보험의 경우 그 시대의 특성인 집단 조직생활의 등장과 전개에 있어 필요에 의해 자연스럽게 파생되었다는 점이다. 기원전 고대 시대의 사람들은 조직 생활을 시작하면서 구성원이 갑작스러운 사고와 죽음이 잦았던 만큼, 구성원들이 함께 슬퍼하며 도움을 줬다. 주로 그 도움의 방향성은 사고자가 입은 경제적 혹은 정신적 부담을 조직 공동의 차원으로 전가시켜 위험을 분산하는 형태로 이루어졌다. 즉, 집단 내에서 구성원 간의 상부상조의 정신을 통해 개인이 감당해야 할 위험을 줄이는 이러한 행동 양상은 지금에 비하면 매우 비체계적이지만 보험의 원시 형태를 보이고 있다는 분석이 가능해진다.

이러한 원시 형태의 보험이 하나의 체계화된 제도로서 정립된 기록은 최초의 성문법인 함무라비 법전에 존재한다. 기원전 1,750년경 제정된 이 법전에서 보험은 '모험대차(bottomry and respondentia)'라는 개념을 통해 설명되고 있다. 이는 이후의 내용에서 다루게 될 해상보험의 원시적 형태를 의미하기도 하는데, 무역업자가 해상 활동을 하는 데 있어서 감당해야 할 위험을 줄이기 위해 금융업자와 맺은 계약을 의미한다. 모험대차는 항해를 마친 선장이 무사히 귀항할 경우 고율의 이자와 대부금을 상환해 줄 의무를 갖지만, 뜻밖의 해상사고로 인해 선박 또는 화물이 손실되었을 경우 모든 부채에 대한 의무를 면제받도록 하는 계약이었다. 이 제도는 당시 상업 및 해양 국가로서 입지를 다져온 바빌로니아를 중심으로 중세 시대까지 이어져 행해졌으며 고대 시대의 경우에도 인도, 페니키아, 고대 그리스 등 각지에서 오랫 동안 통용되어 왔다. 하지만 중세의 로마시대에 이르러서는 '보험업'이라는 개념이 본격적으로 등장함과 더불어, 결정적으로 로마교황청에서 1,236년 이자징수 금지령을 내리게 되면서 이러한 모험대차는 사라지게 된다.[28)]

28) books.google.co.kr/books?id=o8ywBQAAQBAJ&pg=PT26&lpg=PT26&dq=%EB%B3%B4%ED%97%98%EC%9D%98+%EB%B0%9C%EC%A0%84+%EC%A4%91%EC%84%B8&source=bl&ots=qBBhG4PrOv&sig=Th_948xkoTyK2fgQ2vhQoTBZwiM&hl=ko&sa=X&ei=w6AVVYqqDZDm8AXq2YK4BQ&ved=0CD0Q6AEwBQ#v=onepage&q=%EB%B3%B4%ED%97%98%EC%9D%98%20%EB%B0%9C%EC%A0%84%20%EC%A4%91%EC%84%B8&f=false

고대 시대의 보험이 집단 조직 생활의 등장과 함께 파생되었다고 언급한 바와 같이 모험대차라는 고대 보험 형태의 등장 원인을 살펴보기 위해 그 시대 상황에 주목할 필요가 있다. 바빌론 시대에는 동서 간의 활발한 교역으로 인해 상인들의 원거리 무역은 필수적이었다. 이 때문에 상인들은 막대한 상품과 자금을 옮기는 데에 있어서 자신들이 고용한 운송 담당자들에 대한 신용을 확보해야만 했다. 그들은 상품과 자금의 도난과 같이 미래에 닥칠 수 있는 잠재적 위험에 대해 대응하기 위해 신용 확보의 방편으로 운송 담당자들의 가족과 재산을 담보로 잡았다. 일단 그들에게 자금과 상품을 맡긴 뒤, 운송 과정에서 상품 하자나 도난이 발생할 경우 담보를 통해 그 책임을 물었다. 주목해야 할 점은 선박에 우연한 사고가 발생했을 상황이다. 이 경우는 운송 담당자들에 의한 손실이므로 원리금 상환의 의무가 면제된다. 이러한 점은 당시 모험대차의 이자율이 높았던 이유를 설명해준다. 원금에 대한 금융이자와 더불어 '사고 발생 시의 보험료'가 포함되기 때문에 이율은 자연스럽게 높을 수밖에 없었던 것이다.

이렇듯 장거리 무역 시 발생하는 위험을 효과적으로 회피하기 위한 수단으로 모험대차의 등장은 필수적이었다. 물론 모험대차가 완전한 보험의 형태를 갖췄다고는 말할 수는 없지만 무역업자의 보험과 유사한 목적인 미래의 위험에 대응하기 위해 발생했다는 점에서 오늘날 손해 보험의 시초였음을 짐작할 수 있다.[29]

(2) 그리스 시대의 보험

그리스 시대의 초기에 이르러 공동체 내의 상부상조의 정신이 이전보다 더욱 발전을 이루는 과정에서 '서민 조합'이라는 개념이 최초로 등장하게 되었다. 서민 조합은 주로 종교 단체를 중심으로 형성되었으며, 회원들 간의 장례 행사(상조 행사)에 관해 활동이 빈번하게 이루어졌다. 조합에서는 회원들로부터 일정한 기간을 두어 회비를 각출하였고 그 돈으로 기금을 축적해 나갔다. 이 과정에서 회원 중 한 명이 사망할 경우, 모아 둔 기금에서 장례비용을 충당하여 장례를 지냈다. 그리스 시대의 서민 조합 활동 역시 앞서의 모험대차와 마찬가지

29) www.insnews.co.kr/law/law_life_view.php?firstsec=5&num=41554&secondsec=53

로 특정 사건에 대해 개인이 감당해야 할 부담을 낮추는 것을 목적으로 한다. 또한 불확실한 위험에 공동으로 대비하려는 의식으로부터 비롯되었다는 점에서 오늘날 생명 보험의 시초라고 볼 수 있다. [30)]

이전의 바빌론 시대의 제도를 이어받아 그리스 시대에도 모험대차 제도는 행해지고 있었다.[31)] 다만 주로 해상보험의 성격을 보였던 이전의 적용과는 다르게 육상 모험대차도 함께 행해졌다는 점에서 차이를 보인다. 운영방식에 있어서도 이전보다 한층 더 구체화되었다는 점이 특징적이다. 거의 모든 항해에서 이행될 정도로 그리스 전역에 걸쳐 활발히 실행되었으며 모험대차 계약이 더욱 정교하게 발달하여 거의 모든 항해에서 이행되었다. 흥미로운 점은 기존의 고율의 이자 외에도 수익을 올릴 수 있는 요소가 추가되었다는 점이다. 바로 프리미엄(premium)의 적용인데, 항해 자체의 리스크 정도에 따라 프리미엄이 결정되었다. 보다 구체적인 프리미엄 결정 요인으로는 시기적 요인, 물품, 경로, 운송 담당자의 경험 축적도 등을 들 수 있다. 모험대차의 효용성이 증가하게 되면서 이를 통한 거래가 점차 활발해지자 이를 전문적으로 다루는 기관이 이 시기에 발생하게 된다. 모험대차 거래가 활발하게 이루어짐에 따라 아테네(Athens)에 최초로 보험을 교환할 수 있는 보험 교환소(insurance exchange)가 설립되었다.

모험대차 외에도 그리스 시대에는 무역 활동에서 발생하는 문제를 해결하기 위해 공동해손(general average)의 개념이 등장하게 되는데 해상국가였던 만큼 모험대차와 함께 공동해손 개념도 매우 발달하였다. 공동해손의 기원에 대한 정확한 시기는 불분명하지만 기원전 916년에 공표한 로디안(Rhodian) 해법에 기록되어 있는 것을 일반적인 발생 시기로 본다.[32)] 공동해손의 기원은 무역을 진행하는 과정에서 찾아볼 수 있었는데 여러 무역상들이 화물을 적재한 선박을 타고 이동할 경우 침몰위험이 높을 정도로 과적하는 상태가 많았기 때문에 사정상 화물을 감량시켜야 하는 경우가 종종 발생했다고 한다. 이때 화물

30) 김동범, 우리가 꼭 알아야 할 보험상식 101가지, 금융보험통신, 2001

31) 고대 그리스 시대의 초기인 기원전 1000년을 기준으로 함

32) post119.com/seoulpost/zboard.php?id=jayokuzax&page=116&sn1=&divpage=1&sn=off&ss=on&sc=on&select_arrange=hit&desc=asc&no=338

투하로 인해 개인이 감내해야 할 손실을 선박 안에 있는 공동이 부담했던 것이 바로 공동해손의 기원이라 볼 수 있다. 이때의 등장을 기점으로 공동해손은 화물 투하라는 극단적인 방안 외에 조금 더 합리적인 해결방식 도출과 적용을 통해 현대의 해법과 해상보험에서도 다양하게 활용되고 있다. 이외에도 기원전 500년경 그리스 시대에는 항해자가 입은 해난 손해를 보상하는 상호보험 조합이 존재하였다.[33)]

결론적으로 그리스 시대에서 전개된 보험 양상은 바빌론 시대와 마찬가지로 주로 당대 서민들의 활동 장소인 무역업과 크게 관련을 맺으며 전개되었다는 점에서 공통점을 찾을 수 있다. 물론 모험대차의 경우, 이전 시대보다 훨씬 정교화되어 보다 체계적인 제도로 정립될 수 있었으며, 이 외에도 공동해손, 서민 조합이 등장하여 오늘날의 일반인들이 인지하고 있는 보험의 개념에 한 걸음 더 가까워졌음을 확인할 수 있다.

(3) 로마 시대의 보험

로마 시대에 이르러서 모험대차 제도는 황금기를 맞이한다.[34)] 로마의 황제 클라우디우스 역시 모험대차 제도를 시행하였는데 일례로 옥수수 생산을 늘리기 위해 농민들에게 영농자금을 빌려주고 이자를 받지만, 자연재해로 인해 농민들이 피해를 입을 경우 이자를 면제해 주거나 국가가 직접 자금을 보조해 주기도 했다. 시행 목적에 있어서 오늘날 정부 차원에서의 사회보험 프로그램과 매우 흡사하다. 모험대차 제도가 로마 내에서만 국한되지 않고 스페인과 프랑스에도 파급되면서 로마 시대에서도 보험업의 활발한 발전이 진행되었음을 짐작할 수 있다. 또한 기원전 1~2세기에 걸쳐 일어났던 카르타고 전쟁으로 인해 로마에는 수백만 명의 전쟁 포로가 잡혀 와 노예가 되었는데 그들은 목숨을 잃으면 서로 매장을 해주고 장례비용까지 모아 장례를 행했는데 종국에는 그것이 생활자금을 마련하기 위한 것으로 바뀌었다. 돌이나 흙에 쓴 기록 이외에 현존하는 보험 약관 중 가장 오래된 것으로 간주되는 17개의 조문이 이 시기에 전

33) 손해보험협회, 한국 손해보험산업과 함께한 손해보험협회 60년사, p. 68
34) 기원전 700년을 기준으로 함

쟁 포로들 사이에서 만들어졌다.

그리스 시대의 서민조합의 발생과 같이 로마 시대에도 오늘날의 생명보험의 한 갈래라고 할 수 있는 콜레기아(collegia tenuiorum)와 에라노이(eranoi) 등의 대표적인 제도가 등장한다. 기원전 3세기경 등장한 에라노이는 어떤 사람이 갑자기 불행한 처지에 이르게 되거나 돈이 필요하게 되었을 때 도움을 주는 일종의 종교적 공제단체였다.[35] 또한 시간이 지나면서 그리스 시대에 발생했던 서민조합이 로마 시대로 이어지게 되는데 그 과정에서 적용 계층이 이전보다 훨씬 확산되는 양상을 보였다. 그리스 시대가 종교 단체 중심적인 조합을 보였다면 로마 시대에 이르러서는 일반 시민들에게까지 확대되어 적용된 것이다. 바로 이러한 과정에서 등장한 제도가 콜레기아이다. 콜레기아는 군인, 부유계층, 가난한 계층 등 사회적 신분 또는 직업에 따라 조직되었으며, 회비를 받아 장례를 지내주는 것뿐만 아니라 환자 또는 노령자에게 급여를 지급하였다. 소외계층과 사회의 약자를 돕기 위해 결성된 측면이 강하며, 공식적으로 회비를 선 수급하고 그에 따라 정액제로 급여를 보장했다는 점에서 현대의 상호보험조합의 시초라고 볼 수 있다.

앞서 언급했듯이, 그리스 시대에 발생한 서민 조합(이하 장제 조합)이 로마 시대에 들어서는 성행하게 된다. 이러한 장제 조합은 다음에 다룰 중세 시대의 길드와도 밀접한 관련을 가지고 있으며 더 나아가 현대 보험회사의 원류를 이룬다고 볼 수 있다.

4.3 중세 시대의 보험

(1) 길드

유럽에서 중세시대는 과학, 경제나 금융 등 다방면에서 급속한 발전을 이룬 시기다. 유럽 북구 지역의 한자 상인과 남쪽의 십자군 및 롬바르드 상인의 무역 통로 개발로 이전보다 넓은 지역의 상권이 형성되면서 해상 교역에 대해

35) www.asiae.co.kr/news/view.htm?sec=opi4&opid=mania27&idxno=2010020210010072037 〈생명보험은 어디서 태어나서 어디로 갈까?2010, 아시아 경제〉

위험을 분산시킬 수 있는 방안은 여전히 당대의 사람들에게 매우 중요한 사항이었다. 이러한 고민과 더불어 국제 무역의 발달에 힘입어 등장한 것이 상공업 중심의 상업적인 길드(guild)이다.

길드는 사고나 손해에 대한 상호부조를 목적으로 가족조직의 형태로 이루어진다. 서유럽의 경우 상인이나 수공업자 등 자영업자가 기독교 우애 정신에 입각하여, 여러 측면에서 서로를 위해 결성한 신분적인 직업단체를 의미한다. 이때 여러 측면이란 상공업 외에도 종교적, 정치적, 경제적 목적을 위해 결성된 것을 말한다. 길드가 보험적인 특성을 가진다고 볼 수 있는 이유는 장제 조합과 마찬가지로 이 조직 역시 회원의 사망, 질병과 화재, 도난 등 사고로 인한 손해에 대해 급부를 제공한 것으로 기록되어 있기 때문이다.[36] 비록 어느 정도 신분적인 제약이 존재했다는 점에서 오늘날의 생명보험 및 화재보험의 역할을 수행했으리라 짐작할 수 있다. 그 예로 가장 대표적인 사례인 한자 동맹(Hanseatic league)을 들 수 있다. 이것은 여러 개의 지방에 포진되어 있었기 때문에 13세기의 유럽 권역 내에서 가장 강력한 상호부조 조직으로 부상할 수 있었다.[37] 이러한 중세 길드는 고대 그리스의 경우와 달리 종교적 색채보다는 상업적 성격이 강했으며, 시간이 지날수록 필요성에 따라 분야가 점차 전문화되어 발전을 이루었다. 이는 이후 자본주의가 성립하면서 17세기 무렵에 등장하는 영국의 우애조합(friendly society)이나 독일의 구제금고(hilfskasse) 등과 같은 공제조직의 형태의 근간이 된다.[38]

(2) 해상보험

중세 시대 무역의 범위가 확장됨에 따라 이 과정에서 한자 상인과 롬바르드 상인이 새롭게 관여하기 시작했다. 이들은 교역의 무대가 주로 바다였기 때문에 이들과의 잦은 교류는 중세 유럽의 해상 보험 발달에 박차를 가했다. 특이한 점은 이 시기에 존재하는 보험의 형태로는 해상보험이 유일했다는 점이다.

36) 손해보험협회, 한국 손해보험산업과 함께한 손해보험협회 60년사
37) 이경룡, 보험학원론, 영지문화사, 2009, p. 153
38) 생명보험협회, 생명보험이란 무엇인가, 2012

후에 1666년 런던의 대화재 사건을 계기로 화재보험이 등장하기 전까지, 3세기 동안 해상보험은 유일한 보험상품으로서 자리매김하고 있었다. 이러한 해상보험은 시기에 따라 형태의 측면에서 조금씩 다른 특징을 보이는데, 중세 시대에 이르러서는 해상보험의 원류인 모험대차가 새로운 형태로서 등장했다는 점에서 주목할 만하다. 기존 모험대차가 금융과 위험부담의 두 가지 기능을 수행했다면, 중세 시대의 모험대차는 이 중 위험부담 기능만을 살린 변형 모험대차의 형태로 전이되었다.

변형 모험대차는 중세 시대 내에서도 점차 발전을 이루며 14세기에 이르러서는 이탈리아의 도시 국가들을 중심으로 현대 보험의 근원이 되는 계약 형태를 취하였다. 변형 모험대차가 성행한 당시의 보험계약을 보면 보험자(assicuratore)와 피보험자(assicurato) 간의 관계와 의무에 대해 명시되어 있음을 확인할 수 있다. 보험자는 피보험자에 대하여 사고로 발생한 손해를 보상할 것을 약속하고 그 대가로서 먼저 보험료(primo)를 받았다. 이러한 계약 내용을 그 시기에는 보험증권(polizza)에 기재하였는데 계약조건을 명문화했다는 점에서 오늘날의 보험계약 형태와 매우 유사하다는 점을 엿볼 수 있다. 당시에 보험증권 작성에서 이용되었던 서식은 영국 해상보험증권(S.G.Policy)을 통해 현대까지 계승되고 있다.[39)]

또한 비슷한 시기인 14세기 중반에 들어서 나침반이나 지도와 같은 항해용구가 널리 보급되고, 선박이 대형화 및 고속화되어 점진적인 발전을 이루면서 해상운송은 비약적인 발전을 이루었다. 이러한 과정에서 운송에 대한 위험감수를 줄일 수 있게 하는 해상보험의 필요성은 특히 원거리 무역을 진행해야 하는 상인들에게 더욱 두드러지게 나타났다. 그로 인해 해상보험은 독립적 계약을 체결하여 이탈리아 상업도시에서 널리 이용될 정도로 성장할 수 있었다. 이와 같은 당시의 상황을 고려해보면 '무역과 금융의 중심지가 곧 보험의 중심지'라는 말은 당대 사람들의 인식 속에는 어느 정도 불문율이었음을 짐작할 수 있다.

39) www.insu1004.net/product/info/info_history.asp〈보험의 역사〉

4.4 근대 시대의 보험

(1) 톤틴연금

이전 시기와 근대 시기를 구분 짓는 분명한 차이라 함은 단순히 관행적인 차원을 넘어 보다 체계적인 제도와 전문성을 가지고 보험업의 정립을 시도하는 데에서 찾아볼 수 있을 것이다. 근대의 기준이 명확하게 구분되어 있지는 않지만 학자들 사이에는 주로 17세기 전후를 보험업 발전에 있어 격동기라고 보고 있다. 특히 생명보험의 사상을 광범위하게 보급시킬 수 있는 제도가 등장했는데 이를 '톤틴연금(Tontinanuuity)'[40]이라고 한다. 톤틴연금은 프랑스의 루이 14세가 국가 재정에 보태려는 목적하에 최초로 시행한 제도인데 이것은 자금을 예치하려는 사람들에게 원리금 대신 종신연금을 지급하는 것을 정의로 한다. 일단 본인이 톤틴연금에서 특정 연금 그룹에 속해 있을 경우, 각 그룹에 지급되는 연금 총액이 매년 동일하여 사망자가 있을 때는 생존한 사람들의 연금액이 그만큼 많아지게 된다. 반면 자신이 유일한 생존자일 경우 전액의 연금을 혼자 받는 방식으로 제도가 시행되어 왔다.

이러한 제도는 사람의 생존율과 사망률을 종신 보험의 개념에 적용했다는 점에서 오늘날 생명 보험의 모태가 되었다고 볼 수 있다. 또한 이는 종신 보장의 개념을 적용하기 위해 필수적으로 선행되어야 할 생존율의 과학적인 처리기법, 이자율 변화 예측 등 수리적인 부분에 있어 어느 정도 발전이 있었음을 추가적으로 짐작할 수 있게 한다. 즉, 근대에 들어서 보험이 훨씬 정교화되고 과학적인 체제로 발전하고 있는 양상을 확인할 수 있다.

(2) 보험회사의 설립

이 시기에 주목해야 할 또 다른 특징은 최초로 보험과 관련된 회사가 등장했다는 점이다. 1762년 산업혁명을 계기로 영국에 세계 최초의 근대적 생명보험회사인 에퀴터블 생명보험회사(The Equitable Life Assurance)[41]가 설립되었

40) 보험용어사전 〈bid114.kr/bbs/board.php?bo_table=bohumwords&wr_id=486&sfl=wr_subject%7C%7Cwr_content&stx=&sst=wr_hit&sod=asc&sop=and&page=21〉

41) 박병률·유윤정, 돈이 되는 빅데이터, 프리이코노미북스, 2014

다는 점이다. 이는 이름을 달리하여 현재까지 지속적으로 운영되고 있는 회사이자 세계에서 가장 오래된 생명보험회사이다. 보험회사인 만큼 생명 보험에 관한 전문성은 필수적이었을 텐데 에퀴터블 생명보험사의 경우 체계적인 시스템을 통해 이를 뒷받침했다. 해약환급금, 신체검사, 가입금액한도, 배당 등을 도입하여 보다 효과적으로 보험계약자를 관리하기 시작했다. 이같은 원초적이면서도 과학적인 체계는 오늘날 유수의 생명보험회사들을 뒷받침하는 토대로 볼 수 있을 것이다. 이에 더해 영국은 1870년 '생명보험 주식회사법'을 제정하여 국가 감독을 통해 보험 산업 발달에 일조하는 동시에 보험계약자의 이익을 도모하였다.

이 시기의 주변국들의 동태를 살펴보자면 먼저 독일의 경우, 중세 시대의 길드가 붕괴되고 자본주의 경제가 성숙하여 19세기 즈음이 되고 나서야 근대적인 생명보험기반을 확립할 수 있었다. 일례로 1828년 고타(Gotha) 생명보험 상호회사의 설립을 들 수 있다. 한편 프랑스는 영국과 대조적으로 톤틴연금을 가장 먼저 도입했지만 부진한 상황이 지속되었다. 자국 내 경제발전의 부진이 원인이었다고 볼 수 있는데 이 때문에 1787년 제국보험회사(Companie Royale d' Assurance)가 설립되었지만 프랑스 대혁명으로 인해 곧 해체에 이르게 된다. 프랑스도 독일과 마찬가지로 19세기 즈음을 전후로 르몽드, 유니온 등의 보험회사들이 출범하면서 왕성한 발전이 진행되었다. 미국에서는 1812년 펜실베니아 생명보험회사가 설립되었으며 이후 뉴욕생명, 메사추세츠생명, 뉴잉글랜드생명 등이 설립되면서 본격적으로 생명보험회사가 생겨나기 시작했다. 하지만 생명보험업의 경쟁구도가 너무 과열되었기 때문에 1905년 미국 정부에서는 보험회사의 경영실태를 조사하기 위해 뉴욕 주 암스트롱 조사위원회를 실시하였고, 이후 미국 생명보험업은 경제발전과 더불어 커다란 진전을 이루게 된다.[42)]

4.5 현대의 보험

중세 시대부터 보험의 체계를 확립해왔던 영국은 1906년 해상 보험에 관

42) 생명보험협회, 생명보험이란 무엇인가?, 2012, p.5

한 최초의 입법인 해상보험법을 제정하는 등 비약적으로 자국의 보험업 발전을 일구어 왔다. 이러한 점과 지금까지의 내용을 바탕으로 보면 20세기 이전까지는 어느 정도 세계 보험업 시장의 주도권이 영국에게 있었을 것이라는 분석이 가능해진다. 하지만 20세기를 기점으로 세계의 주도권이 미국으로 이동함에 따라 보험의 발전 역시 영국으로부터 미국으로 중심이 이동하게 된다. 특히 1900년대 초기에 제정된 뉴욕 주의 보험법은 생명보험사업에 있어 큰 영향을 주었으며 그것을 발전으로 이끄는 원동력이 되었다. 1935년 즈음에는 자동차가 발전하고 그것의 보급이 점차 확대됨에 따라, 일반인들이 값비싼 자동차를 보호할 수 있는 수단으로 '자동차 보험'이라는 개념 역시 발생하게 되며 이같은 자동차 보급의 확산으로 상해보험, 건강보험, 자동차 배상책임보험, 내륙운송보험 등도 급속한 발전을 이룰 수 있었다.[43)]

나라별로 현대를 규정짓는 기준에는 조금씩 차이가 있지만 일반적으로 19세기 후반부터 현재까지로 구분을 둔다. 현대의 보험은 이전 시기 동안의 발전을 거쳐 규격화된 보험제도가 수립되었다는 특징을 들 수 있으며 또한 모험대차의 위험관리적인 기능만 추출하여 시행한 변형 모험대차와 마찬가지로 현대에서도 보험은 주로 보험계약자들에게 위험 관리 수단으로서 인식되고 있다.[44)] 현대의 보험회사는 정부 주도보다는 민간 업체들의 주도하에 유수의 기업들이 시장에서 활동하고 있으며, 2012년 기준으로 세계 보험시장의 크기는 약 4.5조 달러를 형성하고 있다. 또한 이러한 기업들이 시장에서 어떻게 움직이고 있는가 역시 매우 흥미로운 부분인데 일찍이 보험 산업을 시작했던 몇몇 선진국의 보험 침투율이 높아지면서 더 이상 자국 시장 내에서는 수익을 낼 수 없는 시장 포화상태에 이르게 된다. 그리하여 자연스럽게 해당 국가 내 민간 기업들의 신시장으로의 진출 필요성이 증대되었고 세계화의 진행에 발맞춰 이들의 타국 진출 계획은 조금씩 실현되기 시작했다. 즉 이는 현재의 글로벌 대형 보험회사의 출현을 의미하며 몇 가지의 친숙한 예로 프랑스의 AXA와 미국의 AIG 등을 들 수 있을 것이다. 마지막으로 현대에서는 보험이 하나의 민간 기업이기 때문

43) 김창호, 보험상식 충전소, 한빛비즈, 2010
44) 이경룡, 보험학 원론, 영지문화사, 2009

에 이익을 추구하는 성향이 강한데 이러한 이유로 유수의 회사들은 비 보험적인 부분에 있어서도 관심을 두게 된다. 즉, 각 보험회사는 보험 상품 판매 외에도 자사를 운영하기 위한 경영 방식, 마케팅, 재무 등에도 관심을 가지기 시작한 것이다. 특히 마케팅과 유통 과정에 있어 두드러지는 발전 양상을 보였으며 결국에는 고객 만족을 통한 상품 판매라는 목적 달성을 위해 각 기업들이 다양한 채널과 판매 전략을 동원하여 고군분투하고 있음을 확인할 수 있다.

5 주식의 역사

5.1 유럽주식시장

주식시장의 역사는 국가별로 최초의 증권거래소가 설립되면서부터 시작되었다.[45] 세계 최초의 주식거래는 1602년에 설립된 네덜란드 동인도회사의 주식이 거래되면서부터 시작되었으며 암스테르담 증권거래소는 세계 최초로 주식이 공식적으로 거래되었던 증권거래소다. 영국의 경우에는 16세기 무렵 상업이 크게 발전하기 시작하면서 중개인들이 상품 및 신용장, 증권 등의 거래를 중개하기 위해 왕립거래소(The Royal Exchange)를 런던에 설립했는데, 영국의 왕립거래소가 영국증권거래소의 기원이 되었다. 이후 중개인들은 증권거래소(The Stock Exchange)라는 명칭을 내고 이 안에서 증권업자들이 준수해야 할 규약을 자치적으로 제정하는 등 증권업자의 자치적 관리조직으로 유지해 나갔다. 그러다가 1802년에 독립된 건물을 가진 런던증권거래소가 공식적으로 출범하였다.

45) KRX, 주식시장-3. 주식시장의 역사와 구조 및 기능, 2013. 9. 15. 〈www.youtube.com/watch?v=62a1S6CLVZU〉

5.2 미국주식시장

(1) 미주 지역 증권거래소 역사의 시작

미주 지역 증권거래소의 역사는 미국에서부터 시작하였다. 미국에서는 각종 상품의 경매시장이 증권거래소의 기원이 되었다. 그러다가 1792년 5월 17일 증권 중개업자와 상인 24명이 월 가 68번지(68 Wall Street)에 있었던 버튼우드라 불리는 미국 종(種) 플라타너스 나무 아래에서 모여 증권을 거래하는 방법, 연방정부채 매매 위탁수수료율 등에 관한 협정에 서명하였는데, 이는 앞서 언급했던 경매시장으로부터의 독립을 의미하는 협정이었다. 이로써 증권브로커들만의 시장이 월 가의 노상에 생겨나기 시작했으며 이것을 시작으로 1817년 NYSE(New York Stock Exchange), 즉 뉴욕증권거래소가 설립되었다.[46)]

(2) 뉴욕증권거래소의 설립

뉴욕증권거래소의 설립목적은 증권거래이며, 주요활동 및 업무는 주식매매다.[47)] 앞서 언급하였던 1602년 설립된 암스테르담 증권거래소보다는 190년이 늦지만, 1920년 일제에 의해 서울에 설립된 '경성주식현물거래시장'보다는 128년이나 빠른,[48)] 세계적으로 보면 비교적 앞선 주식거래시장이라고 볼 수 있다. 미국의 증권시장이 세계금융의 역사에서 중요한 의의를 갖는 이유는 앞서 언급한 바와 같이 더욱 긴 역사와 더욱 오래된 전통을 가진 유럽의 증권거래소들을 제치고 오늘날 세계 경제의 중심지가 되었다는 데에 있다. 이 밖에도 미국의 증권거래소에서는 여러 시장 예측 이론과 전설적인 거래실적 및 수익률을 낸 소위 '증권왕'들을 탄생시켰는데, 이들의 일화와 전설은 현재 증권거래소에 관련된 사람들에 의해 전해져 내려오고 있다. 그리고 지금 이 순간에도 워런 버핏과 같은 많은 투자자들이 과거의 레전드(legend) 못지않은 신화를 만들어내

46) KRX, 주식시장-3. 주식시장의 역사와 구조 및 기능, 2013. 9. 15. 〈www.youtube.com/watch?v=62a1S6CLVZU〉

47) 두산백과, 뉴욕증권거래소 〈terms.naver.com/entry.nhn?docId=1078302&cid=40942&categoryId=31830〉

48) 손대장, 손대장파이팅, 2010. 2. 22. 〈blog.daum.net/son5554/626〉

고 있다. 지금으로부터 약 250여년 전에는 지금의 뉴욕 월 가를 따라 맨해튼 쪽으로 올라가면 유럽에서 들어오는 수입품들을 하역하는 선착장이 있었는데 이곳에서는 현물 대신 청구서(invoice)를 근거로 거래가 이루어졌다. 이때에는 미국에도 화폐가 없었기 때문에, 청구서에 따른 거래의 가치는 은으로 만든 막대기를 사용하여 매겨졌고 이러한 거래가 뉴욕증권거래소의 출발점이다. 한 가지 흥미로운 것은 금액이 작은 물품을 거래할 때에는 은 막대기를 여덟 토막으로 나누어 주고 받았는데, 당시의 이러한 전통에 따라 지금도 뉴욕증권거래소에서는 주식가격이 소수점이 아닌 1/8 단위로 표기되고 있다.[49)]

(3) 증권시장의 확대

추후에 국가 단위의 금융이라는 카테고리를 논하겠지만, 뉴욕증권거래소에서 가장 먼저 거래되기 시작했던 것은 정부채권이었다. 1789년 미국 정부는 남북전쟁 비용의 조달을 위해 최초로 당시 8,000만 달러어치의 정부채권을 발행하여 뉴욕에서 매각하였다. 이후로 은행들과 보험사들이 연이어 뉴욕에 와서 거래에 참여하기 시작했고, 전술하였듯이 1792년에 24명의 투자주체들이 월가에 모여 최초의 거래시장을 만든 것이 뉴욕증권거래소다.[50)] 1817년 3월에는 공식화된 거래 규칙과 규정을 채택하였고, 1863년에는 뉴욕시 Wall Street 11번가에 거래소가 탄생하였다. 1800년대 후반에는 금광 개발과 함께 광산과 철도 주식들이 발행되었고 시장이 점차 커가면서 각기 필요에 따라 American Stock Exchange(AMEX)와 Over the Counter Market(OTC) 등이 형성되었다.[51)] 영국에서 시작된 산업혁명의 영향이 미국까지 전해지면서 19세기에 미국에서 수많은 기업들이 생겨났고 자고 나면 생기는 이러한 수많은 기업들의 성장에 힘입어 월 가 역시 거침없는 성장을 했다.

49) 김동희, 미국 주식시장의역사, 매일경제 증권센터, 2009. 9. 10. 〈board.mk.co.kr/view.php?id=phatomst_1&p=&c=&f=&fk=&s=&o=&v=&brand_code=&no=8〉

50) 손대장, 손대장파이팅, 2010. 2. 22. 〈blog.daum.net/son5554/626〉

51) 김준모, 미국 주식시장의 이해 〈www.sks.co.kr/data1/research/qna_file/for010430.pdf〉

(4) 경제대공황과 이후의 수습과정

하지만 아무리 맛있는 음식이라도 급하게 먹으면 체하는 법이다. 급격한 성장은 투기를 조장하였고 결국 1929년 뉴욕증시 대폭락과 경제 대공황이 벌어졌다. 이때의 대폭락의 원인은 여러 가지가 있겠지만, 증권거래소에 상장한 기업들을 체계적으로 감독할 주체가 없었다는 것이 가장 컸다. 당시에는 기업들이 상장을 할 때 사업 내용이나 재무상태를 정확하게 공개하지 않아도 이러한 기업들이 상장하여 증권거래소에 혼란을 가져오는 것을 감독하고 방지할 주체가 없었다. 1929년 대폭락을 계기로 정부가 증권거래소의 안정을 위해 개입하기 시작하였고 1933년 우리의 금융감독원과 같은 미국의 SEC(Securities and Exchange Commission)가 설립되었다. 미국 정부는 SEC의 설립과 동시에 증권거래소에 상장하는 모든 기업들이 회사의 모든 경영상황과 재무상태, 상장목적 등을 상술한 기초제안서(red herring)를 SEC에 등록하는 것을 의무로 하는 법을 제정하였다.

미국의 뉴욕 증권거래소가 전 세계 경제와 금융에 미치는 영향이 큰 만큼, 미국 증시로부터 기원한 증권용어나 특정 상황을 표현하는 관용표현도 많다. 그중에서 사람들이 가장 많이 아는 것이 '검은 월요일(Black Monday)'이다. 다음은 1987년 10월 20일 경향신문 4면에 났던 기사다. 이때의 뉴욕 발 주식 대폭락 이후 주식을 거래하는 사람들은 주식시장에서 대폭락이 발생하면 이때의 '검은 월요일'을 연상하고는 한다.[52)]

> **"세계주가 폭락 – 미, 이란 공격 영향, 뉴욕과 도쿄 등 투매(投賣) 극심"**
>
> 세계 금융시장에서 일고 있는 금리 인상, 인플레 상승에 대한 우려 때문에 19일 각국 주식시장에서는 주식투매현상이 일어나 주가는 전례 없이 큰 폭으로 폭락했다. 특히 뉴욕증권거래소에서는 어마어마한 투매로 사상 최대의 거래가 진행된 가운데 다우존스 평균공업주가지수는 5백 포인트 이상 떨어져 대공황을 촉발했던 1929년의 주가 대폭락과 맞먹었다. 주식투매현상은 도쿄, 홍콩, 런던, 프랑크푸르트, 암스테르담, 밀라노, 토론토의 주식시장에서도 발생, 주식값이 크게 떨어져 하루의 하락세로는 새 기록을 세웠다. 주가폭락은 이날 미

52) 유기정의 '옛날신문', KHAN으로 보는 역사, 경향신문, 2011. 8. 10. 〈history.khan.kr/768〉

국의 대이란 보복공격으로 미국과 이란 간에 전쟁이 발생하지 않을까 하는 염려로 더욱 격화됐다. 이날 다우존스 평균공업지수는 508.32포인트가 떨어진 1,738.34포인트로 폐장되어 지수가 22.61% 하락했는데 이것은 86년 4월 7일 이후 최하를 기록했다. 뉴욕증권거래소의 이날 거래량은 무려 6억 44만 주로 종전의 거래기록인 16일의 3억 3,848만 주를 능가했다. 백악관은 성명을 통해 레이건 대통령이 보좌관들에게 주가하락에 관해 연방준비제도이사회 의장, 증권위원회 위원장, 뉴욕증권거래소 이사장, 시카고 상품거래소장 등과 협의하도록 지시했다고 말했다. (이하 생략)[53)]

5.3 일본주식시장

일본 증권거래소는 약 120년 동안 일본경제의 젖줄과 같은 역할을 해 왔다. 제2차 세계대전의 패망국에서 경제 대국이라는 신화를 이루어내는 데에도 일본의 증권거래소가 큰 역할을 하였으며, 도쿄증권거래소는 아시아 경제의 중심으로 미국 증시와 함께 세계 경제의 중심이라는 막중한 역할을 맡고 있다. 1878년에 처음으로 도쿄증권거래소가 설립된 이후, 1943년 전국 11개 증권거래소가 일본증권거래소로 통합되었다. 그러나 1945년 제2차 세계대전 패전으로 모든 증권의 거래가 정지되었으며 1948년 5월부터 미국 법제를 채택한 새로운 증권거래법이 시행됨에 따라 1949년 도쿄, 오사카, 나고야 등 3곳의 증권거래소가 설립되었고, 그 이후에 여러 지방에서도 증권거래소가 설립되었다. 2001년에는 오사카 증시와 교토 증시, 도쿄 증시와 히로시마 증시 및 니이가타 증시가 각각 통합되어 현재 일본에는 도쿄, 오사카, 나고야, 후쿠오카, 삿포로 등 총 5개의 증권거래소가 있다. 이 가운데 거래규모나 상장기업 수로 볼 때 도쿄증권거래소가 가장 큰 거래소이며 닛케이 주가지수선물이 거래되는 오사카증권거래소가 그 다음 순위를 점하고 있다. 그리고 나고야 등 나머지 4개의 증권거래소는 지방증권거래소의 역할을 하고 있다. 벤처시장으로는 JASDAQ(Japan Securities Dealers Association Quotation)이 있고, 벤처기업이나 잠재력있는 작

53) 유기정의 '옛날신문', KHAN으로 보는 역사, 경향신문, 2011. 8. 10. 〈history.khan.kr/768〉

은 기업의 자금조달을 지원하기 위해 상장요건을 완화한 신설시장으로서 상대적으로 리스크가 큰 시장을 의미하는 신흥주식시장도 일본 내 각각 5개의 증권거래소에 있다. Mothers(도쿄 증권거래소 신흥주식시장), Hercules(오사카 증권거래소 신흥주식시장), Centrex(나고야 증권거래소 신흥주식시장), Ambitious(삿포로 증권거래소 신흥주식시장), Q-Board(후쿠오카 증권거래소 신흥주식시장) 등이 일본의 신흥주식시장이다. 2006년 6월 말 현재 약 2,400개 기업상장, 시가총액은 4조 8,000억 달러로 우리나라의 5배에 달한다.[54)]

5.4 우리나라 주식시장

추후에 우리나라 금융의 역사에 대해 논할 것이므로 우리나라 주식시장의 역사에 대해서는 간단하게만 언급하겠다. 1956년 3월 유가증권의 공정한 가격형성과 안정 및 원활한 유통을 목적으로 한국증권거래소가 설립되었고 2007년 1월에는 한국증권거래소, 한국선물거래소, 주식회사 코스닥증권시장, 코스닥위원회 등 4개의 기관을 통합하여 주식회사 형태의 한국증권선물거래소가 설립되었다. 2009년 2월에는 자본시장법 시행으로 한국거래소(KRX : Korea Exchange)로 증권거래소의 명칭이 변경되었다. 이름에서도 그 변화를 알 수 있다시피, 유가증권과 선물만이 거래되는 것이 아니라 현물과 파생상품을 동시에 취급하는 종합거래소로 발전하게 된 것이다.[55)]

5.5 홍콩주식시장

홍콩증권거래소는 1891년 홍콩주식중개인협회(The Association of Stockbrokers in Hong Kong)라는 이름으로 첫 번째 공식 증권 거래소가 형성되었다. 1914년 홍콩주식중개인협회의 명칭이 홍콩증권거래소(The Hong Kong Stock

54) 김동희, 일본주식시장의 역사, 2009. 9. 10. 〈board.mk.co.kr/view.php?id=phatomst_1&p=&c=&f=&fk=&s=&o=&v=&brand_code=&no=12〉

55) KRX, 주식시장-3. 주식시장의 역사와 구조 및 기능, 2013. 9. 15. 〈www.youtube.com/watch?v=62a1S6CLVZU〉

Exchange)로 변경되었고 1921년에는 두 번째 증권거래소였던 홍콩주식중개인 연합회(The Hong Kong Stockbrokers' Association)가 홍콩증권거래소에 통합되었는데, 이는 1947년에 주식회사 홍콩증권거래소라는 명칭으로 합동거래소(joint exchange)로 발전했다. 1969년 12월 17일에 주식회사 극동거래소(The Far East Exchange)가 개장했고, 1971년 3월 15일에 주식회사 캄응안증권거래소(The KamNgan Stock Exchange), 1972년 1월 5일에 주식회사 구룡증권거래소(The Kowloon Stock Exchange)가 각각 개장했다. 1973년 1월에는 홍콩증권거래소, 극동거래소, 캄응안증권거래소, 구룡증권거래소 등 4개의 증권거래소들이 1월 8일부로 각자의 개장 시각(trading session)을 일치시키기로 합의하였다. 또한 증권거래자문위원회(Securities Advisory Council)와 증권거래감독관(commissioner for Securities)직을 신설하였으나 이들에게 법적 권한이 부여되지는 않았다. 같은 해의 2월에는 주식거래통제조례 1973(The Stock Exchange Control Ordinance 1973)이 통과되었는데, 이 조례에 따르지 않은 주식거래를 한 누구에게든 엄중한 벌금을 물도록 했다. 홍콩 정부는 증권거래소에 상장하고자 하는 모든 회사들에 대해 그들의 투자설명서를 제출할 것을 의무로 할 것임을 선언하였다. 1974년 8월에는 증권거래조례 1974(The Securities Ordinance 1974)에 따라 주식거래보상기금(Stock Exchange Compensation Fund)이 설립되었고, 그 기금은 거래소 규모에 비례해서 네 개의 거래소들이 각각 마련하였다.[56] 1985년 8월에는 개정된 증권거래조례 1985(The Securities Ordinance 1985)가 통과되었다. 이 법안의 목적은 딜러들이 재정적으로 주식거래의 실행이 가능한가 여부(financial viability)를 감독하는 증권거래감독관의 권한을 강화하는 데에 있었다. 입법위원회(The Legislative Council)는 증권거래소연합에 관한 조례 1985(The Stock Exchanges Unification Ordinance 1985)를 개정하여, 은행의 자회사들과 신탁예탁회사(deposit-taking company)들을 포함한 현지법인(locally incorporated firms)들도 홍콩의 증권거래소에 등록할 자격을 부여받을 수 있게 했다. 그리고 이들 회사들의 이사(理事) 또는 임직원 자

56) HKEx Fact Book 2003, Hong Kong Stock Market Historical Events, p. 136 〈www.hkex.com.hk/eng/stat/statrpt/factbook/documents/28.pdf〉

격 박탈 권한, 그리고 변호사나 전문 회계사들이 증권거래소의 직원이 되는 것을 금지했던 내용들이 1985년 법 개정을 통해 삭제되었다.[57] 그러다가 1986년 3월에는 홍콩증권거래소, 극동증권거래소, 캄응안증권거래소, 코우룬증권거래소가 3월 27일부로 증권거래를 중단하였고 대신 1986년 4월 2일부로 새로운 증권거래소가 영업을 시작하였다. 당시 거래소에 상장된 기업은 249개였으며, 시가총액은 2,450억 홍콩달러 정도였다. 비록 증권거래는 계속 이루어져 왔지만 이 새로운 증권거래소는 1986년 10월 6일에서야 공식적으로 개장하였으며 1987년 10월 2일부로 은행과 연관된 거래인들에 대한 증권거래 제한이 완화되었다.[58] 1992년 6월 24일에는 중앙거래결제시스템(the central clearing and settlement system)이 도입되었고 1993년 7월 15일 칭다오 양조장이 본 거래소의 H주에 상장된 첫 중국기업이 되었으며 같은 해 11월 1일부로 새로운 증권거래 주문처리방식인 AMS(Automatic order Matching and execution System)를 도입하였다.[59] 1996년 1월 25일에는 AMS를 통한 장외거래가 시작되었다. 1999년 11월 12일에는 홍콩 트래커 펀드(the Tracker Fund of Hong Kong, TraHK)가 거래소에 도입되었는데 이는 1997년 아시아 금융위기로 인한 정부개입이었다. 홍콩 트래커 펀드는 홍콩특별행정구(SAR) 정부에 의해 발행되는 집단투자펀드인데, 이는 홍콩항생지수(Hang Seng Index)의 등락에 밀접하게 연동되어 있다. 1999년 11월 15일에는 성장기업지수(the Growth Enterprise Index, GEM)가 공식적으로 출범하였고, 첫 번째 상장은 25일에 이루어졌다. 2000년 3월 6일에는 증권거래소, 선물거래소, 홍콩어음교환 모두 홍콩증권거래소(Hong Kong Exchanges and Clearing Limited, HKEx)의 소유인 자회사가 되어, 2000년 6월 27일에 HKEx의 지분이 증권코드 388번으로 상장되었다.[60] 그리고 2000년 10월 23일에는 AMS 3기가 도입되었다.[61]현재의 홍콩거래소는 도쿄 증권거래소와 상하이 증권거래소에 이어 아시아에서는 세 번째, 세계에서는 다섯 번째로 시가

57) 같은 책, p. 137
58) 같은 책, p. 138
59) 같은 책, p. 140
60) 같은 책, p. 141
61) 같은 책, p. 142

총액 규모가 큰 증권거래소이고 2013년 4월 기준으로 홍콩증권거래소에 상장된 기업들은 1, 557개이며, 시가총액은 2조 7천억 달러에 육박한다.[62)]

5.6 중국주식시장

중국 주식시장의 역사는 30년도 채 되지 않아 매우 짧은데, 대륙 본토인 상하이(上海)와 선전(深圳)에 증권거래소가 탄생한 게 1990년의 일이다. 중국정부는 사회주의 개혁에 드는 비용을 국가 예산으로 해결하기보다는 우량 국유기업을 공개하여 주식시장에서 조달된 자금으로 충당하려고 했는데, 이것이 중국 대륙에 주식시장이 탄생한 배경이다. 당시 상하이와 선전 두 증권거래소에서 거래되는 주식은 중국 내국인이 거래할 수 있는 'A주'뿐이었고 한국인 등 외국인이 거래할 수 있는 주식인 'B주'가 거래되기 시작한 것은 1992년이다. 이처럼 중국 주식시장의 역사는 서양이나 일본 또는 우리나라에 비해 이제 겨우 걸음마 단계에 올라섰을 뿐이다. 하지만 그렇기 때문에 오히려 중국 주식시장은 미국이나 우리나라 등에 비해 훨씬 큰 성장 잠재력이 있다고 말할 수 있으며, 그만큼 매력적인 투자처라고 볼 수 있다. 중국경제는 1978년 개혁·개방노선을 채택한 뒤 28년간 연평균 10%에 근접하는 실질경제성장률을 기록하면서 가공할 만한 위력으로 급성장을 거듭했다. 결국 중국은 2000년 기준 국내총생산(GDP : Gross Domestic Product) 1조 달러를 넘어서며 세계 7위의 경제 대국으로 올라서는 기염을 토하더니, 2005년에는 세계 6위로 한 계단 더 상승했다. 이에 비해 우리나라의 경제규모는 세계 13위로 추락하고 있다. 이처럼 중국 주식시장은 개설된 지 불과 25년에 지나지 않지만, 상장기업수만도 2천 개를 훌쩍 뛰어넘고 있고 시가총액은 한화로 약 2천 23조 원에 이른다. 이는 2006년 우리나라의 일반회계 총예산인 134조 원보다 15배가량 많은 수치이며, 50년의 역사를 자랑하는 우리나라 주식시장의 시가총액인 662조 원보다 3배 이상인 규모이다. 현재 중국 본토의 주식시장 규모는 이미 우리나라와 대만을 넘어섰고, 아시아

62) KDB대우증권 홈페이지, 해외주식안내-홍콩시장안내 〈www.kdbdw.com/hki/hki3061/n84.do〉

에서는 일본시장 다음으로 크다. 여기에 홍콩 증시까지 포함하면 중국 전체 주식시장의 규모는 뉴욕증권거래소를 뛰어넘어 세계 1위를 넘보고 있다. 중국 주식시장이란 대륙의 주식시장과 홍콩의 주식시장을 일컫는다. 먼저 대륙의 경우 상하이와 선전에 각각 주식시장이 있다. 상하이는 중국 제일의 경제도시로서, 베이징(北京)이 미국의 워싱턴에 해당한다면 상하이는 뉴욕에 해당한다. 1990년부터 중앙정부가 돈을 쏟아붓기 시작하면서 상하이는 아시아 최대의 금융센터를 목표로 최근 수년간 놀랄 만한 성장을 거듭하고 있다. 한편 선전은 1980년부터 대외개방과 시장경제의 실험적 도시로 개발되었으며, 중국 최초로 경제특구가 설치되어 현재 중국에서도 손꼽히는 선진적 경제도시이다. 중국 본토의 상하이시장(上海證券交易所, www.sse.com.cn)과 선전시장(深圳證券交易所, www.szse.cn)에 상장 및 유통되고 있는 중국 주식은 A주와 B주이다. 이 중 A주는 중국 내국인 전용 주식을, B주는 외국인 전용 주식을 뜻한다. 2004년 6월 25일 중국 선전시장에 중소기업거래소(선전 제2 거래소), 일명 차스닥(Chasdaq)이 개장되면서 미국의 나스닥과 우리나라의 코스닥에 해당하는 성장 중소기업용 시장이 열렸다. 따라서 중국 본토의 주식시장은 상하이A주, 상하이B주, 선전A주, 선전B주, 차스닥의 5종류로 구별된다.[63]

최근 우리에게 중국의 증시가 중요해진 이유 중 하나가 바로 '후강퉁(沪港通)' 제도다. 2014년 11월 17일 실시된 후강퉁 제도는 홍콩 주식거래소와 중국 상하이주식거래소 간의 교차투자를 허용하는 제도다. 그동안 중국에 투자하던 해외투자자들은 홍콩 증시를 통해서만 제한적으로 중국 증시에 접근할 수 있었다. 하지만 후강퉁 제도 덕분에 중국 기업들에 투자할 수 있는 기회가 상당히 많이 늘어날 것으로 예상된다. 후강퉁 제도에 따라 해외투자자들은 홍콩거래소를 통해 중국 상하이거래소에 상장된 568개 기업들의 주식을 거래할 수 있게 되었고, 중국 본토의 투자자들은 홍콩거래소에 상장된 266개 기업 주식에 접근할 수 있게 되었다.[64]

---

63) 김동희, 중국주식시장의 역사, 2009. 9. 10. 〈board.mk.co.kr/view.php?id=phatomst_1&p=&c=&f=&fk=&s=&o=&v=&brand_code=&no=11〉

64) Isabella Zhong, 중국 후강퉁 시대, 홍콩 증시 상장된 중국 기업이 더 수혜 입을 수도, Wall street Journal, 2014. 12. 1.

6 선물의 역사

지금까지 논하였던 증권거래소들은 주로 회사의 소유권을 의미하는 주식(증권)이라는 현물을 거래하였다. 하지만 현물 못지않게 선물 역시 세계의 금융을 이해하는 데 매우 중요하므로 선물의 역사에 대해서도 알아보고자 한다. 잠시 현물과 선물의 차이점에 대해서 짚고 넘어가자면, 가장 큰 차이는 현물은 해당 종목이 상장폐지가 되기 전까지는 원할 때까지 보유할 수 있지만, 선물은 만기일에 강제로 청산되어 없어진다는 것이다. 그리고 현물은 가치가 상승할 때에만 이익을 낼 수 있지만, 선물은 상승할 때에도 하락할 때에도 수익이 난다.[65)]

6.1 선물거래의 시작

선물거래와 같은 파생상품의 역사는 고대 그리스 시대로 거슬러 올라간다. 고대 그리스의 밀레투스 지방에 탈레스라는 철학자가 살고 있었다. 매우 가난하여 조롱을 많이 받는 것이 싫었던 탈레스는 돈을 벌 수 있음에도 스스로 가난한 삶을 선택했다는 것을 증명하고 싶었다. 점성술을 공부했던 탈레스는 그해의 날씨를 예측할 수 있었고, 그래서 올리브가 풍년일 거라는 예상을 했다. 그래서 탈레스는 올리브 열매가 열리기 전에 그 지역에 있는 모든 올리브 압착기를 소유주에게 선금(옵션가격)을 주고 그가 필요할 때 언제든지 압착기를 빌릴 수 있는 권리(옵션)를 샀다. 그리고 압착기를 빌리는 데 지불해야 할 사용료(옵션행사가격, strike price)도 압착기 주인과 협상하여 계약을 체결했다. 올리브는 대풍작이었고, 탈레스는 압착기 소유자들에게 미리 계약한 사용료를 지불하고 그 지역의 모든 압착기를 빌려 두었다. 올리브 농부들은 압착기가 필요했지만 실질적으로 압착기를 가지고 있는 사람은 탈레스뿐이었다. 탈레스는 자신이 압착기 소유주에게 지불한 금액보다 훨씬 높은 가격을 압착기 사용료로 책정하였고,

65) 단칼에 끝내는 주식 〈daankal.com/pfo/p03.html〉

올리브 농부들은 어쩔 수 없이 비싼 압착기 사용료를 지불할 수밖에 없었다.[66] 17세기에는 일본의 도지마 쌀 거래소가 대표적인 선물거래의 사례가 된다. 1660년경 오사카 지역에 거주했던 요도야라는 거상이 그의 집에서 자주 여러 상인들과 쌀의 시세예측 정보를 교환하였다. 도쿠가와 막부 시절에는 지방 제후들의 세력확장을 막기 위해 이들을 매년 6개월 동안 강제로 오사카에서 살도록 하였는데, 이렇게 오사카에 강제로 오게 된 일부 제후들은 가을에 수확할 쌀을 담보로 물표를 발행하여 생활비를 조달하였다. 이 물표는 상인들 사이에서 거래수단으로 사용되었는데, 상인들은 그해에 풍년이 예상되면 쌀의 공급이 많아져 쌀 가격이 하락할 것이므로 물표를 매도하고, 흉년이 예상되면 반대로 물표를 사두어 이익을 얻었다. 오사카 근교 도지마 지역의 요도야의 집에는 항상 많은 상인들이 모여 정보를 교환하고 물표를 매매하였는데, 바로 요도야의 집이 물표 거래소의 역할을 했던 것이다.[67]

6.2 선물거래소의 설립

근대의 선물거래소는 1848년 미국의 시카고에서 시작했던 시카고거래소(CBOT : Chicago Board of Trade)가 시초다. 미국 중서부의 시카고는 19세기 중반 일리노이와 미시간 사이의 운하가 개통된 덕에 미국 중서부 곡창지대의 중심지이자 곡물의 집산지가 나타나기 시작했다. 곡물 거래물량에 비해 창고나 운송시설이 부족했던 시카고 지역은 겨울에 운하가 얼면 운송수단의 이용이 제한되어 유통이 안 되는 곡물이 아주 낮은 가격에 거래되었고, 겨울이 지나 얼음이 녹으면 재고부족으로 매우 비싼 가격에 거래되어 판매자와 구매자 모두 피해를 보는 상황이 발생했다. 이러한 상황을 방지하기 위해 상인들은 서로 미리 가격을 약속하고 현물이 나왔을 때 약속한 가격에 현물을 사고 팔자는 선물시장을 고안했다. 즉 자연재해나 흉작 등으로 곡물 생산량이 변하여 가격이 급변

66) KRX 한국거래소 홈페이지, KRX 파생상품 아카데미, pp. 10~13 〈pdf.krx.co.kr/ebook//ecatalog.jsp?Dir=6〉

67) 같은 곳, pp. 14~16

하거나, 운송수단 문제로 현물이 제대로 배송되지 않아도 매매가격과 인도시점을 미리 정해 놓고 결제이행을 거래소가 보증하도록 하여 뒤늦게 낭패를 보는 사람을 줄이자는 것이다. 덕분에 상인들은 선물시장을 통해 곡물을 미리 구매해서 가격이 크게 올라 손해를 보거나 제때 구매하지 못하는 상황을 방지할 수 있었고, 농부들은 미리 판매함으로써 작물을 수확해 놓고 팔리지 않아 손해를 보는 일이 줄어들었다.[68]

영국 선물시장의 역사는 엘리자베스 1세 재위기간이었던 1571년 왕립거래소까지 거슬러 올라간다. 당시 런던에는 금속이나 다른 상품들의 거래를 위

표 3-2 파생상품 거래량

순위	거래소	2013년	
		거래량(백만계약)	전년대비 증감률(%)
1	CME그룹(미국)	3,161	+9.2%
2	ICE(영국)	2,808	+14.7%
3	EUREX(유럽)	2,191	−4.4%
4	NSE(인도)	2,136	+6.2%
5	BM&F Bovespa(브라질)	1,604	−2.0%
6	C BOE Holdings(미국)	1,188	+4.7%
7	NASDOQ OMX그룹(일본)	1,143	+2.5%
8	MOSCOW EXCHANGE(러시아)	1,134	+6.8%
9	KRX(대한민국)	821	−55.3%
10	MCX(인도)	794	−17.3%
11	DCE(중국)	701	+10.7%
12	SHFE(중국)	642	+75.9%
13	ZCE(중국)	525	+51.3%
14	JPX Group(일본)	366	+56.3%
15	HKFE & HKSE(홍콩)	301	+7.7%
	세계거래소 총계*	21,643	+2.1% (+7.6%)**

* 선물산업협회 등록 거래소 기준
** KRX를 제외한 전 세계 거래소 평균

68) 같은 곳, pp. 17~20

해 상인들이 왕립거래소에 정기적으로 모였다. 처음에는 영국의 금속거래를 위한 시장이었는데, 영국이 금속의 주요 수출국이 되면서부터 유럽 각지의 상인들이 런던으로 모여들었다. 19세기 초반까지 영국은 구리와 주석 등을 자급자족하여 이들 품목의 가격이 오랫동안 변하지 않아 왔지만, 산업혁명으로 인해 영국의 각종 산업이 급속도로 발전하면서 많은 양의 금속을 수입하게 되었고 가격변동도 심해졌다. 금속 수입업자들은 칠레나 말레이 반도에서 금속을 수입해야 했기 때문에 도착일자와 그날의 금속시세를 알 방법이 없었다. 그러나 운송수단이 범선에서 증기선으로 발전하고, 전신이라는 통신수단이 발명되면서 금속화물의 도착일자 예측이 가능해졌다. 따라서 상인들은 미리 가격을 확정하여 예정일자에 금속을 매매하는 계약을 체결할 수 있었다. 이러한 발전에 힘입어 매일 원활하게 금속을 거래할 수 있는 장소가 필요해져서 Lombard Exchange and Newsroom이라는 장소를 상설금속거래소로 이용하였는데, 다른 물품 상인들의 합류로 자리가 부족해지면서 금속을 취급하는 상인들이 따로 나와서 1877년 현재의 런던금속거래소를 만들어 거래하게 되었다.[69)]

현재 거래소별 선물, 옵션을 포함한 파생상품 거래량은 〈표 3-2〉와 같다.[70)]

7 국채와 조세의 역사

7.1 조세의 역사

세금이라는 단어는 한자의 어원을 잘 살펴보면 그 의미와 탄생에 대하여 짐작할 수 있다. 세금(稅金)의 '세(稅)'는 곡식을 나타내는 '벼 화(禾)'와 '바꿀 태(兌)'가 합쳐져서 만들어졌는데, 여기서 '兌'는 '빼내다'의 뜻을 갖고 있다. 이는 곧 농경사회에서 사람들이 수확한 곡식 중 일부를 빼내어 중앙에 바치는 것

69) 같은 곳, pp. 21~24

70) KRX 한국거래소 파생상품시장본부, 2013 세계 파생상품시장 동향

이 세금이었다는 것을 알 수 있다. 또한, 세금의 탄생은 유목생활을 벗어나 농사를 지으며 정착하는 농경사회로 진입하였다는 것을 보여준다. 정착생활을 시작하면서 공동체의 생활과 운영에 필요한 경비, 즉 세금을 벼 또는 다른 곡식의 형태로 납부하게 된 것이다.

세금은 부족들이 서로 힘을 합쳐 국가의 기틀을 마련하면서부터 생겼다는 것이 일반적인 견해이다. 세금에 관한 가장 오래된 기록은 기원전 4,000년 정도에 메소포타미아 지방에서 나타난다. 세금의 액수가 커져서 일일이 기록하는 것이 불가능해지자, 어떤 부족장이 점토판에 세금납부를 기록하기 시작하였던 것이 그 시초이다. 곡식은 곡식모양으로 표시하고 과일은 과일모양으로 표시하여 사용했던 것으로 보인다. 또한, 이렇게 점토판에 세금을 기록하였던 모양이 이후 상형문자로 발전하여 세금의 기원과 문자의 탄생이 거의 같은 시기에 일어나게 되었다. 이후 세금이 점차 보편화되기 시작하면서 세금에 대한 기록은 더 많은 곳에서 등장한다.

그러나 안타깝게도 로제타석(Rosetta Stone)에서 보는 것처럼 동서양을 막론하고 세금의 역사는 이에 저항하는 반란과 민란의 역사라고 해도 과언이 아니다. 그릇된 조세제도가 납세자들의 저항을 불러일으켰기 때문이다. 근대 헌법의 효시라고 할 수 있는 영국 마그나 카르타(Magna Carta : 대헌장) 또한 왕이 가진 징세권을 제한한다는 내용을 담고 있었던 것을 보면 이 당시 조세제도가 얼마나 문란하였는지를 알 수 있다. 당시 영국의 존(John) 왕이 기사들에게 방패에 대한 세금을 부과하였다가 귀속들과의 세력다툼에서 패하게 되면서 사의적으로 세금을 부과하지 않겠다는 서명을 한 것도 일례이다. 이러한 사회적인 변화로 인하여 법의 규정대로 세금을 부과하는 조세법률주의가 시작되었다.[71)]

7.2 조세저항의 역사

민주주의의 역사는 조세저항의 역사라고 해도 과언이 아닐 만큼 영국의 대

71) 세금을 바로 알자 (1) 세금의 역사, 2011. 5. 11. 〈sgsg.hankyung.com/apps.frm/news.view?nkey=10191&c1=99&c2=21〉

헌장, 권리청원과 권리장전, 미국의 독립선언 그리고 프랑스 대혁명 등 여러 가지 중요한 민주주의를 발전시킨 사건들의 이면에는 빠짐 없이 조세문제가 가장 핵심적인 문제의 하나로 작용하고 있었다. 조세저항 초기의 경우에는 왕의 자의적인 조세부과에 반대하고 납세자의 의견과 합의가 반영된 조세 부과방식을 채택할 것을 요구하는 수동적인 관점에서 출발하였다. 그러나 시간이 지날수록 국민이 국가의 주인이며 주권이 국민에게 있다는 인식이 널리 퍼지기 시작하면서 국민들이 뽑은 대표를 통하여 과세의 형식과 절차를 결정한다는 적극적인 조세저항으로 변화하게 되었다.

영국의 대헌장은 주권재민의 원칙이 실질적으로 구현될 수 있는 분야가 바로 조세분야라는 것을 잘 보여준 대표적인 사건 중의 하나라고 평가된다. 당시에는 귀족들이 자신의 권리를 왕의 자의적인 조세부과로부터 보호하기 위하여 대헌장을 만든 것이지만, 조세를 부담하는 주체의 동의 없이는 왕이 자의적으로 과세하지 못하게 함으로써, 법률에 명확히 명시된 조세만 납부한다는 조세법률주의와 현대적인 민주주의의 원칙이 정립되는 계기가 되었다고 할 수 있는 사건이다.[72)]

영국의 대헌장에서 조세법률주의의 원칙이 정립되었다면 미국의 독립전쟁에서는 대표 없이 과세 없다는 현대 조세의 대원칙을 확립하였다고 평가할 수 있다. 영국은 영국 의회의 결정에 따라 자신의 군대에 대한 주둔비용을 미국에게 부과하려고 하였고 이에 반대하는 식민지의 대표들은 영국 의회에 식민지의 대표권을 인정할 것을 요구했지만 받아들여지지 않았다. 또한, 영국은 아메리카 대륙에서 정착민과 인디언 사이의 충돌을 방지하고 질서를 유지하는 비용을 식민지에 부담시키는 것이 타당하다는 주장을 하며 설탕법, 인지법, 타운센드법 등을 지정하여 조세를 무분별하게 징수하였으며 여러 가지 무역규제도 함께 설정하였다. 이러한 조치들에 대하여 식민지는 전시상황이 아닌데 상비군이 주둔할 이유가 없다고 주장하며 새로운 규제들이 경제적 손실을 가져온다고 하였다. 또한, 새로운 제도를 도입할 때에는 그것을 부담할 식민지의 동의를 얻는

72) 원윤희, 역사 속 세금이야기, 박영사, 2014, p. 28

것이 필요하다고 주장하였다.[73] 이와 같은 갈등을 겪은 미국은 결국 독립전쟁 이라는 방법을 선택하였던 것이다. 조세법률주의라는 헌법의 원칙은 국민들이 주체가 되어 뽑은 대표를 통한 과세에 대해서만 동의한다는 것을 뜻한다.

7.3 우리나라 세금의 역사

우리나라 왕조시대의 세금은 '조용조(租庸調)'라고 표현하는 것이 가장 이

그림 3-1 나라별 조세부담률/국민부담률(2004년)[74]

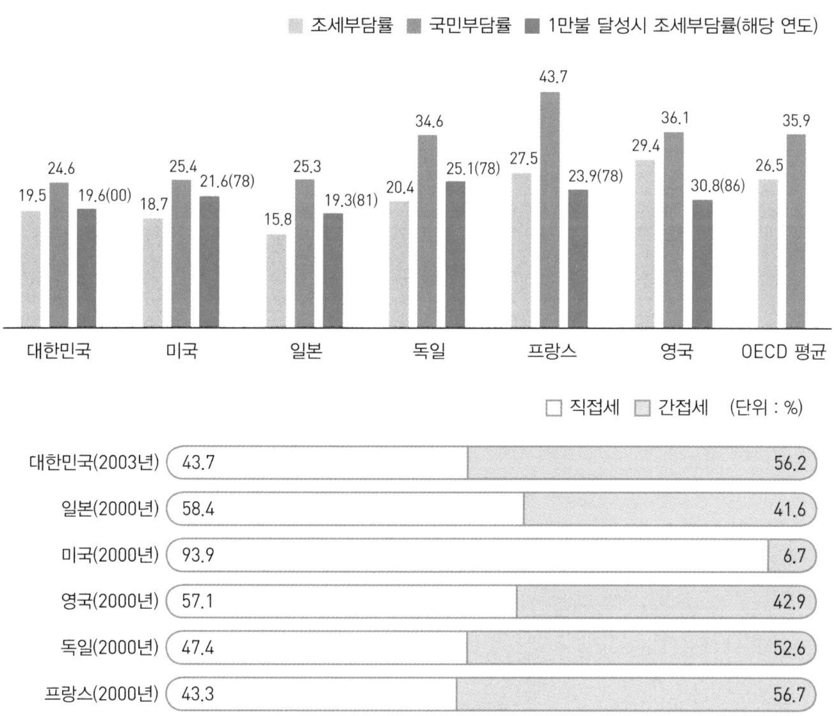

출처 : 국세청 홈페이지

73) 같은 책, pp. 49~52

74) 국세청, 생활 속의 세금-세금의 국제비교 〈www.nts.go.kr/youth/study/study_high05.asp?top_code=1001&sub_code=1004〉 조세부담률은 국민의 조세부담의 수준에 대한 척도이다. 조세부담률은 국민경제 내에서 (국세+지방세)/일반국민경제소득으로 표시한다. 주요 국가의 조세부담률은 다음과 같다.

해하기 쉽다. 먼저, '조(租)'는 토지에 대하여 부과하는 세금을 뜻하고, '용(庸)'은 사람의 노동력을 징발하는 것을 뜻한다. 마지막의 '조(調)'는 가구 단위로 부과하는 세금을 일컫는다. 우리나라의 경우 1800년대 이전에는 산업화가 진전되지 않았기 때문에 토지를 기반으로 하는 농사가 주요한 소득이었고, 이러한 상황에서는 토지에 부과하는 세금이 주를 이루었다. 이후 조선말기에 개화의 영향으로 조세제도의 개혁도 본격적으로 시작되었다. 이 시기의 조세제도는 일제가 많은 영향을 끼쳤는데, 중일전쟁이 시작된 1937년부터 연합군에 패배한 1945년까지 전쟁을 위한 수탈에 가까운 가혹한 징세가 있었다. 대한민국 건국 이전 3년 동안의 미군정 당국은 일제의 조세제도를 기본으로 하였지만 전쟁으로 인하여 비정상적이었던 조세를 정상화하려는 노력을 하였다.

이후 대한민국 임시정부가 수립되면서 세제개혁위원회가 설치되고 우리나라의 현대적인 조세제도가 출범하게 되는데, 이 기구에서는 18개의 세법을 새로이 제정, 공포하였다. 그러나 그 이후 한국전쟁으로 인하여 조세제도가 다시 전시체제로 전환되었고, 또다시 농지로부터 징수하는 조세에 크게 의존하게 되었다. 휴전한 후에도 전후 복구에 필요한 재정적 수요가 컸기 때문에 조세부담 완화에는 적극적으로 기여하지 못했던 것으로 보인다. 1950년대 중반의 조세부담률이 5% 중반이었지만, 1960년대에는 12%대로 급등하여 당시의 조세부담이 얼마나 컸는지를 알 수 있다.[75)]

7.4 국채

(1) 국채의 정의

정부의 조세수입이 감소하거나 재정지출이 증가하게 되면 재정 적자가 증가하면서 국가의 채무, 즉 국채가 증가하게 된다. 국채는 국내외의 차입금, 국공채, 국고 채무부담행위로 구성되어 있는데 이 중 국공채가 국채의 대부분을 차지하며 국내외 차입금, 국고 채무부담행위도 넓은 의미의 국공채 안에 포함

75) 예금보험공사, 세금시리즈2-세금의 역사, 2014. 10. 19. 〈blog.naver.com/happykdic/22015192530

시켜 국공채와 같은 뜻으로 사용하기도 한다. 우리나라를 포함한 여러 주요 국가들의 추세를 보면 시간의 흐름에 따라 국채가 증가하는 양상을 보이는 경우가 대부분이다. 보통의 경우 국채의 증가와 함께 경제규모도 커지기 때문에 소득대비 채무부담이 증가하지 않으므로 국채 자체의 증가는 부정적인 것이 아니다. 그러므로 국가의 재정 건전성을 판단하기 위해서는 국채의 규모 자체보다는 국민소득에 대한 국채의 비율을 분석하는 것이 좋다. 경제성장률이 낮고 국공채 지급 이자가 큰 경우, 재정적자가 큰 경우에 국민소득 대비 국채의 비율이 커진다.[76)]

(2) 우리나라 국채의 현황

우리나라의 중앙정부와 지방정부를 합한 국채의 총규모는 1997년 69조 6천억 원이었는데 2000년 119조 6천억 원, 2004년 203조 1천억 원으로 지속적으로 증가하였다. 국민소득대비 국채의 비율은 1997년 12%, 2000년 19%, 2004년

그림 3-2 한은 보유 국채 규모 추이[77)] (단위 : 십억 원)

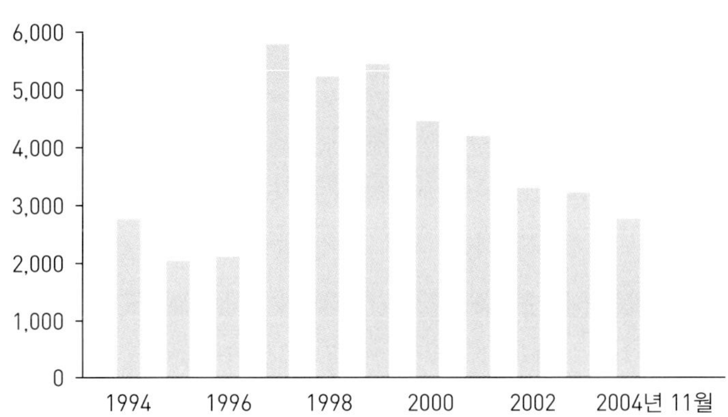

출처 : news.naver.com/main/read.nhn?mode=LSD&mid=sec&sid1=101&oid=018&aid=0000242328

76) 한국민족문화대백과, 한국학중앙연구원, 국채 [National Debt, 國債] 〈terms.naver.com/entry.nhn?docId=572457&cid=46630&categoryId=46630〉

77) 한국은행 올해 국채 산다, 이데일리, 2005. 1. 15. 〈news.naver.com/main/read.nhn?mode=LSD&mid=sec&sid1=101&oid=018&aid=0000242328〉

그림 3-3 일반회계 적자국채 발행액 추이 (단위 : 조 원)

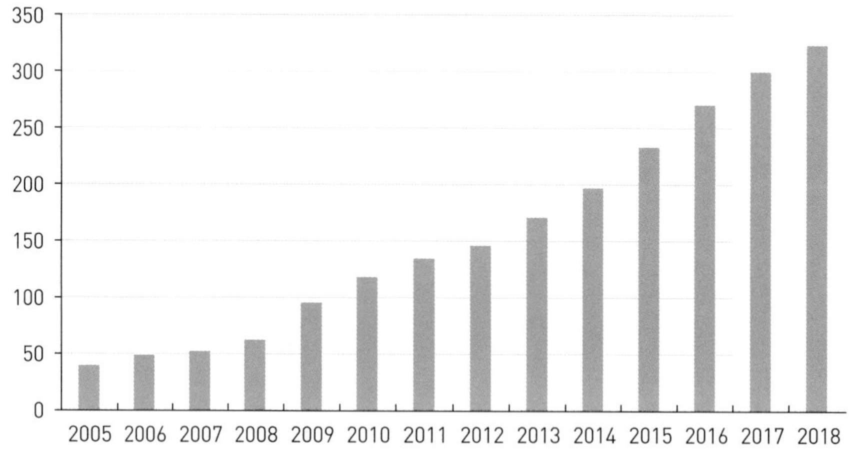

출처 : 기획재정부

26%, 2007년 31%, 2009년 35%로, 역시 증가하는 양상을 보이고 있다.

우리나라의 경우 주요 선진국과 비교하였을 때, 국민소득 대비 국채 비율이 다소 낮은 편이기 때문에 국가의 재정건전성은 양호한 편으로 평가되고 있으나, 현재의 국채 수준이 적절한지에 대한 논의는 이루어지지 않고 있다. 2008년 기준 OECD 국가의 국가채무 비율은 약 79%에 달하는데 반하여 우리나라의 경우 30%로 상당히 낮은 편이다.

국채 비율의 적정성은 국채 비율뿐만이 아니라 국가의 경제상황, 국채의 증가 속도 등도 함께 고려하여야 한다. 선진국들의 경우 2008년 경제위기를 전후하여 국채 비율이 같은 수준이거나 오히려 하락하였지만 우리나라의 경우 국채 비율이 1997년 외환위기 당시 12%에서 2007년 30%로 두 배 넘게 급등하는 추이를 보이고 있다.

또한, 우리나라보다 경제규모가 큰 대부분의 선진국에서는 부채부담 능력도 우리나라에 비하여 크기 때문에 단순히 소득 대비 국채 비율을 비교하는 것은 적절한 방법이 아니라는 지적도 있다. 저출산과 고령화, 이에 따른 세수증가율의 둔화, 향후 복지부문 재정지출의 확대 등을 감안할 때, 우리나라의 소득대비 국채비율은 장기적으로 지속될 것이며 그 증가폭도 커질 것으로 예상할 수 있다.

(3) 우리나라 국채의 역사와 발전

최초의 국채인 건국국채(1949년 대한민국 정부수립 이후 예산상 세입 부족분 보전을 위해 발행)가 1949~1963년 사이 총 100억 원 발행된 이래, 다양한 종류의 국채(산업부흥국채, 도로국채 등)가 발행된 바 있으며, 1999년부터 현재까지 발행된 국채는 총 680조 원이며 이 중 322조 원을 상환하여 2012년 7월 기준 잔액은 385조 원이다.

〈국고채 주요 통계〉

- 발행잔고(조 원) : (1999년 말) 34.2 → (2012년 7월 말) 358.4 (10.5배 증가)
- 거래량(조 원) : (1999년) 168.6 → (2011년) 2,285.1 (13.6배 증가)
- 평균 조달금리(%) : (1999년) 7.69 → (2012년 1~7월) 3.46 (4.23%p 하락)[78)]

8 우리나라 금융의 역사

다른 모든 제도가 그렇듯이 금융도 정치, 경제, 문화 등의 시대적 배경에 따라 각기 상이한 모습을 갖기 마련이다. 금융위원회와 금융감독원, 해외금융협력지원센터 등 여러 기관들의 분류방식에 따르면 우리나라 금융의 역사는 보통 5~8개 부분으로 나누어질 수 있다. 여기서는 1878년 제일은행이 우리나라에 처음 개설된 시점을 우리나라 금융의 시작으로 보고 우리나라 금융의 역사를 시대적인 흐름에 따라 5가지로 분류하여 각 시기별 대표적인 특징과 연도별 구체적인 사건들을 나열하는 방식으로 소개하고자 한다.

78) 기획재정부, 대한민국 국채시장 발전의 역사, 2012. 9. 12. 〈www.mosf.go.kr/bbs/synapView/previewFrame.jsp?outFileURL=/synap/8636fbc1-3229-4eb4-a082-e2f68f38c614.htm&inputFileURL=%2F_upload%2Fbbs%2F62%2Fattach%2F2012091111010980.hwp&f_name_user=%EB%8C%80%ED%95%9C%EB%AF%BC%EA%B5%AD+%EA%B5%AD%EC%B1%84%EC%8B%9C%EC%9E%A5+%EB%B0%9C%EC%A0%84%EC%9D%98+%EC%97%AD%EC%82%AC〉

(1) 금융산업의 태동기(1878~1958년)

최초은행 제일은행 부산지점(1878~1900년)

1878년 6월 최초의 근대적 은행점포로서 '(일본)제일은행 부산지점'이 개설되면서 우리나라에 근대적 은행 제도가 도입되었다. 이 은행은 개항장을 중심으로 일본화폐를 조선에 유통시킴으로써 조선에 대한 화폐 침략의 역할을 한 것이지만, 근대적 은행 제도가 도입되는 계기이기도 하였다.[79)]

이후 1891년 1월에는 일본보험회사 제국생명이 우리나라에 최초지점을 개설하였고 1897년 2월에는 국내 민간자본을 중심으로 한성은행(조흥은행의 전신)이 설립되었으며, 1899년 1월에는 대한천일은행(구 상업은행의 전신)이 설립되었다.[80)] 우리나라가 일제 식민지였던 시기에는 구 한국은행이 조선은행으로 개편되어 중앙은행의 기능을 일부 수행하였고 다수의 일반은행과 조선식산은행, 조선저축은행 등 특수은행 그리고 금융조합, 신탁회사, 무진회시, 보험회시 등 비 은행금융기관과 증권거래소 등이 설립됨으로써 금융제도가 근대적 모습을 갖기는 하였으나 당시의 금융기관들은 본연의 기능보다는 일본의 전비조달창구로서의 역할을 주로 수행하였다는 한계를 지닌다. 구체적으로 살펴보면, 1903년 2월 한성은행이 공립한성은행으로 변경되었고 1906년 8월 순수 국내 민간자본으로 한일은행이 설립되었으며 1909년 10월 구 한국은행이 설립되어 (일본)제일은행이 종전 한국 내에서 담당하던 중앙은행 업무를 양도받게 되었다. 이어서 1911년 8월 구 한국은행이 조선은행으로 명

한일은행 설립(1890~1930년)

79) 한국은행 화폐박물관 홈페이지 〈museum.bok.or.kr/index.do〉
80) 금융위원회 홈페이지 〈www.fsc.go.kr/know/mar_fi01.jsp?menu=7450100〉

칭이 변경되었고 1918년 6월 조선식산은행(산업은행의 전신)이 설립되었으며 1921년 1월에는 우리나라 최초의 손해보험회사인 조선화재해상보험이 설립된 데 이어 1928년 11월 사단법인 경성은행집회소가 설립되었다.[81]

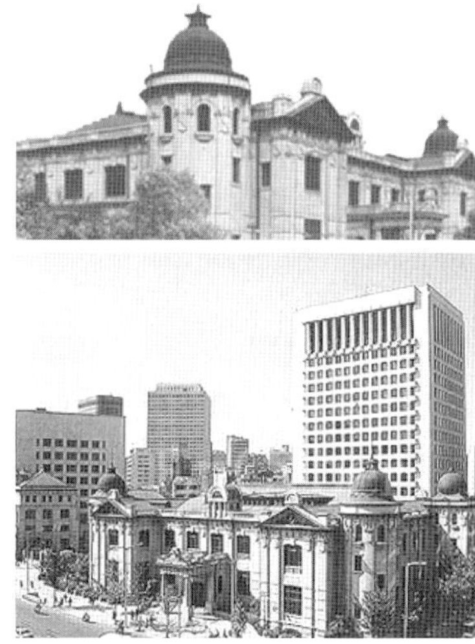

한국은행 설립(1930~1951년)

광복 이후에는 먼저 1946년 8월 조선손해보험협회가 설립되었다. 이어서 1946년 9월 우리나라 최초의 생명보험회사인 대한생명이 설립되었고 사단법인 대한손해보험협회가 법인 등기되었으며 사단법인 경성은행집회소가 서울은행집회소로 명칭이 변경되었다. 이어서 1949년 11월 최초의 증권회사인 대한증권이 설립되었고 1950년 2월 조선생명보험협회가 설립되었다. 1950년 3월에는 인플레이션 억제 목적으로 「경제안정 15원칙」이 결정되었다. 광복 후 수년간의 이 시기에 우리 경제는 정치·사회적 혼란 속에서 물가가 폭등하고 신용질서 및 금융조직체계가 크게 문란해졌기 때문에 1948년 수립된 대한민국정부는 서둘러 금융제도의 개편에 착수하였고 먼저 금융제도의 근간이 되는 중앙은행과 일반은행의 체계를 확립하기 위하여 1950년 5월 한국은행법과 은행법을 제정 공포하였으며 같은 해 6월에는 한국은행이 창립되었다. 그리고 1950년 7월 한국은행권이 최초로 발행되었다.[82]

대한증권거래소 개장(1951~1958년)

1953년 2월 구 화폐 유통을 금지하고 원을 환으로 변경하는 내용의 통화개혁이 단행되었고, 1953년 11월 대한증권협회가 설립되었다. 이 시기에는 6.25 동란이 발발하여 금융제도의 정비가 지연되다가 종전 후 1954년 은행법이 시행되고 전재복구 및 농업개발을 위한 한국산업은행

81) 금융위원회 홈페이지 〈www.fsc.go.kr/know/mar_fi01.jsp?menu=7450100〉
82) 금융위원회 홈페이지 〈www.fsc.go.kr/know/mar_fi01.jsp?menu=7450100〉

(1954) 및 농업은행(1956)이 특수은행으로 발족하기도 하였다. 1954년 4월에는 한국산업은행이 설립되었으며 1954년 12월 정부와 UN군사령부 간에 재정금융의 균형 및 단일환율의 결정 등을 주요 내용으로 하는 「경제재건과 재정안정계획에 관한 합동경제위원회 협약」이 체결되었다. 1955년 8월 정부는 IMF 및 IBRD에 가입하였고 이후 1956년 1월 한국손해재보험공사가 설립되었다. 1956년 3월에는 대한증권거래소가 개장(시중은행과 한전 등 12개사 주식 상장)됨으로써 비로소 자주적 금융제도의 기반을 구축할 수 있게 되었고 1958년 11월 조선생명보험협회가 대한생명보험협회로 명칭이 변경되었다.[83)]

(2) 금융산업의 체제정비기(1960~1980년)

1960년 2월에는 대한생명보험협회가 사단법인 생명보험협회로 명칭이 변경되었다. 1961년 5월 군사혁명위원회의 포고 제2호에 의거하여 금융활동동결령이 발표되었고 1961년 6월 증권의 효율적 거래를 위한 증권거래법이 제정되었으며 이어서 1962년 2월 최초의 서민금융기관인 한국국민은행이 설립되었다. 1950년대 후반 민영화 이후 소수 재벌에 의해 지배되어 온 일반은행의 주식이 부정축재재산 환수처리의 일환으로 정부에 다시 귀속되고 1962년 4월에는 기존의 은행감독부를 은행감독원으로 확대 개편하는 등의 내용을 골자로 하는 한국은행법이 개정되어 금융기관에 대한 정부의 영향력이 대폭 강화되었으며 개발자금의 원활한 지원을 목적으로 농업협동조합(1961), 중소기업은행(1961), 국민은행(1963), 한국외환은행(1967), 한국주택은행(1969) 등 특수은행이 연이어 대거 설립되었다. 1962년 6월에는 10환을 1원으로 변경하는 등의 내용을 골자로 한 통화개혁을 단행하였고 1962년 7월 통화량 급증으로 인플레이션 압력이 가중됨에 따라 봉쇄예금의 전면 해제조치가 취해졌으며 또한 같은 해 경제개발에 필요한 민간자본 동

한국증권거래소 및 증권시황 방송(1960~1965년)

83) 금융위원회 홈페이지 〈www.fsc.go.kr/know/mar_fi01.jsp?menu=7450100〉

원 체제를 확립하기 위하여 증권거래법과 보험업법이 제정되었다. 1963년 3월 대한손해재보험공사가 설립되었고 5월에는 대한증권거래소가 공영제인 한국증권거래소로 개편되었다. 1965년 3월 실제와 괴리된 종래 환율제도의 폐단을 없애고자 단일변동환율제도가 실시되었으며 1967년 1월 최초의 지방은행인 대구은행이 설립되었다. 같은 해 6월에는 외국은행 최초로 미국 체이스맨해튼은행이 서울지점을 개설한 데 이어 지방경제의 활성화를 위하여 대구은행, 부산은행 등의 지방은행이 설립됨에 따라 우리나라의 금융제도는 정부의 경제개발계획을 효율적으로 지원하기 위한 성장금융체제로 변모하게 되었다.[84] 1968년 11월에는 근대적 자본시장제도 도입을 위한 「자본시장 육성에 관한 법률」이 제정되었다. 이어서 12월 한국투자공사가 설립되었으며 대한손해재보험공사는 대한재보험공사로 명칭이 변경되는 한편 금융의 장기산업 자금조달기능 강화를 위해 설립된 한국신탁은행이 업무를 개시하였다. 1969년 2월 개인과 기업에게 신용을 제공하여 국민경제 활동과 산업발전에 기여하기 위한 대한보증보험이 설립되었고 또한 대한재보험공사에서 수출보험업무를 개시하였다.

1970년대에 들어서면서 우리 경제는 그간의 성장과정에서 기업의 재무구조가 크게 부실해지고 인플레이션 압력이 현재화된 데다 국제통화제도의 불안 등 세계경제여건의 악화로 국제수지적자도 확대되는 등의 어려움을 겪게 되었다. 이에 정부는 1972년 8월 8.3 긴급경제조치(경제의 안정과 성장에 관한 대통령 긴급명령)를 단행하는 한편 금융구조의 다원화를 적극 추진하기 시작하였고 그 결과 사채동결 및 금리인하가 발생하였다. 그리하여 1972년에 단기금융업법, 상호신용금고법, 신용협동조합법 등 이른바 사금융 양성화 3법이 제정되었고 같은 해 12월 기업공개를 의무화하고 공개법인에게

대구은행 설립(1965~1970년)

84) 금융위원회 홈페이지 〈www.fsc.go.kr/know/mar_fi01.jsp?menu=7450100〉

한국투자신탁 및 한국수출입 은행 설립(1970~1977년)

각종 특혜를 부여하는 기업공개촉진법이 제정되었다. 1973년 5월에는 한국화재보험협회가 설립되었고 1974년 12월 자본의 대외의존을 벗어나고 중요산업의 자금을 조달하기 위하여 국민투자기금법이 제정되었다. 1975년에는 종합금융회사에 관한 법률이 제정되어 투자금융회사, 상호신용금고, 신용협동조합, 종합금융회사 등 다양한 형태의 비은행금융기관이 신설 또는 정비되고 11월 각 지방의 은행집회소를 통합하여 사단법인 전국은행협회가 설립되었다. 그리고 이어서 1976년 6월에 신용보증기금, 7월에는 한국수출입은행이 설립되었다. 이와 함께 기업의 직접금융시장을 통한 자금조달을 뒷받침하기 위해 증권시장에서도 일대 정비가 이루어졌는데 1972년 기업공개 및 주식의 소유분산을 촉진하기 위해 기업공개촉진법을 제정하고 이어서 1974년 증권투자신탁 전문회사인 한국투자신탁을 설립하였으며 1977년에는 증권관리위원회와 증권감독원을 설치하여 증권 시장의 감독 및 관리체계를 확립하였다.

1977년 1월에는 재무부가 그해를 보험의 해로 지정하고 보험약관 정비 등 보험산업 근대화를 위한 대책을 시행하였으며 또한 대한재보험공사의 수출보험업무를 수출입은행으로 이관하였다. 같은 해 2월에는 한국투자공사를 해체하여 대한투자신탁주식회사가 설립되었으며 은행 지로제도가 실시되었고 증권관리위원회가 발족하는 한편 증권감독원이 개원하였다. 3월에는 대한손해재보험공사가 대한재보험공사로 명칭이 변경되었고 12월에는 보험사업의 근대화를 추진하고 한국보험공사의 설립 등을 주요내용으로 하는 보험업법이 개정되었다. 1978년 3월에는 대한재보험공사가 대한재보험으로 명칭이 변경되었고 한국보험공사가 설립되었으며 같은 해 7월 증권시장의 주식거래 대금이 1조 원을 돌파하는 동시에 여의도 증권거래소가 개장되었다. 그리고 이어서 1979년 1월 채권시장 규모 1조 원 돌파(국공채: 4,614억 원, 회사채: 5,526억 원)를 이루었다.

여의도 증권타운 조성 및 여의도 증권거래소 상장 (1977~1980년)

(3) 금융산업의 발전기(1980~1996년)

1980년대에 들어서 정부는 그동안의 고도성장과정에서 누적되어 온 구조적인 문제점들이 경제성장을 가로막는 제약요인으로 작용함에 따라 경제정책의 기본 목표를 성장보다는 안정에 두고 경제 운용방식도 시장기능을 존중하는 방향으로 전환을 모색하게 되었고 이에 부응하여 금융부문에서도 일련의 자유화 및 개방화 시책이 추진되었다. 은행의 자율경영체제를 확립하기 위해 1981년부터 1983년 사이 시중은행을 모두 민영화하고 은행 내부경영의 자율성을 제약하는 각종 규정 및 통첩을 축소 정비하였으며 통화관리에 있어서도 민간신용한도제 중심의 직접규제방식에서 탈피하여 간접규제방식으로 점차 변화하게 되었다. 또한 금융기관 간 경쟁촉진을 위하여 금융시장에의 진입제한을 완화함으로써 1982년부터 1983년 사이 2개 시중은행(신한은행 및 한미은행)과 12개 투자금융회사, 58개 상호신용금고 및 1개 투자신탁회사가 신설되었다.

전국은행연합회 발족 및 증권공동온라인 가동(1980~1985년)

1990년대에 들어서는 금융 산업이 장기간에 걸쳐 경제성장을 뒷받침하는 과정에서 정부의 과다한 규제 및 간섭을 받게 됨으로써 경쟁력이 약화되고 효율성이 저하되어 국민경제의 발전에 걸림돌이 되고 있다는 인식이 확산된 데다 미국 등 선진국으로부터의 국내 금융시장 개방 압력이 거세짐에 따라 금융의 자유화 및 개방화가 빠른 속도로 진전되었다. 먼저 1991년 3월 금융기관의 합병 및 전환에 관한 법률이 제정되어 8개 투자금융회사가 합병 또는 단독으로 2개 시중은행(하나은행, 보람은행) 및 5개 증권 회사로 전환되었고 이와 함께 투자금융회사를 단기금융시장의 전문중개기관으로 발전시키기 위한 투자금융회사 여수신 업무의 축소방안이 추진되었다. 그리고 1992년 1월부터는 외국인이 일정한도 범위 내에서 국내 상장주식에 직접 투자할 수 있도록 허용됨으로

종합증권지수 500p 돌파(1985~1988년)

써 주식시장이 본격적인 개방의 시대를 맞이하게 되었으며 11월에는 열네 번째 시중은행인 평화은행이 설립되었다. 한편 1993년에 들어서는 1991년 11월에 시행된 1단계 금리자유화 조치에 이어 그해 11월부터 1997년 7월에 걸쳐 당초 금리 자유화 계획에 따라 4단계까지 금리를 자유화함으로써 현재 요구불예금을 제외한 모든 여수신 금리가 자유화되었다.

이어 1994년 3월에는 중앙은행 재할인정책의 유동성조절기능을 제고하기 위하여 총액 대출제도를 도입하고 이 제도의 실효성을 높이기 위해 금융기관에 대한 대출을 지속적으로 감축·운용하였으며 이와 함께 지준율(支準率)[85]도 선진국 수준으로 인하·조정하였다. 또한 1995년 7월에는 투자금융회사의 기능 재정립방안을 마련하여 투자금융회사와 종합금융회사의 업무영역을 통합하였으며, 같은 해 8월에는 증권산업 개편 방안을 마련하여 투자신탁회사의 소유구조제한을 완화하고 자산운용방식 등을 개선함으로써 증권사와 투자신탁회사의 상호진출을 허용하였다. 이밖에 할부금융 회사제도를 도입하였으며 금융기관의 부실화 가능성에 대비하여 예금자 보호법을 제정하였다. 1996년에는 금융 산업의 대외경쟁력을 높이기 위해 은행 비상임 이사제도 도입, 경쟁 제한적 규제의 완화·폐지, 대기업여신관리제도 개편, 상장기업의 매수·합병(M&A)제도 개선 등 일련의 조치들이 시행되었다.

아래에서는 앞서 언급한 것들 이외의 사건들을 시간 순으로 간단히 나열하면서 살펴보도록 한다.

1980년 2월에는 고정환율제를 변경하여 통화바스켓에 의한 변동환율제가

85) 금융기관은 예금의 일정비율에 해당하는 금액을 의무적으로 한국은행에 예치 또는 시재금으로 보유토록 하고 있는데 이 비율을 지준율이라고 한다. 처음에는 예금자보호에서 출발하였으나 오늘날에는 재할인제도 및 공개시장조작과 함께 중앙은행의 정통적인 통화신용 정책수단의 하나로 활용되고 있다. 한국은행은 지준율을 조정하여 통화량을 조절하게 된다. 미래와경영연구소, NEW 경제용어사전, 미래와경영, 2006

실시되었다. 5월에는 어음사기 행각으로 기업 자금사정을 경색시킨 이철희, 장영자 부부가 구속되었으며 같은 해 7월에는 그 이듬해 7월 1일부터 금융거래의 실명제를 실시할 것 등을 주요 내용으로 하는「사채양성화 및 금융거래정상화를 위한 경제조치」가 발표되었다. 이어서 12월에는 금융실명거래에 관한 법률이 제정되었다. 1983년 5월에는 제2금융권 예금자보호 기구인 신용관리기금이 설립되었고 7월에는 재무부가 기업공개 및 상장요건완화·상장법인의 유상증자 적극유도 등을 주요 내용으로 하는「자본시장기능 확충방안」을 발표하였으며 금융실명거래제가 일부 실시되었다. 1984년 5월에는 전국은행협회가 전국은행연합회로 개편되어 발족하였으며 6월에는 재무부가 장외시장 제도화 및 투자신탁 자산운용방법 개선 등을 골자로 한「채권시장 대중화 방안」을 발표하였다.[86] 1985년 1월 IMF·IBRD 연차총회를 서울에서 개최하였고 같은 해 12월 조세감면규제법의 개정안과 공업발전법 제정안의 국회 통과와 함께 산업 합리화 정책이 추진되었다. 1986년 4월 재무부는 기업의 유상증자 촉진, 기업 공개의 활성화, 기업의 회사채발행 촉진 등을 주요내용으로 하는「자본시장을 통한 자금조달 확충방안」을 발표하였고 6월에는 거래소 상장주식시가총액이 10조 원, 주식거래대금이 5조 원을 돌파했으며 7월에는 공업발전법에 의한 산업합리화제도가 시행되었다. 1987년 4월 증권업협회, 주식장외시장 개설, 석탄산업 합리화 사업단이 신설되었고 5월 한국증권거래소 등 10개 공기업을 민영화 대상기관으로 확정하였으며 6월 코리아유럽펀드가 런던증권거래소에 상장되었다. 1987년 8월에는 마침내 종합주가지수가 500포인트를 돌파하였고 1988년 1월에는 국민연금제도가 실시되고 금융저축이 100조 원을 돌파하였다. 1989년 1월 정부는 1백만 달러 이

증권투자보호센터 설립 및 종합주가지수 1000p 돌파(1988~1995년)

86) 금융위원회 홈페이지 〈www.fsc.go.kr/know/mar_fi02.jsp?menu=7450000〉

코스닥시장 개설(1995~1996년)

하로 되어있는 개인의 해외투자 제한을 폐지하여「해외투자 활성화 방안」을 마련하였고 4월에는 한국보험공사가 보험감독원으로 개편되었다. 같은 해 9월 환율자유화가 시행된 데 이어 11월 한국보증보험이 설립되었다.

1990년 1월에는 보험업 등 금융산업에 포괄적으로 적용되는 독점규제 및 공정거래에 관한 법률을 개정하였고 9월 코리아아시아펀드가 설립되어 홍콩, 런던 증권거래소에 상장되었다. 1992년 1월에는 대한증권업협회를 한국증권업협회로 그 명칭을 변경하였고 외국인의 국내주식투자가 허용되었다. 7월에는 한국수출입은행의 수출보험업무를 이관하여 한국수출입보험공사가 설립되었으며 8월 실질금리 하향 안정화 등 정부의 강력한 주가부양의지가 표명된「8.24 증시안정화 대책」이 발표되었다. 재무부는 1993년 2월에 일반기업과 개인투자자의 해외증권 간접투자를 허용하는「해외증권투자 촉진방안」을, 그리고 4월에는 수익률 증시 공시제도 및 딜러제도 도입을 통한「채권시장 발전방안」을 발표하였으며 곧 이어 정부에 의하여 거래소에 주가지수선물시장 개설 등을 골자로 하는「신경제 5개년계획 금융개혁안」이 발표되었다. 그리고 8월에는「금융실명거래 및 비밀보장에 관한 대통령 긴급명령」을 통하여 금융실명제가 전면 도입되었다.[87] 1995년 1월 '제1회 아시아개발은행(ADB) 원화표시채권'이 증권거래소에 상장되고 12월 예금자보호법이 제정되었다. 1996년 1월에는 금융기관 점포설치의 자유화가 실시되었고 6월 예금보험공사가 설립되었다. 또한 같은 해 7월 협회중개시장(코스닥시장)이 개설되었고 그해 12월 정부는 OECD에 가입하였다.

(4) 금융산업의 구조조정시기(1997~2002년)

이 시기는 1997년 1월 재계서열 14위 한보그룹의 부도와 재정경제원의 한국증권거래소 주가지수 옵션거래 허용으로부터 시작한다. 같은 해 4월 제10차

87) 금융위원회 홈페이지 〈www.fsc.go.kr/know/mar_fi02.jsp?menu=7450000〉

국제증권업협회협의회(ICSA)가 서울에서 개최되었으며 7월에는 재계서열 7위 기아그룹이 부도처리 되었다. 또한 재정경제원이 증권회사에 기업어음업무의 취급을 허용하는 한편 종합금융사에는 유가증권매매 경영업무를 허용하였다. 이어서 8월에는 여신전문금융업법이 제정되었으며 끝내 11월 정부는 IMF에 긴급구제금융 지원을 요청하여 12월 정부와 IMF가 총 570억 달러 규모의 자금 지원안에 합의하였고 14개 종금사, 2개 증권사 및 1개 투신사가 영업정지 되었다.[88] 그리고 이어서 금융감독위원회를 설립하고 은행감독원·증권감독원·보험감독원·신용관리기금을 금융감독원으로 통합하는 것을 주요 내용으로 하는 「금융감독기구의 설치 등에 관한 법률」과 한은법을 개정하였다.

IMF 긴급지원(1997~1998년)

한편 1997년에 닥친 금융·외환위기 이후 외환시장의 안정과 외자유입의 촉진을 위해 자본거래가 대폭 자유화되었는데 1997년 12월 외국인의 국내 증권투자 활성화를 위해 회사채시장을 개방한 것을 시작으로 1998년 2월 외국인의 단기금융상품 매입을 허용하였으며 같은 해 4월 외국인에 의한 적대적 M&A의 전면 허용을 위한 제도를 개선하고, 5월에는 외국인의 국내 주식 투자한도를 폐지하였다. 이어서 같은 해 5월 외국인투자 개방업종의 확대, 11월 외국인투자촉진법의 제정 등 외국인 직접투자를 촉진하기 위해 각종 제도를 개선하였으며 특히 1998년 9월에는 외국환관리법을 폐지하고 외국환거래법을 제정(1999년 4월 시행)하여 대외거래에 대한 규제를 최소화함으로써 외환거래의 자유화 폭을 크게 확대하였다.[89]

외환위기 이듬해인 1998년 1월에는 제일은행과 서울은행을 부실금융기관으로 결정하고 공적자금 지원을 요청하며 자본금 감소 명령을 실시하였다. 2월

88) 금융위원회 홈페이지 〈www.fsc.go.kr/know/mar_fi02.jsp?menu=7450000〉

89) 경남·경일·고려·삼삼·신세계·쌍용·청솔·항도·항솔·나라·대한·신한·한화·중앙종금·고려·동서증권·신세기투사신탁

금융감독위원회 설립(1998~1999년)

에는 12개 은행에 적기 시정조치를 하였으며[90] 3월에는 여신전문금융업법에 근거하여 한국여신전문금융협회가 설립되었고 4월에는 금융감독위원회가 설립되었다. 그리고 64대 주채무 계열과 주채권 은행 간 재무구조개선약정이 체결되었으며 5월에는 금융감독위원회 내에 구조개혁 기획단을 설치하였다. 같은 해 6월 5개 부실은행이 퇴출(동화·동남·대동·충청·경기은행)되고, 고려·동서증권에 대한 증권업 허가가 취소되는 한편 주채권은행들은 55개 기업을 부실기업으로 판정하였다. 그리고 7월 채권금융기관이 고합계열 4개사를 최초 워크아웃기업으로 선정하였다. 이어서 1998년 8월에는 4개 생명보험회사를 퇴출(국제·BYC·태양·고려생명보험)하였으며 9월에는 5대 계열 간 사업교환(big deal)이 추진 합의되었다. 10월에는 코스닥시장의 공공성 및 효율성을 제고하기 위해 코스닥위원회가 설립되었으며 11월에는 대한보증보험이 한국보증보험을 흡수 합병하여 서울보증보험으로 상호를 변경하였다. 그리고 다음 달인 12월 대우그룹과 채권금융기관 사이에 재무구조개선 약정 체결이 발표되었으며 한국산업증권에 대한 증권업 허가가 취소되었다.[91] 이 시기에는 비은행금융기관의 경우에도 각 금융기관의 경영상태를 평가한 후 회생 가능성이 없는 것으로 평가된 17개 종합금융회사, 6개 증권회사, 7개 투자신탁회사, 4개 보험회사 등이 1999년 상반기까지 정리되었으며 2개 종합금융회사는 강원은행 및 외환은행에 합병되었다.

금융감독원 설립(1999~2000년)

1999년 1월에는 금융감독원이 설립(은행감독원·증권감독원·보험감독원·신용관리기금을 통합)되었다. 또한 한

90) 금융위원회 홈페이지 〈www.fsc.go.kr/know/mar_fi02.jsp?menu=7450000〉

91) 경영개선조치 요구 : 동남·동화·대동·평화·강원·충북은행경영개선권고 : 조흥·상업·한일·외환·충청·경기은행 10개 종합금융회사 영업인가가 취소되었다.(98년 8월말까지 6개 종합금융회사의 영업인가를 추가로 취소)

남투자증권에 대한 증권업 허가가 취소된 데 이어 3월에는 장은증권에 대한 증권업 허가가 취소되었다. 그리고 4월에는 대우그룹 구조조정계획이 발표되고 한국선물거래소가 개장되었으며 동방페레그린증권에 대한 증권업 허가가 취소되었다. 1999년 7월에는 대우그룹의 구조조정 가속화 및 실천방안이 발표되어 채권금융기관에 총 10.1조 원의 담보를 제공하고 김우중 회장 퇴진 등 책임경영 체계를 확립하였다. 같은 해 8월 정부는 대우사태로 인한 투신사 수익증권 환매에 대응하기 위해 「채권시장 안정기금 설립 및 금융시장 안정대책」을 발표하였고 이어서 대우그룹 12개사에 대한 워크아웃이 개시되었다. 9월에는 금융감독위원회가 제일은행 매각에 관해 미국 뉴브리지캐피탈과 투자약정서를 체결하였으며 12월 대우그룹에 분식회계 조사·감리 특별반이 신설되었다.[92]

코스닥 700p 돌파(2000~2002년)

2000년 1월에는 신용불량정보 사후관리기록이 일괄삭제(38만 명)되었으며 4월에는 주식시장 사상 첫 매매거래 일시 중단(circuit-breakers)이 발동되었다. 그리고 같은 해 8월에는 마침내 예정(2004년 5월)보다 앞서 IMF 차입금 조기상환이 완료되었으며, 기업구조조정촉진법이 제정되어 2001년 9월 시행되었다. 2002년 7월에는 개인 워크아웃제도의 도입계획이 발표되었고 8월에는 조흥·한빛·외환·평화·광주·제주은행이 2차 은행구조조정 대상은행으로 선정되었다.

(5) 금융산업의 국제화 시기(2002~현재)

이 시기에는 먼저 2002년 9월에 공정공시제도가 도입되었고 이어서 같은 해 10월 상장지수펀드(ETF) 시장이 개설되었다. 2003년 8월에는 방카슈랑스가 시행되었으며 10월에는 간접투자자산운용업법이 제정되는 한편 증권투자신탁업법, 증권투자회사법 및 증권거래법 중 투자자문업 관련 규정이 통합되었다. 또한 간접투자 대상 자산이 기존의 증권에서 파생상품, 부동산 및 실물자산 등

92) 금융위원회 홈페이지 〈www.fsc.go.kr/know/mar_fi02.jsp?menu=7450000〉

금융산업의 국제화 시기(2002~현재)

으로 확대되었다. 2003년 12월는 정부가 동북아 금융허브 추진전략을 발표하였고 이듬해인 2004년 1월에는 간접투자자산운용업법을 시행하였다. 다음해인 2005년 1월에는 한국증권선물거래소가 설립되었고 이어서 3년 후인 2008년 3월 금융위원회가 설립되었다.[93)]

개인, 기업, 정부, 국외를 망라한 우리나라의 총 금융자산은 1975년 28조 원에서 2010년 10,298조 원으로 그 규모가 약 368배 성장했으며 금융연관비율은 1975년 2.7배였던 것이 2010년에는 8.8배로 늘어났다. 또한 은행, 보험, 증권을 취급하는 모든 금융회사의 총 자산규모는 1975년 8조 원에서 2010년 2,376조 원으로 증가하였고, 상장주식 총액은 1996년 117조 원에서 코스닥시장 개장 후 705조 원까지 상승했다가 리먼브라더스 사태로 577조 원까지 곤두박질쳤으나 2010년에는 다시 1,142조 원까지 올라 최종 약 10배 규모로 성장했으며, 국채, 지방채, 회사채와 특수채를 합한 채권시장은 1996년 102조 원

그림 3-4 금융부문 성장 현황 (단위 : 조 원)

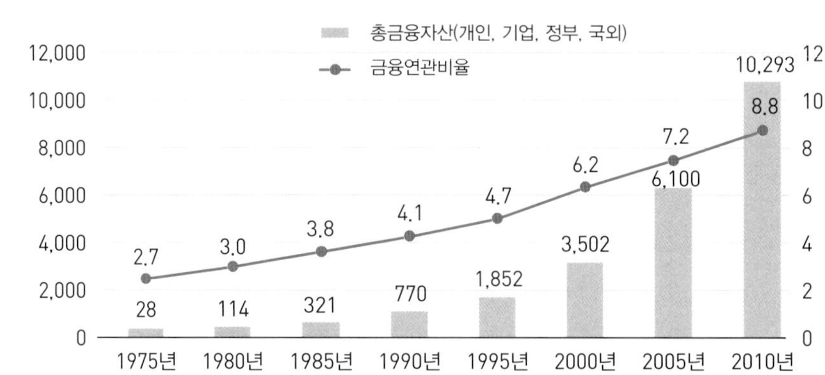

출처 : 한국은행

93) 금융위원회 홈페이지 〈www.fsc.go.kr/know/mar_fi02.jsp?menu=7450000〉

이었던 것이 1997년 아시아 금융위기 극복단계에서 533조 원까지 늘어났다가 2002년 258조 원까지 줄어든 후, 다시 꾸준히 늘어나 2010년에는 588조 원까지 늘어 최종 5배 성장했다. 그리고 외환보유액은 1994년 257억 달러에서 2010년에 2,916억 달러로 11배 규모가 되었다.[94)]

그림 3-5 금융회사 자산 규모 추이 (단위 : 조 원)

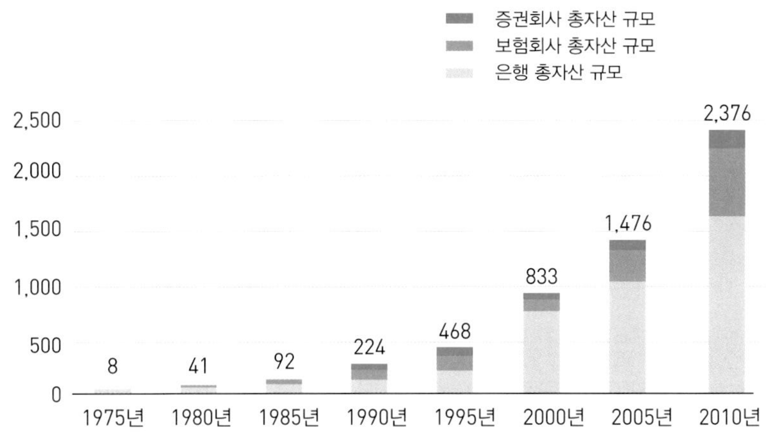

출처 : 금융감독원, 한국은행

그림 3-6 외환보유액과 단기외채 추이 (단위 : 억 달러)

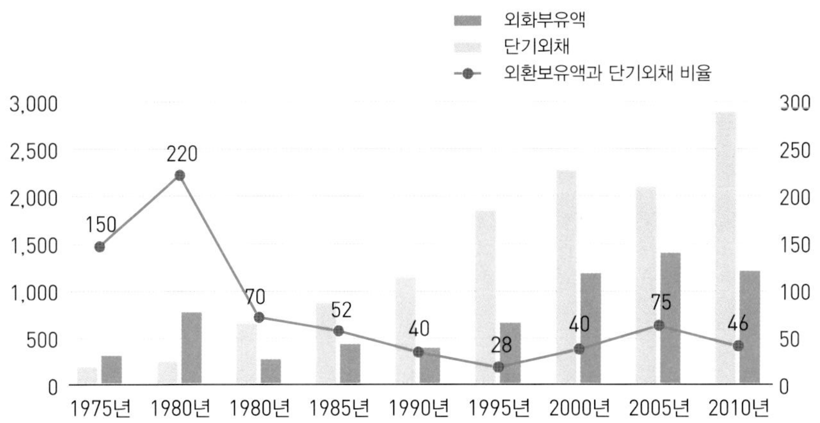

출처 : 한국은행

94) 금융위원회 홈페이지 〈www.fsc.go.kr/know/mar_fi02.jsp?menu=7450000〉

9 결론

지금까지의 내용을 통해 금융업 내에 존재하는 여러 산업들과 그 산업들의 역사를 일정한 시대적 구분을 두어 살펴보았다. 물론 각 산업에 대한 발전 양상은 시기에 따라 큰 차이를 보이나 산업에 상관없이 각각의 역사를 관통하는 공통점은 존재한다. 그것은 바로 시간이 지날수록 그 산업을 이루고 움직이게 하는 시스템이 보다 체계화되어 간다는 점이다. 이는 동시에 현대의 사람들이 각각의 산업에서 얻고자 하는 열망을 매우 오래 전 시기의 사람들도 역시나 가지고 있었음을 의미한다. 즉, 우리가 짐작하는 훨씬 이전 시대에도 '공신력 있는 수단으로 합리적인 거래가 이루어지길 원하는 욕구'나 혹은 '불확실한 미래로부터 보호받길 원하는 욕구'가 어떠한 관습 혹은 제도의 형태로서 사회 속에서 발현되고 있었던 것이다. 각 금융업 내의 분야는 처음에는 무질서적이고 비체계적인 구조를 시작으로 현재에는 거시적인 환경을 움직이는 데 있어 결정적인 역할을 수행하고 있다.

또한 금융업은 현대에 이르러서도 여전히 현대인들의 삶 속에서 필수불가결한 존재인 만큼 지속적인 발전을 보이고 있음을 확인할 수 있다. 물론 고대시기보다는 상대적으로 매우 체계적인 형태를 갖지만, 현대에 와서 이전보다 사람들의 욕구가 훨씬 세분화되고 다양화되어 나타났기 때문에 끊임없이 이에 대응할 수 밖에 없는 것이다. 따라서 금융의 역사는 단지 과거의 일로 일단락하여 치부할 것이 아니라 현재, 더 나아가 미래에서도 이어지는 연속적인 개념으로 봐야 함이 옳다. 결국 현재의 금융업은 과거에 동일한 욕구를 보였던 사람들이 발전을 시도한 노력의 산물일 것이다. 이러한 점에서 현재에서도 미래를 향해 그러한 노력이 끊임없이 시행될 것임을 유추해 낼 수 있으며, 이러한 점에서 미래로 나아가는 과정 중에 있는 금융업의 행보에 대해 기대를 걸어볼 만하다.

II

PART Ⅱ
금융시장

금융시장이란 자금의 수요와 공급이 만나 대차거래가 이루어지는 장을 의미한다. 즉, 자금잉여부문이 자금부족부문에 자금을 융통해주는 거래가 행해지는 곳으로 매일 규칙적으로 은행, 기업, 금융기관 등 상호 간에 금융거래가 실시되는 시장을 말한다. 금융시장은 자금의 수요와 공급을 직·간접적으로 연결함으로써 국민 경제의 안정화에 기여한다.

CHAPTER

04

자금시장

1 금융시장의 개요

1.1 금융시장의 의의

금융시장이란 자금의 수요와 공급이 만나 대차거래가 이루어지는 장을 의미한다. 즉, 자금잉여부문이 자금부족부문에 자금을 융통해주는 거래가 행해지며 매일 규칙적으로 은행, 기업, 금융기관 등 상호 간에 금융거래가 실시되는 시장을 말한다. 금융거래를 매개하는 수단인 금융자산이나 금융상품은 예금증서, 주식, 어음, 채권, 신탁 등으로써 현재나 미래의 현금흐름에 대한 금융적 청구권을 나타내는 증서이다. 금융거래는 자금의 이동 형태에 따라 직접금융거래와 간접금융거래로 나뉜다.[1] 직접금융거래는 자금수요자가 자기명의로 발행한 증권을 자금공급자에게 교부하고 자금을 직접 조달하는 거래로 주식, 채권 등이 대표적이다. 반면에, 간접금융거래는 예금과 대출과 같이 금융중개기관을 통해 자금공급자에게서 자금수요자로 자금이 이전되는 거래를 말한다. 이렇게 금융시장은 자금의 수요와 공급을 직·간접적으로 연결함으로써 국민 경제의 안정화에 기여한다.

(1) 금융시장의 기능

1) 자원배분

금융시장은 가계가 지출하고 남은 소득을 투자·운용할 수 있는 다양한 금융자산을 제공하고 예금, 대출 등과 같은 서비스를 통해 고객의 선호에 맞게 상품을 선택해 자산을 운용할 수 있는 기회를 준다. 또한 이렇게 모은 자금을 기업에 투자함으로써 자금이 가계에서 기업으로 이전시키는 자원배분의 기능을 한다.

2) 위험분산

금융시장은 금융파생상품과 같은 다양한 금융상품을 제공함으로써 투자자

1) 한국은행, 한국의 금융시장, 2012

가 자신의 위험 선호도에 맞는 투자를 할 수 있는 기회를 주기 때문에 분산 투자를 통해 투자 위험을 줄이고 위험을 다른 사람에게 전가할 수 있도록 해준다.

3) 높은 유동성 제공

유동성이란 기업이나 금융기관 등 경제주체가 보유한 자산을 현금으로 전환할 수 있는 정도를 나타내는 것으로 금융자산의 환금성을 의미한다. 금융시장은 유동성이 낮은 자산을 매입하는 투자자에게 자산을 현금화하는 데 따른 손실에 대한 보상인 유동성 프리미엄을 제공하여 높은 유동성을 제공한다.

4) 정보 수집의 비용과 시간 감소

금융시장에서 기업이나 채무자의 신용 정보가 주가, 회사채 금리, 대출 금리 등에 반영되기 때문에 투자자가 직접 정보를 수집할 비용과 시간을 줄여 투자자의 의사결정을 용이하게 하고 자금 조달도 원활히 할 수 있게 한다.

5) 시장규율

시장규율이란 금융거래의 건전성에 대한 감시 기능을 주식, 채권, 금리 등과 같은 시장신호를 통해 수행하는 것을 의미한다. 예를 들면, 투자자가 판단했을 때 기업이 재무 건전성에 악영향을 미칠 수 있는 부적절한 거래를 하고자한다면 투자자는 그 기업에 대한 투자를 줄이게 되고 그 결과 기업의 주식이나 회사채 가격이 하락하여 자금 조달에 영향을 미치게 됨으로써 이를 막을 수 있게 된다.

(2) 금융시장의 구조

금융시장은 자금이 어떠한 경로를 통하여 유통되는가에 의해 간접금융시장과 직접금융시장으로 구분한다.

1) 간접금융시장

간접금융시장이란 자금의 수요자와 공급자 사이에 은행, 보험회사 등의 금융중개기관이 개입하여 금융기관을 통해 자금의 예금, 대출, 차입 등이 이루어지는 시장을 말한다. 여기서 금융중개기관은 증권의 형태를 바꾸지 않고 단순히 매매중개의 역할만을 수행하는 기관을 말한다. 간접금융시장의 중개기관은 다수의 자금공급자로부터 자금을 모아 자금수요자들에게 분배하기 때문에 직접금융에 비해 상대적으로 거래비용과 정보탐색비용이 적다. 이를 통해 자금공급자에게는 높은 실질수익을 제공하고 자금의 수요자에게는 낮은 비용으로 자금을 조달할 수 있게 하여 자금 수급을 원활히 해주고 금융시장의 효율성을 증대시킨다.

2) 직접금융시장

직접금융시장이란 자금의 거래가 중개기관을 거치지 않고 자금의 최종수요자와 공급자 간에 직접 대출과 차입이 이루어지는 것을 말한다. 물론 이 시장에도 은행이나 보험회사와 같은 금융기관은 존재하지만 단순히 알선을 하고 수수료를 받는 기능만 한다.

① 자금시장

자금시장은 만기 1년 이내인 금융상품을 거래하는 시장으로 단기금융시장이라고도 한다. 콜시장, 환매조건부매매시장, 양도성예금증서시장, 기업어음시장 등이 이에 해당되며 이를 통해 일시적인 자금 수급을 조정하고자 한다.

② 자본시장

자본시장은 만기 1년 이상인 금융상품을 거래하는 시장으로 장기금융시장이라고도 한다. 주식시장과 국채, 회사채, 금융채 등이 거래되는 채권시장 등이 자본시장에 속하며 이를 통해 기업과 정부, 금융기관 등이 장기자금을 조달하고자 한다.

③ 외환시장

외환시장이란 외환의 수요와 공급이 이루어지는 시장으로 각국의 통화가 거래되고 시세가 이루어지는 곳을 의미한다. 외환시장은 거래 당사자에 따라 금융기관, 외국환중개기관, 한국은행 등이 참여해 대량으로 거래가 이루어지는

은행 간 시장과 은행과 비은행 고객 간에 매매가 이루어지는 대고객 시장으로 나뉜다.[2)]

④ 파생상품시장

파생상품시장은 금융파생상품이 거래되는 곳으로 금융시장 참가자에게 폭넓은 위험 헤지(hedge) 기회를 제공함으로써 자산의 가치 변동이나 신용위험 등을 회피할 수 있게 해준다. 이렇게 파생상품시장은 적은 비용으로 위험을 헤지하고 수익을 얻을 수 있는 기회를 제공하지만 타인의 자본을 지렛대 삼아 자기자본 이익률을 높이고자 하는 레버리지 효과(leverage effect)[3)]가 매우 커 큰 손실을 입을 가능성이 있으니 주의해야 한다.

1.2 금융시장과 통화정책

우리나라의 통화정책 운영체제는 물가안정목표제이다. 이는 통화정책의 궁극적 목표를 물가안정에 두고 중앙은행이 명시적인 중간목표 없이 일정기간 동안 장기적으로 달성해야 할 물가목표치를 미리 제시하고 이를 달성하기 위해 정책금리 조정 등을 활용하여 통화정책을 수행하는 방식을 말한다. 현재 우리나라 중앙은행인 한국은행은 물가안정뿐만 아니라 금융안정, 경제성장 등을 종합적으로 고려하여 통화정책을 수행하고 있다.

한국은행[4)]은 매월 물가동향, 경제활동, 국내외 금융시장 여건 등을 통합적으로 고려하여 금리체계의 기준이 되는 기준금리를 결정한다. 또한 공개시장조작, 지급준비제도, 여수신제도 등을 통해 콜금리가 기준금리를 벗어나지 않

2) 한국은행, 전게서

3) 타인으로부터 빌린 자본을 지렛대 삼아 자기자본이익률을 높이는 것을 말하며 지렛대 효과라고도 한다. 예를 들어, 10억 원의 자기자본으로 1억 원의 순익을 올렸다고 할 때, 투자자본 전부를 자기자본으로 충당했다면 자기자본이익률은 10%가 되고, 자기자본 5억 원에 타인자본 5억 원을 끌어들여 1억 원의 순익을 올렸다면 자기자본이익률은 20%가 된다. 따라서 차입금 등의 금리 비용보다 높은 수익률이 예상될 때는 타인자본을 적극적으로 끌어들여 투자하는 것이 유리하다. 그러나 과도한 차입금을 사용하는 경우, 금리상승은 부담을 증가시켜 도산위험 및 도산의 기대비용이 높아질 수 있다. 시사경제용어사전, 기획재정부, 2010

4) 한국은행, 전게서

도록 하고 지급준비금 예치의무가 있는 은행들의 지준규모를 변경함으로써 유동성을 조절하고 있다. 공개시장조작이란 중앙은행이 공개시장에 개입하여 금융기관을 상대로 시장가격으로 유가증권을 매매하는 것을 의미하는데 한국은행은 이러한 공개시장조작을 통화정책 수단으로 하여 금융기관을 상대로 국공채 등 증권을 사고팔아 이 기관들의 자금사정을 변화시키고 이를 통해 금리나 통화를 조절하기도 한다.

금융시장은 통화정책이 실물경제에 효과적으로 파급되게 함으로써 통화정책의 목표달성을 용이하게 한다. 그러므로 통화정책 파급의 시발점인 자금시장이 잘 발달되어 있어야 하며 다양한 금융시장이 서로 긴밀하게 연결될 수 있는 시스템이 구축되어야 한다. 또한 정책의 효과적 파급을 위해 중앙은행과 시장의 커뮤니케이션이 중요하다. 커뮤니케이션이 원활하면 금융시장의 가격변수가 안정되고 통화정책이 금융시장에 미리 반영되며 이것이 실물경제로 파급되어 통화정책의 효율성이 높아지기 때문이다.

1.3 금융시장과 금융안정

(1) 금융시장과 금융안정의 중요성

금융안정이란 금융기관의 경영안정, 금융시장의 가격변수안정 등을 통해 금융중개기능 및 금융거래기능이 원활하고 안정적으로 작동되어 금융시스템 전체적으로 불안요인이 없는 상태를 말한다. 이를 통해 거시경제 전체의 안정도 추구할 수 있기 때문에 금융시장의 역할은 매우 중요하며 이러한 중요성은 아래와 같은 사실들로 인하여 더욱 두드러진다.

1) 신속한 정보제공

경제 변화, 불확실성 등이 시장의 가격변수와 거래량에 즉시 반영되기 때문에 금융시장은 금융상황에 대한 신속한 정보를 제공한다. 그러므로 경제주체들은 금융시장을 통해 위험요인을 적시에 인식하여 이에 대한 대응책을 마련할 수 있다.

2) 충격의 파급 경로

금융시장은 대내외 충격이 경제 전반에 영향을 미치는 파급 경로이기 때문에 금융시장의 충격 흡수 능력, 자생적 복원 능력 등에 따라 동일한 충격이라도 다르게 영향을 미칠 수 있다. 금융시장의 심도가 깊을수록 충격 흡수 능력과 자생적 복원 능력이 증대되어 시장의 불확실성이 완화될 수 있기 때문에 금융시장의 확대, 시장 참여자들의 다양성, 금융시장의 중층화 등을 통해 금융시장의 심도를 깊게 하도록 노력해야 한다.

3) 금융-실물 간 연계의 강화

금융시장의 규모가 커지고 복잡해짐에 따라 금융시장이 실물시장에 영향을 주고 다시 실물시장이 금융시장에 영향을 주는 상호 연계성이 강화되었다. 그러므로 실물시장의 안정을 위해 금융시장의 안정이 더욱 중요시되고 있다.

(2) 금융시장 발전과 금융안정

금융시장의 발전은 금융안정에 긍정적인 영향과 부정적인 영향을 모두 미치는데 이것은 금융시장이 발전하는 과정에서 새로운 위험 요소가 발생할 수 있기 때문이다. 예를 들어, 파생상품시장은 투자자의 위험을 헤지하고 추가적인 수익을 얻을 수 있는 기회를 제공하여 자금조달을 용이하게 하고 자금운용을 효율적으로 할 수 있게 해주지만 레버리지 효과를 통해 큰 손실을 얻을 가능성도 내재되어 있다. 또한 자산유동화증권(ABS : Asset Backed Securities)[5], RP(Repurchase Agreement)[6], MMF(Money Market Fund)[7]의 성장을 통해 자

5) 부동산, 매출채권, 유가증권, 주택저당채권, 기타 재산권 등과 같은 유형•무형의 유동화자산(Underlying Asset)을 기초로 하여 발행된 증권을 말한다. 시사경제용어사전, 기획재정부, 2010

6) 환매조건부채권이라고도 하며 보유채권을 매각한 후 약정기간 종료 시 재매수하는 조건으로 자금을 차입하는 것을 말한다. 약정기간 후 약정이자율로 원리금을 지급하고 채권은 재매입한다. 은행, 증권사, 종금사 등에서 취급한다. 지식경제용어사전, 산업통상자원부, 2010

7) 단기금융상품에 집중투자해 단기금리의 등락이 펀드 수익률에 신속히 반영될 수 있도록 한 초단기 공사채형 금융상품이다. 즉, 고객의 돈을 모아 금리가 높은 CP(기업어음), CD(양도성예금증서), 콜 등 단기금융상품에 집중 투자하여 여기서 얻는 수익을 되돌려주는 실적배당상품이다. 고수익상품에 자금을 운용하기 때문에 다른 상품보다 돌아오는 수익이 높다. 시사경제용어사전, 기획재정부, 2010

금중개 기능이 향상된 반면 자산유동화증권의 부실화로 인해 서브프라임 모기지사태가 발생하여 글로벌 금융위기가 발생되었다. 그러므로 금융안정을 추구하는 동시에 금융시장이 발전하려면 적절한 시장 규율이 필요하다. 시장규율을 강화함으로써 금융거래에 적절한 규제를 할 수 있고 이를 통해 금융의 쏠림현상, 과도한 레버리지 효과를 억제할 수 있다. 또한 효율적인 공시체제를 도입하여 신용사건의 발생 가능성을 줄이고 금융위기로 확산되는 신용 위험도 줄일 수 있다. 그러므로 금융시장의 발전에 걸맞게 시장 규율을 적절히 개선하여 금융시장이 안정화될 수 있도록 해야 한다.

1.4 국내외 금융시장 간 연계성 심화

금융시장의 규모가 확대되고 구조가 복잡해짐에 따라 자본자유화가 확대되었고 이에 따라 국내외 금융시장 간의 연계성과 통합성이 강화되었다. 우리나라의 자본자유화, 양호한 투자여건 등을 통해 국내외 자본의 유입과 유출이 빈번해져 글로벌 유동성이 증가하고 투자의 다각화가 실현되었다. 또한 국내외 거래 증가로 인해 금융시장 간의 상호 의존도가 높아졌기 때문에 금융시장변수 간의 동조성이 커지고 주가, 금리, 환율 등과 같은 가격변수 간의 연계성도 증가하였다.

(1) 국내외 금융시장 간 연계성 심화에 따른 문제점

국내외 금융시장 간 연계성이 심화되면 금융시장의 효율성이 높아지고 금융제도가 빠르게 발전되며 시장 규율이 개선됨에 따라 경제발전에 도움이 될 수 있다. 하지만 금융시장이 복잡해짐에 따라 높은 변동성과 불확실성을 내재하고 있기 때문에 금융위험이 발생할 수 있으며 금융시스템이 취약해질 수 있다. 국내외 금융시장 간 연계성 심화에 따른 문제점은 다음과 같다.

1) 금융시장의 변동을 확대시키는 경로

우리나라는 해외자본 유입규모가 커짐에 따라 경기확장이 심화되는 경기 순응적 특징이 뚜렷하게 나타난다. 이러한 경기 순응적 특징은 시장 참가자의 군집 행태, 경기 순응적 대출 형태 등과 같이 부정적인 문제점을 일으킬 수 있다.

2) 거시경제 운영상의 어려움

만약 외화의 국내 유입이 계속될 경우 환율이 떨어질 수밖에 없어 시장금리의 하락이 불가피하다. 이럴 경우 통화정책을 제대로 시행할 수 없는 문제점을 일으킬 수 있다.

3) 실물·금융부문간 괴리현상의 확대

국내외 금융시장 간 연계성이 심화되면 실물부문과 금융부문의 연관성이 작아져 실물·금융부문 간 부조화 현상이 나타날 수 있다. 이렇게 되면 자산 가격의 변동성이 커지는 등 경제적 안정성을 위협하는 요인이 발생할 수 있다.

(2) 해결방안

이렇게 국내외 금융시장 간 연계성 심화에 따른 문제점을 해결하기 위해서는 이를 통제할 수 있는 대응체계를 구축하는 것이 필요하다. 우리나라의 경우[8] 글로벌 금융위기 이후 국내 금융부문의 규제체제를 개선하여 경기 순응성을 완화하도록 하였고 거시건전성 정책수단도 확충하였다. 또한 주요국 중앙은행과 통화스왑(currency swaps)[9]을 체결함으로써 위험을 대비하기 위한 안전성을 확보하고자 하고 있다.

---

8) 한국은행, 전게서

9) 둘 이상의 거래기관이 사전에 정해진 만기와 환율에 의해 다른 통화로 서로 교환하는 외환거래를 말하며 환시세의 안정을 도모하는 것이 목적이다. 통화스왑의 방법은 자국통화를 맡기고 상대국의 통화를 빌리는 것으로, 내용상으로는 차입이나 형식상으로는 통화교환이라 할 수 있다. 특히 국가 간의 통화스왑 협정 체결은 무엇보다 만일의 위기에 대비한 외화유동성 안전망 확보에 그 의미를 찾을 수 있다. 이는 외화유동성과 관련한 시장의 우려를 불식시킴으로써 우리 실물경제에 미치는 악영향을 줄이는 데 도움이 된다. 시사경제용어사전, 기획재정부, 2010

1.5 금융혁신

최근 인플레이션, 이자율, 환율, 조세구조 등이 크게 변화하고 기술이 발전하면서 금융산업에 대한 규제도 완화하다 보니 금융산업의 혁신이 가속화되고 있다. 특히 금융기관이 금융상품을 개발하고 고객에게 상품을 제공하는 금융경로 등에 큰 혁신을 가져왔다. 유동성과 수익성이 높고 효율적이면서 위험관리 기능이 강화된 다양한 투자상품을 개발하여 투자자들에게 다양한 투자수단을 제공하였기 때문에 금융상품 면에서 발전을 이루었다고 할 수 있고 기술이 발달하면서 거래 비용이 감소하고 금융기관 간의 연계성이 강화되면서 금융경로의 혁신을 만들었다고 할 수 있다. 이러한 금융혁신은 크게 적응적 혁신과 기술적 혁신으로 구분할 수 있다. 하지만 금융혁신은 몇몇 문제점도 가지고 있다.

(1) 금융혁신의 종류

1) 적응적 혁신

금융기관들이 고객의 수요와 금융환경에 맞는 새로운 금융상품과 시장영역을 개발하면서 만들어진 것을 적응적 혁신이라 하며 금융산업에 대한 규제가 완화되면서 이 적응적 혁신이 본격적으로 전개되었다. 금리나 환율 등 금융상품의 가격이 자유화되자 가격 변동위험을 회피하기 위한 위험헤지상품이 개발되었고 금융기관 간 업무영역의 제한이 완화되자 다양한 제휴 상품들이 개발되었다.

2) 기술적 혁신

컴퓨터, 통신과 같은 정보기술이 혁신적으로 발전함에 따라 정보를 수집, 생산, 전달하는 비용을 줄이고 시간과 공간의 거리를 줄임으로써 금융시장에 큰 혁신을 가져왔다. 전표나 수표 없이 전화나 컴퓨터를 통해 자금 입출금을 할 수 있는 전자자금이체제도(EFTS : Electronic Fund Transfer System), 스마트폰을 이용한 모바일 뱅킹, 인터넷 뱅킹 등이 기술적 혁신으로 인해 만들어 졌다. 이를 통해 낮은 거래비용으로 다양한 서비스를 제공할 수 있게 되었고 정보의 접근 경로가 쉬워져 정보의 비대칭성도 완화되었다.

(2) 금융혁신의 문제점

1) 심각한 투기 현상

컴퓨터 통신망을 통해 국제금융시장은 시간과 공간의 제약을 넘어 직업적 금융투기꾼의 게임의 장이 되고 있으며 버블과 같은 투기현상으로 인해 소비자에게 돌아가야 할 이득이 금융전문가에게 집중되기도 한다.

2) 금융기업의 수익추구 행태 비판

지금까지 금융기업들이 수수료 수입을 증대하고 효율성을 제고하며 비용을 절감하기 위해 합병하는 과정에서 인원삭감에 의해 서비스의 질이 낮아졌다. 또한 리스크 관리를 위한 자산유동화나 증권화는 고객에게 리스크를 전가하기 때문에 고객의 희생을 바탕하고 있으므로 고객중심적으로 수익추구 행태를 바꿀 필요가 있다.

3) 세계 금융위기의 단초

금융의 혁신으로 인해 복잡한 파생상품이 생기고 과도한 레버지리를 통해 고위험·고수익을 추구하게 되면서 이러한 것들이 세계 금융위기의 단초가 되었다. 정부가 과도하게 규제를 완화하여 도덕적 해이가 발생하자 세계적으로 금융위기에 빠지게 되었고 이를 회복하기 위해 각국은 새로운 금융체계를 확립해 글로벌 금융안정을 이루고자 노력하고 있다.

2 자금시장

2.1 자금시장의 개요

(1) 자금시장의 의의

자금시장이란 정부를 포함한 모든 경제주체들이 참여하여 만기가 통상 1

년 이내인 금융상품이 거래되는 시장으로 단기금융시장이라고도 한다. 최근 금융시장이 발전하면서 유통이 원활해지자 만기와 상관없이 유동성이 높고 신용위험과 가격변동 위험이 상대적으로 적은 자산이 거래되는 시장을 자금시장이라 분류하기도 한다. 일반적으로 시장참가자들에 의해 일시적인 자금수급의 불균형을 조정하기 위한 목적으로 이용되어 국민경제 내 자금의 공급과 수요를 연결시켜준다. 콜시장, 한국은행 환매조건부 증권매매시장, 환매조건부 매매시장, 양도성 예금증서시장, 기업어음시장 등이 이에 속한다.

(2) 자금시장의 특징

1) 기회비용의 절감

자금시장은 일시적인 자금수급의 불균형을 조정하기 위한 목적을 가지고 있는 만큼 단기자금을 효율적으로 운용할 수 있는 다양한 기회를 제공한다. 이는 미래에 대한 대비를 위해 보유했던 현금을 자금시장에 투자함으로써 운용할 수 있기 때문에 유휴현금의 보유 규모가 줄고 이자수입과 같은 기회비용을 절감할 수 있다.

2) 위험 관리

일반적으로 단기금융상품은 장기금융상품에 비해 금리 변동에 따른 가격변동성이 크지 않고 유동성 위험도 작아 시장참여자들은 자금시장을 통해 금융자산의 보유에 따른 위험을 관리할 수 있다. 즉, 금융시장이 불안정하고 미래에 장기금융상품의 가치가 하락할 것이라고 예측하면 이를 매각하고 단기금융상품을 매입하여 자본위험손실과 유동성 위험을 줄일 수 있다. 그러므로 자금시장이 발달하면 금융기관 간의 자금과부족을 빠르고 효과적으로 조절할 수 있기 때문에 금리의 변동성을 감소시킬 수 있으며 장·단기금리 차익거래(interest arbitrage transaction)를 통해 단기금리 변동을 장기금리에 신속히 반영해 불확실성을 감소시키고 기업투자의 안정성을 제고할 수 있다.

3) 통화정책 파급의 시발점

자금시장은 통화정책의 효과가 전달되는 중간경로로서의 기능을 함으로써 단기적인 자금거래를 원활하게 해 국민경제의 유동성을 조절하기 때문에 자금시장의 효율성과 통화정책의 유효성은 불가분의 관계를 가진다. 예를 들어, 중앙은행이 통화정책을 수행할 때 정책금리를 조정하게 되고 이는 단기시장금리를 변동시킨 후 장기시장금리, 통화량, 환율, 주가 등 금융시장의 전반에까지 영향을 미친다. 즉, 자금시장은 통화정책을 수행하고 이를 파급하는 시발점이 되기 때문에 자금시장이 발달할수록 통화정책효과의 파급도 원활히 이루어진다.

(3) 자금시장의 구조

자금시장은 거래주체에 따라 기업어음시장처럼 금융기관과 고객 간에 거래가 이루어지는 대고객시장과 콜시장과 같이 금융기관 간의 거래가 이루어지는 금융기관 간 거래로 나뉜다. 환매조건부매매시장은 단기 유동성 과부족을 조절할 목적으로 한국은행과 금융기간이 약정을 체결하고 거래하는 것을 말하며 이 환매조건부매매시장과 양도성예금증서시장은 금융기관 간 시장과 대고객시장의 특징이 혼재되어 있다.

(4) 자금시장의 발전과정

표 4-1 자금시장의 발전과정[10)]

연도	내용
1960년	콜시장의 제도적 기반이 마련되어 콜시장이 도입됨
1972년	8·3 조치에 의해 단기금융회사가 설립되면서 기업어음시장이 도입됨
1974년	양도성예금증서 도입
1977년	환매조건부채권매매 도입
1989년	표지어음 도입, 장내시장과 장외시장으로 이원화 되어 있던 콜시장 통합
1991년	단계별 금리자유화 시작
1992년	무차별중개방식 도입
1993년	경쟁입찰제도의 도입
1994년	금융기관 간 환매조건부매매업무 취급기관을 모든 콜시장 참가 금융기관으로 확대
1996년	콜거래 전문 중개회사의 중개업무 개시
1997년	전자입찰방식 도입

10) 한국은행, 전게서

1999년	기관 간 환매조건부채권매매 표준약관 제정
2002년	한국증권거래소에 대한 환매조건부매매 중개업무가 허용
2003년	담보콜거래 개시
2004년	단계별 금리자유화의 완료로 단기금융상품의 발행금리, 한도, 만기 등에 대한 거의 모든 규제 폐지
2006년	환매조건부매매 거래의 편의성 및 법적 안정성 제고를 위한 채무자 회생 및 파산에 관한 법률 제정
2008년	금융기관의 환매조건부매매 거래 대상채권에 대한 이사소득 원천징수 면제, 환매조건부매매 거래 수수료 인하, 정책금리를 콜금리에서 한국은행 기준금리로 변경
2011년	한국증권금융의 기관 간 RP 중개업무 허용
2012년	MMF의 동일인 총거래한도 계산 시 환매조건부매수거래 예외 인정

2.2 콜시장

(1) 우리나라의 콜시장

1) 의의

콜시장이란 금융기관 간에 1일이나 수일 이내의 자금이 주로 전화나 통신망을 통해 거래되는 초단기 시장으로 금융기관 간에 일시적인 자금 부족을 조절하기 위해 자금을 차입하거나 대여하는 거래가 이루어지는 시장이다. 콜시장은 은행 간 시장 중에서도 가장 중요한 시장으로서 콜시장에서 형성된 금리는 금리의 차익거래를 통해 다른 기간물 금리의 결정에 영향을 미치기 때문에 중앙은행의 유동성 조절을 위한 공개시장조작 시 지표시장으로서의 역할을 한다. 한국은행은 콜금리가 기준금리 수준에서 크게 벗어나지 않도록 공개시장조작 등을 통해 유동성을 조절한다.

외화콜시장에서는 자금중개회사가 중개역할을 하며 외국환은행 간에 달러와 원화, 달러와 엔화 등 주요국 통화 간의 현물과 선물환이 거래되고 있다.

2) 거래조건

콜거래 만기는 최장 90일 이내에서 일별로 정할 수 있으나 대부분 1일물로 거래되며 지준마감일 전에는 은행의 지준사정에 영향을 주지 않기 위해 2일물로 주로 거래한다. 콜거래 금액은 최저 1억 원에 1억 원 단위로 거래되며 거래이율의 변동 단위는 0.01%이다. 한국은행이 공개시장조작을 통해 콜금리가 기준금리 수준으로 유지되도록 조절하기 때문에 콜금리가 수시로 변동하더라도 기준금리에서 크게 벗어나지 않는다. 콜거래는 일반적으로 일단위로 이루어지지만 하루에 여러 번 일어나는 경우 일중차월(intra-day credit)에 대해 하루 미만 단위의 금리가 적용된다.

3) 담보콜과 무담보콜

콜거래는 콜자금의 차입자가 콜자금 제공자에게 국채, 회사채와 같은 담보를 제공하는지에 따라 담보콜과 무담보콜로 구분되지만 담보콜의 경우 담보물의 인수도 질권설정 등으로 거래 절차가 복잡하여 대부분 실제로 무담보콜로 거래된다. 하지만 무담보콜임에도 불구하고 콜금리에 거래상대방의 위험이 제대로 반영되지 않고 있기 때문에 이들이 부실화될 경우 무담보로 자금을 제공한 금융회사까지 부실이 전염될 수 있다.

담보콜의 경우 거래참가기관, 자금중개회사, 담보관리회사, 자금결제은행을 연결해 자금결제와 질권설정이 동시에 이루어지는 결제 및 질권설정 동시처리시스템(DVP : Delivery Versus Payment)이 구축되어 있다. 담보는 주로 예탁결제원에 예탁된 증권을 이용하기 때문에 실물의 인·수도 없이 계좌이체 형식으로 담보증권에 대한 질권설정 및 해지가 실시간으로 이루어진다. 예탁결제원은 담보물의 시가가 상승하여 담보초과액이 발생하면 자금 차입자의 질권설정 해지요구에 따라 해당액만큼 질권설정을 해지하고 담보물의 시가가 하락하면 자금 차입자에게 마진콜을 행사해 추가납입을 요구한다. 추가납입 요구에 응하지 않을 경우 담보증권을 시장에 매각해 정산하게 된다.

4) 참가기관

콜시장에는 은행, 종합투자금융회사, 투자신탁, 보험회사, 증권금융회사, 신용관리기금 등과 같은 금융기관과 각종 기금 등이 참가할 수 있으며 참가기관 중 상당수는 예금업무를 취급하지 않고 한국은행에 대한 지준예치의무도 없다. 콜시장이 은행뿐 아니라 비은행금융기관 등의 영업자금 조달 및 여유자금 운용의 기능을 수행하고 있다는 것을 의미하지만 금융기관 간 단기자금거래가 콜시장에 집중됨으로써 단기금융시장 발달의 불균형을 초래하기도 한다. 그러므로 2008년 이후 비은행금융기관의 콜시장 참가를 제한하는 규제를 추진하고 있다.

① 콜론·콜머니 기관

금융기관이나 증권회사 상호 간의 단기대부·차입으로 극히 단기로 회수할 수 있는 대차를 콜이라 하며 자금 공급자로 보아 콜론, 자금 수요자로 보아 콜머니라고 부른다. 콜론은 자산운용회사와 국내은행에 의해 주로 공급되며 콜머니는 국내은행, 외국은행 국내지점, 증권회사 등을 통해 공급된다.

② 중개기관

콜시장 중개기관으로는 한국자금중개, 서울외국환중개, KIDB자금중개 등 3개의 회사가 있으며 단순중개를 매매 원칙으로 하여 무담보콜 및 담보콜 모두 1억 원당 80원의 중개수수료를 쌍방으로부터 받으며 자금중개회사가 매매중개를 하는 경우는 거의 없다.

5) 거래 과정

① 계약 체결

콜거래는 계약 방식에 따라 중개거래와 직거래로 구분된다. 중개거래는 자금중개회사가 거래 조건에 맞는 자금의 공급자와 수요자를 연결시켜 주는 거래를 말하다. 반면 직거래는 거래 당사자들이 거래 조건을 합의하여 거래를 체결하는 것을 의미한다. 일반적으로 직거래는 정해진 계약조건에 따라 정기적으로 계약이 이루어지지만 대부분의 전체 거래는 중개거래를 통해 이루어진다. 자금중개회사의 부가가치 통신망을 통해 만기별, 금융권별 콜론·콜머니 신청 금액 및 체결현황, 금리 단계별 현황 등의 정보를 실시간으로 얻을 수 있으므로 이를 활용하여 거래하는 것이 좋다.

② 대금 수급

은행 간 거래 시 콜머니·콜론 기관 모두 한국은행 금융결제망의 콜거래 시스템을 통해 이루어지며 콜론은행이 이를 이용해 자금 이체를 요청하면 콜머니 은행 앞으로 이체가 된다. 콜거래 시스템의 콜자금 상환 지정 처리 시점이 오전 11시 5분으로 지정되어 있으므로 만기일 이 시간에 원금과 이자가 자동으로 상환된다.

은행이 결제전용계좌를 가지고 있지 않은 비은행금융기관에게 콜자금을 공급하는 경우 한국은행 금융결제망을 이용해 콜머니 기관 앞으로 약정금액을 이체하고 콜자금은 어음을 회부하여 회수한다. 비은행금융기관에서 은행으로 콜자금을 이체하는 경우 거래은행의 계좌에서 한국은행 금융결제망을 통해 콜머니은행의 계좌로 이체해줄 것을 요청하고 비은행금융기관은 은행으로부터 어음을 받지 않는다. 비은행금융기관 간 콜거래의 경우 콜자금의 대여는 각자 거래은행의 계좌를 통해 이루어지며 일반적으로 콜어음을 청구하게 되므로 콜자금의 상환은 콜어음의 교환에 회부된다.

이와 같이 콜거래의 자금결제는 금융기관에 개설된 결제계좌를 통해 이루어진 후 다시 금융기관이 중앙은행에 보유하고 있는 지급준비금의 변동을 초래하게 되므로 콜시장의 금리는 금융기관들이 보유한 자금과 부족 규모와 이에 대한 중앙은행의 대처방법에 영향을 받는다.

6) 콜금리

콜금리는 중앙은행이 지급준비금률의 변경이나 공개시장조작 등과 같이 콜시장의 금리를 정책적으로 바람직한 수준으로 유지하기 위해 적극적으로 조절을 하는지 수동적으로 대응을 하는지에 따라 금리가 영향을 받는다. 지금까지 한국은행이 수행하는 통화정책의 목표로서 바람직한 수준을 유지하기 위해 콜금리 목표를 발표해 왔었으나 이는 실제 금리와 차이가 있는 경우가 많았다. 이를 완화하기 위해 한국은행은 2008년 금융통화위원회가 발표하는 정책금리를 한국은행이 금융회사와 거래하는 기준금리로 바꾸었다. 또한 대표적인 기준금리인 RP 금리를 정기적으로 발표함에 따라 콜금리가 시장 상황에 따라 탄력적으로 변동해 실제 금리를 민감하게 반영할 수 있게 되었다.

그러나 이렇게 제도가 개정됨에 따라 콜금리가 기준금리 수준을 크게 벗어나지 않도록 하기 위해 대기성 여수신 제도(standing facility)를 도입해 자금 과부족이 있는 은행이 기준금리 상하 1% 범위 내에서 만기 1일의 자금을 자유롭게 빌리거나 예치할 수 있게 하였다.

7) 거래현황[11)]

2000년대에 들어 2005년까지 MMF의 수신 호조로 자산운용사의 콜자금 공급여력이 확대되었고 NDF의 매도에 따른 포지션 조정, 내외금리차를 이용한 재정거래 등을 위한 콜차입이 확대되어 외은지점들의 콜거래 규모는 증가세를 보였다.

2006~2007년 중에는 법인투자자에 대한 MMF 판매 시 매매기준가격으로 전일종가를 적용하지 않고 당일 종가를 적용하는 조항인 익일매수제를 시행하고 시장금리의 상승에 따라 MMF 수신이 감소하였다. 이에 콜자금 공급과 외은지점의 콜차입이 위축되어 콜거래가 부진하였다.

2008~2009년에는 서브프라임 모기지로 인한 세계금융위기의 확산으로 인해 외은지점의 콜차입이 줄어들고 단기금융시장의 경색으로 콜차입에 어려움을 겪었다. 이에 한국은행은 유동성 공급을 확대하여 금융시장의 안정을 꾀하고자 함으로써 콜거래는 크게 감소하였다.

2010년에는 금융시장이 안정되면서 외은지점과 증권사의 콜거래가 회복되었으나 2011년 유럽 국가채무위기에 의해 다시 콜금리는 감소하는 추세를 나타내었다.

(2) 미국의 콜시장(페더럴펀드시장, Federal Funds Market)

1) 의의

페더럴펀드시장은 초단기금융시장으로서 연방준비은행에 지급준비금 예치의무가 있는 기관들이 상호 간에 무담보로 자금을 대출하거나 차입하는 시장

11) 한국은행, 전게서

을 의미한다. 미국 연방준비제도(FRS : Federal Reserve System)는 정책금리로 페더럴펀드금리를 설정해 목표금리를 정하여 운영하고 있으며 페더럴펀드시장의 수요·공급 규모, 금리 등을 통해 전반적인 시장상황을 파악한다.

이전 미국 은행들은 연방준비은행으로부터의 재할인을 받거나 증권사에 대한 대출금 회수를 통해 자금을 조달하였으나 1920년대에 들어 연방준비제도 이사회가 이를 억제함에 따라 지급준비금 조절을 위한 페더럴시장이 도입되는 환경을 만들어주었다. 또한 1928년과 1930년에 수표나 전자자금이체를 통해 은행으로부터 차입한 페더럴펀드자금에 대해 지준적립의무를 면제해 주었는데 이로 인해 페더럴펀드시장이 활성화되었다. 게다가 1964년에는 연방준비제도 이사회의 지준계정을 통하지 않은 은행 간 자금에 대해 관련 은행이 요청할 경우 페더럴펀드로 인정됨에 따라 페더럴펀드시장은 더욱 발전하였다.

2) 거래 메커니즘

페더럴펀드 거래는 중개거래와 직거래로 나누어지며 중개거래는 대형 은행 간 대규모 거래 시 이용된다. 중개기관은 자금 공급자와 수요자 간에 익명으로 거래를 체결시키는 단순중개만 하고 자기매매는 하지 않는다. 반면에 직거래는 중소형 은행들이 대형 은행에 자금을 공급하는 경우 일반적으로 이용되는데 중개거래시장의 금리를 참고로 하여 직거래 금리가 형성되며 계약을 통해 일정 규모 이상 늘어나는 예금잔액을 계약이 체결되어 있는 은행에 자동적으로 대여하는 방식으로 거래가 이루어진다.

(3) 일본의 콜시장

1) 의의

일본의 콜시장은 지급준비금 예치 여부에 관계없이 금융기관 간에 자금을 조달하고 운영하는 시장으로 담보물과 무담보물이 모두 활발하게 거래되고 있다.

1902년 어음브로커가 금융기관 간 자금대차거래를 중개하면서 도입되어 무담보로 거래되었으나 1927년 대규모 지급 불능 사태를 겪고 콜시장에 대한 규제가 강화되면서 담보거래로 변경되었다. 1970년대 이후 이에 대한 규제가 완화되면서 무담보 콜거래 수요도 증가하였고 1988년 도시은행이 콜시장에 참여하기 시작하고 1993년 투자신탁에 대한 무담보콜 운용한도 폐지로 무담보 콜시장이 활성화되었다. 또한 1999~2006년까지 일본의 제로금리정책과 양적완화정책의 영향으로 무담보 거래가 감소하고 주로 담보 콜거래가 이루어졌다. 2006년 이후 다시 무담보 거래가 활성화되는 듯했으나 글로벌 금융위기 이후 리스크 회피성향이 증대되어 다시 축소되었다.

2) 거래 메커니즘

일본의 콜거래는 도쿄단자, 센트럴단자, 우에다야기 등 3개사가 중개하고 있고 중개거래와 직거래가 비슷한 비중을 보이고 있다. 무담보 콜거래는 자금공급기관의 offer와 자금차입기관의 bid가 일치할 때만 거래가 성립되는 offer-bid 형식으로 거래되며 담보콜 거래는 offer-bid 방식 및 단순중개방식으로 이루어진다.

(4) 유로지역의 콜시장(무담보시장, unsecured market)

유로지역의 무담보시장은 은행을 제외한 여타 기관들은 참여하지 않고 유로지역 은행들만이 참여해 무담보로 자금을 조달하고 운용하는 시장이다. 유럽중앙은행(ECB : European Central Bank)의 운용목표 금리는 익일물 금리인 EONIA(Euro Overnight Index Average)이며 이 운용목표 금리가 정책금리의 75bp[12)]내에서 움직이도록 관리하고 있다. 또한 기간물의 경우 EURINOR(Euro Interbank Offered Rate)가 무담보시장에서 거래시 기준금리로 주로 이용되고 있다. 무담보시장의 거래만기는 익일물에서 1년까지 다양하지만 익일물이나 만기 1개월 미만과 같은 단기물 거래의 비중이 압도적으로 높다.

무담보시장은 1999년 유로화 도입을 계기로 꾸준히 성장하였으나 2008년 글로벌 금융위기로 거래상대방의 리스크가 높아져 신용위험이 높은 무담보 거래를 선호하지 않게 되었고 유럽중앙은행의 양적완화정책으로 유동성이 충분히 공급되자 자금의 수요도 줄어 무담보시장의 규모가 크게 위축되었다.

12) Basis Point. 금리나 수익률을 나타내는 데 사용하는 기본단위로 100분의 1%를 의미한다. 지식경제용어사전, 산업통상자원부, 2010

2.3 환매조건부매매시장

(1) 우리나라의 환매조건부매매시장

1) 환매조건부매매시장의 의의

환매조건부매매(RP 또는 Repo : repurchase agreement)란 매매당사자 간에 특정한 증권을 일정 기간 후 매매당시의 가격에 소정의 이자를 더한 가격으로 환매수할 것을 조건으로 매도하거나 환매도할 것을 조건으로 매수하는 매매거래를 말한다. 법적으로 RP는 대상자산의 매매이지만 실제로는 대상자산을 담보로 자금을 융통하는 담보부 자금대차거래에 가깝다. RP는 주로 채권으로 매매되지만 채권 이외에 기업어음(CP : Commercial Paper), 주식, 주택저당증권(MBS : Mortgage Backed Securities) 등의 다양한 증권들도 거래될 수 있다.

환매조건부매매는 단기자금의 조달과 운용수단으로서 주로 안정적인 채권을 활용하기 때문에 채권 시장에 영향을 주어 채권가격이 보다 합리적으로 형성될 수 있게 한다. 즉, 환매조건부매매시장은 자본시장과 연결되어 통화정책의 파급을 원활히 하여 정책의 효율성 제고에도 영향을 미친다.

환매조건부매매시장은 매도기관, 매수기관, 중개기관으로 구성되며 매도기관은 일시적으로 자금이 필요한 경우 RP 거래를 통해 보유증권을 담보로 하여 낮은 금리로 자금 조달이 가능하다. 매수기관은 국채와 같은 안정적인 채권을 담보로 자금을 운용할 수 있으며 중개기관은 매도기관과 매수기관을 연결해 주고 수수료를 받아 수익을 얻을 수 있다.

2) 환매조건부매매의 구분

환매조건부매매는 거래주체를 기준으로 금융기관과 일반고객 간에 이루어지는 대고객 RP, 금융기관 간에 이루어지는 기관 간 RP, 한국은행의 공개시장조작 수단으로서 활용되는 한국은행 RP로 구분된다.

또한 RP는 약정기간 중 담보가 특정증권으로 한정되어 있는 특정담보 RP, RP 계약 시 유사 증권으로 담보풀을 지정하고 약정기간 중 담보풀 내의 다른 증권으로 대체할 수 있는 일반담보 RP로 나뉜다.

담보대상 증권을 누가 보관하느냐에 따라서도 RP가 나누어진다. 인도형 RP(delivery RP)는 매수자가 직접 보관하기 때문에 거래비용이 높은 반면 신용위험이 적다. 반면에 매도자가 보관하는 점유개정형(hold-in-custody RP)의 경우 거래비용이 적은 대신 신용위험이 크다. 제3자가 보관·관리하는 3자 간 RP(tri-party RP)는 기관을 통해 결제와 담보증권관리가 이루어져 거래비용이 작고 매수자의 위험 노출도 작다.

계약기간에 따라 만기가 하루인 오버나잇 RP(overnight RP), 만기가 일정 기간으로 정해진 기한부 거래 RP(term RP), 만기가 사전에 정해지지 않고 당사자가 일방적으로 환매일 통지로 거래 종료되는 개방형 거래 RP(open RP) 등으로 분류된다.

3) 제도변천

표 4-2 환매부조건매매시장 제도변천[13)]

연도	내용
1969년	한국은행이 금융기관을 상대로 RP 매입거래를 시작하며 RP가 처음 도입
1977년	한국증권금융이 RP 매입업무 취급 시작
1980년	증권회사가 RP 매매업무 취급 시작
1982년	은행이 RP 매매업무 취급 시작
1983년	체신관서에서 RP 매매업무 취급 시작
1988년	거액 RP에 대한 금리 자유화
1991년	증권회사와 은행 등의 금융기관을 상대로 실시하는 RP매도거래에 대한 만기, 금액, 금리 등 거래조건의 자유화
1994년	기관 간 RP 거래기관이 콜시장 참가 금융기관으로 확대되면서 매도·매수거래 모두 허용
1997년	종합금융회사에서 RP 매매업무 취급 시작, 자금중개기관에 대한 RP 거래 중개업무가 허용, 4단계 금리자유화 시행 및 소액 RP에 대한 금리 규제, 거액 RP의 최소거래금액과 만기에 대한 규제 폐지
2002년	한국증권거래소내에 RP 거래 장내시장 개설, 은행의 최단만기 제한 폐지
2006년	채무자 회생 및 파산에 관한 법률에 의해 한국은행과 금융회사 간의 RP 거래가 담보부자금대차 방식에서 증권매매방식으로 변경

13) 한국은행, 진게시

2007년	예금보험공사, 정리금융공사, 한국자산관리공사, 신용보증기금, 기술신용보증기금, 한국투자공사, 한국주택금융공사, 한국수출보험공사 등 8개 금융기관이 기관 간 RP 거래 대상기관에 추가
2008년	RP관련 조세제도가 의제원천징수제도에서 보유기간 과세제도로 변경, 기관 간 환매조건부매매 약관을 국제적으로 통용되는 GMRA(Global Master Repurchase Agreement)와 동일하게 개정, 한국예탁결제원의 RP 거래 수수료 대폭 인하
2010년	증권예탁결제원을 통한 RP 거래 통합시스템 도입, 장외 RP 온라인 거래시스템 구축
2011년	한국증권금융 간의 기관 간 RP 중개업무 시작 및 딜러형 중개가 가능해짐, 펀드 간 RP 자전거래 허용 기준 명확히 규정
2012년	MMF의 동일인 총거래한도 계산 시 RP 매수거래 예외 인정, 금융기관 간 대고객 RP 거래가 법으로 규제

4) 거래조건

RP 거래의 만기에 대한 제한은 2002년 폐지되면서 모두 없어졌으며 거래금액에 대한 제한도 없다. 하지만 일반적으로 개인이 대상인 RP형 CMA보다 일반법인 고객이 많은 대고객 RP의 거래단위가 더 크다.

거래대상증권은 기관 간 거래의 경우 모든 증권으로 제한이 없으나 주로 국채, 통안채, 특수채 등 안전자산 위주로 거래된다. 반면 대고객 거래는 국채, 지방채, 보증채, 상장법인 공모 회사채, 공모 ABS·MBS 중 신용등급이 BBB등급 이상인 채권으로 제한되며 이 중 수익률이 높은 금융채, 회사채 등 비국공채가 주로 거래된다.

거래시기는 매주 목요일 정기적으로 7일물 RP 거래를 실시하고 있으며 지준마감일이나 콜금리가 불안정할 때에는 예외적으로 1~3일물의 단기 RP 거래도 실시하고 있다.

5) 거래 메커니즘

개인이나 일반법인을 대상으로 하는 대고객 RP 거래는 금융회사가 매도증권을 보관하고 고객에게 통장을 교부하는 통장거래방식으로 이루어지고 있다. 투자매매업자가 거래원장에 대상증권을 직접 기입하고 그 거래내역을 고객에게 통지함으로써 투자자를 보호하고 있다. RP 매도기관은 환매수의 이행에 영향을 주지 않는다면 보관 중인 채권을 다른 채권으로 대체할 수 있지만 기존 증권보다 낮은 신용등급의 증권 교체와 같이 교체 후 증권의 시장가격이 하락한다면 투자자의 사전 동의를 얻어야 한다.

금융기관 간의 거래에서는 금융기관 간에 직접 거래하는 방식(bilateral RP)과 매수자가 RP 거래를 체결한 후 거래에 필요한 결제, 담보증권의 평가, 정산, 세금처리 등의 업무는 환매서비스기관에 위탁하여 처리하는 방식으로 나뉜다.

① 거래기관

RP는 은행, 금융투자회사, 보험회사, 종합금융회사, 증권금융, 우체국 및 채권을 대량으로 보유하고 있는 각종 기금과 공사 등이 RP 취급기관에 속한다. 한국은행도 공개시장조작의 일환으로 정부가 발행하거나 지급보증한 채권과 통화안정증권을 대상으로 은행과 금융투자회사 등과 RP 거래를 하고 있다.

② 대금수급

RP 거래 시 거래대상에 따라 자금결제 방식이 다르다. 대고객 RP의 경우 양자 간 청산 방식으로 자기앞수표를 통한 결제가 일반적이지만 자금이 거액인 경우 계좌이체나 한국은행 금융결제망을 통해 결제한다. 기관 간 RP 거래의 경우 3자 청산방식인 한국예탁원의 증권결제시스템과 한국은행 금융결제망을 통해 채권과 자금의 결제가 이루어진다.

③ 위험헤지

RP는 담보증권의 일일정산(mark to market), 거래상대방에 대한 증거금 유지 등을 통해 신용 헤지를 위한 안정장치를 도입하였다. RP 거래금액은 산정된 담보증권의 시가평가액보다 조금 낮은 가격으로 결정되며 RP 거래 만기까지 담보증권 가격이 일정폭 이상 변동하게 되면 담보증권의 추가 이전이나 환급이 이루어진다.

6) 거래현황

2005~2007년 중에는 RP 거래의 안정성과 수익성이 부각되고 주가와 금

리가 동반 상승함에 따라 시중 단기자금이 RP형 CMA로 이동하며 RP 시장은 대고객 RP 거래를 중심으로 성장하였다. 2008~2012년 중에는 정부의 기관 간 RP 시장 활성화 대책, 금융기관 간 대고객 RP 거래 규제, 증권사 콜차입 규제 등에 의해 기관 간 RP 거래로 RP시장이 확대되었다. 2008년에는 글로벌 금융위기로 인해 대고객 RP 거래가 크게 감소하였지만 한국은행의 유동성 공급으로 인해 기관 간 거래는 크게 증가하였다. 2012년에는 증권사 콜차입 규제에 따른 대체 수요, 증권신탁의 차익목적 거래 증가 등으로 인해 대고객 RP 거래에 비해 기관 간 RP 거래가 훨씬 빠르게 증가하며 RP시장을 이끌었다.

대고객 RP 거래의 경우 대부분이 증권사와 은행의 RP 매도로 이루어지며 채신관서의 경우 고객들이 RP형 CMA로 이동하면서 점차 감소하여 매우 미미한 비중을 차지하고 있다. 또한 대고객 RP는 주로 개인, 은행신탁, 일반 법인이 매입하고 있으며 개인의 경우 수시입출금을 할 수 있고 확정된 금리를 지급하며 만기가 정해지지 않은 open RP형 CMA를 선호한다. 법인은 단기자금 운용을 위한 term RP거래를 주로 하며 은행신탁의 경우 금융기관 간 대고객 RP 거래규제 대상에서 신탁이 제외됨으로써 대고객 RP 매입을 크게 확대하였다.

기관 간 RP 거래는 증권사와 증권신탁이 주요 매도기관이며 증권사는 콜차입 한도 제한에 의해 다양한 자금조달 수단을 필요로 하게 되어 기관 간 RP를 통해 자금조달을 하였다. 또한 증권신탁은 차익거래를 통한 수익을 얻기 위해 유가증권신탁에 맡겨진 증권을 담보로 RP 매도를 통해 자금을 조달해 CP 등에 투자하면서 자금조달을 확대하였다. 기관 간 RP의 매수기관은 자산운용사, 한국증권금융, 증권신탁, 국내은행 등 다양하다.

7) RP 시장 활성화의 기대효과

① 금융시장 간 연계성 강화

RP 거래는 자금대차와 채권매매의 특성으로 인해 자금시장과 채권시장을 연결하여 금리차를 이용한 차익거래 등을 유발해 금융시장을 발전시킬 뿐 아니라 금융시장 간의 가격 차이를 축소함으로써 금융시장 간 연계성을 강화시킨다.

② 통화정책의 효율성 제고

활발한 RP 시장은 단기금융시장에서 장기금융시장으로 원활한 파급효과를 나타내기 때문에 통화정책의 효과가 크게 나타난다.

③ 합리적인 금리기간구조 형성

활성화된 RP 시장을 가지고 있는 유로지역은 다양한 만기를 가진 상품이 거래됨으로 인해 풍부한 유동성을 가져 단기금융시장에서 금리기간구조가 합리적으로 형성되었다. 현재 우리나라는 1일물 위주로 거래가 이루어지나 향후 RP 시장이 활발해지면 유로지역과 같이 금리기간구조가 합리적으로 형성될 것이다.

④ 금융시스템 리스크 축소

RP 시장이 활성화되면 파생거래가 활발해지며 RP 매도로 단기자금을 조달하면 시장에 채권이 공급되어 물량이 확대된다. 또한 RP 시장은 단기자금 및 채권조달수단을 제공함으로 인해 국채 인수능력 및 시장조정 기능을 강화할 수 있고 유가 증권을 담보로 하는 자금거래가 확대되면 신용위험이 작아져 금융시스템 리스크가 축소된다.

⑤ 다양한 차익거래에 이용 가능

2006년 채무자 회생 및 파산에 관한 법률을 제정함으로써 RP 거래 시 상대방의 도산으로 인해 결제불이행 사태가 발생할 경우 생겨나는 채권회수의 불확실성을 해소하였다. 이를 통해 금융기관들이 RP로 매입한 채권을 다시 RP 매도하거나 채권의 현·선물가격 차이를 통한 차익거래 등으로 다양하게 이용하고 있다.

⑥ 금융시장의 발전에 기여

자본시장이 충분히 발달하지 않으면 채권의 매매기회도 제한되고 채권가격이 유통시장에서의 이자율과 수급동향에 따라 항상 변해 원하는 시점에 채권을 현금화하기 위해서는 상당한 자본손실이 수반된다. 하지만 RP 거래를 이용하면 자금의 수요자는 채권 매각에 따른 자본손실 없이 단기간에 필요한 자금을 쉽게 조달할 수 있고 투자자의 입장에서도 자본손실의 위험없이 일시적인 여유자금을 운용할 수 있어 이자율위험에 대한 헤지수단이 된다. 이를 통해 RP는 만기가 장기인 채권의 유동성을 제고시켜 채권시장의 발전에 기여할 수 있다. 이러한 장점으로 인해 자금의 원활한 수급조절이 가능하고 금융자산 간의 금리차익거래를 촉진함으로써 자금시장의 발전에도 기여하고 선물·옵션 등과 연계된 거래가 가능해져 파생상품시장의 발전에도 기여하고 있다.

(2) 미국의 환매조건부매매시장

1) 의의

미국의 환매조건부매매시장은 1918년 연방준비제도이사회(FRB : Board of Governors of the Federal Reserve System)가 단기자금 지원을 위해 은행인수어음을 대상으로 RP 거래를 시작하면서 시작되었고 1969년 RP 거래에 대한 지급준비의무가 면제되고 1974년 국고금 운용 방식 변경에 의한 자금조달 방식의 변화를 통해 성장하였다. 1980년대 이후에는 투자자 보호를 위한 제도를 통해 거래의 안정성이 향상되고 자본시장과 선물시장의 연계성을 강화한 다양한 투자기법이 개발됨에 따라 RP 시장이 꾸준히 성장했다. 2000년대 이후에는 담보증권을 특정 목적으로 한정하지 않고 사전에 합의한 범위 내에서 유사 증권으로 교체 가능한 GC(general collateral) RP 거래가 확산되면서 RP 시장이 빠르게 성장하였다. 하지만 2008년 9월 리먼사태와 투자은행들의 디레버리징(deleveraging)[14]으로 인해 RP 거래는 급격히 감소하였다.

2) 거래 메커니즘

미국의 RP 거래는 주로 Prebon, Eurobrokes 등 전문중개기관을 통해 이루어지며 일반적으로 단순중개 방식이 선호된다. 또한 RP 거래의 청산방식은 제3자가 청산업무를 대행해주는 3자 간 청산방식을 통하며 이 방식은 증권딜러가 증권을 제공하고 자금을 차입하는 데 이용된다.

14) 자기자본 대비 차입비율을 낮추는 것으로, 쉽게 말해 부채를 상환·축소하는 것을 말한다.

(3) 일본의 환매조건부매매시장

1) 의의

일본의 RP 시장은 1949년 회사채 발행이 다시 시작되며 도입된 현물·선물 시장과 1996년 현금을 담보로 채권의 대차거래를 하는 현금담보부 채권대차시장으로 나뉜다. 유가증권거래세가 부과되지 않는 단기 할인채를 거래하는 경우 현물·선물거래를 이용하고 중·장기 이표채권과 같이 유가증권거래세가 부과되는 경우에는 현금담보부 채권대차거래를 활용한다. 이 두 거래는 채권을 담보로 한 단기금전대차거래라는 공통점이 있지만 법률적으로 보면 현물·선물시장은 채권의 매매, 현금담보부 채권대차시장은 채권의 대차라는 차이가 있다.

일본의 RP 시장은 2000년대 이후 현금담보부 채권대차거래를 중심으로 급성장하였으나 2008년 리먼브라더스와 거래한 도시은행, 신탁, 단자 회사들이 리먼브라더스의 파산과 함께 지급불능에 빠져 RP거래도 크게 감소하였다.

2) 거래 메커니즘

현물·선물시장에는 채권매매업무를 인가받은 금융기관만 참가 가능하며 매수기관은 개인을 제외한 일반기업, 지방자치단체, 정부투자기관, 신탁은행 및 농림중앙금고 등이다. 채권딜러의 매매는 자체적인 자금목적을 위한 자기 PR과 일반채권투자자의 매도를 중개하는 위탁 RP로 나뉘며 채권딜러가 아닌 채권투자자의 경우 채권딜러의 중개를 통해서만 거래 가능하다.

RP 거래는 현금을 담보로 특정채권을 대차하는 SC(Special Collateral) 거래와 채권을 담보로 자금을 대차하는 GC(General Collateral) 거래로 구분된다.

(4) 유로지역의 환매조건부매매시장

1) 의의

유로지역의 RP 시장은 활성화되어 있어 만기별로 다양한 거래가 가능하며 RP 거래 대상증권에 대한 제한이 없어 대부분 유럽 정부채권이 거래된다. 담보채권 제공방식은 특정 종목의 증권을 지정하지 않고 사전 합의한 범위 내에서 유사 증권으로 교체 가능한 GC가 대부분이다. 유로지역의 RP 시장은 각 국가별 제도, 국채 발행 규모, 과세 등에 따라 상이하게 발전해왔으나 EU 단일통화 출범 후 각국의 금융시장이 통합되면서 유로화 표시 국채 발생 증가, 국제적인 표준약관 제정, 국가 간 Repo 거래가 증가하며 빠르게 성장하였다. 하지만 2007년 서브프라임 모기지 부실, 리먼브라더스의 파산으로 인해 시장이 급속히 위축되었다가 2009년 빠르게 회복하는 듯 보였으나 유럽 재정위기가 부각되면서 다시 위축되는 추세를 보이고 있다.

2) 거래 메커니즘

유로지역의 RP 시장은 딜러 이외 고객들과의 RP 거래는 미미한 수준이나 소수 대형딜러들의 거래 비중이 매우 높다. 이에 따라 직거래 방식이 주로 이루어진 과거와는 달리 최근에는 전자거래시스템을 통한 중개거래가 큰 비중을 차지한다. RP 거래의 청산방식은 직접청산방식, 중앙청산방식, 3자청산방식 순으로 활용되고 있다.

2.4 양도성예금증서시장

(1) 우리나라의 양도성예금증서시장

1) 의의

양도성예금증서(CD : Certificate of Deposit)란 은행이 정기예금에 대해 발행한 것으로서 금융시장에서 자유로운 매매가 가능한 무기명의 정기예금증서로 은행의 정기예금에 양도성을 부여하여 제3자에게 양도가 가능한 증권을 말한다. 하지만 은행 약관상 은행이 승낙하여야 양도나 질권 설정이 가능하며 이 양도금지 특약이 예금통장이나 예금증서에 기재되어 있다. 양도성예금증서는 일반예금과 같이 예금증서를 교부하고 예금을 받지만 권리의 이전과 행사를 위해 증권을 소지하고 있어야 하므로 유가증권에 해당한다. 은행이 일반고객을 상대로 발행하는 양도성예금증서는 예금채무로 간주되어 예금지급준비금 예치의무가 부과되지만 은행을 상대로 발행하는 경우에는 이러한 예치의무 대상이 아니다. 또한 양도성예금증서시장은 발행기관, 중개기간, 매수기관으로 구성되어 양도성예금증서가 발행되고 유통되는 단기금융시장이다. 발행기관인 은행은 양도성예금증서 발행을 조절함으로써 효율적인 자금조달이 가능하고 매수기관은 양도성예금증서를 매입함으로써 단기자금 운용수단으로 활용한다. 중개기관은 중개수수료, 시세차익 등으로 수익을 올린다.

2) 제도변천

표 4-3 양도성예금시장 제도 변천[8)]

연도	내용
1984년	은행의 수신경쟁력을 높이기 위해 시중은행, 지방은행, 한국외환은행, 종합금융회사와 자본금 200억 원 이상인 증권회사에 대해 CD 발행 허용
1985년	CD 발행기관을 특수은행으로 확대, 은행별 발행한도제 도입
1986년	CD 발행기관을 외국은행 국내지점으로 확대
1991년	제1단계 금리자유화 조치로 발행금리 자유화
1997년	CD 발행기관을 한국산업은행 및 한국장기신용은행 등으로 확대, 제4단계 금리자유화조치에 의해 최저액면금액과 최장만기에 대한 규제 폐지, 은행별 발행한도제와 표지어음 발행한도 폐지, 대고객 CD에 대해 예금지급준비금 예치의무 부과
1998년	정부의 단기금융시장 조기개방 조치로 표지어음, 종합금융회사 발행 어음 등과 함께 CD의 외국인 투자가 허용
2005년	공사채등록법 개정으로 인해 CD를 공사채와 동일하게 한국예탁결제원 및 은행 등의 등록기관에 등록할 수 있도록 함
2006년	금융기관에 한해 CD 등록발행제 시행

3) 거래조건

양도성예금증서는 예치기간 동안 이자의 액면에서 할인하는 방식으로 발행되며 최단만기만 30일로 제한하고 있지만 실제 거래 대부분이 3개월물이나 6개월물과 같은 1년 이내인 단기금융상품이다. 양도성예금증서는 중도해지가 불가능하여 양도를 통해 매각 후 현금화할 수 있다. 또한 중대해지를 할 수 없는 대신에 양도가 자유로워 금융투자회사 등 중개기관을 통한 유통시장이 잘 발달되어 있다. 중개기관은 자기계산에 의한 매매중개와 단순중개 모두 가능하다.

최저액면금액에 대한 제한은 없으나 은행별 내규를 통해 개인은 5백만 원

15) 한국은행, 전게서

이나 1천만 원으로, 법인은 10억 원 이상으로 설정하고 있다. 할인방식으로 발행되는 양도성예금증서는 예치기간 동안의 이자를 뺀 금액으로 사며 만기에 액면금액을 받는다. 양도성예금증서 금리는 일반적으로 다른 시장금리, 발행금액, 만기 등을 고려하여 결정되며 은행별 신용도에 따라 상이한 금리수준을 가진다. 또한 다른 금융상품들과 수익률을 비교할 수 있도록 할인율 대신 수익률로 양도성예금증서 금리를 고시하고 있다.

금융투자협회는 매 6개월마다 거래 실적 등을 감안하여 선정한 10개의 증권회사로부터 11시 30분부터 15시 30분 사이에 91일물을 기준으로 하여 신용등급이 AAA인 시중은행 발행 양도성예금증서에 대한 호가수익률을 통보받아 12시와 16시에 최종호가수익률을 발표한다. 이러한 수익률은 시장금리 연동대출, 금리스왑 및 본지점 간 자금이전의 준거기금으로 널리 사용되고 있으나 은행대출 등 자금거래의 지표금리로 이 수익률을 이용하는 것에 대한 적절성의 논란은 계속되고 있다. 왜냐하면 91일물 양도성예금증서의 발행과 유통규모가 크지 않아 금리수준을 탐색하기 어렵고 경직적인 금리인 데다가 은행의 자금사정에 따라 금리가 변동할 수 있기 때문이다. 이에 CD 금리의 대안 지표금리를 도입하기 위한 노력이 계속되었고 이와 별도로 2009년 금융투자협회는 CD 유통수익률 편제 및 공시체계를 변경하여 CD 금리가 시장 실세금리를 더 정확히 반영함으로써 거래 신뢰성과 투명성을 높일 수 있도록 하였다.

4) 참가기관

① 발행기관

한국수출입은행을 제외하고 한국은행에 예금지급준비금을 예치할 의무가 있는 모든 은행이 CD를 발행할 수 있다.

② 중개기관

증권회사, 종합금융회사, 한국자금중개, SMB외국환중개, KIDB자금중개 등의 자금중개회사가 CD 거래를 하고 있으나 자금중개회사는 콜시장 참가기관만을 대상으로 중개업무를 할 수 있다. 중개기관은 단순중개와 매매중개 모두

할 수 있지만 자금력 부족으로 현재 단순중개를 주로 하고 있다. 주요 기관투자자들인 은행, 자산운용회사, 은행신탁 등은 채권운용과 연계하여 CD를 매입하기 때문에 채권매매를 중개하는 증권회사를 통해 매입하는 것이 편리하여 중개기관으로 증권사를 선호한다.

③ 매수기관

매수주체에 따라 대고객 CD와 은행 간 CD로 구분되며 대고객 CD는 개인, 일반법인, 연기금 및 지방자치단체 등이 직접 발행은행 창구에서 매입하며 은행신탁, 자산운용회사와 같은 비은행금융기관은 중개기관의 중개를 통해 매입한다. 그리고 대고객 CD는 예금채무에 해당되기 때문에 지급준비금의 적립의무가 있어 양도에 제한이 없다.

은행 간 CD는 중개기관을 통하지 않고 발행은행과 매수은행 간 직접 교섭에 의해 발행되며 이를 통해 은행 상호 간 자금의 과부족을 해결하기 위한 수단으로 이용한다. 또한 은행 간 CD는 한국은행의 지급준비금 적립의무가 없는 대신에 은행 이외의 금융기관 및 고객에 대한 양도는 금지된다.

5) 거래 메커니즘

① 발행 및 중개

은행이 직접 CD를 발행할 경우 통일된 양식으로 CD 실물을 작성해 교부하지만 고객이 보호예수를 요청하면 동 증서를 금고에 보관하고 보호예수증서나 보관통장을 발급할 수 있다. 개인 및 일반법인 등이 통장거래를 하면 발행은행은 이 내역을 등록한다. 2006년 금융기관에 국한하여 CD 등록발행제를 시행하게 되어 대부분 CD를 실물 발행하지 않고 한국예탁결제원을 통해 등록 발행하고 있다.

② 대금수급

CD발행 시 자금결제는 매수자 및 발행방식에 따라 다르며 은행창구에서 발행하는 대고객 CD의 경우 현금이나 자기앞수표로 주로 입금한다. 중개기관을 통해 발행되는 대고객 CD와 같이 발행규모가 거액인 경우 계좌이체나 한국은행금융결제망을 통해 이루어진다. 만기에는 소지자가 발행은행에 제시하거나 만기 하루 전에 거래은행을 통해 어음교환에 회부하여 자금회수가 가능하며 한국예탁결제원에 예탁되었다면 한국예탁결제원이 교환에 회부하여 결제대금을 입금시켜 준다.

6) 거래현황

은행들은 2005년 이후 대출재원 마련을 위해 CD 발행을 크게 확대하였고 그 후에도 대출증가가 계속되고 증시가 호황하자 은행예금이 주식시장으로 이동하기 시작하였으며 이에 대응해 CD 발행을 더욱 확대하였다. 하지만 2008년에 글로벌 금융위기와 미국의 경기침체 가능성 등으로 주가가 하락하고 대규모 정기예금 특판으로 인해 은행의 자금사정이 개선되어 CD 발행이 크게 감소하였다. 2009년 이후에도 풍부한 단기유동성 상황으로 인해 저조한 CD 발행을 보이고 있으며 예대율(預貸率, loan-deposit ratio)[16] 규제 도입방안에서 CD를 예수금에서 제외하여 예대율을 산정하게 되어 CD 발행이 크게 감소하였다.

(2) 미국의 양도성예금증서시장

1) 의의

1961년 미국에서는 고강도 금융긴축으로 인플레이션을 억제하고자 하였고 이에 따라 이자율이 상승하자 기업들은 고수익 증권과 같은 단기금융상품의 선호도가 높아졌고 이에 대형은행들은 CD를 발행하기 시작하였다.

2) 거래 메커니즘

만기 시 대금 지급은 소지인 지급방식과 등록인 지급방식이 있으나 양도절차가 간편하여 주로 소지인 지급방식이 이용된다. 또한 발행지역 및 발행주체에 따라 국내 CD, 유로 CD, 양키 CD, 저축기관 CD로 구분되며 여기서 국내 CD는 미국 예금금융기관이 미국 내에서 발행하는 CD를 말한다. 유료 CD는 런던 등 해외금융시장에서 달러화표시로 발행되는 CD이며 양키 CD는 외국계은

16) 예금잔액에 대한 대출금잔액의 비율

행 미국지점이 미국 내에서 발행하는 CD, 저축기관 CD는 저축기관이 미국 내에서 발행하는 CD를 말한다.

금리 결정방식에 따라서도 고정금리부 CD, 변동금리부 CD, CD note 등으로 구분되며 고정금리부 CD는 발행 시의 금리가 만기까지 적용된다. 변동금리부 CD는 만기 중 금리가 1개월이나 3개월마다 LIBOR, TB rate, CD 유통수익율에 의해 변동하는 금리를 말하며 CD note는 고정금리부 CD와 회사채가 합해진 상품으로 주로 외국계 은행에 의해 발행되고 만기 중 연 2회 이자를 지급한다.

(3) 일본의 양도성예금증서시장

1) 의의

일본 양도성예금시장은 1979년 CD를 도입하고 발행한도, 만기, 최저액면금액 등과 같은 제한 요소를 모두 폐지하며 CD 거래가 활발해졌다. 그러나 정기예금처럼 예금지급준비금 예치의무는 여전히 존재한다.

2) 거래 메커니즘

CD 발행방식은 직접발행방식과 딜러경유 발행방식으로 구분되며 직접발행방식은 발행기관과 매수기관이 발행금액, 발행조건 등을 직접 합의하는 것이고 딜러경유 발행방식은 중개회사를 통해 발행되는 것이다. 최근 CD 유통시장이 활성화되면서 딜러경유 발행방식이 선호되고 있으며 CD 양도 시 반드시 발행기관에 통지하고 공증인 사무소에서 공증받아 발행기관에 제출해 명의를 개서(改書)하는 지명채권양도방식이 이용된다.

발행지역 및 발행주체에 따라 국내 CD, 유로엔 CD, 해외 CD로 구분되며 국내 CD는 예금취급기관이 일본 내에서 고정금리부로 발행하는 CD를 말한다. 유로엔 CD란 해외금융시장에서 엔화표시로 발행되는 CD이며 해외 CD는 표시통화에 관계없이 일본 내에서 거래되는 엔화표시로 발행하는 CD이다.

CD 도입 초기에는 자유금리 예금상품으로 알려지면서 기업 등의 단기자금 운용수단으로 주로 이용되었으나 1985년 금리자유화 후 금융기관 간 자금조달수단으로 이용되었다.

(4) 유로지역의 양도성예금증서시장

유럽에서 단기자금시장 규모가 가장 큰 곳은 프랑스이며 CD 시장 규모도 가장 크다. 만기는 1년까지 가능하지만 단기 위주로 발행되기 때문에 시장규모에 비해 유통시장은 저조하다. 영국 CD 시장의 경우 1968년 도입되었으며 런던 CD와 비런던 CD로 구분된다. 런던 CD는 런던에서의 거래를 목적으로 영란은행(Bank of England)의 MMLG(Sterling Money Market Liaison Group)가 정한 기준에 따라 발행되는 CD를 의미하며 이에 부합되지 않는 CD를 비런던 CD라 한다. CD 발행 및 상환이 영국에서 이루어지고 거래는 주로 런던에서 이루어진다. 발행통화와 발행만기에 대해 원칙적으로 제한이 없으나 발행만기는 관행상 5년 이내, 대부분 6개월 이내로 발행된다. 발행금리는 변동금리와 고정금리 모두 가능하고 할인 및 이표방식도 모두 할 수 있다.

2.5 기업어음시장

(1) 우리나라의 기업어음시장

1) 의의

기업어음(CP : Commercial Paper)이란 기업이 단기자금 조달을 목적으로 발행하는 만기 1년 미만의 융통어음 형식의 단기 채권으로 제3자의 지급보증 없이 발행자의 신용만으로 발행된다. 따라서 이전에는 상장기업 발행, 만기 1년, 신용등급 B이상, 최저액면 1억 원 등과 같은 요건을 갖추어야만 CP 발행이 가능하였으나 이후 자본시장법에 의해 기업어음증권으로 CP가 분류되자 발행을 위한 조건을 모두 폐지하였다.

기업어음시장은 발행기업(issuers), 할인·매출기관(dealer) 및 매수기관(investors)으로 구성되며 기업어음 발행절차가 간편하고 일반적으로 담보없이 신용으로 발행되며 신속하다. 또한 은행대출보다 높은 금리를 지닌 자금조달수단으로 여겨진다. 할인·매출기관(dealer)은 기업어음을 발행한 발행기업으로부터 이를 할인 매입한 후 매수기관에 판매한다. 이를 통해 할인·매출기관은 매매차익을 얻으며 매수기관은 매입한 기업어음을 통해 단기자금의 운용수단으로 활용한다.

2) 제도변천

표 4-4 기업어음시장 제도 변천[17)]

연도	내용
1972년	8.3조치와 단기금융업법이 제정되어 CP 시장이 제도적 기반을 갖추게 됨, 최초의 단기금융회사인 한국투자금융주식회사가 기업어음의 할인 및 매출업무 취급 시작
1976년	종합금융회사도 기업어음의 할인 및 매출 업무 취급 시작
1981년	발행금리가 자유화된 신종기업어음의 도입으로 CP가 이원화됨
1984년	자본금 200억 원 이상의 6개 대형 증권사로 CP 취급기관 확대
1988년	신종기업어음 폐지되고 거액기업어음 도입, 증권사의 단기금융업무 취소
1991년	단순중개어음제도 도입, 중개시장의 투자자가 법인에서 개인으로 확대, 모든 기업어음에 대해 발행금리 자유화
1997년	금리자유화조치로 최단만기 30일과 최소액면금액 1천만 원에 대한 규제 폐지, 일반기업어음의 만기와 금리 제한 폐지, 거액기업어음과 일반기업어음이 통합, 증권회사, 은행신탁 CP 업무 취급
1998년	여신전문금융회사, 은행 및 투자 신탁회사, 보험회사 등이 CP 할인업무 취급 가능해짐, 단기금융시장 개방계획에 의해 상업어음, 무역어음, CP에 대해 외국인 투자허용
2003년	CP 발행정보 집중시스템 구축
2009년	당좌예금 개설요건 강화, 1천만 원 이상 CP 발행 시 등록제 도입, 자본시장법으로 인해 1년 이내 최장만기 제한이 폐지
2011년	전자단기사채의 발행 및 유통에 관한 법률 제정
2012년	CP 시장 투명성 제고와 투자자 보호를 위한 CP 발행 정보 공시 및 관리·감독 강화를 위한 규제 강화
2013년	전자단기사채제도 도입

3) 발행조건

증권회사가 할인·매입하는 기업어음은 대상 기업, 최장만기, 최소액면금액 등에 대한 제한이 없으나 장외시장에서 매매하거나 중개·주선, 대리하는 경우 2개 이상의 신용평가원으로부터 신용평가를 받은 기업어음만이 무담보매매

17) 한국은행, 전게서

와 중개방식으로 할인 가능하다. 종합금융회사가 할인하는 경우에는 신용등급 B등급 이상, 만기 1년 이내의 기업어음에 대해서만 할인, 매매, 중개할 수 있다. 할인방식으로 발행되어 만기에 액면금액이 상환되는 기업어음의 경우 발행금리는 발행기업의 신용리스크, 할인기간, 기업어음 수급 상황 등을 고려하여 발행기관과 할인기관이 합의한다. 또한 현재 발행되는 CP의 만기는 91일 이상이 과반수 이상을 차지한다.

4) 발행방법

CP 발행은 직접발행과 간접발행을 통해 이루어진다. 직접발행은 발행회사가 인수 없이 투자자에게 직접 매각하는 것으로 우리나라의 CP 중개시장에서의 방식과 같다. 중개CP는 신용등급의 조건을 충족하는 기업이 발행한 무담보 CP로 중개기관의 중개를 통해 거래되고 법인과 개인 등이 이에 투자한다. 중개CP는 중도에 환매할 수 없지만 중개회사를 통해 다시 매각할 수 있다.

간접발행은 인수자가 CP를 인수한 후에 다시 투자자에게 판매하는 방법으로 중개금융기관이 인수하여 매출한 CP는 투자자 요구 시 바로 환매할 수 있다.

5) 참가기관

① 발행기관

기업어음의 발행기관은 일반기업, 공기업, 카드사, 증권사, 특수목적회사(SPC : Special Purpose Company) 등이다.

② 할인 및 매출기관

기업어음의 할인 및 매출은 주로 증권회사와 종합금융회사가 하고 있으며 종합금융회사는 기업어음 매출뿐 아니라 자체 보유 목적으로 기업어음을 할인한다. 그러나 금융투자회사는 수신기능이 없어 주로 기업어음을 할인한 후 자체 보유하지 않고 무담보형식으로 매출한다. 또한 은행, 자산운용회사, 보험회사 등도 기업어음 할인이 가능하지만 활발하지는 않아 일반적으로 증권회사와 종합금융회사를 통한 매입이 선호된다. 은행의 경우 기업어음이 대출로 간주되어 여신한도의 제한을 받고 기업어음뿐 아니라 당좌대출, 상업어음할인 등 다양한 단기자금공급 수단이 있어 기업어음의 할인이 활발하지 않다. 또한 자산운용사, 보험회사, 여신금융회사는 기업어음 발행기관에 대한 독자적인 심사기능이 없고 다른 기관을 통해 매입하는 것이 수수료 부담이 크지 않아 기업어음을 활발히 취급하지 않는다.

③ 매수기관

기업어음의 주요 주체는 자산운용회사 MMF, 종합금융회사, 은행신탁의 특정금전신탁 등이다. 은행신탁은 할인·매출기관이 중개한 CP를 매입하기도 하고 직접 할인하기도 하지만 일반적으로 자산운용회사는 증권회사와 종합금융회사가 중개한 CP를 매수한다. CP는 발행단위가 거액이고 예금보호 대상이 아니라서 개인이나 기업보다는 금융투자회사와 은행 등 금융회사들이 주로 신탁재산 편입용으로 매수한다.

6) 거래 메커니즘

① 할인

어음할인이란 은행이 어음소지자의 의뢰에 의해 액면금액에서 만기일까지 이자를 공제하고 매입함으로써 어음의 유통을 도모하는 것을 말한다. 이에 따라 기업은 은행에서 증권회사, 종합금융회사 등 할인기관과 만기, 금액, 금리수준 등을 합의한 후 할인을 요청하게 된다.

② 매출

종합금융회사, 증권회사 등은 할인 금리에 일정수준의 가산 금리를 더하여 어음 매수기관에 제출하며 실물거래와 통장거래 방식이 모두 가능하지만 일반적으로 실물교부 방식에 의해 거래된다.

③ 대금수급

매수기관으로부터 받은 자금은 거래은행 계좌이체나 한국예탁결제원 한국은행금융결제망을 통해 발행기관에 지급한다. 하지만 기업이 약속한 기업어음을 결제하지 않으면 담보부 거래의 경우 기업은행 매출기관이 대신 지급하고 무담보거래의 경우 어음실물을 넘겨주면서 결제불능임을 고지한다. 또한 기업어음 발행기업이 부도가 난 경우 부도가 난 다음날까지 은행에 입금시켜야 1년간 3회에 한해 거래정지처분을 면할 수 있으나 4회째부터는 무조건 당좌거래정지처분을 받게 된다. 하지만 부도 기업이 기업어음 대금을 부도난 다음날까지 입금시키지 못하면 바로 발행기업의 당좌거래정지처분을 내린다.

7) 발행현황

1991년 기업어음이 도입된 이후 지속적으로 증가하였으나 1997년 IMF 사태로 인해 일시적으로 감소하였다. 하지만 2000년대 이후 기업어음의 수요와 금융기관의 매입수요가 늘면서 다시 증가하기 시작하였다. 하지만 2008년 리먼브라더스 파산으로 인한 글로벌 금융위기로 인해 금융회사의 영업이 위축되었고 투자수요도 감소하면서 기업어음이 크게 줄었으나 우량 기업을 중심으로 자금조달 수요가 증가하면서 일반기업의 기업어음 발행이 확대되었다. 그 후 금융이 안정되고 유동성이 호전되어 회사채 발행이 대폭 증가하였고 이에 기업어음의 발행이 크게 축소되었다.

8) 기업어음증권시장의 문제점 및 해결방안[18)]

우리나라의 CP 시장은 금리의 자유화 등에 의해 발행시장은 활발히 발전하고 있으나 CP가 매매되는 유통시장의 발전이 더디기 때문에 CP 할인기관이 할인어음을 그대로 보유하는 경우가 많다. 또한 CP의 어음 성격과 실물발행으로 인해 단기자금조달 수단으로서 한계가 있고 약속어음으로의 분할이 금지되어 있어 소액의 CP 분할 취득이 어렵다. 그러므로 분할 유통을 거의 할 수 없고 CP의 위조, 변조, 분실, 결제 리스크 등의 위험이 있다.

이를 해결하기 위해 전자단기사채제도를 도입하여 유통의 전 과정이 전자적으로 처리하게 해 실물발행에 의한 위조와 변조의 위험을 줄이고 증권과 대금의 동시결제가 가능해져 결제리스크가 줄어들었다. 전자단기사채란 사채를 CP 수준으로 권리와 의무를 단순화하였기 때문에 사채원부 작성의무나 사채권

18) 한국은행, 전게서

자집회에 대한 규정이 적용되지 않는다. 전자단기사채는 등록기관을 예탁결제원으로 하여 발행, 이전, 질권설정, 신탁 등을 모두 고객계좌부에 등록해야하며 원리금 지급이 이루어지면 등록을 말소한다. 또한 예탁결제원의 시스템을 통해 발행인의 모든 발행 내용을 상시 공개하여 이러한 정보 공개를 통해 발행 및 유통 시장 투명성을 확보하고 있다.

(2) 미국의 기업어음시장

1) 의의 및 발행현황

미국의 기업어음시장은 신용등급이 양호한 기업들이 자기신용을 바탕으로 발행하는 무담보 융통어음이 거래되는 시장으로 1800년대 초 담배회사와 철도회사 등이 단기차입을 위해 환어음을 거래함으로써 시작되었다. 그 후 1920년대 내구소비재 구입을 위한 소비자 금융에 대한 수요가 늘어 소비자금융회사들이 기업어음을 통해 단기 자금을 조달하면서 기업어음시장이 활발해졌다. 그러나 1930년대 경기불황으로 인해 기업어음시장이 전반적으로 위축되었으나 제2차 세계대전 이후 금융회사 중심으로 기업어음이 다시 활성화되기 시작하였다. 1970년대 Penn Central Transportation Company 파산으로 인해 기업어음시장이 다시 위축되자 발행기업에 대한 신용평가제도를 만들었고 기업어음시장의 안정을 도모하고자 하였다. 그 후 다시 상승세를 보이다가 2007년 서브프라임 모기지 대출 부실로 인한 금융위기가 발생하여 기업어음 발행이 축소되었으며 금융시장의 불안이 시속되고 경기가 부진함에 따라 안전자산 선호 현상이 나타나 기업어음시장이 위축되었다.

2) 발행조건

기업어음의 발행방법은 투자자에게 직접 매출하는 직접발행과 딜러를 통한 간접발행으로 나뉘며 직접발행은 투자자의 요구에 따라 금액, 금리, 만기를 조정하고 중개수수료를 절약할 수 있다는 장점이 있다. 일반기업은 간접발행을 주로 하고 금융회사는 직접발행을 주로 하고 있다. 기업어음 발행기관에 대한 신용평가는 원칙적으로 세계 3대 평가기관인 Standard & Poor's, Moody's,

Fitch 등이 투자등급 이상으로 평가한 기업을 적격기업으로 한다.

기업어음의 발행조건은 만기 최대 270일에서 평균 30일 정도이며 보통 10만 달러 이상으로 거래되지만 최소거래에 대한 제한은 따로 두고 있지 않다. 이자지급 방식도 할인 방식, 이표 방식 모두 가능하지만 일반적으로 할인 방식으로 발행되며 할인율은 만기, 발행기업의 신용도에 의해 결정된다.

(3) 일본의 기업어음시장

1) 의의 및 발행현황

일본의 기업어음시장은 1987년 금융기관 및 증권회사에 대한 기업어음취급 지침이 만들어지면서 도입되었고 순차적으로 금융기관에 기업어음 발행을 허용하고 만기를 확대하며 기업어음시장을 활성화시켰다. 그 후 1998년 발행기업 신용등급, 만기, 금액에 대한 제한을 폐지하고 은행의 기업어음 발행을 허용하면서 기업어음시장이 확대되었다. 기업어음은 단기자금 조달을 위한 무담보 약속어음의 성격을 가지고 있지만 1993년 증권거래법 개정으로 인해 유가증권으로 분류되었다. 일본의 기업어음은 2007년 은행의 기업어음 발행이 확대되면서 증가하는 추세를 보였으나 2008년 금융위기 이후 다시 크게 감소하였다.

2) 발행조건

기업어음 발행 조건은 인수발행과 직접발행으로 나뉘며 직접발행은 딜러의 개입 없이 투자자에게 발행 기업이 직접 판매하는 방법이다. 반면 인수발행은 발행 기업이 딜러와 함께 발행금액, 금리, 기간 등을 합의하여 발행하는 방법을 말한다. 이전에는 기업어음 매입기관이 기관투자자로 제한되었으나 1998년 이에 대한 제한이 없어져 개인투자자도 기업어음을 매입할 수 있게 되었다. 기업어음의 신용평가는 일본의 대표적인 신용평가회사인 Rating & Investment information, Inc에서 하고 있다.

3) 기업어음의 발행 및 유통 흐름

일본에서 기업어음 발행기관은 우선 딜러와 계약을 체결해 발행조건을 교섭한다. 필요시에는 금융기관과 신용공급한도를 설정하거나 보증을 받는다. 그 후 발행일 2영업일 전에 딜러와 금액, 기간, 금리 등과 같은 발행조건을 합의하여 기업어음을 발행하고 딜러는 할인방식으로 계산한 대금을 지급한다. 발행된 기업어음은 딜러가 투자자 또는 유통업자에게 단순매각하거나 환매조건부방식으로 판매한다.

(4) 유로지역의 기업어음시장

유로 기업어음(ECP : European Commercial Paper)시장은 유로화로 표시되어 국가 간 거래가 가능한 단기자금시장으로 국제기구와 각국 정부, 연금펀드, 헤지펀드, MMF, 기업 등과 같은 투자자들이 광범위하게 참여하고 있다. 유로 기업어음은 빠른 성장세를 보였지만 2008년 글로벌 금융위기 이후 크게 위축되어 시장 규모가 회복되지 못하고 정체되고 있다.

CHAPTER

05

자본시장

CHAPTER 05

1 자본시장의 개요

자본시장이란 기업, 정부, 공공기관 등이 사업의 창설·확장·개량 등 기업의 투자를 위하여 필요로 하는 장기자금의 조달이 이루어지는 시장으로서 국채, 회사채, 주식 등 장기직접금융 등이 거래되는 증권시장을 말한다.

자본시장의 기능은 다양한데 첫째, 자금수급 불균형의 조절기능을 들 수 있다. 자본시장을 통해 가계의 여유자금을 기업에 투자함으로써 국민 경제의 자금수요와 자금공급 부분을 연결시켜 자금수급 불균형을 조절할 수 있다. 둘째, 자본시장은 자금배분의 효율성을 높인다. 미래 수익성과 성장성이 높은 기업에 투자함으로써 생산성이 높아지고 산업구조가 고도화되어 기업의 부가 늘어나고 이는 임금을 통해 가계에 다시 공급된다. 그러므로 자금을 효율적으로 배분하여 경제 전체의 부를 높이는 역할을 한다. 셋째, 다양한 투자수단을 제공한다. 자본시장의 발달로 인해 다양한 증권과 채권들을 통해 포트폴리오를 구성하여 투자할 수 있다. 또한 장기금융자산은 금리 변동에 따른 위험이나 신용위험이 커 단기금융상품보다 수익률이 높지만 위험선호도가 높은 투자자를 중심으로 주식과 채권에 대한 수요가 확대되어 장기금융자산의 비중도 높아지고 있다. 넷째, 중앙은행의 통화정책 매개수단 역할을 한다. 중앙은행이 통화정책을 수행하면 자본시장의 장기수익률에 영향을 미치고 이는 기업의 자본조달비용을 변동시켜 결과적으로 기업의 투자결정에 영향을 준다. 또한 채권, 주식의 가치 변동에 따른 부의 효과로 인해 가계 소비에도 영향을 미치게 되므로 자본시장은 중앙은행의 통화정책 매개수단이 된다.

우리나라는 자본시장 육성정책이 주로 주식시장을 중심으로 이루어짐에 따라 채권시장의 발전이 주식시장에 비해 지체되었다. 채권시장은 1997년 외환위기 이후 기업 재정자금 조달을 위해 제도를 도입하고 하부구조를 개선함에 따라 국채시장을 중심으로 발전했다. 또한 국채발행을 원활히 하고 국채시장의 유동성을 높여 자본시장을 조성하고자 다양한 제도를 도입하였다. 이외에도[1] 자

1) 한국은행, 한국의 금융시장, 2012

산유동화에 관한 법률, 채권시가평가제 전면시행, 채권장외거래 호가집중제도 도입 등 전반적으로 채권시장을 활성화하고 효율성을 높이기 위해 제도를 개선하는 등 다양한 노력을 기울이고 있다.

주식시장은 1960년대 증권거래법이 제정되고 각종 관련 제도가 도입됨으로써 꾸준히 성장해왔다. 우선 1983년 우량법인에 대한 기업을 공개하고 상장 요건이 완화되었고 1990년 기업공개 전 대주주 지분 병동 금지 요건을 만들고 기업공개요건을 강화하여 시장의 안정을 도모하고 수요기반을 확충하였다. 2000년대에는 거래소 및 코스닥 시장에서 거래되지 않는 주식을 대상으로 하는 장외주식호가중개시장과 거래소와 코스닥에서 거래되는 250개의 종목을 정규시장 후에도 거래할 수 있는 전자장외증권중개시장을 개설하였으나 거래 부진으로 인해 전자장외중개시장은 폐쇄되었고 장외주식호가중개시장은 프리보드로 명칭 변경 후 일부 제도를 개선하여 운영 중이다.

2 채권시장

2.1 우리나라의 채권시장

(1) 의의

채권이란 채무를 표창하는 채무증권으로서 국가·지방공공단체·특수법인·주식회사 등이 법률에 따라 일정한 채무이행약속증서를 발행하여 직접 또는 간접으로 일반 대중으로부터 비교적 장기로 자금을 조달하는 것을 목적으로 정해진 이자와 원금의 지급을 약속하여 발행하는 증권을 말하며 매 기간 일정 금액의 이자가 지급되기 때문에 고정소득증권이라고도 불린다. 국채는 국회의 동의를 얻어야 하며 회사채는 금융위원회에 증권신고서를 제출하여 발행된다. 우리나라의 채권발행방법은 공모방식이나 사모방식으로 나뉘며 발행방식은 직접발행과 간접발행으로 구분된다.

채권시장은 발행시장(=1차 시장, primary market)과 유통시장(=2차 시장, secondary market)으로 나뉜다. 발행시장[2)]은 기업이나 정부가 자금을 조달할 목적으로 증권을 발행하여 일반투자자들에게 매출하는 시장으로 새로운 채권이 처음으로 발행된다는 의미에서 제1차 시장이라고도 한다. 반면 유통시장이란 이미 발행된 채권이 투자수익을 목적으로 하는 개인투자자 또는 증권회사, 보험회사, 은행 등 기관투자가 사이에서 매매되는 시장을 말하며 이를 제2차 시장이라고도 한다. 채권 투자자들은 발행시장이나 유통시장에서 매입한 채권을 포트폴리오로 구성하여 이자소득이나 가격변동에 따른 이익을 얻을 수 있다. 채권의 가격은 경제적 기초여건과 발행자의 신용상태, 수급여건, 채권시장 하부구조의 효율성 등에 의해 결정된다.

(2) 제도변천

표 5-1 채권시장 제도변천[3)]

연도	내용
1950년	건국국채 최초 발행
1977년	회사채 발행한도 확대, 외국인에 대한 채권시장 전면 개방
1998년	증권회사의 회사채 총액인수제도 의무화, 채권시가평가제 일부 시행
1999년	국채발행의 정례화, 한국증권거래소 내 국채전문유통시장 개설, 국채전문딜러 도입
2000년	채권시장구조의 선진화 계획 발표, 국채통합제도 도입, 국채입찰방식이 복수금리결정방식에서 단일금리결정방식으로 변경, 10년 만기 국고채 발행 추가, 채권중개회사제도 도입, 국채환매제도 도입, 채권시가평가제도 도입
2002년	신용평가회사에 대한 시장규율 강화
2003년	국채 표면금리가 0.01% 단위에서 0.25% 단위로 변경, 외국환평형기금채권을 국고채권에 통합하여 국채가 단순화됨, 채권 결제일자가 당일결제에서 익일결제로 변경
2006년	최초로 20년 만기 국고채 발행, 국고채 입찰단위가 종전 100억 원에서 10억 원으로 변경, 5년물 이상의 국고채 대상으로 국고채 원금·이자분리제도 시행
2007년	물가연동국채 최초 발행, 호가정보를 증권업협회의 장외거래 호가정보시스템에서 실시간 공개
2008년	10년, 20년물 최소 호가수량이 대폭 하향조정

2) 한경 경제용어사전, 한국경제신문/한경닷컴
3) 한국은행, 한국의 금융시장, 2012

2009년	국고채 입찰방식이 단일금리결정방식에 복수금리결정방식의 요소를 결합한 방식으로 변경, 국고채 교환제도 시행, 3년·5년물 최소호가수량 하향조정, 외국인의 국채 및 통화안정증권 투자에 대한 이자소득 및 양도차익에 대한 원천징수 면제·외국인의 채권 투자 시 채권통합계좌 이용 가능
2010년	물가연동국채의 발행 재개, 최대 허용 호가폭 축소, 호가개수 확대, 국고채 전문딜러 평가에 지표채권 장내거래 실적에 높은 가중치 부여하기 시작
2011년	예비국고채전문딜러제도 도입
2012년	국고채 응찰 단위금액이 100만 원에서 10만 원으로 하향조정, 개인투자자들의 물가연동국채 입찰 참여가 허용, 최초로 30년 만기 국고채가 발행, 국고채전문딜러-예비전문딜러 간 승강제 시행방안 마련

(3) 발행 및 거래 메커니즘

1) 발행시장

① 국채[4)]

국채는 국회의 동의를 거쳐 발행하게 되며 매출방법은 공모발행, 인수발행, 교부발행 3가지이다. 공모발행은 일반적으로 장기국채 발행 시 한국은행, 금융투자회사 등을 통해 일반에게 매출되고 인수발행은 국채발행 전액을 한국은행, 정부특별회계 또는 은행, 금융투자회사 등으로 조직되는 국채 인수단이 인수하는 방식으로 발행되는 것을 말한다. 교부발행이란 정부가 채무의 지급 시 현금 대신 국채를 발행하여 채권자에게 교부하는 것이다.

a) 발행 종목 및 조건

국채는 자금용도에 따라 국고채권, 재정증권, 국민주택채권, 보상채권으로 나누어지며 이에 따라 발행방식 및 이자지급방식 등이 다르다. 발행방식 측면에서 보면 국고채권과 재정증권은 경쟁 입찰을 통해 발행되며 주택채권은 인허가와 관련하여 의무적으로 매입하게 하는 첨가소화방식, 보상채권은 당사자 앞 교부방식으로 발행된다. 이자지급방식은 국고채권은 6개월마다 이자가 지급되는 이표채이고 재정증권은 할인채, 국민주택채권과 보상채권은 복리채로 만기에 일시 상환된다. 발행만기의 경우 국고채권은 3년, 5년, 10년, 20년, 30년으로 나누어지며 재정증권은 만기가 1년 미만이지만 일반적으로 3개월 이내로 발행된

4) 강병호 외 2명, 금융시장론, 박영사, 2014

다. 반면 국민주택채권은 1종의 경우 5년, 2종은 10년 만기로 발행된다.

b) 입찰방식[5)]

발행방식 측면에서 보면 국고채권과 재정증권은 경쟁 입찰을 통해 발행되며 금리는 단일금리결정방식과 복수금리결정방식을 혼합한 방식으로 하여 최고낙찰금리 이하 응찰금리를 0.03% 간격으로 그룹화 한 후 그룹별로 각 그룹의 최고 낙찰금리를 적용한다.

국고채 입찰에는 국고채전문딜러와 일반인 모두 참여할 수 있으나 일반인이 참여할 경우 국고채전문딜러를 통해야만 하고 입찰금리는 별도로 제출할 수 없다. 국고채전문딜러들은 낙찰 후 3영업일까지 낙찰물량에 비례하여 발행 국고채를 매입할 수 있다.

c) 국채통합발행제도

이전에는 국고채발행 시 만기일과 표면금리가 달라 국채 종목이 많아지고 개별 종목당 발행금액이 작아서 유동성이 저하되자 2000년 국채통합발행제도를 도입하여 3년 이상 만기 국고채를 3개월 범위 내 추가발행 시 만기일과 표면금리를 직전발행 국고채와 똑같이 적용하도록 하였다. 이를 통해 국채의 유동성이 높아지고 금리가 안정적으로 형성되게 되었고 국채의 표면금리만을 이자소득으로 과세하는 법을 개정하여 국채통합발행 시 세금 때문에 발생하는 국채간의 차이를 해소하였다.

d) 국고채전문딜러제도

국채차기매매업무 취급기관인 은행, 증권회사, 종합금융회사 중 국채 인수 및 유통실적이 우수한 금융기관을 국채전문딜러로 선정하는 국고채전문딜러제를 도입하여 국채의 원활한 소화와 국채시장의 활성화를 도모하였다. 또한 예비국고채전문딜러제도를 도입해 의무이행 실적에 의해 국고채전문딜러와 예비국고채전문딜러의 위치를 강등하거나 승격되도록 하여 시장조성 활동을 강화하였다.

e) 발행 및 상환 메커니즘

국채는 기획재정부장관이 중앙정부의 각 부처로부터 발행요청을 받아 발

5) 한국은행, 전게서

행계획안 작성 후 국회의 심의 및 의결을 거쳐 발행하며 국채발행규모는 국회의 동의를 받은 한도 내에서 정부가 결정해 공개시장발행을 원칙으로 한다. 국민주택채권을 제외한 국채의 발행사무는 한국은행이 대행하고 있으며 재정증권의 경우 국고채전문딜러 이외의 금융기관, 정부출자기관, 보험회사 등을 대상으로 발행할 수 있다. 국고채와 재정증권 상환의 경우 한국예탁결제원의 한국은행 당좌예금계좌로 원리금 지급일에 일괄 입금되면 이를 국채 보유기관의 한국은행 당좌계좌나 거래은행 당좌계좌로 입금시킨다. 하지만 국민주택채권은 회사채와 같이 만기일에 상환업무 대행기관인 국민은행 앞으로 채권과 이표를 교환에 회부해 원리금을 회수한다.

② 회사채

a) 발행 방법 및 조건

회사채는 공모발행과 사모발행으로 나뉜다. 공모발행[6]이란 유가증권의 발행자가 불특정 다수의 투자자를 대상으로 동일한 조건하에 유가증권을 발행하고 모집하는 것을 말하며 공모발행의 경우에는 발행 회사가 직접 행하는 직접발행과 증권회사 등의 취급 또는 인수에 의해 행해지는 간접모집, 증권회사가 일단 총액을 인수하고 그 후에 일반대중에게 전매하는 총액인수방식이 있다. 공모는 일반적으로 발행위험도 크고 사무절차도 복잡하므로 일반적으로 증권발행을 전문기관에 일임하는 간접발행 방식을 이용한다. 반면 사모발행이란 채권을 증권거래소에 상장하지 않고 특정한 소수인에게 발행하는 것으로 시간과 비용을 절약할 수 있지만 고객과 직접 합의하므로 발행수익률이 높아질 수 있다. 회사채는 대부분 공모와 회사채 인수기구를 통한 총액인수방식에 의해 간접발행방식으로 발행된다. 회사채의 만기는 1, 2, 3, 5, 10년 등으로 발행되지만 인플레 기대 심리가 상존하여 투자자들이 단기채를 선호하기 때문에 일반적으로 3년 이하로 발행된다. 하지만 만기 5년 이상의 채권의 이자소득에 대해 분리세가 허용됨에 따라 장기채 수요가 증가해 장기 국고채의 발행도 증가하고 있다. 표면금리는 발행기업과 인수기관 간 협의에 의해 자율적으로 결정된다.

6) 미래와 경영연구소, NEW 경제용어사전, 미래와경영, 2006

b) 회사채 신용평가제도

회사의 신용평가는 기업의 사업성, 수익성, 현금흐름, 재무 안정성 등을 기초로 원리금 회수 가능성 정도를 평가하며 이는 회사채 발행금리 결정에 크게 영향을 미친다. 회사채 발행기업은 객관적인 신용등급을 획득함으로써 잠재 투자자 확보가 가능해 자금조달비용이 낮아진다.

c) 투자자 보호제도

외환위기 이후 회사채 발행회사의 채무불이행 위험이 높아지자 회사채 보증기관들이 지급보증을 기피하기 시작했고 신용보증기업의 신용도 하락으로 회사채 보증여부보다 발행기업의 신용도를 점점 중시하게 되면서 회사채 발행은 보증부에서 무보증부로 전환되었다. 이러한 전환으로 인해 투자자 보호 기능이 약화되자 표준무보증사채 수탁계약서 사용을 의무화하여 투자자에 대한 보호 장치를 강화하였다.

표 5-2 회사신용등급표[7)]

신용등급	정의
AAA	전반적인 채무상환능력이 최고수준이며, 현단계에서 합리적으로 예측가능한 장래의 어떠한 환경 변화에도 영향을 받지 않을 만큼 안정적임.
AA	전반적인 채무상환능력이 매우 높지만 AAA등급에 비해 다소 열등한 요소가 있음.
A	전반적인 채무상환능력이 높지만 장래 급격한 환경 변화에 따라 다소 영향을 받을 가능성이 있음.
BBB	전반적인 채무상환능력은 인정되지만 장래 환경변화로 전반적인 채무상환능력이 저하될 가능성이 있음.
BB	전반적인 채무상환능력에 당면 문제는 없지만 장래의 안정성면에서는 투기적 요소가 내포되어 있음.
B	전반적인 채무상환능력이 부족하여 투기적이며, 장래의 안정성에 대해서는 현단계에서 단언할 수 없음.
CCC	채무불이행이 발생할 가능성을 내포하고 있어 매우 투기적임.
CC	채무불이행이 발생할 가능성이 높아 상위등급에 비해 불안요소가 더욱 많음.
C	채무불이행이 발생할 가능성이 극히 높고 현단계에서는 장래 회복될 가능성이 없을 것으로 판단됨.
D	채무 지급불능 상태에 있음.

7) NICE신용평가 홈페이지

d) 발행 메커니즘

회사채 발행회사는 인수기관을 선정해 발행사무를 위임하고 이를 위임받은 인수기관은 발행 회사채를 총액 인수한 후 은행, 자산운용회사, 보험회사 등 기관투자자들에게 매도한다. 매수자는 거래은행에 매매체결을 통보하고 대금을 회사채 발행기업에 지급할 것을 지시하며 발행기업은 매수기관의 거래은행으로부터 회사채 발행자금을 수령한다. 회사채의 원금상환 및 이자지급은 발행기업과 한국예탁결제원, 원리금지급 대행 은행, 채권교환 대행 은행, 원리금상환 대행 증권회사 등을 통해 이루어진다. 한국예탁결제원은 원리금 지급 10일 전에 지급기일 도래를 알리며 지급일 전일에는 발행기업이 원리금을 은행에 입금하고 이는 다시 은행을 통해 증권회사로 입금하여 회사채 보유자는 원금을 회수할 수 있다.

회사채의 발행방법은 전통적 등록방식과 일괄등록방식이 있다. 전통적 등록방식은 발행자가 증권관리당국에 등록된 발행총액을 일시에 발행하는 것을 말하며 일괄등록방식이란 등록만 일괄적으로 하고 채권의 실제 발행은 발행총액 범위 내에서 분할하여 발행하는 것을 의미한다. 일괄등록제도가 활성화되면 시장참여자의 예측 가능성이 높아지고 시장상황에 맞게 채권을 발행함으로써 비용도 감소시킬 수 있다.

2) 유통시장

유통시장이란 이미 발행된 증권이 투자수익을 목적으로 하는 개인투자자 또는 증권회사, 보험회사, 은행 등 기관투자가 사이에서 매매되는 시장을 말하며 이는 장외시장과 장내시장으로 나뉜다. 장외시장이란 한국거래소가 개설하는 시장 외에서 매매거래가 이루어지는 시장으로 현재 대부분의 채권거래는 주로 증권회사와의 단순중개를 통해 장외시장에서 이루어진다. 반면 장내시장은 한국거래소가 개설한 일반채권시장과 국채전문유통시장에서 매매가 이루어진다. 일반채권시장은 전환사채와 소액 국공채의 장내거래가 의무화되어 있어 거래가 비교적 활성화되어 있지만 국채전문유통시장은 국고채전문딜러의 도입으로 초기 저조했던 거래 현황이 크게 늘었다.

① 장외시장

장외시장은 상대매매방식으로 거래소 밖에서 이루어지는 시장을 말하며 주로 메신저로 가격을 탐색한 후 전화를 통해 거래가 체결된다. 채권거래는 종목이 다양하고 거래조건이 표준화되어 있지 않아 한국거래소에서 자동 매매할 수 없기 때문에 대부분 장외시장에서 이루어진다. 또한 증권회사들이 자체 채권 재고를 보유할 만큼 자금여력이 크지 않고 금리 변동을 헤지할 다양한 파생상품이 많지 않아 일반적으로 단순중개방식으로 거래된다. 장외시장에서 거래가 체결되면 매수기관은 거래은행에 대금을 지급하고 매도기관은 증권사를 통해 한국예탁원에 계좌이체를 요청하여 거래 익일에 자금 및 채권 결제가 이루어진다.

2007년에 채권거래 중개회사들은 채권의 장외거래 시 채권의 종류, 매매수량, 매매가격, 채권수익률 등 호가 및 매매관련 정보를 금융투자업협회에 보고하여 집중하게 하고 이를 실시간으로 공시함으로써 채권의 유동성 및 투명성을 제고하였다. 2010년부터는 금융투자협회의 호가집중시스템과 메신저 기능을 통합해 채권거래전용시스템인 프리보드[8)]를 도입하여 사설 메신저를 대처하였다. 이를 통해 채권 매매에 대한 정보를 실시간으로 교환하고 주문을 낼 수 있으며 매매 당사자를 탐색, 협상, 매매의사 확정까지 가능하다. 장외시장은 금융투자회사가 중개하는 시장과 딜러 간 중개회사로 구분된다.

a) 금융투자회사가 중개하는 시장

금융투자회사가 중개하는 시장은 금융투자회사가 매매거래를 시켜주는 단순중개회사와 매수·매도호가를 제시해 투자자의 매매상대방이 되어주는 딜러방식이 있다. 하지만 금융투자회사들이 딜러방식을 할 수 있을 만큼의 자금력이 충분하지 못하고 재고 상품을 보유하면 가격변동의 위험이 있기 때문에 일반적으로 단순중개회사 방식으로 거래된다.

b) 딜러 간 중개회사(IDB : Inter-Dealer Broker)

자기매매를 하는 채권딜러들을 대상으로 채권매매를 중개하는 딜러 간 중개회사는 주로 일반 금융투자회사를 중심으로 상대매매방식으로 이루어지고

8) 강병호 외 2명, 전게서

있다. 하지만 금융투자회사들이 자기고객을 대상으로 하는 중개기능에 치중하고 있어 딜러 간 중개회사의 활동은 저조하다.

② 장내시장

장내시장은 한국거래소가 개설한 일반채권시장과 국채전문유통시장에서 표준화된 거래방식에 따라 매매가 이루어진다.

a) 일반채권시장

일반채권시장이란 일반투자자가 참여할 수 있는 시장으로 표준화된 거래방식에 따라 국고채를 제외한 모든 거래소 상장채권이 경쟁매매방식으로 거래되며 주로 소액국공채와 전환사채 중심으로 거래가 이루어진다. 최소매매단위는 1,000원이며 소액국공채는 10만 원이다.

국민주택채권 등과 같이 주로 첨가매출방식으로 발행되는 소액국공채는 환금성을 제고하기 위해 거래소 거래가 의무화되어 있다. 하지만 거래소에서의 채권거래는 일반적인 평균거래단위가 100억 원 이상의 국고채 도매시장 위주로 거래되고 있어 거래정보 제공도 미미하고 유동성 부족의 문제 때문에 소매거래 역시 미미하여 일반투자자가 참여하기 어렵다. 이를 해결하기 위해 한국거래소는 채권의 시장조성 업무를 수행하는 소매전문딜러와 소액국공채 매수전담 회원제도를 도입하였다.[9] 장내시장 참가자는 한국거래소의 회원 증권회사로 제한되지만 개인, 일반법인, 한국거래소가 아닌 기관투자자, 외국인 등은 증권회사에 위탁계좌를 개설하여 참여 가능하다.

b) 국채전문유통시장

국채전문유통시장이란 국고채전문딜러와 같이 국채의 시장조성 활동을 하는 금융기관만 참여하는 시장으로 1999년에 도입되었다. 국채전문유통시장은 국고채를 주로 거래하여 매매단위는 통상 100억 원으로 대량거래가 이루어지기 때문에 이 시장에서 형성되는 국채가격이 지표금리의 중심이 된다.

한국거래소가 운영하는 국채자동매매시스템을 통해 종목별로 매수, 매도

9) 강병호 외 2명, 전게서

호가를 입력하면 거래조건이 맞는 주문끼리 자동적으로 거래가 체결된다. 국채전문유통시장을 처음 도입할 당시 채권딜러 등이 채권거래정보의 노출을 꺼려 국채자동매매시스템 이용을 기피하면서 자동적으로 거래조건이 맞는 거래가 이루어지지 않게 되자 국고채의 장내거래의무 부과, 의무제시 호가 개수 및 호가 갭 설정, 국고채유통시장 조성의무 부과 등의 제도를 도입해 장내거래를 활성화하였고 시장도 크게 성장하였다.

3) 채권유통시장 활성화 제도

① 국채통합발행제도 도입

2000년 국채통합발행제도를 도입하여 3년 이상 만기 국채의 경우 일정기간 추가 발행 시 만기일과 표면금리를 이전 발행 국채와 동일하게 하여 국채를 표준화하였다. 이를 통해 동일한 조건의 국채발행 물량이 확대되고 유동성이 증가하여 지표금리가 안정적으로 형성되는 기반을 마련해 주었다.

② 채권유통수익률 공시제도

금융투자협회가 거래실적 등을 감안해 6개월마다 지정한 10개 금융투자회사로부터 장외시장에서 거래되는 채권수익률을 통보받아 홈페이지에 최종호가수익률을 공시하고 이는 현재 채권유통수익률로 이용된다. 하지만 이는 실제 거래가 가능한 개별 채권의 유통수익률이 아니고 거래실적이 미미하거나 없을 경우 적정 수익률을 제시할 수 없다는 단점이 있다.

③ 채권시가평가제도

채권시가평가는 금융기관이 보유한 채권의 가치를 적절한 가격으로 평가한 것으로 금융기관 자체 보유채권에 대한 시가평가와 자산 운용회사 및 은행신탁 등 집합투자업자의 간접투자상품에 대한 시가평가로 나뉜다.

④ 증권대금 동시결제제도

1999년 채권 거래 시 한국예탁원의 예탁자 계좌에 의한 채권인도와 한국은행 금융결제망에 개설된 한국예탁원의 계좌를 통한 대금결제가 동시에 이루어지는 증권대금동시결제제도를 도입하여 채권거래의 안정성과 효율성을 높였다. 장내증권거래는 거래소가 결제이행을 보증하기 때문에 결제불이행 위험이 없지만 장외증권거래는 당사자가 직접 결제하기 때문에 증권과 동시 결제하지 않으면 결제가 제대로 이루어지지 않을 수도 있다.

⑤ 채권 등록제도

채권 등록제도란 채권 실물을 보유하지 않고 채권자의 성명, 주소, 채권 금액 등과 같은 권리 내역을 등록기관이 관리하는 채권등록부에 등록하는 것을 말한다. 이를 통해 채권의 매매, 질권 및 담보권 설정, 신탁재산 등의 표시를 채권등록부에 기재함으로써 채권자로서의 권리 확보가 가능하다. 이 제도를 통해 채권 발행자는 실물 발행 비용이 절감되고 원리금 지급 시 실물 확인 절차를 생략할 수 있어 간편하게 업무처리를 할 수 있으며 채권자의 경우 실물보관에 따른 위험이 없고 보관비용이 절감되기 때문에 대부분의 채권은 등록발행을 하고 있다. 일반적으로 국채와 통화증권은 한국은행이 등록업무를 담당하고 있으며 지방채, 금융채, 회사채 등과 같은 공사채는 한국예탁결제원이 등록업무를 하고 있다.

⑥ 채권 예탁제도

채권 예탁제도란 채권의 매매나 원리금 수령 등의 절차에 있어 편의성을 도모하기 위해 시행된 제도로 채권의 보관 및 관리를 위해 한국예탁원이 예탁자로부터 채권을 받고 예탁자는 예탁계좌부를 통해 채권의 권리를 행사하도록 하는 것이다. 즉 채권 등록제도는 채권의 발행자 및 제3자에 대항하여 채권자의 권리를 보호하고 간편한 업무처리를 도와주고 있으며 채권 예탁제도는 채권의 매매나 원리금 수령 절차의 편의성 도모에 기여하기 때문에 이 두 가지 제도의 장점을 연계시켰고 이를 채권 일괄등록제도라 한다. 즉, 채권 일괄등록제도[10)]란 신규 채권이 발행되면 등록기관의 채권등록부에 한국예탁결제원 명의로 일괄등록을 하고 한국예탁결제원의 예탁 계좌부에는 채권 매수자별 거래계

10) 한국은행, 전게서

좌에 기재하는 방식이다. 현재 공사채는 한국예탁결제원이 등록하고 예탁기관이 되는 일괄등록 발행방식을 하고 있으며 국고채 및 통화안정증권은 한국은행이 한국예탁결제원 명의로 일괄등록 후 한국예탁결제원에서 인수자별로 예탁하는 방식을 따르고 있다.

(4) 채권의 종류[11)]

1) 일반 채권

① 발행주체에 따른 분류

채권은 발행주체에 따라 국공채와 사채로 구분되며 국공채는 국가나 공공기관이 발행하며 사채는 사기업이 발행한다.

a) 국공채

정부나 공공기관이 재정적자를 보전하거나 투자자금의 조달을 위해 발행하는 국공채는 정부가 발행하는 국채, 지방자치단체가 발행하는 지방채, 공공기관이 발행하는 공채로 다시 나뉜다. 정부는 국고채권, 외국환평형기금채권, 국민주택채권, 공공용지보상채권 등을 발행하고 있으며 여기서 국고채권은 공공자금관리기금이 발행하여 국채의 발행과 상환업무를 종합적으로 관리한다. 국채인수단은 국공채 인수업무를 허가받은 금융기관으로 구성되며 은행 등에 국채인수 주관회사 자격을 부여해 국채의 창구판매를 허용하고 국채펀드와 같은 다양한 상품을 개발해 국채시장을 활성화시키기 위해 노력하고 있다.

b) 사채

상법상의 사채는 일반채권, 신주인수권부채권, 전환사채, 교환사채 등을 포괄하는 개념으로 상법상 사채발행규정에 따라 채권발행형식으로 부담하는 채무이다. 반면 자본시장법의 사채는 채무증권이나 파생결합증권, 파생상품으로 분류하고 있다. 이처럼 상법상의 사채와 자본시장법상의 사채에는 개념적으로 약간 차이가 있다.

11) 강병호 외 2명, 전게서

② 원리금상환방법에 따른 분류

할인채는 무이표채권과 이표채권으로 구분된다. 무이표채권은 채권상환기간 중에 이자를 전혀 지급하지 않고 만기에 가서 액면금액만을 상환하는 조건으로 발행된다. 무이표채권은 만기까지 현금흐름이 없기 때문에 현금흐름 불일치에 따른 위험을 제거할 수 있으며 절세의 수단으로 이용되기도 한다. 반면에 이표채는 상환기간 중 정기적으로 이자 지급 후 만기에 액면금액을 상환하는 조건으로 발행된다. 이는 다시 액면금액이 채권시장가격보다 큰 할인이표채, 액면가액과 시장가격이 같은 액면채, 액면가액이 시장가격보다 낮은 할증채로 구분된다.

a) 복리채

복리채란 국민주택채권이나 전신전채권 등과 같이 채권발행 시에 액면가액으로 발행하고 원리금은 표면이자율 복리로 계산해 만기에 일시 지급함으로써 이자를 후급하는 것을 말한다.

b) 분할상환채, 연속상환채

분할상환채는 지하철공채, 도로공채 등과 같이 일정 기간이 경과한 후 원리금을 분할하여 상환하는 채권이며 연속상환채는 채권을 상이한 만기를 가진 여러 개의 조로 발행하는 것을 말한다.

c) 채무상환기금채(sinking fund bond)

채무상환기금채란 채무상환기금의 적립을 요구하는 조항이 붙은 채권으로 채권의 원리금 상환가능성을 높이기 위해 도입되었다. 채무상환기금채는 채권의 시장가격이 액면가를 상회하면 발행회사 추첨에 의해 일부를 액면가로 상환하고 액면가를 하회할 때에는 채권가격으로 매입·상환할 수 있는 선택권을 가지고 있기 때문에 일반적으로 연속상환채보다 시장가격이 낮다.

d) 변동금리채

변동금리채란 채권의 이자지급액이 시장금리 등에 연동되어 변하는 것으로 국제채의 대부분이 변동금리채 방식으로 발행되고 있다. 변동금리채는 매 이자지급기간 전에 차기 이자율이 결정되므로 단기 고정금리부 채권을 만기상환까지 연속적으로 발행하는 효과를 가진다.

e) 영구채

영구채란 일정한 이자만을 지급하고 원금은 발행인이 해산할 때 상환하는 것을 말한다.

③ 담보 및 보증 유무에 따른 분류

a) 담보채와 무담보채

담보채란 상환에 대한 담보를 설정한 채권으로 발행회사는 회사재산을 담보로 담보가액의 범위 내에서 사채를 발행해 수탁회사와 계약을 체결하고 수탁회사는 이를 보존하고 실행할 의무를 가진다. 담보의 종류에 따라 부동산담보채와 증권담보채로 다시 나뉜다. 반면 담보 없이 발행자의 신용만으로 발행되는 채권을 무담보채라 한다.

b) 보증채와 무보증채

채권원리금의 상환을 제3자가 보증하는 것을 보증채라 하고 이를 보증하지 않은 것을 무보증채라 한다. 외환위기 이전까지는 보증채가 거래의 대부분을 차지하였으나 최근 신용분석기법이 발달됨에 따라 무보증채와 장기채의 발행 비중이 증가하고 있다.

2) 옵션부 사채

① 콜옵션형 채권

콜옵션형 채권이란 채권에 콜옵션이 첨가된 채권을 말하며 이는 수의상환채, 전환사채, 신주인수권부사채, 교환사채로 다시 구분된다.

a) 수의상환채(callable bond)

수의상환채란 채권소지자의 의사에 상관없이 채권발행자가 일정 시간이 지난 후 정해진 가격으로 상환할 수 있는 권리를 갖는 채권으로 중도상환가격은 액면가격보다 높은 프리미엄을 가진다.

b) 전환사채(CB : Convertible Bond)

전환사채란 채권소지자가 일정 시간이 지난 후 정해진 조건에 따라 채권을 발행한 회사의 주식인 보통주나 우선주로 전환할 수 있는 권리가 부여된 채권이다. 이를 통해 전환 전에는 사채로서의 확정이자를 받을 수 있고 전환 후에는 주식으로서의 이익을 얻을 수 있기 때문에 사채와 주식의 중간형태를 취한 채권이라 할 수 있다. 주식으로 전환하는 것을 조건으로 발행되는 의무전환사채의 경우 전환되지 않을 경우 원리금상환청구권이 소멸한다.

c) 신주인수권부사채(BW : Bond with Warrant)

신주인수권부사채란 사채권자에게 사채 발행 이후에 신주를 발행하는 경우 미리 약정된 가격에 따라 일정비율의 채권발행사 신주 인수를 청구할 수 있는 권리가 첨가된 채권을 말한다. 이 신주인수권부사채는 신주인수권이 채권과 분리되어 거래될 수 있는 것(detachable)과 분리될 수 없는 것(non-detachable)으로 나뉜다.

d) 교환사채(EB : Exchangeable Bond)

교환사채란 투자자가 보유한 채권을 일정 시간이 지난 후 채권발행회사가 보유 중인 다른 회사 상장증권으로 교환할 수 있는 권리가 있는 채권으로 발행사의 자본금의 증가가 수반되지 않는다. 교환사채는 주가가 교환가격 이상으로 상승하면 교환이 가능하나 주가가 교환가격 이상으로 상승하지 않으면 현금상환의무를 지는 주식연계채권의 일종이다. 이 중 교환대상이 2개 이상의 주식인 경우 OPERA(Out Performance Equity Redeemable in any Asset)라 하며 이는 교환대상 주식 중 수익률이 높은 주식을 선택할 수 있는 장점이 있다.

② 풋옵션형 채권

풋옵션형 채권이란 채권에 풋옵션이 첨가된 채권을 말하며 이는 단축가능채권과 연장가능채권으로 나뉜다.

a) 단축가능채권

단축가능채권이란 채권소유자가 만기 이전에 일정 가격으로 채권의 만기일을 명시된 기일로 단축할 수 있는 채권을 말한다. 이렇게 상환을 청구할 수 있는 기간은 일반적으로 채권발행일로부터 일정기간이 경과하고 나서 할 수 있으며 이는 청구기간이 한 번뿐인 단일청구기간 풋(one-time put)과 일정기간마다 계속 청구기간이 오는 복수청구기간 풋(continuing put)으로 나뉜다.

b) 연장가능채권

연장가능채권이란 일정기간 동안 채권의 만기를 명시된 기일로 연장할 수 있는 채권을 말한다.

(5) 발행 및 유통현황

1) 발행시장

국고채, 특수채, 통화안정증권, 회사채 등과 같은 채권 발행잔액은 금융안정을 위한 공공부문 자금 수요가 증대되고 기업의 신용위험이 증가함에 따라 은행이 기업 대출을 기피하게 되면서 크게 성장하였다. 구조조정에 필요한 자금을 국고채를 발행함으로써 조달하게 되었으므로 국고채는 지속적으로 성장하였고 금융위기에 잠시 주춤했으나 경기 회복을 위한 재정지출이 확대됨으로써 발행금액이 다시 증가했다. 특수채는 금융기관 부실자산을 정리하기 위한 예금보험공사채와 부실채권정리금채를 중심으로 성장하기 시작하였으나 만기상환이 끝나고 성장이 둔화되었고 정부의 주요 정책 사업 지속, 경기회복 지원을 위한 공기업 채권 발행 등의 영향으로 다시 증가하고 있다. 금융채는 은행채 발행을 통해 여신을 확대하기 시작하면서 성장하였으나 2010년 이후 예대율 규제를 시행하고 부동산 경기가 부진하면서 시중 여유자금이 은행권으로 계속 유입되자 점점 감소하였다. 2009년 글로벌 금융위기로 인해 은행을 통한 자금조달이 어려워지자 우량회사들이 공모회사채 발행을 확대하고 중소기업 자금지원을 위한 프라이머리 CBO(Primary Collateralized Bond Obligations)[12] 발행이 증가하여 회사채도 발행규모가 증가하였다. 통화안정증권은 외환위기 이후 유동성을 환수하기 위해 지속적으로 증가하다가 2008년 서브프라임 모기지 사태 시 감소하였고 그 후 경상수지가 흑자를 기록하고 외국인 증권투자자금 유입에 따른 통화공급이 증가하여 통화안정증권 발행이 다시 증가하였다.

2) 유통시장

외환위기 이후 채권 발행규모가 커지고 채권시가평가제를 도입하였으며

12) 신용도가 낮은 기업의 신규발행 채권을 모아 이를 담보로 발행하는 채권담보부증권. 두산백과

시장 금리의 하향 안정화가 이루어지자 기관투자자들의 차익실현을 위한 거래가 증가해 유통시장에서의 채권거래 규모가 크게 증가하였다. 현재 채권거래는 대부분 장외를 통해 이루어지고 있다.

2.2 미국의 채권시장

(1) 발행시장

미국 국채는 T-Bills, T-Notes, T-Bonds 등과 같은 연방정부채 중 시장성 국채인 재무부 채권을 의미하며 단일 종목 발행잔액으로 세계 최대 규모이다. 국채는 정기적으로 경쟁입찰에 의해 발행되며 낙찰금리는 모두 단일금리결정 방식에 의해 결정된다. 한편 비경쟁입찰에는 일반적으로 국내 소액투자자, 외국 중앙은행, 국제금융기구 등이 참가하여 5백만 달러 범위 내에서 응찰할 수 있으며 낙찰금리는 경쟁입찰에서 낙찰 범위에 든 응찰금리의 가중평균금리를 적용한다.

반면 회사채는 신용등급이 높은 우량기업 발행채권과 만기 10~30년 장기채의 발행이 대부분을 차지하고 있으며 1970년 이후 기업의 인수 합병과 구조조정 과정에서 많은 기업들의 경영이 악화되고 부채가 증가하자 기업신용등급이 투자부적격으로 하락하면서 정크본드(junk bond)시장이 형성되었다.

(2) 유통시장

미국의 유통시장은 장외시장과 뉴욕증권거래소, 아메리칸증권거래소와 같은 장내시장으로 나뉘지만 대부분의 거래는 장외시장에서 이루어진다. 미국은 재무부 채권이 지표채권의 역할을 하고 있으며 지표종목은 신규 채권이 발행되면 최근물로 신속하게 교체되어 신규발행채권과 기존 지표종목과의 수익률 괴리도 매우 작다.

2.3 일본의 채권시장

(1) 발행시장

일본의 채권 발행 잔액은 국채가 매우 큰 비중을 차지하고 있으며 이 국채는 대부분 만기 10년 이상의 장기국채 위주로 발행된다. 이 10년 만기 국채는 1966년부터 매월 정기적으로 발행되기 시작하면서 일본 채권시장에서 지표채권의 역할을 담당한다. 국채는 경쟁입찰이나 비경쟁입찰을 통해 발행할 수 있고 채권의 종류에 따라 단일금리결정방식과 복수금리결정방식이 혼용된다.

(2) 유통시장

유통시장은 장외시장과 장내시장으로 나뉘며 장내거래는 매우 적고 일반적으로 장외시장에서 거래가 이루어지며 이 중 국채가 대부분을 차지한다. 반면 장내시장에는 10년, 20년 만기 이표채와 같은 일부 장기국채, 전환사태, 정부보증채, 지방채 및 회사채 중 상장된 일부 종목이 거래된다. 일본의 지표채권은 만기 10년의 국채로 대형 증권회사 등과 같은 채권 딜러 간의 거래가 특정종목으로 집중되면서 자연스럽게 시장에서 결정되고 최근월물 이전의 경과물이 수개월에 걸쳐서 지표종목의 역할을 수행하기도 한다.

2.4 유로지역의 채권시장

유로지역의 국가별로는 이탈리아 채권시장 규모가 가장 크고 다음은 프랑스, 독일 등이다. 독일 국채는 장기국채인 Bunds, 중기국채인 Bobles 및 Schartze, 단기국채인 Bubills 및 Schatzwechsel 등이 있으며 이 중 독일의 장기국채인 Bunds는 수익률, 스프레드 산정 등에서 유로국채의 기준이 된다. 프랑스는 국채의 종류가 단순한 편이고 장기채인 OATs, 중기채인 BTANs, 단기채인 BTFs가 있으며 이탈리아 국채는 중장기채인 BTP, 단기채인 BOT 등이 있다.

유로지역 국채는 유럽 통합 이후 환위험이 없어지고 유로지역 국가 간 대체성이 높아짐에 따라 수요 기반이 강화되었으나 여전히 세제, 회계, 결제 등의 측면에서 상당한 차이가 있다.

유로지역의 국채발행은 대부분 경쟁입찰 방식과 신디케이트 방식을 혼합한 방식으로 이루어지며 독일, 프랑스, 네덜란드의 국채 신용등급은 높지만 스페인, 이탈리아, 포르투갈, 벨기에 등은 신용등급이 상대적으로 낮다.

회사채의 경우 다른 채권에 비해 유로지역에서 크게 성장하지 못했고 신용평가제도가 제대로 발달하지 않아 회사채 발행 및 수요기반이 미약하자 기업은 일반적으로 은행을 통해 자금을 조달하거나 기업이 소유한 비은행 자회사를 통해 자금을 조달한다. 이에 기관투자자들도 회사채보다는 국채, 커버드본드 등을 선호하면서 유로지역 발행 회사채 중 40% 정도는 유럽 지역 이외의 기업이 차지하고 있다.

3 우리나라의 통화안정증권시장

3.1 의의

통화안정증권이란 한국은행이 금융기관과 시중에 풀린 돈을 흡수하여 유동성 조절을 목적으로 일반인을 대상으로 발행하는 증권으로 주요 한국은행의 공개시장조작수단으로 활용된다. 여기서 공개시장조작이란 주식시장이나 채권시장과 같은 공개시장에서 직접 증권을 매매하여 유동성을 조절하는 것을 의미한다. 이에 한국은행은 한국은행법에 따라 이 통화안정증권을 매입이나 매각하여 통화량을 조절하고 있다.

3.2 발행 메커니즘

(1) 발행방식

통화안정증권은 실물교부와 등록발행 모두 가능하나 일반적으로 등록발행

표 5-3 통화안정증권시장 제도변천[13)]

연도	내용
1961년	한국은행통화안정증권법을 제정하면서 34억 환이 처음 발행
1968년	통화안정증권 발행한도를 통화량의 10% 이내로 제한
1972년	통화안정증권 발행방식으로 일반 공모 추가
1977년	한국은행통화안정증권법 개정으로 통화안정증권 발행한도가 금융통화위원회 결정 사항으로 변경
1987년	총액인수제도 도입
1989년	한국은행통화안정증권법 개정으로 액면발행 가능해짐
1993년	총액인수제도 폐지, 발행방식이 경쟁입찰 및 일반매출 위주로 변경
1997년	한국은행 금융결제망을 통한 전자입찰제 도입
2002년	실적 없는 개인 등에 대한 매출방식을 잠정 중단
2003년	2년물을 대상으로 통합발행제도 도입, 모집제도 도입
2007년	발행한도를 3개월마다 결정하도록 변경
2010년	1년 미만 단기물에 대해 초과낙찰제도 도입, 통화안정증권 1년물 통합발행도 실시, 중도환매 시작, 초과낙찰제도 전 종목으로 확대

으로 한다.

한편 통화안정증권은 공모발행 또는 상대매출 방식으로 발행할 수 있다. 공모발행은 통화안정증권 거래대상기관에 대해서는 경쟁입찰이나 모집을 하고 거래대상이 아닌 경우 일반매출을 통해 발행하는 방식이고 상대매출방식은 유동성을 조절하거나 통화신용정책의 운영을 하는 경우 만기 2년 이내에서 특정 금융기관이나 정부 출자·출연기관을 상대로 발행하는 것을 의미한다.

공모발행의 경우 발행방식별로 발행금액과 발행금리에 차이가 있다. 경쟁입찰방식의 경우 발행예정금액을 공시하고 발행예정금액에 상응하는 응찰금을 발행금리로 하는 단일금리방식 입찰로 이루어지며 모집방식은 발행예정금액과 발행금리를 미리 정해 공고를 낸 뒤 입찰 참가자들의 응모금액에 따라 물량을 배분한다. 반면 일반매출의 경우 발행금리가 사전에 결정되고 이를 공시하여 내부적으로 설정한 발행예정금액 범위 내에서 매입 신청순서에 따라 신청자에게 물량을 배분한다.

13) 한국은행, 전게서

(2) 발행규모

한국은행은 유동성 조절을 위한 발행규모를 정부의 세입, 세출, 한국은행 대출, 통화안정증권 만기도래 등에 따른 본원통화 공급과 현금통화, 지준예치금 등 본원통화의 수요 등을 고려하여 탄력적으로 결정한다. 일반적으로 유동성 과부족이 기조적이면 통화안정증권을 발행하거나 상환하며 유동성 과부족이 일시적이라면 환매조건부매매 및 통화안정계정 예치를 통해 유동성을 조절한다.

(3) 발행조건

공모발행에 있어 통화안정증권의 만기는 14일, 28일, 63일, 91일, 140일, 182일, 364일, 371일, 392일, 546일의 10종류 할인채와 1년, 1년 6개월, 2년의 3종류 이표채로 되어있다. 반면 정례발행의 경우 91일, 182일 할인물과 1년, 2년 이표채 위주로 발행된다. 할인채는 할인방식으로 발행되어 만기에 액면금액이 지급되지만 이표채는 3개월마다 이자를 지급하고 만기일에 액면금액을 지급하는 이표지급방식으로 발행된다. 또한 경쟁입찰 및 모집의 경우 발행금액은 최소 100억 원 이상이며 100억 단위로 발행되고 액면금액은 100만 원, 500만 원, 1천만 원, 5천만 원 및 1억 원의 5종류로 정해져 있다.

(4) 거래대상기관

한국은행은 재무건전성, 공개시장조작 거래 참여실적, 통화안정증권 거래실적, 공개시장조장 관련업무 협조도 등을 고려하여 통화안정증권 경쟁입찰과 모집에 참여할 수 있는 대상기관을 선정하고 있다. 2002~2004년 중에 거래대상기관은 40개 정도였으나 통화안정증권의 유통을 활성화하고 대상기관 간 경쟁을 유도하기 위해 점차 축소하였다.

이렇게 거래대상기관에 선정되면 한국은행으로부터 직접 통화안정증권을 매입하거나 중도환매 입찰에 참여할 수 있고 공개시작조작 방향에 대한 정보도 얻을 수 있다.

(5) 발행절차

경쟁입찰은 거래기관을 상대로 매주 월요일과 수요일에 하며 일반적으로 입찰일 직전 영업일에 통화안정증권과 발행예정금액을 결정해 한국은행금융결제망을 통해 대상기관에 통보하고 한국은행 홈페이지와 언론매체에 입찰내역을 공고함으로써 시작해 약 10분간 전자입찰방식으로 실시된다. 결제는 보통 입찰일 다음 영업일에 이루어진다. 반면 정례모집은 매월 마지막 주 금요일에 실시해 모든 절차가 당일에 마무리되며 비정례모집은 본원통화 수급 전망에 따라 수시로 이루어진다.

(6) 중도환매

만기 이전 경쟁입찰을 통한 중도환매를 하여 2년물 통합발행에 따른 만기 집중을 분산시키고 유동성을 제고하고자 하는데 이러한 중도환매 입찰은 2년물 통화안정증권의 잔존만기가 9개월, 7개월, 5개월, 3개월인 종목을 대상으로 매 홀수월 첫 번째와 세 번째 화요일에 정기적으로 실시하고 있으며 자금결제 및 채권인수는 일반적으로 입찰일 이후 2번째 영업일에 이루어진다. 환매예정규모는 입찰일 직전 영업일에 공지되고 낙찰금리는 각 낙찰자가 입찰 시 제시한 금리를 매매금리로 하는 복수금리방식으로 산출한다.

(7) 자금결제

매수자가 한국은행에 계좌를 개설한 경우 이 계좌를 통해 통화안정증권의 발행, 만기상환, 중도환매에 따른 자금결제가 이루어지고 한국은행에 당좌계정이 없으면 현금 또는 자기앞수표로 결제한다.

반면 유통시장에서 통화안정증권이 거래되는 경우 증권대체와 대금 결제는 한국은행 금융결제망과 한국예탁결제원 증권결제시스템을 연결한 증권대금동시시스템을 통해 이루어진다.

3.3 발행 및 유통 현황

(1) 발행시장

1998년 외환위기 이후 경상수지가 흑자를 기록하고 외국인의 투자가 늘어 자금이 국내로 유입되자 통화안정증권 발행이 크게 증가하다가 감소하는 추세를 보였다. 하지만 2008년 글로벌 금융위기를 겪으며 신용경색이 심화되고 실물경기가 위축되자 이에 대응하기 위해 통화정책과 재정정책을 운용하여 통화안정증권의 발행이 다시 증가하였다.

단기물 통화안정증권은 차환발행에 부담이 있어 유동성 조절을 원활히 할 수 없고 이에 대한 수요도 적어 장기물 위주로 발행하였고 그 결과 1년물 이상 장기물이 통화안정증권에 큰 비중을 차지하고 있다.

(2) 유통시장

일반적으로 유통시장에서 거래되고 있는 통화안정증권은 증권회사의 중개를 통해 단순중개와 매매중개 모두 가능하지만 영업자금 조달의 한계와 채권보유에 따른 금리변동 위험 때문에 주로 단순중개를 하고 있다. 또한 은행, 자산운용회사, 보험회사, 일반법인 등 거의 모든 시장참가자가 거래상대방이 될 수 있다.

4 우리나라의 자산유동화증권시장

4.1 의의

유동화란 재산적 가치가 있는 매출채권, 부동산, 증권 등 유동성이 낮아 현금화하기 어려운 자산을 유동성이 큰 자산으로 전환하는 것을 말하고 자산유동화란 유동성이 없는 자산을 증권으로 전환해 자본시장에서 현금화하는 것을 의미한다. 그러므로 자산유동화증권(ABS : Asset Backed Securities)은 부동산, 매출채권, 유가증권, 주택저당채권, 기타 재산권 등과 같이 유동성이 낮은 자산인 유동화자산을 기초로 발행된 증권을 말한다. 자산유동화증권은 자산의 소유자가 특수목적회사(SPV : Special Purpose Vehicle)를 설립해 이를 매개로 하여 자산 유동화증권을 양도하고 그 자산을 담보로 특수목적회사가가 증권을 발행하여 자금을 조달한다. 또한 이 중에서 원리금은 일차적으로 기초자산으로부터 발생하는 현금흐름으로 상환된다. SPV와 같은 매개기구를 통해 자산보유자가 파산하는 경우 유동화자산이 파산재단에 흡수되어 투자자의 피해 발생을 막을 수 있다.

(1) 자산유동화의 장점

1) 기초자산 소유자의 재무상태 개선

위험자산을 많이 소유한 금융기관이 이를 매각하여 현금화하면 BIS(국제결제은행, Bank for International Settlements) 자기자본비율을 높일 수 있다. 또한 기업이 ABS를 발행하면 부채비율을 높이지 않고 자금 조달이 가능하고 이 자금으로 부채를 상환해 부채비율을 낮출 수 있다.

2) 자금조달비용의 감소

기초자산 소유자의 신용등급이 낮은 경우에도 우량자산을 기초로 해 신용등급이 높은 ABS를 발행하면 유리하게 자금을 조달할 수 있고 기업의 입장에서 자산유동화증권은 차입투자(leverage financing) 수단으로 이용 가능해 자금조달비용이 감소하는 효과가 나타난다.

(2) 자산유동화의 단점

1) 기초자산 리스크의 계속적 영향

ABS 중에 선순위, 후순위 채권으로 나누어 발행되는 경우가 있고 이 후순위 채권을 자산보유자가 인수하면 외형상 위험자산 규모만 축소될 뿐 기초자산의 리스크는 계속 남아 있어 평균적인 안정성은 오히려 감소해 계속적으로 자산 소유자에게 영향을 줄 수 있다.

2) 시스템 리스크에 취약

일부 금융기관들이 ABS를 차입수단(leverage financing)으로 이용하면서 금융기관 간 연계거래에 따른 레버리지가 높게 나타나고 리스크 민감도가 높고 동조화 경향이 강한 기관투자자의 거액자금 중심으로 자금이 조달되면서 시스템적 리스크에 노출될 수 있다. 그러므로 기초자산의 부실화가 발생할 경우 피해가 금융시장 전체로 퍼져 악영향을 미칠 수 있다.

표 5-4 자산유동화증권시장 제도변천[14)]

연도	내용
1998년	자산유동화에 관한 법률 제정, 자산유동화업무 감독규정
1999년	중소기업진흥공단이 자산 보유자로 추가
2000년	자산유동화에 관한 법률시행령이 개정됨에 따라 자산유동화의 제도적 기반을 마련, 자산 보유자 조건의 완화, 사원 1인으로도 SPC 설립이 가능해짐
2001년	상호저축은행이 자산보유자로 추가
2002년	자산보유자가 투자적격 신용등급을 보유한 일부 SOC사업자로 확대
2004년	한국주택금융공사가 자산보유자로 추가
2005년	ABS 관련자 모범규준이 제정
2009년	유가증권 발행인 등록제도가 폐지되어 투자적격등급 법인 및 상장법인이 ABS를 발행할 수 있는 자산보유자로 변경
2011년	주식회사의 채권발행한도가 폐지되어 ABS법 뿐 아니라 상법에 근거하여서도 발행 가능해짐

4.2 발행 메커니즘

(1) 기본구조

ABS 발행에 자산보유자, SPV, 자산관리자 및 신용평가기관 등이 참가 가능하며 자산보유자가 기초자산을 모아 SPV에게 양도하면 SPV는 이를 담보로 ABS를 발행해 일반투자자에게 매각하고 받은 대금을 자산보유자에게 지급한다.

14) 한국은행, 전게서

(2) 주요 참가자

대출채권을 가진 금융기관이나 외상매출채권을 가진 기업이 주요 참가자로서 SPV를 통해 ABS를 매각하여 자금을 조달한다.

SPV는 유한회사로 설립되기 때문에 주식회사보다 설립이 간편하며 ABS의 발행과 상환에 관련된 업무만 수행 가능하다. SPC는 자산보유자와 기초자산의 법률적 관계를 분리하기 위한 목적으로 설립되며 자산유동화를 위해 SPV는 한번의 ABS만 발행할 수 있어 이를 실시할 때마다 SPC를 설립해야 한다. 신탁회사는 수익증권 형태의 ABS를 발행할 때 SPV로서 역할을 수행할 수 있기 때문에 자산보유자가 신탁회사에 기초자산을 양도하면 이를 바탕으로 수익증권을 발행한다.

자산관리자는 기초자산에 대한 채권의 추심이나 채무자 관리 등 기초자산을 실질적으로 관리해 주는 관리자를 의미하며 일반적으로 기초자산의 내용을 잘 알고 있는 자산보유자가 자산관리자의 역할을 한다.

수탁기관은 기초자산을 안전하게 보관하는 역할뿐 아니라 ABS의 원리금 상환실무, 채무불이행 시 담보권 행사와 같은 세부적인 총괄업무를 담당한다. 물론 ABS 발행 시 무조건 수탁기관을 선정할 필요는 없지만 수탁기관을 선정할 경우 ABS가 높은 등급으로 평가되기 때문에 일반적으로 신인도가 높은 은행이 수탁기관이 된다.

신용평가기관은 ABS가 원활하게 거래될 수 있도록 기초자산과 신용보강기관의 신용도를 객관적으로 평가해 신용등급체계로 표시한다.

현금흐름이 ABS의 원리금을 상환하기 부족한 경우를 대비하여 신용보강기관을 선정해 ABS의 안정성을 높이고 일정한도 내에서 ABS에 대한 지급 보증이나 신용 공급의 역할을 한다. 주간사는 자체 영업망을 통해 투자자를 탐색해 ABS 신용등급, 만기, 발행물량을 수요에 맞게 조절해주고 발행절차상 관련 있는 각 기관들의 의견을 조율한다.

4.3 유동화증권의 신용보강

신용보강이란 기초자산의 부실화로 인해 ABS의 원리금을 지급할 수 없는 상황이 오더라도 ABS의 원리금이 상환될 수 있도록 안전망을 갖추는 것이며 이를 통해 ABS는 상대적으로 높은 신용등급으로 발행된다.

신용보강장치는 외부 신용보강장치와 내부 신용보강장치로 나뉘며 여기서 외부 신용보강장치는 은행이나 신용보증기관의 지급 보증과 같이 제3자의 신용도가 직접적인 영향을 주어 ABS의 신용등급을 높이는 것이다. 반면 내부 신용보강장치란 자산보유자가 스스로 보증하거나 ABS를 설계할 때 원리금의 지급조건을 조정하여 위험요소가 완화될 수 있도록 하는 것이다. 대표적으로 유동화증권의 발행에 있어 지급우선순위가 다른 두 종류 이상의 증권을 발행해 기초자산의 현금흐름이 부족할 때 후순위채보다 원리금을 우선으로 지급받는 선순위·후순위 구조화가 이에 속한다.

ABS는 신용회사로부터 높은 신용등급을 받기 위해 신용보강이 필요하며 이는 주로 후순위방식, 초과수익방식, 현금담보방식, 보증방식[15] 등을 통해 이루어지며 이를 통해 ABS가 시장에서 적절한 가격으로 거래될 수 있도록 도와주는 역할을 한다.

(1) 후순위방식

후순위방식이란 ABS를 선순위채권과 후순위채권으로 나누어 발행하는 것을 말하며 여기서 선순위채권은 채권원리금 상환에 우선적인 권리를 갖는 것이며 후순위채권은 이에 비해 열위인 채권을 의미한다. 그러므로 후순위채권은 선순위채권의 원리금 상환을 간적접적으로 보증하는 역할을 하기 때문에 선순위채권은 투자자가 가지고 후순위채권은 ABS 발행인이 가짐으로써 간접적으로 ABS의 신용보강을 할 수 있다.

(2) 초과수익방식

초과수익방식이란 SPV에 양도한 기초자산으로부터 발생하는 수익이 ABS 투자자에게 지급하는 이자와 각종 비용의 합보다 크게 하여 기초자산의 부실에 따른 손실을 대비하는 것을 말한다.

15) 강길환 외 2명, 금융기관론, 탑북스, 2014

(3) 현금담보방식

현금담보방식이란 ABS의 상환이 완료될 때까지 이 증권의 판매대금 일부를 은행예금이나 신용등급이 높은 채권에 투자하고 이를 담보로 활용해 기초자산의 부실에 따른 손실을 대비한다.

(4) 보증방식

보증방식이란 은행의 신용장, 신용공여한도, 보험회사의 지급보증 등을 통해 신용을 보강하는 것을 말하며 일반적으로 이는 투자 비적격 자산을 대상으로 하고 있다.

4.4 자산유동화증권의 종류

유동화증권은 증권의 발행형태, 유동화대상의 자산종류, 유동화구조의 설계 등에 따라 다양하게 분류가 가능하며 이는 채권, 출자증권, 수익증권 등의 형태로 발행가능하나 일반적으로 채권 형태로 많이 발행된다.

(1) 유동화자산 종류에 따른 분류

유동화자산의 종류에 따라 채권으로 구성된 CBO(Collateralized Bond Obligation)와 대출채권으로 구성된 CLO(Collateralized Loan Obligation)로 나뉘며 CBO와 CLO 등과 같이 채무 증서를 기초자산으로 발행하는 자산유동화증권을 CDO(Collaterlized Debt Obligation)[16]라 부르기도 한다. 또한 기초자산이 카드채권인 경우 CARD(Certificates Of Amortizing Revolving Debts), 주택저당인 경우 MBS(Mortgage Backed Securities)라 분류한다.

1) 회사채 담보부 증권(CBO : Collateralized Bond Obligations)

채권을 기초자산으로 발행되는 ABS인 CBO는 신규 발행 채권을 기초로 하는 발행시장(primary) CBO와 이미 발행된 채권이 유통되는 유통시장(second-

16) 강길환 외 2명, 전게서

ary) CBO로 나뉜다. 발행시장 CBO는 신용도가 낮아 채권시장에 직접 발행하기 어려운 기업의 회사채 차환발행이나 신규발행을 지원하기 위해 도입되었으며 수탁은행이 신용공급을 하고 신용보증기금이 이에 대한 지급보증을 함으로써 발행시장에 대한 신용보강을 한다. 유통시장 CBO는 이미 발행된 채권을 SPC에 매각하고 수탁은행의 신용공급과 선·후순위구조를 통해 신용을 보강한 다음 CBO를 발행해 매각하여 자금을 조달한다.

2) 대출채권 담보부 증권(CLO : Collateralized Loan Obligations)

금융기관의 대출채권을 기초자산으로 발행되는 CLO는 무수익대출 채권을 기초로 하는 대출채권(NPL : Non-Performing Loan) 등을 포함해 기존 대출채권을 유동화하는 CLO와 신규 대출채권을 바탕으로 하는 발행시장 CLO로 구분된다. 부실채권을 처분해 금융기관의 재무건정성을 높이고자 발행되는 NPL ABS는 담보의 처분, 채권추심 등을 통해 얻어지는 현금흐름과 수탁은행의 신용보강 및 선·후순위구조로 이루어지며 채권은행에 대한 환매요구권을 통해 신용을 보강한다.

신용도가 낮은 기업에 대한 은행대출을 지원하기 위해 활용되는 발행시장 CLO는 신규 대출채권을 SPC에 매각하고 이를 바탕으로 SPC가 CLO를 발행해 자금을 조달하며 일반적으로 수탁은행이 신용을 공급하고 이를 신용보증기금이 지급 보증함으로써 신용을 보강한다.

3) CARD(Certificates Of Amortizing Revolving Debts)

신용카드매출채권을 기초로 발행되는 ABS인 CARD는 특정계좌로부터 현금흐름을 자산보유자의 몫과 투자자의 몫으로 나누며 자산보유자 몫을 설정함으로써 내부 신용을 보강하기 때문에 ABS는 투자자 몫을 기초로 발행된다. CARD의 원금은 재투자 기간이 끝난 후 일정 기간 동안 누적하여 만기에 모두 상환되거나 분할하여 상환되며 선·후순위구조, 초과담보, 하자담보책임, 조기상환구조 등을 통해 신용을 보강한다.

4) 자산 담보부 기업어음(ABCP : Asset Backed Commercial Paper)

CP의 형태로 발행되는 ABS인 ABCP는 자산유동화기간에 상응하는 장기 ABS를 1회 발행하고 단기 ABS 사채 발행 후 ABCP를 발행해 ABS 사채를 상환하고 자산유동화기간 동안 계속 ABCP를 차환발행한다. 이를 통해 장단기 금리차이에 따른 자금조달의 비용을 절감할 수 있고 기초자산이 발생하면 여유자금의 재투자 위험이 축소되기 때문에 ABS 발행의 경제성이 높아진다.

5) 주택저당증권(MBS : Mortgage Backed Securities)

주택저당채권을 기초로 발행되는 MBS는 주택금융을 활성화하기 위해 한국주택금융공사가 발행하면서 시작되었고 이는 주택저당채권을 담보로 하는 주택저당채권담보부채권(MBB : Mortgage Backed Bond)과 주택저당채권을 기초로 발행하는 수익증권인 주택저당증권을 포함한다. 또한 주택저당증권시장은 1차 시장, 2차 시장, 자본시장으로 구성된다. 1차 시장은 모기지 대출기관 사이에 주택담보대출이 이루어지는 시장이며 2차 시장은 모기지 대출기관이 보유하는 주택저당채권을 유동화하는 시장을 말한다. 이렇게 유동화된 주택저당증권이 매각되고 유통되는 시장을 자본시장이라 한다. MBS 발행은 일반적으로 한국주택금융공사에서 하고 있으며 주택저당증권을 가진 일부 금융기관도 SPC를 설립해 발행한다.

MBS 시장이 활성화되면 저소득층과 중산층의 주택대출원리금 상환의 부담이 완화되어 주택마련이 용이하게 되며 신용도가 높은 MBS가 안정적인 투자수단으로 부각됨으로써 자본시장을 더욱 발전시킬 수 있다. 하지만 MBS는 차입자가 주택을 매각하거나 계약 불이행으로 인해 담보주택이 매각되는 경우 모기지 차입자가 수수료 납부 없이 잔존대출원금을 만기이전에 상환해 ABS 발행자나 투자자의 현금흐름에 불확실성이 발행할 수 있는 조기상환위험을 가진다.

4.5 발행현황

ABS의 발행형태별로 보면 채권 형태가 가장 높은 비중을 차지하고 있고 주택금융공사가 MBS의 발행을 증가시킴에 따라 수익증권의 비중은 높아지고 있지만 SPC가 발행하는 출자증권과 같은 형태는 미미한 편이다.

자산보유자별로도 자산유동화증권의 발행현황을 살펴볼 수 있다. 1999~2000년에는 한국자산관리공사가 공적 자금을 조기회수하기 위해 채권을 많이 발행하였고 자산운용회사와 증권회사 등이 재무구조 개선을 위해 자산유동화증권을 이용함으로써 이 주체들이 큰 비중을 차지하였다. 반면 2001~2002년에는 ABS를 발행해 자금조달수단으로 활용하기 시작하면서 금융회사의 비중이 크게 높아졌지만 2003~2006년에는 ABS 발행이 감소하였다. 대신 일반기업과 공공법인의 발행 비중이 높아졌고 2007년 이후에는 금융회사들이 여전히 높은 발행 비중을 차지한 가운데 공공법인도 발행 비중이 상승하였으나 일반기업이 부동산 프로젝트 금융(PF : Project Financing) ABS의 발행을 감소시킴으로 인해 비중이 낮아졌다.

또한 만기가 긴 기업의 매출채권과 주택저당증권 등으로 인해 2007년 이후에는 만기 2년 이상의 ABS 비중이 높아지고 있다.

5 주식시장

5.1 우리나라의 주식시장

(1) 의의

주식이란 주식회사에서 주주의 지위를 나타내는 출자지분을 표시하는 증권을 말한다. 주식시장은 기업의 지분권을 표시하는 유가증권 주식과 이에 대한 파생상품의 거래가 이루어지는 시장으로 주식이 새로이 공급되는 발행시장과 발행된 주식이 유통되고 거래되는 유통시장으로 나뉜다. 우리나라의 경우 유가증권시장, 코스닥(KOSDAQ : Korea Securities Dealers Automated Quotations)시장, 프리보드(Free Board)시장으로 나뉜다. 거래소에서 개설하는 유가

표 5-5 주식시장의 제도변천[17)]

연도	내용
1956년	은행, 증권회사 및 보험회사의 공동출자로 대한증권거래소 설립
1962년	증권거래법 제정
1968년	자본시장 육성에 관한 법률 제정
1972년	기업공개촉진법 개정
1981년	자본시장 국제화 장기계획 시행, 외국인에 대해 간접적인 형태의 투자만 허용
1987년	중소기업과 벤처기업을 대상으로 한 장외시장이 증권업협회 내에 개설
1992년	외국인에 대해 일정 한도 내에서 국내 상장주식에 직접 투자할 수 있도록 허용
1993년	제3단계 금융자율화 및 시장개방 계획, 외국인의 주식 투자 한도 확대
1998년	공공법인에 대한 투자를 제외하고 외국인에 대한 한도를 완전히 폐지
2000년	거래소와 코스닥시장에서 거래되지 않는 주식을 대상으로 장외주식호가중개시장 (제3시장) 개설
2005년	일부 제도를 개선하여 장외주식호가중개시장을 프리보드로 명칭 변경, 증권거래소, 코스닥증권시장, 선물거래소 등을 통합해 한국증권선물거래소 출범
2009년	자본시장과 금융투자업에 관한 법률 시행, 한국증권선물거래소에서 한국거래소로 명칭 변경

증권시장은 우리나라 대표주가지수인 KOSPI의 산출기준이 되어 KOSPI 시장이라고도 불리며 코스닥시장은 유가증권시장에 상장하지 못한 유망 중소기업, 벤처기업 등에 자금조달 기회를 제공해 투자자에게 고위험·고수익의 상품을 제공한다. 프리보드시장은 유가증권시장과 코스닥시장에 모두 상장되지 못한 주식의 메매를 도와 비상장 주식에 유동성을 부여하고 벤처기업 성장의 기반을 마련해주며 투자자에게는 다양한 투자수단을 제공해준다. 주식은 상환의무 없이 배당금만 지급하면 되기 때문에 기업 입장에서는 안정적인 자금수단이 되며 이를 통해 재무구조도 개선시킬 수 있다. 또한 투자자에게는 유용한 자금운용 수단이 된다.

(2) 발행시장

주식회사는 자본금을 조달할 때 주식을 발행하거나 주식배당, 전환사채의

17) 한국은행, 전게서

주식전환 등을 통해 자본금을 증가시킨다. 이때 새로운 주식이 최초로 출시되는 시장을 발행시장 또는 제1차 시장이라고 부른다.

1) 기본구조

발행시장은 기업, 금융회사 등이 발행인으로서의 역할을 하며 은행, 금융회사 등과 같은 전문투자자와 일반투자자가 자금을 공급하고 투자매매업자가 인수인의 역할을 하여 주식발행 사무를 대행하고 발행위험을 부담한다.

2) 발행형태

① 기업공개(IPO : Initial Public Offering)

기업공개란 주식공개상장 기업이 최초로 코스닥이나 나스닥 등 주식시장에 처음 상장하여 외부투자자에게 신규 주식을 공개 매도하거나 이미 발행된 주식을 배출해 분산시키는 것을 의미한다. 기업공개를 하기 위한 절차로서 우선 금융위원회에 등록하고 증권선물위원회가 지정하는 감사인에게 회계감사를 받아야 한다. 그 후 대표주관회사를 선정해 수권주식수나 1주의 액면가액 등을 포함하는 정관을 개정하고 우리사주조합을 결성한다. 이후에는 금융위원회에 증권신고서와 증권발행실적 보고서를 제출하여 한국거래소에 상장된다.

② 유상증자

유상증자란 주식회사가 자금이 필요하거나 기업재무구조를 개선하기 위해 신주를 발행하여 주주로부터 자금을 납입 받아 자본을 늘리는 것으로 주주배정증자방식, 주주우선공모증자방식, 제3자배정증자방식, 일반공모증자방식 등을 통해 신주인수권을 배정한다. 주주배정증자방식은 주주와 우리사주조합에게 신주를 배정하고 실권주가 발생하면 이사회의 결정에 의해 처리방법을 결정하는 것이고 주주우선공모증자방식은 실권주 발행 시 불특정다수인을 대상으로 청약받은 후 미달될 경우 이사회의 결의에 따라 처리방법을 정한다. 제3자 배정증자방식은 제3자가 신주인수를 하는 방식이고 일반공모증자방식은 불특정다수인을 대상으로 청약을 받는 방법이다.

③ 무상증자

무상증자란 주주의 주금 납입없이 기업이 준비금의 자본전입에 의하여 주식자본을 증가시키고 전입액만큼 신주를 발행하여 소유 주식수에 비례하여 주주에게 무상으로 할당하는 형태의 증자를 의미한다.

④ 주식배당

주식배당이란 현금 대신 주식으로 배당하여 이익을 자본으로 전입하는 것을 말하며 신주발행가격은 액면가로 정해진다.

3) 발행방식

주식의 발행방식은 주식의 수요자를 선정하는 방식에 따라 공모발행과 사모발행으로 나뉜다. 공모발행이란 자본시장법상 모집과 매출에 해당되는 것으로 유가증권의 발행자가 50인 이상 불특정다수의 투자자를 대상으로 동일한 가격과 조건하에 유가증권을 발행하고 모집하는 것이며 사모발행은 특정한 개인이나 법인을 대상으로 주식을 발행하는 것을 의미한다.

주식의 발행방식은 발행에 따른 위험부담과 사무절차를 담당하는 방법에 따라 직접발행과 간접발행으로도 구분된다. 직접발행은 발행회사가 본인 명의로 인수위험을 부담하고 발행사무도 직접 담당하는 것으로 발행규모가 작고 발행규모 소화하는 데 무리가 없는 경우 주로 이용하는 방법이다. 반면 간접발행은 발행회사가 전문적인 지식을 가진 투자매매업자에게 수수료를 지급하고 주식을 발행하는 것으로 기업공개나 유상 증자할 경우 간접발행을 통해 하고 있다. 이러한 간접발행 방식은 금융투자회사의 발생위험 부담 정도에 따라 모집주선, 잔액인수, 총액인수로 구분될 수 있다. 모집주선이란 발행위험은 발행회사가 부담하고 발행사무만 금융투자회사에 위탁하는 것이며 잔액인수란 응모총액이 모집총액에 미달할 경우 금융투자회사가 의무적으로 인수하는 것을 말한다. 총액인수의 경우 발행금액 전액을 금융회사가 매입하거나 인수하는 방식으로 여러 금융회사가 공동으로 참여해 자금소요와 위험부담을 분산시키고 발행주식의 매출을 원활히 한다.

(3) 유통시장

제2차 시장이라고도 불리는 유통시장은 이미 발행된 주식이 투자자 상호간의 거래로 인해 매매되는 시장이므로 발행된 주식의 시장성과 환금성을 높여 투자를 촉진시키고 자유경쟁을 통한 공정 가격을 형성한다. 우리나라 주식 유통시장은 유가증권시장, 코스닥시장, 프리보드가 있으며 유가증권시장과 코스닥시장은 한국거래소에서 개설하고 운영하는 장내시장이기 때문에 상장을 거쳐 매매된다. 반면 프리보드는 장외시장이다. 유통시장에서의 매매는 투자중개업을 영위하는 금융투자회사를 통해 한국거래소에서 체결되며 한국예탁결제원을 통해 매매로부터 3일째 되는 날 결제가 이루어진다.

1) 유가증권시장(KOSPI)

① 상장요건

유가증권시장에 주식을 상장하고자 한다면 매출액, 영업이익 등 일정한 수준의 경영성과를 보유하고 자기자본 100억 원 이상이나 기준시가총액 200억 원 이상 등의 기업 규모요건과 의결권주 소유 소액주주 1,000명 이상과 같은 분산요건을 충족해야 한다. 유가증권시장에 주식이 상장되었다 하더라도 일정조건을 계속 충족해야 하며 기업내용의 적시 공시를 실시해야만 상장폐지를 피할 수 있다. 또한 상장폐지 전 일정 기간 동안 관리종목으로 지정되어 상장폐지를 유예할 수도 있다.

② 매매거래제도

유가증권시장은 토요일, 공휴일, 근로자의 날, 연말일을 제외하고 매일 개장되며 매매거래시간 기준으로 09：00～15：00의 정규시장과 07：30～09：00의 장 개장 전 시간외시장, 15：10～18：00의 장 종료 후 시간외시장으로 나뉜다. 매매거래 단위는 호가의 경우 주식가격에 따라 1원～1,000원, 수량단위는 10주이며 매매계약의 체결은 개별경쟁매매 방식에 의해 이루어진다. 주가의 급격한 변동에 대비하기 위한 제도로는 가격제한폭제도가 있으며 이는 하루 중에 변동할 수 있는 개별종목 주가의 폭을 전일 종가의 상하 15%로 제한하는 것을 의미한다. 또한 코스피지수가 전일대비 10%이상 하락이 1분 이상 지속되면 매매를 중단시키는 매매거래중단제도와 주가지수선물시장의 가격이 급격히 변동할 경우 유가증권시장에서의 프로그램매매를 일시 정지시키는 프로그램매매체결지연제도가 있다.

2) 코스닥시장(KOSDAQ)

① 상장요건

코스닥시장은 유가시장 상장요건에 미달하는 유망 중소기업, 벤처기업 등에 자금 조달의 기회를 제공하는 목적으로 도입한 시장이기 때문에 유가증권시장에 비해 완화된 상장요건을 적용한다. 자기자본 30억 이상이거나 시가총액 90억 원 이상이라는 규모조건과 의결권 주식을 소유하는 소액주주가 500명 이상이어야 한다는 분산조건을 충족해야 하며 이익규모나 경영성과 요건도 유가증권에 비해 완화된 편이다. 코스닥시장에 상장된 후에는 영업활동과정에서 일정한 요건을 충족하지 못하면 상장 폐지될 수 있으며 유가증권시장과 같이 기업이 상장 폐지되기 전까지 일정기간 관리종목으로 지정해 유예기간을 줄 수 있다.

② 매매거래제도

코스닥시장은 유가증권시장과 같이 매매거래시간 기준으로 09:00~15:00의 정규시장과 07:30~09:00의 장 개장 전 시간외시장, 15:10~18:00의 장 종료 후 시간외시장으로 나뉘며 매매단위는 1주이고 호가 단위는 주식가격에 따라 1원~100원이다. 또한 가격제한폭제도를 통해 개별종목 주가의 폭을 전일 종가의 상하 15%로 제한하고 매매거래중단제도를 시행하여 코스피지수가 전일대비 10%이상 하락이 1분 이상 지속되면 매매를 중단시킨다.

3) 프리보드시장(Free Board)

프리보드시장은 거래소의 상장요건을 충족하지 못해 상장할 수 없는 기업들에게 자금 조달의 기회를 제공하고 상장 폐지된 기업들이 발행한 주식투자자에게 환금의 기회를 제공하고자 도입되었다. 프리보드시장은 고객의 매도·매수호가와 수량을 집중적으로 제시함으로써 비상장기업의 주식거래를 원활하게 해 준다.

① 상장요건

프리보드에 유가증권이 거래되기 위해서는 매매거래질서 유지에 필요한 기본적인 요건을 갖추어야 한다. 예를 들면, 최근 사업 연도 재무제표에 대한 감사인의 의견이 적정 또는 한정이어야 하며 한국예탁결제원에 주식의 예탁이나 양도에 있어 제한이 없어야 한다.

② 매매거래제도

투자자가 프리보드시장을 통해 거래를 하고자 할 때에는 금융투자회사에 위탁자계좌를 개설하고 지정종목에 대한 주문을 한다. 그리고 주문을 받은 금융투자회사는 프리보드에 호가를 제출한다. 이에 대한 매매거래의 중개 업무는 일반적으로 협회가 하기 때문에 프리보드에서 형성된 가격이나 호가 등을 전산시스템인 호가중개시스템을 통해 공표한다.

프리보드시장에서는 상대매매방식에 의해 거래가 체결되며 시간외시장이 없이 09:00~15:00 사이의 매매거래시간에 매매할 수 있다. 또한 가격제한폭은 매매기준 대비 ±30%이고 매매주문을 할 때에는 100% 위탁증거금이 필요하다. 그리고 프리보드에서 거래하여 얻은 양도차익에는 양도소득세가 부과된다. 한국금융투자협회는 프리보드시장 동향을 파악하고 투자지표로 이용하기 위해 시가총액방식으로 프리보드 지수를 산출해 발표하고 있다.

③ 매매체결방식

프리보드시장에서는 매매체결방식으로서 상대매매방식을 이용하고 있기 때문에 가격이 일치하는 매도·매수 주문은 자동적으로 거래가 체결된다. 반면에 가격이 일치하지 않는 경우에는 투자자가 직접 상대방의 호가를 탐색해 주문을 정정하여 거래를 체결하고 예탁결제원의 금융투자회사가 계좌이체방식에 의해 결제를 한다.

④ 프리보드시장의 장점

프리보드시장에서 지정하는 기업들 중 우량기업에게는 우선상장심사권을 주어 거래소에 상장할 때 혜택을 주며 거래소에 상장되지 못한 벤처기업들에게 원활한 자금조달의 기회를 제공하기 위해 벤처기업의 소액주주가 프리보드에서 주식을 거래하면 양도소득세를 면제해 주고 있다.

⑤ 프리보드시장의 단점

프리보드시장은 경쟁매매가 아닌 상대매매방식으로 거래가 체결되기 때문에 비효율적이며 소액주주가 아닌 거래에 대해 양도소득세도 부과되기 때문에 아직까지 거래가 활성화되지 못하고 있다.

4) 코넥스시장(KONEX : Korea New Exchange)

2013년에 도입된 코넥스시장은 중소기업과 벤처기업을 위한 주식시장이다. 재무조건이 미달되거나 요건을 충족하지 못해 거래소나 코스닥시장에 상장하지 못한 중소기업과 벤처기업을 주 대상으로 하고 있다.

① 상장요건

코넥스시장에 투자할 수 있는 투자자는 전문투자자, 벤처캐피탈, 기본예탁금 3억 원 이상의 개인투자자로 제한된다. 코넥스 시장의 안착을 위해 감사인 지정 및 K-IFRS 적용 면제, 증권의 모집·매출의 기준이 되는 청약권유대상자 적용 면제, 상장법인에 적용되는 합병[18] 등 완화한 규제를 적용하고 있다.

② 매매거래제도

코넥스시장에서는 지정자문인이 기업을 발굴해 상장시키는 역할, 상장 후 공시, 자문 등의 핵심역할을 맡으며 기업의 후견인 역할까지 하고 있다. 또한 코넥스시장에서는 매매방식으로서 다양한 경쟁매매 방법이 적용된다.

(4) 주식의 종류

주식회사에 대한 지분을 표시하는 증서인 주식은 배당방법, 의결권 유

18) 강병호 외 2명, 전게서

무, 자본형성방법, 주주성명 공시여부, 주금기재 여부 등에 따라 다양하게 분류된다.

1) 보통주식 · 우선주식 · 후배주식

① 보통주식

보통주식이란 주주의 권리인 이익배당청구권, 경영참가권, 잔여재산분배청구권을 평등하게 가진 주식이다.

② 우선주식

우선주식이란 이익배당청구권과 잔여재산 분배에의 참가 순위가 보통주보다 우선할 수 있는 권리를 가지지만 사채보다는 후위에 있는 주식이다. 우선주식은 우선배당률이 사전에 정해져 있어 보통주식보다 우선하여 배당을 받을 수 있지만 이것이 항상 보증되어 있는 것은 아니다. 우선주식은 부족배당액 보전 여부에 따라 다시 누적적 우선주식과 비누적적 우선주식으로 나뉘며 잔여이익 배분 참여 여부에 따라 참가적 우선주식과 비참가적 우선주식으로 구분된다.

③ 후배주식

후배주식이란 보통주식에 비해 이익배당이나 잔여재산 분배가 열위에 있으며 일반적으로 배당금 지급 없이 경영 참가를 위한 의결권만을 부여한 주식을 말한다.

2) 종류주식

종류주식이란 자본조달의 효율이나 주주의 성향을 고려하여 권리에 대한 특수한 내용을 부여한 주식을 의미한다.

① 상환주식(redeemable stock 또는 callable stock)

상환주식이란 발행 당시부터 일정 기간이 지난 후 회사가 이익으로써 소각하기로 예정되어 있는 상환조항을 붙여 발행한 특수한 주식을 말하며 모든 종류 주식에 대해 발행이 가능하다. 상환주체의 경우 회사측에 상환청구권이 있는 것과 주주측에 상환청구권이 있는 것으로 나뉜다.

② 전환주식(convertible stock)

전환주식이란 다른 종류의 주식으로 전환할 수 있는 권리가 부여된 주식을 말하며 주주와 회사 모두 전환청구권을 가진다. 예를 들어, 회사가 어려울 때 우선주로 발행한 후 사업이 호전되면서 보통주로 전환이 가능하며 회사가 적대적 M&A의 대상이 될 때에는 무의결권주식을 보통주로 전환하여 경영권을 방어할 수 있다.

③ 의결권 배제·제한되는 종류주식(restricted stock)

의결권이 배제되거나 제한되는 종류의 주식이란 임원임면권이 없거나 특정사항에만 의결권을 갖는 주식을 말한다. 발행주식 총수는 발행주식의 1/2을 초과할 수 없다.

④ 상환전환우선주(redeemable convertible preferred stock)

상환전환우선주란 투자금을 상환받을 수 있는 권리와 보통주로 전환할 수 있는 권리를 동시에 지니는 주식으로 일반적으로 비상장회사가 발행하여 상장 전에는 배당수익을 받고 상장 직전에 보통주로 전환해 주식을 매도한 후 자금을 회수한다.

3) 액면주식과 무액면주식

회사는 액면주식과 무액면주식을 동시에 발행할 수 없기 때문에 한 종류를 선택해 발행하여야 한다. 만약 회사가 무액면주식을 발행하고자 한다면 주식의 발행가격과 주식의 발행가액 중 자본금으로 계산하는 금액을 결정해야 한다.

① 액면주식

액면주식이란 주식의 액면가액이 주권에 기재되어 있는 주식으로 액면가액은 액면가액에 주식발행수를 곱하여 산출된 자본금의 구성단위로서 회사가 자본충실을 위해 유지해야만 하는 순자산액의 기준이다.

② 무액면주식

무액면주식이란 주권의 액면가액에 기재되어 있지 않아 발행가액을 주식 발행 당시의 시가로 하는 주식을 말한다.

4) 기명주식과 무기명주식

① 기명주식

기명주식은 주주의 이름이 주권 및 주주명부에 기재되어 있기 때문에 권리 행사자를 확실히 알 수 있다.

② 무기명주식

무기명주식은 주주의 이름이 주권이나 주주명부에 기재되지 않기 때문에 주권을 소유함으로써 주주 자격을 인정받는다.

5) 신주인수권증권(warrant)

신주인수권증권[19]이란 회사가 자금조달의 목적으로 신주인수권부사채를 발행할 때 사채권자에게 발행회사의 주식을 인수할 수 있는 권리를 부여한 증권으로 보유자가 행사가격을 지불하면 발행사는 신주를 발행하여 교부한다. 신주인수권증권은 발행회사나 금융투자회사와 같은 제3자가 발행할 수 있다.

6) 주식워런트증권(ELW : Equity Linked Warrant)

주식워런트증권이란 특정 주식이나 주가지수를 기초자산으로 하여 미리 약정된 방법에 따라 주권의 매매나 금전을 수수하는 권리가 부여된 증서를 말한다. 주식워런트증권은 거래량이나 시가총액이 큰 주식을 대상으로 하여 상품의 안정성을 확보하고 가격조작을 방지하고자 하였다. 또한 주가지수를 기초자산으로 함으로써 ELW를 보유함에 따른 시장위험을 헤지할 수 있다. ELW의 발행주체는 장외파생업무 인가를 받은 금융투자회사로 한정되고 있으며 상품 설계에 따라 종류가 다양해 발행사의 신용위험이 존재한다.

---

19) 매일경제, 매경닷컴

ELW 상품설계의 유연성을 부여하기 위해 권리행사 조건 및 결제방식은 발행자가 자유롭게 선택할 수 있도록 하였다. 또한 이를 사전에 공시하고 발행 이후 일방적인 변경을 금지함으로써 투자자를 보호하고 있다. ELW의 최저 상장금액은 10억 원 이상이며 만기는 3월에서 3년까지 다양하다.

ELW의 상장절차는 기본적으로 주식의 신규 상장 절차와 동일하게 이루어지지만 ELW는 주식의 가격이나 주가지수의 변동에 연계하여 권리를 행사하기 때문에 신규 상장을 위한 심사가 불필요하다고 판단되어 제출업무의 일부를 생략하고 상장심사기간을 단축함으로써 간소화된 상장절차를 가지고 있다.

5.2 미국의 주식시장

2012년을 기준으로 미국 증권거래위원회(SEC : Securities and Exchange Comission)에 공식적으로 등록된 증권거래소(National Securities Exchange)는 총 16개이며 뉴욕증권거래소(NYSE)가 미국의 대표적인 주식시장으로 알려져 있다. 뉴욕증권거래소에서는 정규매매거래시간인 09:00~16:00에 경쟁매매방식으로 100주 단위로 거래가 이루어진다. 우리나라와는 다르게 미국은 개별종목에 대한 일중 가격제한제도가 없지만 다우존스산업평균지수가 일정기준 이상 하락하면 시장 전체의 거래를 일정시간 중단하는 매매거래중단제도를 통해 주가폭락을 예방하고 있다. 또한 다우존스산업평균지수, S&P500지수, 나스닥지수가 미국 주식시장의 움직임을 나타내는 대표적인 주가지수이다.

5.3 일본의 주식시장

일본은 도쿄, 오사카, 나고야, 후쿠오카, 삿포로 등에 5개의 거래소가 설립되어 있고 그중 도쿄증권거래소가 일본의 대표적인 증권거래소이다. 이는 일반적으로 대기업이 상장되는 1부, 중견기업이 상장되는 2부, IT와 생명공학과 같은 신흥기업 대상인 Mothers(Market of the High-growing and Emerging Stocks)로 나뉜다. 매매거래는 결제기간과 조건에 따라 다양하며 시간외시장에서의 거래도 시간대별로 다양한 기준이 적용된다. 또한 개별 종목의 일중 가격 변동폭은 주가 수준별로 29단계로 나누어 기준가격대별로 차등하여 제한폭을 설정하는 정액제를 택하고 있다. 일반적으로 TOPIX(Tokyo Stock Price Index), NIKKEI225지수, JASDAQ지수 등이 일본 주식시장을 종합적으로 나타내는 주가지수이다.

5.4 유로지역의 주식시장

유로지역 주식시장의 큰 특징은 유럽통합으로 인해 각 국가별 지역 거래소가 통폐합되었다는 점이다. 예를 들어, Euronext는 프랑스, 벨기에, 네덜란드의 거래소가 통합하여 만들어졌고 스웨덴의 OMX가 북유럽 9개국의 거래소를 통합하였다. 또한 영국의 London Stock Exchange는 이탈리아의 Borsa를 인수하였고 미국의 NYSE와 NASDAQ이 Euronext와 OMX를 각각 인수함으로써 대륙간 통폐합도 이루어졌다.

CHAPTER

06

외환시장

CHAPTER

06

1 외환시장의 개요

외환(foreign exchange)이란 국가 간의 결제수단이나 자금의 이동수단을 말하며 외환시장(foreign exchange market)은 외환의 수요와 공급을 연결시켜 외환의 거래가 이루어지는 장을 말한다. 또한 외환시장은 금융시장의 거래에서 발생할 수 있는 환리스크를 선물환거래 등의 방법을 통해 헤지하는 기능도 가지고 있다.

1.1 거래 메커니즘

(1) 거래참가자

외환시장에서 거래에 참가하는 주체들은 외국환은행이나 기업과 같은 일반고객, 외환거래를 중개해주는 외환브로커, 외환시장의 질서 유지와 통화정책을 수행하는 중앙은행 등으로 구성된다. 외환은행은 거래 주체에 따라 은행과 고객 간의 거래시장과 은행 간 거래시장으로 나뉘며 일반적으로 은행 간 시장이 대부분이다.

(2) 거래현황

1980년 이후 각국의 자본 및 외환거래에 대한 규제가 완화되고 외환브로커의 국제화가 진전됨으로 인해 외환거래가 크게 확대되었고 전 세계 금융센터와 외환거래를 중개할 수 있는 기반이 마련되었다. 또한 기술의 발달로 인해 외환시장의 정보를 실시간으로 전 세계에 공유할 수 있게 되어 공간적·시간적 제약이 크게 해소되었고 통화선물, 통화옵션과 같은 다양한 합성거래의 이용이 확대되었다. 그리고 국제외환시장이 뉴욕, 도쿄, 런던 등 금융센터의 휴장과 개장에 맞물리면서 시간적으로 연결되어 24시간 외환거래가 가능하게 되었다.

(3) 거래형태

일반적으로 외환시장거래는 일종의 장외시장으로서 은행 및 딜러들의 거래실에서 전화나 컴퓨터를 통해 거래하는 점두시장(over-the-counter market)의 거래형태를 가진다. 거래 성사 후 상호 거래에 대한 확인서를 주고 받고 거래의 결제일에 은행 간 통신이체시스템인 SWIFT(Society for Worldwide Interbank Financial Telecommunication)나 뉴욕 은행 간 자금결제수단인 CHIPS(Clearing House Inter-bank Payment System), 뉴욕 시 소재 CLS은행(Continuous Linked Settlement bank International) 등[1)]을 통해 국제결제가 이루어진다.

1.2 우리나라의 외환제도

(1) 환율제도

우리나라는 1945년 미군정 당국이 환율을 달러당 15원으로 정한 것을 바탕으로 고정환율제도를 실시하였으며 1949년에는 복수환율제도를 실시하였다가 1955년 다시 공정환율제도로 환원하고 1964년도부터는 단일변동환율제도를 채택하였다. 그 후 1965년에는 물가안정과 외환시장안정기금을 위한 IMF 지원자금을 바탕으로 수입쿼터제를 대폭 철폐하였으며 시장률을 감안해 변동환율제도를 도입하였다. 하지만 인플레이션과 석유파동 등으로 인해 큰 폭의 환율인상 조치가 있었고 환율이 사실상 미달러화와 연동됨에 따라 기타 통화의 환율 변동은 반영되기 어렵다는 단점이 있었다. 이를 해결하기 위해 1980년에는 복수통화바스켓환율제도를 실시하여 급격한 환율조정으로 인한 충격을 완화하고 환율의 국제수지 조정기능을 제고할 수 있게 하였다.

미 달러 이외의 통화에 대한 집중기준율은 국제금융시장에서의 미 달러화와 여타 통화 간의 환율을 재정하여 결정하였으나 이는 원화가치를 제대로 반영하지 못하고 통상마찰에 대한 환율조정 압력이 커지자 1990년 폐기하고 시장평균환율제도를 도입하였다. 시장평균환율제도란 국내 은행 간 현물환거래환

1) 강병호 외 2명, 금융시장론, 박영사, 2014

율을 가중 평균하여 이를 다음날의 기준율로 삼는 제도를 의미한다. 그러므로 환율 조작의 의구심을 제거할 수 있고 국내외환의 수요와 공급 사정을 보다 잘 반영할 수 있다는 장점을 가지고 있었다. 하지만 시장평균환율제도는 우리나라 외환시장의 규모가 작아 외환 수급의 예측이 가능해 투기적 환거래에 의해 환율이 영향을 받을 수 있는 가능성이 있었고 미 달러 이외의 환율은 국제시장의 달러 대 해당국 환율을 재정하여 사용해 주요 교역국과의 교역량이나 경쟁력 등을 제대로 반영할 수 없는 문제점이 부각되었다. 그리하여 1997년 외환위기로 인해 외환시장이 마비되자 환율변동폭을 완전히 폐지하고 환율이 외환의 수급에 따라 자율적으로 움직이는 자율변동환율제도로 바꾸었다.

(2) 외환관리제도

1960년대 이전에는 외국무역, 외환거래, 대외채권, 채무 등에 대한 면허제가 실시되고 외환집중제도를 통해 모든 외환은 한국은행이 매각하였다. 하지만 1990년대에 경제규모가 확대되고 교역규모가 급격히 성장하자 우리나라의 경제적 지위가 향상되어 외부로부터의 시장 개방 압력이 높아져 외환 및 자본자유화의 폭이 점점 확대되었다. 또한 1993년 이후에는 단계적인 자유화 제도를 통해 외환거래제도의 기반을 마련하였다.

모든 경상거래의 지급절차는 대외지급이 조건에 맞으면 대외지급을 허용하는 인증제에서 통계파악을 위한 신고 행위 자체로써 효력이 발생하는 신고제로 변경되었다. 또한 기업이나 개인의 대외지급한도가 확대되고 지급방법도 자유화되었다. 그리고 모든 경상거래에 대한 원화표시결제가 허용되고 원화의 해외반출입한도 및 여행자수표 매각한도도 확대되었으며 대외 인출 및 송금이 가능한 자유원계정제도를 도입함으로써 원화의 국제화도 상당히 진전되었다. 이렇게 원화의 국제화가 진전되면 해외유출입이 많아지게 되어 통화관리가 어려워지고 환율변동폭이 커지는 문제점이 있다. 하지만 비거주자가 보유한 원화량만큼 재화나 용역을 수입해 화폐주조이익을 얻을 수 있으며 대외거래 계약시점부터 결제시점까지 환율변동위험을 방지해 원화의 교환성을 증대시켜 국제금융업무를 활성화 시킬 수 있는 장점도 있다.

(3) 외환거래자유화

우리나라는 1996년 OECD(Organization for Economic Cooperation and Development, 경제협력개발기구)에 가입하면서 선진경제를 지향하는 장기플랜으로 외환자유화를 추진하였으나 1997년 외환위기를 경험하며 거시경제정책의 운용과 금융시스템 구축 부분에서 취약함이 드러났다. 이를 해소하고자 시장원리에 따라 대외부문이 자율적으로 조정되는 자율변동환율제도를 도입했고 기업과 금융부문의 구조조정을 통해 금융시스템의 안정성도 확보하였다. 또한 1998년 외환거래자유화 기본계획을 발표함으로써 단계별 자유화를 시행하게 되었다. 1단계 자유화를 통해 자본거래의 체제가 원칙금지－예외허용체제에서 원칙자유－예외규정체제로 전환하여 외환거래자유화를 추구하였고 선물환거래 실수요원칙이 폐지되고 국내금융기관의 역외시장 참여 가능, 기업의 단기 외화차입 허용 등을 통해 자유화의 폭을 더 넓게 확대시켰다. 2단계 자유화에서는 대내외 시장여건의 변화를 감안해 자유화도 일정 조정해야 한다는 인식에 따라 국제 단기자본 이동에 대한 규제, 건전성 규제 강화의 필요성 등이 강조되면서 대외채권회수의무제도를 제외한 모든 자본거래가 신고제도로 전환되었다. 이와 같은 노력으로 우리나라의 자본자유화는 선진국 수준으로 크게 향상되었다.

2 환율

2.1 환율의 의의와 표시방법

환율이란 일정 시점에서의 자기 나라 통화와 다른 나라 통화의 교환비율을 말하며 외국에서의 거래는 외화가 교환됨으로써 체결되기 때문에 환율을 일국 통화의 대외가치라고도 말한다. 즉, 외환이 국제결제의 수단이고 장기적으로 국제수지가 외환의 수급을 반영해 환율을 결정하게 된다.

환율을 표시하는 방법에는 어떤 통화가 표시방법이 되는가를 기준으로 직접표시법과 간접표시법으로 나뉜다. 직접표시법이란 외화 1단위에 대한 자국의 교환대가로서 자국통화표시법이라고도 불린다. 반대로 간접표시법은 자국화 1단위에 대한 외화의 교환대가로서 외국통화표시법이라고도 한다. 그 밖에도 국제외환시장에서 미 달러 1단위에 대한 다른 통화의 교환비율을 European Terms라 하고 특정통화 1단위에 대한 미 달러화의 교환비율을 American Terms라고 한다.

2.2 환율의 종류

(1) 현물환율과 선물환율

현물환거래란 외환거래계약 후 2영업일 이내에 외환의 수도와 결제가 이루어지는 것을 의미하고 이때 적용되는 환율이 현물환율(spot rate)이다. 일반적으로 현물환율을 환율이라 말하며 이는 선물환율이나 스왑레이트(swap margin or swap rate)의 기준이 된다. 반면 선물환거래란 외환매매계약을 할 때 특정일에 외환의 수도와 결제를 하기로 약정하는 거래로 이에 적용하는 환율이 선물환율(forward exchange rate)이다. 선물환율은 금리평가이론을 바탕으로 양 통화간의 금리차와 현물환율에 의해 결정된다. 그리고 선물환율과 현물환율 사이에 차이가 존재하는데 이 차이를 스왑레이트나 선물환마진(forward exchange margin)이라하며 이는 외환스왑거래(FX swap transaction)에 적용된다.

(2) 은행 간 환율과 대고객 환율

외국환은행 상호 간에 거래되는 적용환율인 은행 간 환율은 통상 시장환율이라고도 불리며 대고객 환율의 기준이 된다. 한편 대고객 환율은 외국환은행과 외국환은행 이외의 고객 간의 거래에 적용되는 환율이다. 은행 간 환율의 호가와 체결가는 외환시장에서 현재 거래 중인 외국환은행에게만 제공되며 일반고객에게는 외환거래 은행들이 외환거래흐름을 반영해 제시하는 준거환율만을 제공해 투기적 시장개입에 따른 환율변동을 방지하고자 하였다. 주요 환율거래는 다음과 같다.

① 전신환매매율(telegraphic transfer rate)

환어음 결제를 전신으로 할 때 적용되는 환율인 전신환매매율은 대고객매매율의 기준이 되며 이는 거래은행을 통해 즉시 환어음의 송달과 결제가 이루어지기 때문에 기간에 대한 금리를 포함하지 않고 수수료와 리스크 헤지를 위한 보험료만 포함된다.

② 일람출급환어음매입률(at sight bill buying rate)

환어음이 지급은행에 제시되어야 지급되는 일람출급환어음 매입 시 적용되는 환율인 일람출급환어음매입률은 우송기간의 금리에 대한 환가료를 전신환매입률에서 차감해 산출한다.

③ 기한부어음매입률(usance bill buying rate)

어음 제시 후 일정기간 후에 지급되는 조건을 가진 기한부어음 매입 시 적용되는 환율인 기한부어음매입률은 전산환매입률에서 우송기간과 기한부어음기간에 해당하는 금리를 차감해 산출한다.

④ 수입어음결제율(import L/C settlement rate)

우리나라 수입상을 위해 신용장을 개설해 준 외국환은행이 수입대금 지급을 위해 외환을 매도할 때 적용되는 환율인 수입어음결제율은 전신환매도율에서 우송기간에 해당하는 환가료를 추가해 산출한다.

⑤ 현찰매매율(cash buying/selling rate)

외국환통화 현찰을 매매할 때 적용되는 환율인 현찰매매율은 운송비, 보험료, 환리스크 등을 부담하기 때문에 이를 고려하여 전신환매매율에 일정률을 가감해 산출한다.

2.3 외환포지션(foreign exchange position)

외환포지션이란 일정시점에 외화표시자산과 부채의 차액으로 환리스크에 노출된 부분을 의미한다. 외환관리당국은 통화교란과 외환시장의 불안 가능성을 미리 방지하고 금융기관의 과도한 위험부담을 완화해 건전한 경영을 유도하기 위하여 외환포지션을 관리하고 있다.

(1) 매매결과에 따른 분류

① 매입초과포지션(overbought position, long position)

매입초과포지션이란 일정시점에 외환매매거래로 인해 매입액이 매도액을 초과해 외화표시 자산이 부채를 초과한 상태를 의미하며 특정 통화가 이 포지션에서 강세를 보이면 환차익을 얻을 수 있고 약세하면 환차손이 발생한다.

② 매도초과포지션(oversold position, short position)

매도초과포지션이란 일정시점에 외환매매거래로 인해 매도액이 매입액을 초과해 외화표시 부채가 자산을 초과한 상태를 말하며 특정 통화가 이 포지션에서 강세를 보이면 환차손이 발생하고 약세를 보이면 환차익을 얻을 수 있다.

③ 균형포지션(square position)

균형포지션이란 일정시점에 외환매입액과 매도액이 균형을 이루어 외화자산과 부채규모가 일치하여 환리스크에 노출되어 있지 않은 상태를 말하지만 실제로 지속적인 거래가 이루어지기 때문에 이러한 균형포지션을 이루는 것은 거의 없다. 하지만 환율전망이 극히 불투명할 경우에는 딜러들은 환리스크를 피하기 위해 일부러 균형포지션을 취하기도 한다.

(2) 외환의 종류에 따른 분류

① 현물환포지션(spot position)

현물환포지션이란 결제가 완료되어 이미 자금화된 현금포지션과 미결제 현물환이지만 제2영업일 이내에 결제가 도래하는 포지션을 모두 포함한다.

② 선물환포지션(forward position)

선물환포지션이란 제2영업일이 초과되어 기일이 도래하는 외환포지션으로서 선물환거래에 의한 포지션을 말한다.

③ 종합포지션(net open position)

종합포지션은 현물환포지션과 선물환포지션을 합한 전체 금액이다.

2.4 환율 결정이론

(1) 구매력 평가설(PPP : Purchasing Power Parity)

구매력 평가설[2)]이란 어떤 시장에서든지 같은 종류의 상품은 하나의 가격만이 성립한다는 일물일가의 법칙(law of one price)을 말한다. 경제학자인 Gustav Cassel에 의해 제창된 구매력 평가설은 인플레이션이 심한 나라는 무역상대국에 비해 수출품의 가격경쟁력은 떨어지고 수입품은 국내의 가격보다 경쟁력이 높다고 주장한다. 또한 거래세, 거래비용, 무역장벽 및 제품의 질이 일치할 경우 균형가격에 도달할 때까지 매매차익의 거래 때문에 상품의 거래는 계속된다.

$$\text{물가} = \text{현재환율(직접법)} \times \text{특정상품의 외국통화 표시가격}$$

① 절대적 구매력 평가설(absolute version)

절대적 구매력 평가설이란 전체적인 물가수준에 일물일가의 법칙을 적용한 것을 의미한다.

$$\text{국내물가수준} = \text{현재환율(직접법)} \times \text{해외물가수준}$$

② 상대적 구매력 평가설(relative version)

상대적 구매력 평가설이란 환율의 상대적 변화율이 국내와 해외의 물가 상승률 차이와 같음을 말하는 것으로 환율의 상대적 변화율 = 국내물가 상승률 − 해외물가 상승률이라는 관계가 성립한다.

$$\frac{\Delta\text{현재환율}}{\text{현재환율}} = \frac{\Delta\text{국내 물가수준}}{\text{국내 물가수준}} - \frac{\Delta\text{해외 물가수준}}{\text{해외 물가수준}}$$

2) 임태순, 금융시장, 한국학술정보, 2010

(2) 피셔효과(the Fisher effect)

피셔효과란 명목이자율이 실질이자율과 예상 물가 상승률의 합과 같다는 논리에서 출발해 예상 인플레이션의 차이는 명목이자율의 차이와 같다고 주장하는 이론이다.

$$명목이자율 = 실질이자율 + 예상\ 물가\ 상승률$$

(3) 국제피셔효과(the international Fisher effect)

국제피셔효과란 환율 변화율에 대한 예측은 서로 다른 통화 간에 존재하는 이자율의 차이와 밀접한 관계가 있다고 주장하는 이론이다.

(4) 이자율 평가설(interest rate parity theory)

이자율 평가설이란 연이율로 표시되는 선도환율이 두 나라 사이에 존재하는 이자율의 차이와 같다고 주장하는 이론이다.

3 외환거래

3.1 현물환거래

외환시장에서 가장 많이 거래되는 형태인 현물환거래는 일반적으로 국제자금거래에서 각국 간의 시차와 자금이체에 따른 소요시간을 고려하여 제2영업일 이내에 결제가 이루어지는 외환매매거래를 의미한다. 미 달러화나 캐나다 달러화에서 주로 나타나는 익일거래는 거래은행들이 동일한 시간대와 지역에 위치하고 있어 제1영업일 후에 결제가 이루어진다. 외환거래에서 결제일은 자금의 수수가 실제로 이루어지는 날로서 해당 통화국의 영업일이어야 하며 휴일인 경우 다음 영업일로 결제일이 연장된다.

3.2 선물환거래

선물환거래란 거래일로부터 2영업일이 지난 후 특정일을 결제일로 하여 정해진 환율로 외화의 수도와 결제하는 것을 약정하는 것을 말하며 스왑거래와의 혼동을 피하기 위해 아웃라이트 선물환거래라고도 부른다. 은행 간 거래인 경우 대부분의 선물환 결제일은 1주일, 1개월, 3개월, 6개월, 1년 등과 같이 표준일물로 정해지지만 대고객거래 시에는 비표준일물 거래가 이루어진다. 선물환거래를 하는 이유는 미래의 거래시점에 대한 환율을 미리 약정해 환리스크를 회피하고 환투기 수단으로 환차익의 극대화를 하기 위한 것이다. 또한 자금시장과 외환시장 간의 불균형을 통해 차익거래의 수단으로도 이용될 수 있다.

3.3 외환스왑거래

계약당사자가 현재의 계약환율에 따라 서로 다른 통화를 교환하고 일정기간이 지난 후 계약시점에서 정한 선물환율에 따라 반대로 교환하는 거래를 외환스왑(FX swap)이라 한다. 외환스왑거래는 일반적으로 1년 이내의 단기거래로 이루어지며 두 가지 외환거래가 서로 반대로 일어나 전체 포지션에 균형을 이루기 때문에 환리스크는 거의 없다. 스왑거래 중 먼저 도래하는 결제일을 near date 혹은 near leg이라 하고 나중에 도래하는 결제일을 far date 혹은 far leg이라 한다. 또한 near date와 far date 사이의 기간을 스왑기간이라 한다.

결제일이 서로 다른 두 개의 현물환거래로 이루어진 스왑을 현-현 스왑이라 하며 이는 one day swap이나 rollover swap이라 한다. 주로 자금결제일을 1~2일로 조정하기 위해 만기가 1~2일인 초단기 외환스왑거래를 한다. 거래일부터 익영업일까지인 1일 만기 스왑거래는 O/N(Over-Night)스왑이고 익영업일로부터 제2영업일까지의 스왑은 T/N(Tom-Next)스왑이라 한다. 가장 일반적인 스왑거래인 현-선 스왑은 현물환을 매입하거나 매도하고 선물환을 반대방향으로 매매하는 것을 말하며 선-선 스왑은 일정 선물환을 매입하거나 매도하면서 타 선물환을 반대로 매매하는 것을 의미한다. 또한 동일 당사자 간에 이루어지는 매매 거래를 pure swap이라 하고 매입거래자와 매도거래자가 서로 다른 경우는 engineered swap이라 한다. 일반적으로 스왑거래는 pure swap을 통해 거래가 이루어진다. 그리고 스왑가격(swap rate)가 두 통화 간의 금리차를 적절히 반영하지 못한다면 커버된 금리차익거래(covered interest rate arbitrage)를 통해 환리스크의 부담 없이 차익거래에서 이익을 얻을 수 있다.

3.4 기타 외환거래

(1) 송금

송금업무는 국내에 있는 송금인의 신청에 따라 원화나 외화를 받아 외국에 있는 수취인에게 송금하는 당발송금과 해외지점에서 지급수탁에 의해 국내 수취인에게 송금대금을 지급하는 타발송금업무로 나뉜다. 송금의 방법에는 우편을 이용한 우편송금, 전신으로 보내는 전신송금, 수표를 송금하는 송금수표 등이 있으며 일반적으로 수표송금은 소액거래에 이용된다.

(2) 추심

추심이란 채권자가 매도하거나 추심 의뢰한 외화수표 또는 어음을 채무자 앞으로 대금지급 청구해 자금을 결제해주는 업무를 말하며 이는 추심 전 매입거래와 추심 후 매입거래로 나뉜다. 추심 전 매입이란 지급이 확실하다고 생각되는 외화수표나 어음 등을 은행이 매입하여 대금을 고객에게 먼저 지급하고 나중에 은행이 이를 추심하여 자금을 회수하는 것을 말한다. 반면 추심 후 지급이란 외화수표나 어음을 추심해 대금이 예치금계정에 입금되면 고객에게 대금을 지급하는 것을 의미한다.

(3) 여행자수표

대부분의 국내은행이 수탁판매 중인 여행자수표란 해외여행자가 여행 중 현금을 분실하거나 도난당하는 것을 방지하고자 고안된 수표이다.

(4) 외화예금

외국환은행의 자금조달 수단으로서 가장 안정적인 원천 중 하나인 외화예금은 거주자나 비거주자에게 외화예금계정의 개설을 허용해 취득이나 보유하고 있는 대외지급수단이나 외화채권을 말한다.

(5) 현찰매매

외국환은행이 보유하는 외국통화를 고객에게 매매하는 현찰매매는 보험료와 운임표가 감안된 대고객 현찰매매율이 적용되는 외환거래이다.

CHAPTER

07

금융파생상품시장

CHAPTER 07

1 금융파생상품시장의 개요

금융파생상품(financial derivatives)이란 외환·예금·채권·주식 등과 같은 기초자산으로 하여 파생된 금융상품으로서 계약 형태에 따라 선물, 옵션, 스왑 등으로 구분되고 거래방법에 따라 장내거래와 장외거래로 나뉜다.

1.1 금융파생상품의 종류

(1) 선도계약(forward contracts)과 선물(futures)

선도계약과 선물은 미래 특정시점에 기초금융자산을 매매하겠다는 약정을 하는 계약을 말하며 이 계약이 장외시장에서 거래되거나 브로커를 통해 이루어지면 선도계약, 정형화된 거래소를 통해 이루어지면 선물이라고 한다.

(2) 옵션(options)

미래의 특정시점이나 특정기간 동안 행사가격으로 매입(call)하거나 매각(put)할 수 있는 권리를 사고파는 계약으로 거래 시점에 프리미엄을 지급하고 기초자산 가격의 변화에 따라 비대칭적인 손익구조를 가진다.

(3) 스왑(swaps)

보통 2개의 금융자산이나 미래 현금흐름을 교환하는 계약으로 서로 다른 통화표시 채무의 원리금 상환을 교환하는 통화스왑과 변동금리채무와 고정금리채무 간의 이자지급 교환을 약정하는 금리스왑으로 나뉜다.

1.2 금융파생상품시장의 경제적 기능

(1) 시장의 효율성

선물이나 옵션 등이 거래되는 금융파생상품시장에는 많은 이익을 얻기 위해 자발적으로 정보를 수집하고 평가하는 전문적 투기자가 있기 때문에 많은 정보가 가격에 반영됨으로써 가격효율성과 정보효율성을 이루어 시장 전체의 효율성이 증가된다. 선물거래의 경우 기초자산보다 유동성이 높기 때문에 정보가 빠르고 정확하게 전파되어 가격발견기능을 제고시키고 다양한 리스크를 가격화하여 경제적 본질가치를 훨씬 더 정확하게 반영할 수 있게 한다. 또한 서로 다른 옵션 간에 가격이 높은 옵션은 매도하고 가격이 낮은 옵션은 매수하는 스프레드 거래에 의해 가격이 균형을 이루며, 차익거래를 통해 현물시장에 파급되어 금융시장 전체의 효율성을 제고시킨다.

(2) 위험관리

투자자는 소액의 증거금이나 프리미엄만으로도 금융파생상품에 투자할 수 있으며 이를 통해 투자원금을 주고받지 않아도 되기 때문에 자금관리의 탄력성이 높아진다. 또한 다양한 현금흐름을 구성할 수 있기 때문에 딜링, 헤징, 투기 등을 통해 많은 투자기회뿐 아니라 기초자산의 가격변동위험을 회피할 수 있는 기회도 제공한다. 그리고 파생상품은 기초자산에 내재되어 있는 위험을 분해하거나 재결합하여 거래가 가능하기 때문에 투자자들이 자신의 위험 선호도에 맞게 위험을 분배해 이를 분담할 수 있어 사회 전체적으로 위험을 적절하게 배분할 수 있다.

(3) 포트폴리오 관리

여러 형태의 금융파생상품을 조합해 포트폴리오를 재구성하면 다양한 현금흐름도 구성할 수 있으며 여러 금융시장에 걸쳐 투자 및 차익거래를 용이하게 할 수 있어 투자자의 자금 조달 및 운용상의 제약을 완화해 준다.

1.3 금융파생상품시장의 역기능

금융파생상품은 거래상대방의 채무불이행 위험이 높고 레버리지 효과가 크며 거래구제가 복잡하기 때문에 거래와 관련한 리스크를 정확히 파악하기 어렵다. 그러므로 이에 대한 적절한 조치와 통제가 없을 경우 시장 전체가 위험에 빠질 수 있다. 또한 거래규모가 점점 커지고 금융시장 간 연계성이 증대되면서 개별 금융기관이 위험관리를 제대로 하지 못하면 글로벌 금융위기와 같이 특정한 시장의 불안이 전체 금융시스템의 혼란으로 파급될 수 있다. 그리고 금융파생상품을 이용해 다수의 투자자들이 동시에 헤지거래를 할 경우 금융시장의 안정성과 유동성이 오히려 위축될 수 있으며 금융파생상품시장이 활발해질 경우 기초증권시장이 상대적으로 위축될 수도 있다. 마지막으로 금리변동에 대한 투자자들의 대응 수단이 다양해짐에 따라 중앙은행의 통화정책이 제대로 수행되기 어려워질 수 있다.

1.4 금융파생상품시장의 발전

글로벌 금융파생상품시장은 국제자본의 이동이 증가하고 금융상품의 가격 변동폭이 확대됨에 따라 위험 헤지의 중요성이 증가되고 정보통신기술의 발달에 따라 빠르게 발전해왔다. 우리나라 금융파생상품시장은 대외거래와 관련한 환율위험을 헤지하기 위해 선물환 거래를 해 왔으나 1990년 중반까지는 선물환 거래 이외에 별다른 시장이 형성되어 있지 않았다. 그러나 금융자율화 및 개방화에 따라 금융시장 가격변수의 변동성이 확대되자 금융파생상품에 대한 수요가 증가했고 주가지수 및 금리 관련 거래제도가 도입되는 등 관련 법규 및 제도의 정비가 이루어지자 빠르게 발전하기 시작하였다. 우리나라 금융파생상품시장 중 장내거래의 경우 KOSPI200 선물 및 옵션이 활발하게 거래되고 있으며 장외금융파생상품시장은 통화와 금리 관련 금융파생상품시장이 활성화되어 있다.

2 주식관련 파생상품시장

2.1 주가지수(주식)선물시장

(1) 의의

주가지수를 대상으로 선물거래가 이루어지는 주가지수선물시장은 주가변동에 대한 헤지 수단을 제공하기 위해 도입되었다. 1996년에는 KOSPI200선물지수를 거래대상으로 하는 KOSPI200선물시장이 도입되었고 2001년에는 코스닥50선물지수를 거래대상으로 하는 코스닥50선물시장이 개설되었으나 거래부진으로 폐지되고 코스닥스타지수를 거래대상으로 하는 스타지수선물시장이 새로 개설되었다. 이와 더불어 2008년에는 개별주식을 기초자산으로 하는 주식선물시장이 개설되었다.

(2) 주요 특징

실물형태로 거래하는 일반 선물시장과 달리 기초 상품이 주가지수인 주가선물시장에서는 실물의 양수도가 불가능해 결제수단과 결제방식이 다르다. 결제방식의 경우 거래 시 약정한 주가지수와 만기일의 실제 주가지수 간의 차이를 현금으로 결제하기 때문에 만기 시 실제 주가지수가 거래 시 약정한 주가지수보다 높으면 선물매수자가 이익을 취하고 그 반대면 선물매도자가 이익을 얻는다.

약정금액의 일부를 증거금으로 납부함으로써 거래가 성립되기 때문에 적은 자금으로 큰 투자를 할 수 있어 만기 시 결제불이행 위험이 있다. 이를 방지하기 위해 매일의 기초자산가격 변동에 따른 평가손익을 개별투자자의 증거금에 가감하여 결제이행을 담보하는 일일정산방식(mark to market)을 통해 결제를 한다.

주가지수선물시장에서의 이론가격은 주가지수선물이 아닌 현물시장에서 실제로 주식을 매입하는 경우를 가정해 현물가격에 주가지수선물 결제일까지의 자금조달비용과 배당수익을 가감하여 산정되며 이 이론가격에 근거해 투자자들은 선물가격의 적정성 여부를 판단한다.

(3) KOSPI200선물시장

1) 기본구조

KOSPI200선물지수를 거래대상으로 하는 KOSPI200선물시장은 3월, 6월, 9월, 12월의 두 번째 목요일을 최종거래일로 하는 4개 결제월물 거래를 대상으로 하며 09:00~15:15에 거래한다. 최소 거래계약단위는 선물가격에 거래단위승수 50을 곱한 금액인 1계약 단위이고 최소 가격변동폭은 0.05포인트, 최소 가격변동금액은 25,000원이다.

2) 결제이행 담보장치

실물거래가 아닌 주식지수를 기초로 하기 때문에 결제 불이행의 위험이 있어 기본예탁금과 위탁증거금으로 이를 보완하고 있다. 기본예탁금은 미결제약정을 보유하고 있지 않은 선물 투자자가 선물거래를 할 때 선물 투자자의 신용과 거래경험 등을 감안하여 요구하는 최소한도의 예탁금이다. 위탁증거금이란 계약 상대방의 의무불이행을 방지하기 위해 징수하는 것으로 신규거래 시 납부하는 주문증거금과 미결제약정을 유지하는 데 필요한 유지증거금으로 나뉜다. 주문증거금은 주문위탁금액의 15% 이상을 납부해야 하며 유지증거금은 거래체결 이후 미결제포지션의 10% 이상을 항상 유지해야 한다.

3) 투자자 보호장치

투자자를 보호하기 위해 가격제한폭제도와 매매거래중단제도가 운영되고 있다. 가격제한폭제도란 개별 종목의 일정 가격변동폭을 전일 종가 대비 10% 이내로 제한하는 것을 말하며 매매거래중단제도란 전날 최대거래량을 기록한 종목의 가격이 전일 종가 대비 5% 이상 변동하고 이론가격과 괴리율이 3% 이상 1분 이상 지속되면 모든 거래가 5분간 중단되는 것을 의미한다. 또한 현물시장에서 매매거래중단제도가 발동되면 선물시장 거래도 동시에 중단되는 현물시장 중단에 의한 매매거래중단제도도 있다. 그리고 전날 최대거래량을 기록한 종목의 가격이 전일 종가 대비 5% 이상 변동해 1분 이상 지속되면 현물시장에서 프로그램매매 호가의 효력이 5분간 정지되는 호가효력 일시정지제도도 운영 중이다.

(4) 스타지수선물시장

스타지수선물시장이란 기존의 코스닥50선물시장의 거래가 부진하자 이를 폐지하고 코스닥시장에 효율적인 위험관리 수단을 제공하고 시장의 질적 수준을 높이고자 2005년 새로 개설되었다. 거래단위승수는 1만 원이며 최소 가격변동폭은 0.5포인트, 최소가격변동금액은 5,000원이다. 가격제한폭은 전일 종가의 10%이며 결제월물, 최종거래일, 개장시간, 결제이행 담보장치로서의 증거금 및 기본예탁금 제도는 KOSPI200선물시장과 동일하다.

(5) 주식선물시장

주식선물시장은 2008년 개설되어 개별주식 위험을 관리하고 ELS[1], ELW[2] 등 주가연계파생증권의 발행과 관련한 헤지 수단을 제공하고 있다. 기초주식으로는 불공정 거래를 방지하고 시장의 수요를 충족시키기 위해 시가총액 비중이 크고 ELW 거래대금 및 ELS 이용빈도가 높은 25개 종목을 선정하였으며 거래증거금율은 12%, 위탁증거금율은 18%로 KOSPI선물시장보다 높다. 호가가격단위는 유가증권시장 호가가격단위의 1/2이기 때문에 정밀한 헤지전략을 구사할 수 있으며 가격제한폭은 기초자산의 가격변동폭과 동일한 15%, 나머지 거래제도는 KOSPI선물과 동일하다.

2.2 주가지수(주식)옵션시장

(1) 의의

주가지수옵션시장은 현물시장의 주가지수를 대상으로 미래의 일정시점에

1) p. 292 참조
2) p. 291 참조

사전에 약정한 가격으로 매입·매도할 수 있는 권리가 거래되는 시장으로 1997년 KOSPI200옵션시장이 개설되고 그 후로 2001년 코스닥50옵션시장, 2002년에는 개별주식을 기초자산으로 하는 주식옵션시장이 도입되었다. 그러나 코스닥50옵션시장은 거래부진 등으로 인해 2005년 폐지되었다.

(2) 옵션거래의 유형

주가지수를 기초자산으로 하는 주가지수옵션거래는 미래의 일정시점에 약정한 가격으로 매입할 수 있는 권리를 매매하는 것으로 매입 권리를 콜옵션(call option), 매도권리를 풋옵션(put option)이라 한다. 옵션거래 시 매도자는 프리미엄을 받고 매수자에게 옵션을 제공한다. 콜옵션 매수자는 만기일에 기초자산가격이 행사가격보다 높아야 권리를 행사해 순익을 얻으며 기초자산가격이 행사가격보다 낮으면 권리를 포기한다. 반면 풋옵션 매수자는 기초자산가격이 행사가격보다 낮아야만 권리를 행사해 이익을 얻는다.

(3) 옵션거래의 특징

주가지수옵션은 주가지수를 거래대상으로 하고 있으나 거래의 목적물은 옵션을 매매할 수 있는 권리이다. 또한 기초자산의 가격변동에 따른 투자자의 손익구조가 비대칭적이기 때문에 옵션매수자는 손실이 프리미엄으로 한정되지만 이익은 기초자산 가격에 비례하며 옵션매도자는 이익이 프리미엄에 국한되고 손실은 없다. 주가지수옵션 매수자는 최대손실가능 규모가 제한되어 추가의무가 없으며 프리미엄을 지불하기 때문에 일일정산 방식이 적용되지 않지만 매도자는 증거금이 인상될 경우 추가증거금 납입의무가 생긴다.

(4) KOSPI200옵션시장

1) 기본구조

KOSPI200옵션시장은 최근 연속 3개월이나 3, 6, 9, 12월 중 6개월 이내의 4개 결제물을 대상으로 거래가 이루어지며 최종거래일은 두 번째 목요일이다. 거래계약 단위는 1계약이며 이 거래금액은 포인트로 표시되는 옵션가격에 50

만 원을 곱하여 구한다. 그 밖의 매매거래시간, 거래체결방식 등은 KOSPI200선물시장과 동일하다.

2) 결제이행담보장치

KOPSI200선물시장과 같이 KOSPI200옵션시장에서도 결제이행을 위한 담보로 기본예탁금과 위탁증거금제도를 운영하고 있다. 주문 시 요구되는 주문증거금에는 신규주문위탁증거금, 옵션가격증거금, 옵션가격변동증거금, 장중 옵션순매수금액으로 구성된다. 신규주문위탁증거금은 옵션매수의 경우 프리미엄이며 옵션매도의 경우 계약당 5만 원을 하한으로 해 KOSPI200 전일 종가의 15% 변동 시 최대이론가격에서 옵션 전일 종가를 차감한 수치에 50만 원을 곱해 구한다. 옵션가격변동증거금은 변동성 변화를 모두 고려하여 최대손실액으로 산출되며 옵션가격증거금은 종목별 순매도수량에서 전일의 옵션종가 및 50만 원을 곱하여 산출한다. 장중 옵션매수금액은 그날 중 매매거래가 성립된 옵션거래의 각 종목에 대한 매수의 약정금액 합계액에서 매도의 약정금액 합계액을 차감해 구한다.

유지증거금은 옵션가격변동증거금과 옵션가격증거금으로 구성되며 다음 날의 예탁금 추산액이 유지증거금을 밑돌면 자금을 익일 12:00까지 추가로 납입해야 한다.

3) 투자자보호장치

KOSPI200옵션시장에서도 가격변동폭을 전일 KOSPI200 종가의 15% 변동 시의 이론가격 이내로 제한하며 KOSPI200선물시장에서 매매거래중단제도가 발동되면 KOSPI200옵션도 모든 거래가 중단된다.

(5) 주식옵션시장

한국증권거래소의 유가증권시장에 상장되어 있는 보통주식 중 시가총액이 큰 33개 기업이 발행한 주식을 기초자산으로 하는 옵션시장인 주식옵션시장은 옵션의 종류, 권리행사유형, 결제방식, 결제월물, 최종거래일, 호가의 종류 등은 KOSPI200옵션과 같으나 기초자산이 보통주식이라 행사가격과 거래단위 등에 차이가 있다. 주식옵션의 거래 단위는 옵션 1계약당 주식 10주로 하여 한국거래소의 주식 매매 수량 단위와 일치시켰고 가격제한폭은 18%, 거래증거금율은 12%, 위탁증거금율은 18%로 운용한다.

3 금리관련 파생상품시장

3.1 금리선물시장

(1) 의의

금리선물이란 기초자산인 금리로부터 파생되는 금융상품으로서 시장금리 변동에 의한 금융자산의 가격변동위험을 헤지하거나 투자 이익 극대화를 위하여 미래 특정 시점에서의 특정 금융자산의 예상수익률을 매매하는 거래로 국채금리, 페더럴펀드금리, 유로달러금리 등이 실제 거래대상이다. 금리선물은 거래대상의 만기에 따라 단기금리선물과 장기금리선물로 구분된다. 금리선물은 선도거래와 같이 미래의 일정시점에 인도할 금리 상품가격을 현재에 고정시키지만 선도거래의 단점인 거래상대방의 위험을 제도적으로 보완하였다.

금리선물시장은 1975년 미국 시카고상품거래소에서 미국정부주택저당채권증서(GNMA mortgage certificates)를 대상으로 최초 개설되었고 미국의 시카고상품거래소(CBOT), 시카고상업거래소(CME), 독일 EUREX 등이 현재까지 활발한 금리선물시장으로 꼽힌다.

1) 금리선물 이용 목적

① 금리위험 축소

국고채 전문딜러, 자산운용회사, 연기금, 보험회사 등 현물채권 보유규모가 큰 시장참가자들은 금리 변동에 따른 불확실성을 헤지하기 위하여 선물매도를 거래해 금리선물 만기시점 기준 보유 국고채권 가격을 현재의 금리선물가격으로 고정하며 채권을 미래의 특정시점에 매입하고자 할 때는 금리 하락에 대비해 국채 선물을 매수한다. 이를 통해 채권 현물시장에서 발생할 수 있는 손익이 금리선물시장에서의 손익으로 상쇄되어 금리의 위험이 축소될 수 있다.

② 무위험 차익거래

현물 채권의 가격이 이론가 대비 저평가 폭이 비정상적으로 확대될 경우에는 선물을 매수하고 채권대차거래 등을 통해 현물을 매도하여 만기까지 유지한다면 무위험 차익을 얻을 수 있다.

③ 투자수익 제고

채권가격의 방향성을 예측하여 금리선물가격이 오른다고 예상되면 금리선물을 매수하고 금리선물가격이 하락한다고 예상되면 금리선물을 매도하여 단기 투자수익을 극대화할 수 있는 수단이 되기 때문에 채권거래에 비해 적은 투자금액으로 큰 수익을 얻는 레버리지 효과를 통해 투자수익을 제고할 수 있다.

④ 채권포트폴리오 관리

금리선물을 이용하여 채권 포트폴리오의 듀레이션(duration)을 조정할 수 있기 때문에 금리가 하락된다고 예상되는 경우 금리선물을 매수함으로써 듀레이션을 늘릴 수 있고 금리가 상승된다고 예상되는 경우 금리선물을 매도함으로써 듀레이션을 줄일 수 있다.

표 7-1 금리선물시장 제도변천[1)]

연도	내용
1999년	한국거래소 설립, CD금리선물과 3년 국채선물 상장
2001년	CD금리선물 거래 중단
2002년	CD금리선물을 보완하기 위한 통화안정증권금리선물을 상장
2003년	5년 국채선물 상장
2007년	CD금리선물 상장 폐지
2008년	10년국채선물 상장
2011년	통화안정증권금리선물 상장 폐지

(2) 거래소 제도

금리선물시장은 거래소, 파생상품회원, 고객으로 이루어져 있으며 선물거래는 한국거래소에서 정형화된 매매계약에 따라 이루어진다. 법률적 회원들로 구성된 사단법인의 형태인 한국거래소는 출자금, 연회비, 선물거래에 대한 거래수수료 등으로 운영된다.

정보기술의 발달에 힘입어 주문매매방식은 전자거래방식을 통해 이루어지고 있어 주문접수, 거래체결, 통보과정이 전산시스템에 의해 자동적으로 수행된다. 결제업무는 한국거래소가 청산과 결제를 담당하는 부서를 두어 운영하고 있으며 계약이 이행되지 않을 경우 회원들의 연대책임을 통해 해결하기 위해 손해배상공동기금을 적립하고 있다. 한국거래소에 상장된 금리선물거래의 체결가격은 시간우선의 원칙에 따라 결정되기 때문에 매도주문의 경우 최저매도가격, 매수주문의 경우 최고매수가격을 우선으로 거래를 체결하고 같은 가격의 주문에 대해서는 먼저 접수된 주문부터 체결시킨다. 또한 금리선물거래에 있어서도 가격의 제한폭이 있지만 주로 장외시장에서 금리선물 거래대상인 채권이 거래되기 때문에 매매거래중단제도는 운영하지 않는다.

(3) 금리선물시장의 특성

한국거래소에 상장되어 있는 금리선물은 3년 국채선물, 5년 국채선물, 10년 국채선물로 구성되어 있으며 5년 국채선물과 10년 국채선물은 기초자산의 만기, 주문가격 제한폭, 증거금률 등을 제외하고 3년 국채선물과 모든 거래소건이 동일하다.

1) 거래조건

3년 국채선물의 기초자산은 최종결제일이 현재 기준 만기 3년이며 액면금액은 1억 원이다. 표면금리는 5%로 반기별로 이자를 지급하며 선물가격은 액면금액 1억 원을 100으로 환산하여 소수점 둘째자리까지 표시한다. 국채의 유동성 부족에 따른 실물인도의 어려움이 있고 거래의 편의성을 위해 최종결제방법은 현금결제방식으로 이루어지며 거래소가 정한 최종결제가격과 선물계약가격과의 차액만을 정산한다. 최종결제 기준채권이란 가상국고채의 최종결제가격 산정에 실제채권의 수익률이 사용되는 것을 말하며 최종결제기준채권은 한국거래소가 미리 정해진 기준에 따라 이자지급방식이 6개월인 국고채 중 지정하는 채권을 말한다. 국채선물의 결제월 주기는 3개월 단위로 3, 6, 9, 12월이며 이 중 2개 최근월물만 상장되어 거래되고 있으며 최종거래일은 해당 결제월의 세 번째 화요일이다. 거래시간은 09:00~15:15이며 최종거래일에는 09:00~11:30까지만 거래가 가능하다.

2008년에 상장된 10년 국채선물의 경우 처음에는 현물결제방식제도를 택하였으나 국채선물제도를 개편하고 이를 활성화하기 위해 다른 종목들과 거래조건이 유사하게 변경되었다. 또한 특정주체가 미결제 약정을 과다 보유함으로 인해 생길 수 있는 문제점인 결제불이행이나 시세조종위험을 방지하고 대량 미결제약정수량의 일시해소에 따른 시장충격을 방지하기 위해 위탁자별로 최근월종목의 미결제약정 보유한도를 5,000계약으로 제한하고 있다.

2) 증거금제도

증거금제도란 선물거래를 하고자 하는 투자자가 정해진 증거금을 거래소 회원사에 개설된 본인계좌에 예치해야 하며 이 증거금에는 거래체결을 위한 개시증거금, 거래유지를 위한 유지증거금, 유지증거금이 부족할 경우 추가로 납부해야 하는 추가증거금이 있다.

3년 국채선물의 경우 개시증거금은 위탁금액의 0.9%이며 유지증거금은 해당거래일 최종결제 기준채권의 0.6%이다. 예탁평가액이 선물가격의 하락에 의해 유지증거금을 하회하게 되면 거래고객에서 추가증거금을 납입하도록 하는데 이를 마진콜이라 하며 추가증거금의 요구가 있을 때 유지증거금이 부족해진 날의 익영업일 12시까지 개시증거금 수준으로 증거금을 예탁해야 한다. 그렇지 않을 경우 위탁 거래를 맡은 거래소 회원이 고객의 미결제약정을 임의로 반대매매하여 처분하게 된다.

3) 일일정산제도

금리선물거래는 매일 시가로 산정된 일일정산가격을 기준으로 정산하며 선물가격이 상승할 때 전일 선물포지션의 선물가격과 금일 일일정산가격과의 차이만큼의 금액을 선물매매자는 수령하고 선물매도자는 지급하게 된다.

4) 선물가격과 현물가격의 관계

보유비용(cost of carry)의 관점에서 선물가격과 현물가격 간의 관계를 파악할 수 있으며 보통 현물보유와 관련한 비용이 현물보유에서 발생하는 수익보다 크면 선물가격이 현물가격을 상회하며 그렇지 않을 경우에는 선물가격이 현물가격을 하회한다.

국채선물가격은 일반적으로 현물채권가격의 움직임에 영향을 받기 때문에 현물가격(spot price)과 선물가격(futures price)의 차이로 정의되는 베이시스(basis)를 이해하는 것이 중요하다. 베이시스는 시장상황에 따라 +나 −로 나타날 수 있으나 만기일에는 선물가격과 현물가격이 같아지기 때문에 0이 된다.

우리나라 국채선물시장에서는 현물채권 보유에 따른 매도헤지거래가 공매도가 제한되는 매수헤지거래보다 많기 때문에 국채선물가격이 현물가격을 하회하는 현상이 지배적으로 나타난다.

3.2 금리스왑시장

(1) 의의

금리스왑(IRS : Interest Rate Swap)이란 두 채무자가 동종 통화표시 대상채무에 대해 원금의 교환 없이 일정기간 동안 이자지급의무를 상호 간에 교환하는 계약으로서 보통 변동금리를 고정금리로 전환하는 방법을 통해 차입금에 대한 금리변동의 위험을 헤지하고 차입비용을 절감하고자 한다. 일반적으로 금리스왑은 고정금리부채와 변동금리부채의 이자 지급을 교환하는 쿠폰 스왑의 형태로 거래가 이루어졌지만 최근에는 변동금리채무 간의 이자지급을 교환하는 베이시스레이트스왑(basis rate swap)도 증가하는 추세이다.

금리스왑거래는 통화, 원금, 만기가 같은 부채구조를 가진 두 당사자 간의 거래로 이자지급의 의무는 있지만 원금지급이나 교환의 의무가 없기 때문에 자금에 대한 부담과 신용위험이 낮다. 보통 금리스왑시장은 고정금리부 자산과 부채의 듀레이션 불일치로 인한 금리변동 위험을 헤지하기 위한 수단으로서 금리스왑거래가 이루어진다. 반면 저평가된 현물이나 선물을 매입함과 동시에 고정금리지급부 금리스왑을 거래하거나 고평가된 채권의 현물 또는 선물을 매도하면서 고정금리수취부 금리스왑을 거래함으로써 현·선물과 금리스왑시장 간의 가격 차이를 통해 이익을 획득할 수 있다. 또한 향후 금리가 상승될 것이라고 예상된다면 고정금리지급 스왑포지션을 취하고 금리가 하락한다고 예상되면 고정금리수취 스왑포지션을 취함으로써 투기적인 이익을 얻을 수 있다.

(2) 거래조건

금리스왑의 최소거래단위금액은 100억 원이며 100억 단위로 추가할 수 있고 거래만기는 3개월부터 20년물까지 있지만 1~5년물이 주로 거래된다. 그리고 금융투자협회가 발표하는 최종호가수익률 기준 91일물 CD금리를 이용한 변동금리는 고정금리와 3개월마다 교환된다. 또한 금리스왑시장에서는 변동금리와 교환되는 고정금리를 스왑금리(swap rate)라 하며 이는 스왑시장 조성은행이 고객에게 변동금리를 주는 대신 받는 고정금리인 offer금리와 스왑시장 조성은행이 변동금리를 받는 대신 지급하고자 하는 고정금리인 bid금리를 평균하여 사용한다.

스왑금리와 무위험채권 수익률 간의 차이인 금리스왑 스프레드는 일반적으로 3년 만기 스왑금리와 3년 만기 국고채 수익률 간의 차이가 주로 이용되며 1,2,5,10년 만기 스왑금리와 1,2년 만기 통화안정증권 및 5,10년 만기 국공채 수익률 간의 차이도 가끔 이용된다. 금리스왑시장에서의 스왑 금리 및 스프레드는 금리전망, 거래상대방의 신용위험, 국채 및 스왑시장의 수급 등 다양한 요인에 의해 변동한다.

(3) 참가기관

금리스왑시장은 대고객시장과 은행 간 시장으로 나뉜다. 대고객시장이란 자산운용사, 보험사, 연기금 및 신용도가 높은 기업들이 금리변동 위험의 헤지(hedge)를 목적으로 스왑시장 조성은행과 스왑거래를 맺는 시장을 일컫는다. 스왑시장 조성은행은 새로운 고객과의 반대방향 거래(offset transaction)를 하거나 은행 간시장에서 포지션을 조정한다. 은행 간 거래에서는 직접거래보다는 서울외국환중개, 한국자금중개, Tullet Prebon Korea 등의 국내 중개회사 및 Tradition, GFI, IGAP 등과 같은 중개회사를 통한 중개거래를 함으로써 상호 간의 탐색비용을 줄이고 있다. 또한 단순중개방식으로 주로 거래하면서 금리변동의 위험을 부담하지 않고자 한다.

(4) 금리스왑의 경제적 기능

1) 금리위험의 헤지

금리스왑의 가장 궁극적인 목적은 금리위험의 헤지에 있다. 예를 들어, 한 기업이 장기고정금리부로 자금조달을 하고 싶지만 신용등급이 낮아 변동금리로 대출받을 수밖에 없는 반면 은행은 높은 신용도를 바탕으로 고정금리로 채권을 발행해 자금을 조달할 수 있지만 금리변동을 회피하기 위해 변동금리부로 차입을 원할 경우 양자가 쿠폰스왑을 통해 서로가 만족하는 거래를 할 수 있다. 또한 베이시스레이트 스왑은 금융기관 대차대조표상의 베이스 위험을 관리하는 데 효과적인 수단이 된다. 예를 들어, 한 금융기관의 부채와 자신이 서로 상이한 변동금리로 구성되어 있다면 베이시스레이트 스왑거래를 통해 부채와 자산의 변동금리기준을 통일해 베이시스 위험을 줄일 수 있다.

2) 적극적인 부채관리의 수단

금리스왑을 통해 부채구성을 변경할 수 있기 때문에 이는 적극적인 부채관리의 수단이 될 수 있다. 예를 들어, 특정 기업이 부채 중에서 고정금리부 부채의 비중이 너무 높다고 판단한다면 변동금리부 부채를 발행해 고정금리부 부채를 상환하거나 금리스왑을 통해 고정금리부 부채와 변동금리부 부채를 교환함으로써 이를 해결할 수 있다.

3) 차입비용의 절감

금리스왑은 차입조건의 개선이나 차입비용의 절감을 위한 수단으로도 이용된다. 특히 베이시스레이트 스왑은 LIBOR, TB, CP수익률[3] 등을 변동금리의 기준으로 삼고 있기 때문에 이들 금리차를 이용한 스왑 거래가 체결될 경우 시장 간의 금리차익거래가 이루어진다.

4 통화관련 파생상품시장

4.1 통화스왑시장

(1) 의의

통화스왑(CRS : currency swap)이란 둘 이상의 거래기관이 서로 다른 통화로 표시된 원금을 교환하고 일정기간 동안 그 원금에 대하여 계약시점에 미리 정한 이자지급조건으로 이자를 교환한 후 만기가 도래하면 계약시점에 미리 약정한 환율로 원금을 상호 교환하는 거래를 말한다. 통화스왑은 환리스크에 대한 헤지나 필요한 통화의 자금을 조달하는 수단이 되기도 하며 금리변동에 대한 헤지나 특정시장의 외환규제나 조세차별을 피하기 위해 이용하기도 한다.

(2) 거래조건

거래만기는 3개월부터 20년물까지 있지만 주로 1~5년물이 거래되며 최소 거래단위는 1천만 달러로 1천만 달러 단위로 증액 가능하다. 시장에서는 일반적으로 고정금리부 원화와 만기 6개월 LIBOR 변동금리로 외화를 교환한다. 통화스왑시장에서도 offer금리와 bid금리가 존재하며 offer금리는 스왑시장조성은행이 고객으로부터 달러화를 받고 원화를 줄 때 받고자 하는 원화고정금리를 말한다. 반면 bid금리는 스왑시장조성은행이 원화를 받고 달러를 줄 때 지급하고자 하는 원화고정금리이다.

---

3) 강병호 외 2명, 금융시장론, 박영사, 2014

(3) 참가기관

금리스왑시장과 같이 통화스왑시장도 대고객시장과 은행 간시장으로 나뉘며 신용카드회사나 보험회사 등과 같은 고객들과 통화스왑시장조성은행 등이 사전계약을 통해 스왑거래 한도를 설정한 후 고객이 조성은행에 스왑 요구를 하면 동 은행이 이를 받아들여 거래가 체결된다. 스왑시장조성은행은 금리스왑시장의 중개회사와 동일한 중개기관을 통해 대고객거래에서 발생한 통화스왑 포지션 변동을 반대방향 거래로 조정하거나 투기로 인한 이득을 얻기 위해 통화스왑거래를 하고 있다.

4.2 선물환시장

선물환거래는 단순선물환(outright forward)거래와 외환스왑(swap forward)거래로 나뉜다. 단순선물환거래는 일방적으로 선물환을 매입하거나 매도하는 거래를 말하며 이는 만기시점에 실물의 인수도가 일어나는 일반선물환거래와 만기시점에 계약원금의 교환 없이 현물환율인 지정환율 간의 차액만 정산하는 차액결제선물환(NDF : Non-Deliverable Forward)거래로 나뉜다. 차액결제선물환은 차액만 결제하기 때문에 결제 위험이 적으며 환리스크 헤지수단으로 이용되며 적은 금액으로도 거래할 수 있어 레버리지 효과가 크기 때문에 투기적 거래를 통해 환차익을 얻기도 한다. 또한 차액결제선물환거래는 일반적으로 미 달러화가 결제통화로 이용되고 있기 때문에 해당 통화를 보유하거나 환전할 필요 없이 선물환거래를 자유롭게 할 수 있다.

외환스왑거래란 거래 상대방이 현재의 환율에 따라 서로 다른 통화를 교환하고 일정기간 후에 계약환율에 따라 원금을 재교환하기로 약정하는 거래로서 동일한 거래상대방과 현물환과 선물환(spot-forward swap)또는 만기가 상이한 선물환과 선물환(forward-forward swap) 등을 서로 반대방향으로 동시에 매매하는 거래를 말한다.

기업들의 환리스크 헤지 수요가 높아지고 비거주자의 NDF거래가 증가함에 의해 국내 외국환은행의 선물환거래는 꾸준히 늘어나고 있으며 조선사, 중공업체와 같이 미래에 수취하는 선박수주대금의 환리스크 헤지를 위해 일정비율의 선물환을 매도한다.

5 신용파생상품시장

5.1 의의

신용파생상품이란 기초자산인 대출 및 회사채 등에 내재된 신용위험의 일부나 전부를 기초자산과 분리하여 이를 스왑이나 옵션 계약을 통해 거래당사자에 이전하고 그 대가로 프리미엄을 받는 금융거래계약 형태의 금융상품을 의미한다. 신용파생상품은 신용위험만을 분리하여 거래하기 때문에 신용위험을 다수의 투자자에게 분산시키는 역할을 한다.

신용파생상품을 거래하기 위해 신용위험이 실제 발생했는지 나타내는 신용사건의 종류와 내용을 정하고 발생시점을 정의하는 것이 중요하며 이는 국제스왑·파생상품협회(ISDA : International Swaps and Derivatives Association)에서 마련한 5개 사항의 표준안을 참고해 거래당사자가 매매계약 시 약정한다. 거래당사자에는 신용위험을 회피할 목적으로 위험을 이전하고 프리미엄을 지급하는 보장매입자(protection buyer)와 프리미엄을 받고 신용위험을 이전받는 보장매도자(protection seller)로 구성된다.

신용파생상품시장은 신용위험 관리를 위한 목적으로 급속히 성장되었으나 글로벌 금융위기 이후 거래규모가 크게 축소되었고 우리나라의 경우에도 그 규모는 아직 미미하며 한계점도 적지 않다. 대표적으로 보장매입자와 보장매도자 간에 원채무자의 신용상태에 대한 정보의 비대칭에 수반되는 문제를 들 수 있다. 즉 기초자산에 대한 정보를 많이 가진 보장매입자는 발생 가능성이 높은 위험만을 매각하려는 유인이 있어 도덕적 해이 현상이 야기될 수 있다.

표 7-2 신용파생상품시장 제도변천

연도	내용
2005년	증권거래법 시행령 개정으로 인한 신용상품 거래기반 조성
2006년	기업의 대외경제활동을 지원하고 동북아 금융허브 육성을 위해 모든 신용상품의 거래를 한국은행 신고사항으로 규제 완화, 간접투자자산운용업 시행령 개정으로 인해 신용위험을 보장받는 경우 보장매입자의 경우에 한해 자산운용사의 신용파생상품거래 허용, 금융회사의 신용파생상품 거래에 대한 감독기준을 신설
2007년	감독기준 개정으로 인해 신용파생상품에 대한 자기자본비율 산출기준 마련
2009년	외국환은행에 한해 보고사항으로 변경, 자본시장과 금융투자업에 관한 법률시행으로 금융투자상품에 신용파생상품 포함

5.2 주요 신용파생상품

(1) 신용파산스왑(CDS : Credit Default Swaps)

신용파산스왑이란 채권 인수 시 발행자의 신용위험을 보장매도자에게 팔아 정기적으로 일정한 프리미엄을 지급하고 발행자의 채무불이행으로 입게 될 손해를 방지하는 신용파생상품으로서 지급보증과 유사한 성격을 가진다. 계약기간 동안 신용사건이 발생하면 보장매도자로부터 손실액이나 일정금액을 보상받을 수 있으나 신용사건이 발생하지 않으면 프리미엄만 지급하게 된다. 보통 신용사건이 발생하게 되면 신용파산스왑은 실물인도나 현금결제에 의해 정산된다. 실물인도에 의해 정산되는 경우 보장매입자는 기초자산을 보장매도자에게 인도하고 기초자산의 액면가만 받으며 현금결제에 의해 정산된다면 기초자산의 명목원금과 평균 시장가격과의 차이가 정산금액이 된다. 즉, 신용사건이 발생했을 때 보장매도자가 보장매입자에게 지급하는 보상지급액의 지급 방식은 현물인도, 현금정산, 확정금액지급으로 구성된다.

① 현물인도

현물인도란 보장매도자가 기초자산을 현물로 받고 보장매입자에게 약정가액을 지급하는 것을 말한다.

② 현금정산

보장매도자가 기초자산의 회수가치를 제외한 금액을 지급하는 것으로 일반적으로 회수가치는 신용사건 발생 후 3개월 이내에 입찰, 딜러호가 조사 이 두 가지를 통해 산출된다.

③ 확정금액지급

확정금액지급이란 보장매도자가 기초자산의 회수가치를 고려하지 않고 사전에 합의한 확정 금액을 지급하는 것을 말한다.

신용파산스왑의 프리미엄은 거래의 만기가 길어지고 기초자산의 신용등급이 낮으며 보장매도자의 신용등급이 높을수록 높아진다. 신용파산스왑거래를 통해 보장매입자는 신용위험을 헤지할 수 있고 보장매도자는 신용위험을 이전받는 대신에 수수료 수입을 얻을 수 있다. 또한 CDS 시장참여자들은 기존 포지션 정리를 위해 포지션을 종결하거나 반대 포지션을 취한다.

(2) 신용바스켓스왑(CBS : Credit Basket Swap)

신용바스켓스왑이란 신용부도스왑의 일종으로 기초자산이 다수의 자산으로 구성되고 손실보전의 우선순위가 상이한 두 종류의 보장 매도자로 구성된 상품을 말한다. 신용사건이 발생하면 우선 첫 번째 순위의 신용위험보전 바스켓(FTD : First-to-Default Basket)이 손실을 보전하고 이것이 충분하지 못하면 다음 순위인 후순위 신용위험보전 바스켓(STD : Second-to Default Basket)이 이를 부담하게 된다.

신용바스켓스왑은 기초자산의 부도로 인한 손실을 보전하는 방법에 따라 first-to-default 구조와 green bottle 구조로 나뉠 수 있다. first-to-default 구조란 바스켓을 구성하는 기초자산 중 특정 자산의 부도로 인해 손실이 발생하면 이 자산에서 발생한 손실만 부담하고 거래를 종결한다. 반면 green bottle 구조는 바스켓을 구성하는 기초자산 중에서 부도가 발생하면 해당 자산에 대한 손실의 일정 비율을 부담하고 거래를 계속한다.

(3) 총수익스왑(TRS : Total Return Swaps)

총수익스왑은 일정 시점마다 채권 이표뿐 아니라 스왑 종료시점의 자본이득 또는 자본손실 등 기초자산에서 발생하는 모든 경제적인 성과인 총수익을 일정한 약정이자와 교환하는 계약을 말한다. 스왑기간 동안 이표 지급일에 보장매입자는 채권표면이자를 지급하고 보상매도자는 LIBOR+의 이자를 지급하며 계약이 종료될 때는 이자교환뿐 아니라 채권가치의 변동에 따른 자본이득이나 손실도 정산하여 교환한다. 스왑기간 중 기초자산에서 채무 불이행이 발생되거나 만기가 도래하면 보통 계약의 명목원금과 기초자산의 시장가격의 차익만큼을 보장매도자가 부담하는 등 계약상의 의무를 이행한다. 이 경우 보통딜러의 호가 등에 의해 기초자산의 가격을 결정한다. 하지만 이렇게 결정된 가격에 이의를 가질 경우 보장매입자로부터 기초자산을 매입해 원채무자와 채무상환계획을 합의할 수 있는 선택권을 가지는 경우도 있다.

총수익스왑은 기초자산의 신용위험뿐 아니라 금리, 환율 변동 등과 같은 시장위험도 거래상대방에 이전할 수 있는 특징을 가진다. 또한 매수자는 스왑기간 동안 채무불이행과 금리변동위험에 대한 보호를 받을 수 있다.

(4) 신용연계증권(CLN : Credit Linked Notes)

신용파산스왑(CDS)를 증권화한 형태인 신용연계증권은 보장매입자가 약정된 방식으로 이자를 지급하고 보장매도자는 신용사건이 발생하면 기초자산의 손실을 부담하는 대가로 약정이자를 받는다. 이는 채권을 이용해 신용위험을 다수의 투자자에게 분산하고 이전시키도록 고안된 상품이다. 신용연계증권 거래는 보장매도자가 지급하는 신용연계증권매수대금이 신용사건 발생 시 보장매도자가 부담하게 되는 손실의 담보역할을 하기 때문에 보장매도자의 신용도는 거래에 영향을 주지 않는다는 특징을 가진다. 또한 신용연계증권은 기초자산을 보유한 금융기관이 직접 발행하거나 특수목적회사(SPV : Special Purpose Vehicle)를 통해 발행된다. CLN은 매각할 때 신용도에 의해 선순위(senior tranche), 중순위(mezzanine tranche), 후순위(equity tranche)로 나뉘어 신용등급별로 투사사에세 배각된다.

(5) 합성담보부증권(합성CDO : Synthetic Collateralized Debt Obligations)

합성담보부증권은 CDS와 CDO, 자산유동화 기법을 합성하여 신용리스크를 투자자에게 이전시키기 위해 도입된 상품이다. 즉, 보장매입자의 기초자산에 내재된 신용위험을 특수목적회사에 이전하여 발행한 선·후순위 채권으로 대출과 채권 등 기초자산의 신용위험을 관리하는 신용파생상품의 특징과 다수의 대출과 채권을 유동화하는 전통적 CDO를 통합한 특징을 지닌다. 합성담보부증권은 기초자산이 아닌 현금흐름만을 SPV에 매각하고 이 SPV와 CDS계약을 체결해 보유자산의 신용리스크만 SPC에게 이전하는 구조를 가지고 있다. 기초자산을 SPV에 매각하는 방식은 거래비용이 높고 고객관계가 단절될 수 있는 위험이 있을 뿐 아니라 유동화의 기본조건을 지키는 데 한계가 있어 현금흐름만을 매각하는 방식이 많이 이용되고 있다.

합성담보부증권은 신용도에 따라 CLO(Collateralized Loan Obligations), CBO(Collateralized Bond Obligations) 등으로 나뉘며 계약기간 중 신용사건이 발생하면 특수목적회사는 무위험 자산을 매각한 자금으로 손실분을 보전한다. 합성CDO는 신용위험을 헤지하기 위한 증권형태로 발행되었으나 신용등급에 따라 다수의 증권이 발행되기 때문에 신용연계증권과 차이가 있다.

(6) 신용옵션(credit option)

신용옵션이란 옵션매입자가 옵션매도자에게 일정한 프리미엄을 지불하는 대신 채무불이행과 같은 신용사건이 발생할 경우 기초자산의 가치하락분을 보상받기 위해 자산을 매각할 수 있는 옵션계약을 의미한다. 일반적으로 채무불이행이 발생하면 옵션매입자는 채무불이행이 발생한 자산의 회수가치를 차감한 금액을 지급받지만 이 회수가치 산정에 대한 이의가 있을 경우 이 자산을 회수가치로 매입이나 매각할 수 있는 권리를 가지게 된다. 일반적으로 회수가치는 제3자가 정하여 공정한 평가를 돕는다.

신용위험 변화에 따른 채권가격 변동에 민감한 투자자들이 헤지나 투자목적으로 신용옵션을 거래하는 경우 옵션매입자가 특정자산의 신용스프레드를 사전에 약정한 신용스프레드로 사거나 팔 수 있는 권리를 보유하기도 한다. 여기서 신용스프레드란 채권이나 대출의 이자율과 무위험 이자율의 차이를 말한다.

6 파생결합증권시장

6.1 개요

파생결합증권(DLS : Derivatives Linked Securities)은 유가증권과 금융파생상품이 결합한 형태의 증권으로 기초자산의 가치변동에 따라 미리 정해진 방법으로 지급금액이나 회수금액이 결정되는 증권이며 투자자들에게 다양한 투자 수단을 제공하고 수익을 창출하기 위해 도입되었다. 파생결합증권은 금융투자매매업 인가를 받은 금융기간만이 발행할 수 있으며 우리나라의 대표적인 파생결합증권은 주식워런트증권(ELW : Equity Linked Warrant), 주가연계증권(ELS : Equity Linked Securities), 기타 파생결합증권 등이 있다.

우리나라에서는 2002년 증권거래법시행령이 개정되면서 ELW가 유가증권으로 지정돼 제도적 기반이 마련되었고 파생결합증권의 기초자산 범위가 대폭 확대됨에 따라 다양한 형태의 파생결합증권이 생겨났다.

6.2 주식워런트증권시장

주식워런트증권(ELW : Equity Linked Warrant)[4)]은 개별 주식 또는 주가지수와 연계해 가격을 정한 뒤 약정된 방법에 따라 미래의 일정시점에 해당 주식 또는 현금을 사고 팔 수 있는 권리가 부여되는 금융투자상품이다. 만기일 주식워런트증권 투자자의 수익은 보유 주식워런트증권의 행사가격과 기초자산의 만기평가가격에 따라 결정되기 때문에 투자자 입장에서 주식워런트증권의 만기일 손익구조는 주가지수 옵션의 매수 포지션과 동일하지만 법적구조, 시장구조, 발행조건 등은 옵션과 다르다. 주식워런트증권은 증권사가 다양하게 설계

4) 특정주식을 기초자산으로 하여 미래시점의 주가가 미리 정해진 행사가격보다 높은지 낮은지에 따라 수익이 결정되는 상품으로 행사가격으로 기초자산을 사거나 팔 수 있는 권리를 갖는 유가증권을 말한다.

가능하기 때문에 증권사의 신용리스크에 영향을 받으며 유가증권시장에 상장되어 있는 일반 주식처럼 거래하여 개별주식 옵션에 비해 유동성이 크다.

우리나라 주식워런트증권은 2005년 유가증권시장에 처음 상장되었으며 도입초기 발행 조건과 매매제도를 표준화한 덕분에 단기간에 급속히 성장할 수 있었다. 또한 2010년에는 일반 ELW에 조기종료(knock-out) 조건이 추가적으로 결합되면서 조기종료 ELW(KOBA ELW : Knock-out barrier Equity Linked Warrant)가 새롭게 상장돼 다양한 투자상품이 생겼으며 상대적으로 레버리지 효과가 적고 손실이 ELW 매수대금 전액으로 확대되는 것을 제한(stop-loss)함으로써 안정적인 투자를 가능하게 했다. 그러나 주식워런트증권시장의 초단타 거래의 비중이 높고 과도한 투기성이 있으며 거래에 불공정함도 제기되면서 감독기관은 감시를 강화하고 관련 제도를 지속적으로 시행하기 시작해 거래규모가 크게 축소되었다.

6.3 주가연계증권시장

주가연계증권시장(ELS : Equity Linked Securities)[5)]은 개별 주식의 가격이나 주가지수와 연계되어 수익률이 결정되는 파생상품으로 증권 발행대금을 채권이나 예금과 같은 안정자산에 투자해 원금을 보장하고 나머지를 주식이나 파생상품에 투자하여 초과수익을 얻고자 한다. 주가연계증권은 유가증권시장에 상장되어 있지 않아 유동성이 낮고 발행증권사의 신용리스크에 노출될 수 있지만 만기나 수익구조 등을 다양하게 설계할 수 있다.

주가연계증권은 주식, 파생상품에 투자 비중이 낮은 원금보장형 상품과 주식, 파생상품에 대한 투자 비중을 높여 원금손실의 가능성이 있음에도 큰 수익을 추구하는 원금비보장형 상품으로 나뉜다. 일반적으로 원금비보장형상품이 주를 이루고 있으며 투자수익률에 연동되는 기초자산에 따라 지수형 상품, 개별 주식형 상품, 지수와 주식의 혼합형 상품으로 나뉜다. 반면 증권회사가 발행하는 주

5) 개별주식의 가격이나 주가지수의 변동에 따라 만기에 받는 금액이 결정되는 증권을 말한다.

가연계증권과 유사한 상품으로는 은행이 취급하는 주가연계예금(ELD : Equity Linked Deposit)과 자산운용사가 운용하는 주가연계펀드(ELF : Equity Linked Fund) 등이 있다.

우리나라는 2003년 증권거래법시행령이 개정되면서 주가연계증권의 판매가 허용되었으며 이 상품을 통해 조기에 목표 수익을 얻는 사례가 증가함에 따라 크게 활성화되었다. 하지만 글로벌 금융위기로 인해 주가가 급락하면서 급감하다가 증시가 안정을 되찾자 투자가 다시 늘어 시장이 다시 활성화되었다. 발행방식에는 공모방식과 사모방식이 있으나 일반적으로 사모방식을 많이 따르고 투자자는 보통 개인이나 일반법인이지만 자산운용사, 퇴직연금 신탁 등도 참여하고 있다.

6.4 기타 파생결합증권시장

주가 이외의 금리나 신용, 일반상품, 환율 등에 연계된 상품을 기타 파생결합증권이라 하며 발행 증권사의 신용 리스크에 노출될 수 있으나 다양한 상품을 설계함으로써 다양한 투자수단을 제공한다. 우리나라에서는 원금비보장형이 일반적이며 금리와 신용을 기초자산으로 한 상품의 발행이 활발하다. 대표적인 금리 연계 상품인 CD 금리 연계 Digital Option 증권은 특정일 CD 금리가 일정수준 이상인 경우 약정한 2가지 금리 중 높은 금리를 취하고 CD 금리가 일정수준 이하일 때는 낮은 금리를 취하는 수익구조를 가진다.

우리나라에서는 2005년 기타 파생결합상품증권의 판매가 허용되었으며 이를 기관투자자가 중단기 자금운용수단으로 활용하면서 급성장하였다. 하지만 금리 연계 상품이 1년 이하의 단기로 발행되는 경우가 많아 발행액 규모대비 발행 잔액이 적은 편이다. 보통 사모방식을 통해 발행하고 있으며 과반수 이상을 차지하는 개인 및 일반법인뿐 아니라 자산운용사나 연기금 등도 투자자로서 투자활동을 하고 있다.

III

PART Ⅲ

금융기관과 금융제도

금융기관은 금융시장에서 자금수요자(기업, 투자자)와 자금공급자(저축자) 사이에서 저축과 투자를 연결해 주는 기능을 수행하는 기관, 즉 상호 경제주체들에게 금융 관련 서비스를 제공하는 모든 기관을 일컫는다.

금융제도에서 '제도'는 시스템(system)을 뜻한다. 금융제도란 금융거래에 관한 일체의 법규, 체계, 관행 등을 총칭하는 개념으로 개인이나 기업 등 금융거래를 행하는 경제주체, 금융서비스, 금융시장 등에 관한 모든 체계를 포괄하는 경제시스템의 하나이며, 금융거래에 참여한 경제주체들이 원활한 금융거래를 할 수 있도록 법규, 체계, 관행 등을 제공하고 이를 관리 감독하는 일련의 과정을 모두 통틀어 금융제도라 한다.

CHAPTER

08

은행

1 금융기관

금융기관은 금융시장에서 자금수요자(기업, 투자자)와 자금공급자(저축자) 사이에서 저축과 투자를 연결해 주는 기능을 수행하는 기관, 즉 상호 경제주체들에게 금융 관련 서비스를 제공하는 모든 기관을 일컫는다.

자금의 공급자가 직접 자금의 수요자에게 자금을 대여해주면 될 것을 왜 자금공급자가 금융기관에게 대여해주고 금융기관이 이를 다시 자금수요자에게 대여해 주는가의 의문이 발생한다. 또한 이러한 금융행위는 경제 전체로 본다면 막대한 규모의 경제적 비용 문제가 생길 것이다. 하지만 금융행위에 특화된 금융기관이 존재함으로써 자금수요자와 자금공급자에 대한 정보를 종합하여[1] 정보의 비대칭성문제를 해결해주고, 개인이 할 수 없는 금융에 관한 특별한 서비스를 제공할 수 있도록 하는 것이 거시경제적인 관점에서 보다 효율적일 것이다. 따라서 금융기관의 존재로 인하여 발생하는 경제적 비용은 금융시장의 불완전성을 보완하기 위한 일종의 대가로 봐야 한다.

금융기관의 기능은 다음과 같다. 첫째는 자산전환기능이다. 금융시장에서 자금의 거래가 원활하게 이루어지기 위해서는 자금의 공급자와 수요자 간에 거래조건이 맞아야 한다. 그러나 자금의 공급자는 자금을 높은 이자로 단기간 빌려주고자 할 것이고, 자금의 수요자는 낮은 이자로 장기간 빌리고자 할 것이다. 이때 금융기관은 예금증서와 같은 간접증권의 발행을 통해 얻은 자금으로 직접증권을 구입하거나 부채증서를 인수함으로써 자금수요자 간의 채무를 자금공급자의 요구에 맞는 자산으로 전환시킬 수 있는데 이러한 과정을 자산전환과정이라 한다. 금융기관은 이와 같은 자산전환과정을 통해 원활한 금융거래를 가져올 수 있다. 둘째 기능은 자본축적기능이다. 금융기관은 다수의 개인으로부터 소액자금을 예탁받아 투자할 만한 거액의 자금을 만들어 기업에 대출해 줌으로써 자본축적을 촉진시키는 기능을 갖는다. 더욱이 금융기관은 여러 가지

1) 경제적 이해관계를 가진 당사자 간에 정보가 한 쪽에만 존재하고 다른 한 쪽에는 존재하지 않는 상황을 말한다.

형태의 유동성을 가진 금융상품을 제공함으로써 고객의 다양한 요구에 부응할 뿐만 아니라 예금에 대해 이자를 지급하기 때문에 저축을 더욱 촉진시켜 자본축적에 크게 기여하고 있다. 셋째는 거래비용절감기능이다. 금융기관은 다수의 금융공급자와 수요자를 대상으로 금융자산을 거래하기 때문에 거래비용면에서 [2] 규모의 경제가 존재하며 금융거래에 관한 전문적 지식을 가지고 있기 때문에 거래비용을 절감시킬 수 있다. 넷째는 위험저감기능이다. 금융기관은 투자자들의 자금을 받아 이를 다양한 종류의 사업에 분산투자(대출)함으로써 고객에게 잘 분산된 포트폴리오를 제공할 수 있게 된다. 또한 금융기관은 자금차입자에 대한 정보를 보다 용이하게 얻을 수 있고 이를 효과적으로 선별하여 불량고객에게 대출하는 역선택을 방지하고 대출의 사후관리를 통해 자금차입자가 범할 수 있는 도덕적 위험 및 대손위험을 줄여 자금이용자의 저축을 촉진하고, 경제발전에 필요한 자금을 축적하는 데 도움을 준다.

2 한국은행

2.1 중앙은행제도

중앙은행은 한 나라의 독점적 화폐 발권력을 바탕으로 금융기관에 부족자금을 대출해주는 은행의 은행기능과 정부의 세입 및 세출을 관리하고 필요시 부족자금을 대출해주는 정부의 은행기능을 수행한다. 또한 통화량 및 금리 조절을 통한 물가안정으로 인해 경제의 안정을 도모하는 한편[3] 최종대부자 역할, 거시건전성 정책 등을 통해 금융안정에도 기여하고 있다.

이러하듯이 한국은행은 중앙은행으로서의 정책 투명성과 책임성을 가져야 하는 중요한 임무수행기관이며 여러 가지 장치들의 마련을 통해 적극 운영되고 있다.

2) 생산요소 투입량의 증대(생산규모의 확대)에 따른 생산비절약 또는 수익향상의 이익
3) 금융위기가 예상되거나 발생한 경우 금융위기를 예방하고 그 확산을 방지하기 위해 중앙은행이 발권력을 동원하여 금융시장에 일시적으로 유동성을 공급하는 기능을 말한다.

2.2 한국은행의 조직체계

(1) 금융통화위원회

금융통화위원회는 한국은행의 정책결정기구로서 통화신용정책과 한국은행의 업무, 운영 및 관리에 관한 사항을 심의, 의결하는 권한을 가지고 있으며 한국은행총재와 부총재, 그리고 경제 각계의 대표에 의해 운영되는 합의제 기구이다. 즉, 정부의 정책부처와 경제 각 부문의 대표들이 추천한 위원들이 중앙은행의 정책결정에 참여하게 됨으로써 통화정책이 민주적인 기초 위에 의결, 집행되도록 구성되어있다.

금통위(금융통화위원회의 줄임말)는 한국은행의 주요목적인 '효율적인 통화신용정책의 수립과 집행을 통하여 물가안정을 도모함으로써 국민경제의 건전한 발전에 이바지함'을 위하여 필요한 권한을 행사할 수 있고 이러한 목적을 수행하기 위하여 중앙은행의 지급결제제도 운영, 관리에 대한 기본적인 사항, 긴급 유동성 지원에 관한 사항 등을 심의하며 그 직무를 수행하기 위하여 필요한 규정을 제정할 수 있다. 또한 한국은행에 대해 한국은행의 정관, 조직과 예산 및 결산 기타 한국은행의 업무, 운영 및 관리에 관한 지시감독권한을 갖는다.

(2) 총재 등 집행기관

'한국은행법'은 집행기관을 구성하는 집행간부로 총재, 부총재 각 1명, 부총재보는 5명 이내의 인원으로 규정하고 있다.

총재는 금융통화위원회의 의장으로서 금융통화위원회의 의사결정에 참여함과 아울러 금통위가 수립한 통화신용정책을 집행하고 한국은행법 등에 의하여 부여된 권한을 행사한다. 또한 금통위가 유의하여야 할 사항을 수시로 통보하고 금통위의 심의, 의결을 위하여 필요한 자료 및 의견을 제공할 의무도 지닌다.

부총재는 총재와 함께 금통위의 의사결정에 참여함과 아울러 한국은행 업무 전반에 걸쳐 총재의 직무수행을 보좌하며 또한 총재가 직무를 수행할 수 없을 경우 총재의 직무를 대행한다.

부총재보(5명 이내)는 한국은행 정관이 정하는 바에 따라 분장된 업무를 담당하면서 총재와 부총재를 보좌한다.

(3) 감사

감사는 한국은행의 내부감사기구로서 한국은행의 업무를 상시 감사하는 기능을 수행하며 그 결과를 금융통화위원회에 수시로 보고하여야 하며 매년 종합감사보고서를 작성하여 정부와 금통위에 제출하여야 한다.

2.3 한국은행의 주요기능

(1) 화폐발행 기능

한국은행은 '한국은행법'이 정하는 바에 의거하여 대한민국 내에서 은행권과 주화를 발행할 수 있는 유일한 기관으로서 정부의 승인을 얻어 금융통화위원회가 정하는 바에 의하여 어떠한 규격, 모양 및 권종의 은행권도 발행할 수 있으며 한국은행권은 법화로서 모든 거래에 무제한 통용된다.

(2) 통화신용정책의 수립과 집행

1) 공개시장조작정책

공개시장조작정책은 중앙은행이 금융시장에서 금융기관을 상대로 국채 등 증권을 매매하거나 채권을 발행함으로써 시중에 유통되는 화폐의 양(유동성)을 조절하고 간접적으로 시장금리를 조정하는 대표적인 통화정책 수단이다. 공개시장조작은 금융시장의[4] 가격 메커니즘을 통해 탄력적으로 운용이 가능하다는 점에서 유용하지만 대상증권의 종류가 다양하고 필요 물량을 소화할 만한 발달된 유통시장이 존재해야 효과가 크다는 점에서 제대로 그 기능을 발휘하지 못할 수도 있다.

4) 상품가격은 살 사람과 팔 사람 즉, 수요와 공급 관계에 의하여 결정된다. 가격이 비싸면 수요가 줄고 공급은 늘어나게 돼 가격을 통해 수급이 균형을 이룬다고 할 수 있다. 이 같은 조정기능을 가격 메커니즘이라고 한다.

2) 대출정책

대출정책은 중앙은행이 금융기관(은행)을 상대로 자금을 대출해줄 시에 대출금리를 변경하거나 대출의 기준, 한도를 조정함으로써 금융시장 전체의 자금수급을 간접적으로 조절하는 것이다. 이들 대출은 형식에 따라 '어음재할인' 또는 '증권담보대출'로 구분된다.

어음재할인은 개별 금융기관이 할인한 어음을 한국은행이 재할인함으로써 이루어지는 대출이고 증권담보대출은 금융기관이 보유하고 있는 어음, 국채, 정부보증채, 통화안정증권 등을 담보로 하는 대출이다.

3) 지급준비율정책

지급준비율정책은 금융기관으로 하여금 예금채무의 일정비율을 중앙은행에 예치하도록 하는 제도로서 처음에는 예금자보호를 목적으로 도입되었으나 1930년대 이후 유동성 조절을 위한 주요수단으로 활용되기 시작하였다. 중앙은행은 지급준비율을 조정하여 금융기관이 예치하는 지급준비금의 크기를 변화시킴으로써 시중 유동성을 조절하고 금융안정을 도모할 수 있다. 그리고 지급준비율 정책은 법적 강제력이 뒷받침되기 때문에 금융기관의 유동성을 직접적으로 조절할 수 있다는 장점이 있지만 금융기관 수지에 미치는 영향이 매우 커서 지급준비율을 신축적으로 조절하는 데에는 상당한 제약이 따른다.

4) 금융기관에 대한 직접규제

금융기관에 대한 직접규제는 공개시장조작정책, 대출정책, 지급준비정책 등과 같은 간접적인 정책에 충분한 효과를 기대할 수 없는 경우에 사용한다. 직접규제 수단에는 금융기관에 대한 여·수신금리 규제, 금융기관 신용공급량의 직접통제, 특정부문에 대한 금융기관의 여신취급 금지 등의 규제수단을 활용한다. 규제수단은 금융기관의 신용공급 규모 또는 경로 등을 보다 신속하고 정확하게 조절할 수 있는 반면 장기적으로는 자금배분 왜곡, 경쟁제한 등으로 금융시장의 효율성을 떨어뜨릴 수 있어 일반적으로 간접규제의 보완적인 수단으로 활용한다.

(3) 지급결제제도의 기능

한국은행은 자금의 지급결제가 편리하고 안전하게 이루어지도록 지급결제제도를 총괄하고 감시하는 기능을 한다. 한국은행은 금융기관 간 거액자금거래와 개인·기업 등 국민들의 금융기관을 통한 소액자금이체에 따른 채권·채무관계를 최종 결제하는 한국은행금융결제망(BOK-Wire+)을 직접 운영하고 있다.

또한 자금수취와 지급 간 불일치로 하루 중에 일시적으로 결제자금이 부족한 금융기관에게는[5] 일 중 당좌대출을 제공하여 자금결제의 원활화를 도모한다.

(4) 국고금 관리

1) 정부의 은행기능

한국은행은 국고금을 관리하고 정부에 신용을 공여하는 등 정부의 은행 기능을 수행하고 있다. 즉, 한국은행은 대한민국 국고금의 공적 예수기관으로 모든 종류의 국고금을 정부예금으로 예수하며, 이의 출납 계리업무를 담당함으로써 정부의 재정대행기관 역할을 수행한다.

2) 국채의 발행과 상환

국채는 국가가 부담하는 금전상 채무의 증거로 발행되는 채권으로 세출과 세입 간의 일시적인 불균형을 보전하기 위해서뿐만 아니라 자원배분, 경제안정, 소득분배 등 정책수행에 필요한 재원을 조달하기 위해서도 발행된다.

3) 공공기금 운용관리

한국은행은 정부의 위임을 받아 공공자금관리기금, 공적상환기금, 농어가목돈마련저축장려기금 및 외국환평형기금의 운용·관리를 담당하고 있다.

(5) 외환정책 관련 업무

한국은행은 우리나라의 대외지급준비자산인 외환보유액을 관리하고 있으

5) 기업이 당좌예금을 개설한 후 예금액 이상으로 어음이나 수표를 발행해 대출효과를 얻는 금융거래를 말한다. 기업의 당좌예금계좌에 잔액이 한 푼도 남아 있지 않을 때 마이너스로 대출하여 쓰는 돈이다.

며 외환보유액이 우리나라의 최종적인 대외지급준비자산인 점을 감안하여 안전성과 유동성에 중점을 두고 운용하고 있다. 이와 관련하여 한국은행은 외환자산 운용에 수반되는 신용위험, 금리·환율변동 위험 등 각종 위험을 최소화하기 위해 엄격한 투자지침과 운용기준을 설정하고 있다.

한편 한국은행은 국제금융시장의 신용경색[6] 등으로 국내은행의 외화유동성이 크게 악화될 경우 경쟁 입찰방식 외환스왑 및 대출 등을 통해 외화유동성을 직접 공급하고 있다.

3 은행의 분류

은행은 일반은행과 특수은행으로 구분된다. 일반은행은 은행법에 의거하여 설립, 영업하는 은행으로 시중은행, 지방은행 및 외국은행 국내지점 등이 있고 반면에 특수은행은 특정부문의 금융을 지원하기 위해 은행법이 아닌 특수은행법에 의거하여 설립, 영업하는 은행을 말한다.

3.1 일반은행

(1) 의의

우리나라의 '은행법'에서는 '예금을 받거나 유가증권 또는 그 밖의 채무증서를 발행하여 불특정 다수인으로부터 채무를 부담함으로써 조달한 자금을 대출하는 은행업을 규칙적, 조직적으로 경영하는 한국은행 이외의 모든 법인'을 은행이라고 규정하고 있다. 따라서 일반은행은 자금잉여 경제주체들이 예금 등의 명목으로 맡기는 자금을 기초로 대출이나 어음할인 등에 의해 주로 단기적인 상업금융을 공급하는 기능을 한다. 이러한 은행을 상업은행이라고도 한다.

6) 금융회사들이 미래 불확실성을 우려하여 금고 속에 돈을 넣어 둔 채 풀지 않아, 시중에는 자금이 유통되지 않는 현상을 말한다.

(2) 일반은행의 종류

1) 시중은행

1997년 말 외환위기(IMF 사태) 시에는 16개의 시중은행이 시장에서 경쟁하고 있었다. 그러나 한정된 시장에서 과다한 경쟁은 금융기관의 부실경영을 초래하게 되었고 이들 부실금융기관들은 외환위기 극복을 위한 고강도의 금융산업 구조조정 과정에서 퇴출되거나 합병하게 되었다. 또한 금융자유화에 따른 시장경쟁력을 제고하기 위해 은행의 대형화를 추구하면서 은행 간 합병이 이루어졌고 현재 시중은행으로는 신한은행, 우리은행, 한국스탠다드차타드은행, KB국민은행, 외환은행, 한국씨티은행, 하나은행 등이 있다.

2) 지방은행

지방은행은 금융업무의 지역적 분산과 지역경제의 균형된 발전을 위해 영업구역을 전국이 아닌 특정지역으로 제한하여 설립된 일반은행이다. 지방은행은 1976년 대구은행을 시작으로 부산, 충청, 광주, 제주, 경기, 전북, 강원, 경남 및 충북 등 모두 10개의 은행이 설립되었다. 지방은행의 영업구역은 원칙적으로 1도 1은행주의에 의해 지방은행이 소재하고 있는 행정구역상의 도(부산은행은 부산광역시)로 제한되었다.

3) 외국은행 국내지점

외국은행 국내지점은 경제개발에 소요되는 외화의 원할한 조달과 선진 금융기법의 습득을 목적으로 1976년 미국의 체이스맨하탄은행이 지점을 처음 설치한 이래 계속 늘어나고 있다.

(3) 일반은행의 업무분석

1) 고유업무

① 수신업무

일반은행의 수신업무 중 예금은 일반대중 또는 기업 등 불특정 다수로부터 은행이 보관, 예탁을 받아 관리, 운영하는 자금으로서 은행의 자금조달에 있어 가장 중요한 위치를 차지하고 있다. 예금의 종류에는 일시적 보관 또는 지급결제 편의 도모를 목적으로 하는 요구불예금과 저축 또는 이자수입을 주목적으로 하는 저축성예금으로 대별된다.

② 여신업무

일반은행의 여신업무는 예금수입 등을 통하여 조달한 자금을 자금수요자에게 빌려주는 대출업무와 은행의 공신력을 바탕으로 자금의 직접적인 공급 없이 신용을 공여하는 지급보증업무로 대별된다.

③ 환업무

환업무는 국내 격지(隔地) 간의 채권, 채무의 결제 또는 자금수수와 국제 간의 대차관계(자산·부채관계)를 당사자 간에 직접적인 현금수수 없이 금융기관을 매개로 결제하는 금융방식을 말한다.

2) 부수업무

① 은행지로업무

은행지로업무란 일상거래에서 발생하는 각종 채권, 채무의 결제나 각종 자금의 이전을 지급인과 수취인이 직접 현금이나 수표 등을 주고받는 대신에 각각의 금융기관 예금계좌를 통하여 결제하는 업무이다.

② 전지금융서비스

전자금융이란 다양한 지급수단을 이용하여 제공하던 전통적 금융서비스를 전자적인 방식으로 제공하는 것을 말한다. 이러한 전자금융수단인 CD·ATM기, 컴퓨터, 전화기, 직불카드단말기, 스마트폰, PDA, 기타 전자적 수단이 이용됨에 따라 시간적, 공간적 제약 없이 금융서비스를 이용할 수 있게 되었다.

③ 겸영업무

겸영업무는 은행이 영위하는 은행업이 아닌 업무를 말한다. 은행법에서는 겸영업무를 인가, 허가 및 등록 등을 받아야 하는 금융업무와 법령에서 은행이 운영할 수 있도록 한 업무로 구분하여 정하고 있다. 전자로는 집합투자업, 투자자문업, 신탁업, 투자매매업, 투자중개업, 보험대리업, 신용카드업, 자본시장법에 의한 파생상품의 매매, 중개 등이 있다. 그리고 후자에는 금융관련법령에서 은행이 운영할 수 있도록 한 업무와 기업이 인수·합병의 중개·주선 또는 대리, 증권의 투자 및 대차거래, 상업어음 및 무역어음의 매출, 무역보험의 판매대행 등이 있다.

3.2 특수은행

(1) 의의

특수은행은 일반은행들이 수익성, 업무의 전문성 및 재원조달의 한계 등으로 제공하지 못하고 있는 국민경제의 특수부문에 대해 필요자금을 공급할 목적으로 해당 특별법에 의해 설립되었다.

(2) 특수은행의 종류

1) 한국산업은행

한국산업은행은 국민경제 발전을 촉진하기 위한 자금공급 등을 위해 예금·적금의 수입, 산업금융채권 등의 채무증서 발행, 정부 및 금융기관 차입금, 외국자본의 차입금 등에 의해 자금을 조달하고 대출 또는 어음의 할인, 채무의 보증 또는 인수, 증권의 응모·인수 및 투자 등에 운용하며 이외 내·외국환업무와 특정 사업에 대한 경제적, 기술적 타당성의 검토와 같은 용역업무 등을 수행한다.

2) 중소기업은행

중소기업은행이 설립되기 이전에는 중소기업자에 대한 금융지원은 일반은행의 금융자금을 재원으로 한 중소기업 자금 대출과 특별 회계를 재원으로 한 재정자금 대출이 있으며 여러 금융기관에 의해서 다원적으로 이루어져 왔다. 따라서 정부는 효율적인 중소기업금융지원체제를 구축하고 다각화된 중소기업자금지원체제를 정비하기 위하여 '중소기업은행법'을 제정하고, 중소기업에 대한 금융지원을 전담하는 금융기관으로서 중소기업은행을 설립하게 되었다.

3) 한국수출입은행

한국수출입은행은 수출 촉진 및 수출경쟁력 제고, 중견기업의 수출입과 해외진출, 해외투자와 해외사업 및 해외자원개발의 활성화, 국민경제에 중요한 영향을 끼치는 수입 등의 업무와 이의 수행에 필요한 재원조달을 위한 대출 또는 어음의 할인, 증권에 대한 투자 및 보증, 채무보증, 외국자본의 차입, 수출입 금융채권과 기타 채무증서의 발행, 그리고 외국환 업무 등을 수행한다.

4) 농협은행

농협은행은 '농업협동조합법'에 근거하여 설립되었고, 농업인 및 조합에게 필요한 농어촌 자금의 대출, 농업협동조합 및 동 중앙회의 사업자금의 대출, 국가나 공공단체의 업무를 대리 또는 위탁하는 사업과 함께 은행법에 의한 은행업무, 부수업무 그리고 겸영업무를 수행한다. 따라서 농협은행은 일반은행과 거의 동일한 업무를 취급하고 있다.

5) 수산업협동조합

수산업협동조합은 수산금융을 전담하는 점을 제외하면 일반은행과 같이 일반 여·수신 및 지급보증, 내·외국환, 상호부금, 환매조건부채권 매도, 신탁 및 신용카드 등 일반은행의 모든 업무를 취급하고 있다.

CHAPTER

09

비은행 금융기관과 보험사

CHAPTER 09

1 비은행 금융기관

우리나라에서는 금융기관을 한국은행과 기타 금융기관으로 구분하며 기타 금융기관은 다시 은행과 비은행 금융기관으로 구분한다. 비은행 금융기관은 은행과 유사한 여수신업무를 주요 업무로 취급하고 있지만 보다 제한적인 목적으로 설립되어 자금조달 및 운용 등에서 은행과는 상이한 규제를 받는 금융기관이다.

비은행 금융기관에는 상호저축은행, 신용협동조합·새마을금고·상호금융 등 신용협동기구, 우체국예금, 그리고 종합금융회사가 있다.

1.1 상호저축은행

상호저축은행은 일정 행정구역 내에 소재하는 서민과 중소기업에 금융편의를 제공하고 저축을 증대하며 신용질서를 확립하고 거래자를 보호하는 데 목적이 있다. 또한 주된 영업소(본점) 소재지 중심의 일정지역을 영업구역으로 정해 설립함으로써 상호신용을 근거로 지역에 밀착하여 환원금융을 제공하고, 서민의 금융수요를 충족함은 물론 지역경제의 활성화와 균형적 발전에 기여한다. 아울러 소규모기업을 대상으로 전문적인 금융편의를 제공하면서 소규모 기업금융을 전문화하도록 해준다.

1.2 신용협동기구

신용협동기구는 경제적으로 열악한 위치에서 필요한 자금을 합리적으로 조달받지 못하였던 중소상공인들과 서민대중 및 농·어민과 같은 계층의 자금수요를 충당하기 위하여 자생적으로 형성되었던 금융조직을 제도금융에 흡수함으로써 갖추게 된 새마을금고, 신용협동조합 및 농·수·산림조합의 상호금융을 말한다.

신용협동기구는 지역적 연고와 회원 또는 조합원 간의 공동유대에 기반한 협동조합형 금융기관으로 설립되어 회원에 대한 저축편의 제공과 대출을 통한 조합원 상호 간의 공동이익 추구를 목적으로 한다.

(1) 새마을금고

새마을금고 업무는 신용사업, 문화·복지·후생사업, 회원 교육사업 및 지역사회개발사업 등으로 대별할 수 있다.

새마을금고는 주로 예탁금과 적금 및 출자금 등으로 조달한 자금을 담보 및 신용대출과 예치금 등으로 운용하고 있다. 그래서 새마을금고 자금운용은 회원으로부터 조달된 자금을 회원에 대한 대출로 운용한다는 점에서 특별하다.

(2) 신용협동조합

신용협동조합은 지역·직장·단체 등 상호유대를 가진 개인이나 단체 간의 협동조직을 기반으로 하며 조합원의 출자금과 예금을 가지고 조합원을 상대로 금융업을 수행하는 기관이다.

신용협동조합의 업무는 조합원을 위한 금융사업, 보험업무인 공제사업, 공동구매·유통사업·창고업 등의 지역개발사업, 이익의 사회환원을 목적으로 하는 주부대학·체육시설·독서실 운영 등의 문화후생사업 및 사회복지사업들이 있다.

(3) 농·수·산림조합

농·수·산림조합은 교육·지원사업, 분야별 특화된 경제사업, 공제사업, 복리후생사업, 국가·공공단체 또는 중앙회 등이 위탁하는 사업과 조합원을 위한 신용사업 등을 주로 하고 있다.

조합은 상호금융으로 예금을 수입하여 대출을 하는 업무의 성격으로 본다면 은행 금융과 비슷하지만 조합원 간의 금융을 원칙으로 하고 있다는 점과 신용에 의한 소액 개인금융을 위주로 하고 있다는 특징을 가진다.

1.3 우체국예금

우체국예금은 요구불예금과 저축성예금으로 구분되며 이의 구체적인 종류 및 가입 대상, 금리 등은 지식경제부장관이 정하고 있다. 우체국예금은 국가가 운영하므로 그 원리금에 대하여 정부가 지급 책임을 지고 있다. 따라서 일반 예금취급기관과 달리 지급준비금 적립의무가 없고 예금보험료도 면제된다.

자금의 운용은 과거 금융기관 예탁, 국공채 매입 등으로 한정되어 있었으나 법 개정으로 증권의 매매 및 대여, 자금중개회사를 통한 금융기관 대여, 파생상품거래 등으로 확대되었다. 그 외에도 환매조건부[1] 국공채 매도를 통해서도 자금을 조달하고 있다.

우체국예금 이외에 체신관서에서 취급하는 금융관련 업무로는 우체국보험, 우편환, 우편대체가 있다. 우편환은 온라인 또는 증서의 이동에 의한 송금수단으로 금융기관의 온라인망이 설치되어 있지 않은 지역에 대한 송금을 위해 이용된다. 우편대체는 우체국에 개설한 우편대체계좌를 통하여 자금 결제를 할 수 있는 제도로서 이를 통하여 세금·공과금·할부금 등 수납, 각종 연금·급여 지급, 공과금 자동이체 및 수표발행 등의 서비스가 제공된다.

1.4 종합금융회사

종합금융회사는 원활한 외자도입과 종합금융서비스 제공기관의 필요에 의해 설립되었다. 종합금융회사는 법률에 규정되어 있는 기본업무와 대통령령이 정한 부수업무, 그리고 관련 법률에 의해 별도 인가를 받아 영위할 수 있는 겸영업무로 업무를 구분한다.

우선 단기금융업무로는 만기 1년 이내 어음의 발행·할인·매매·중개·인수 및 보증, 어음관리계좌(CMA)[2]업무, 팩토링,[3] CD(양도성예금) 및 공개시

1) 금융기관이 고객에게 일정기간 후에 금리를 더해 다시 사는 것을 조건으로 파는 채권
2) 고객이 맡긴 예금을 투자금융회사가 단기국공채나 기업 어음(CP), 양도성예금증서(CD) 등에 투자해서 얻은 수익을 고객에게 돌려주는 상품이다.
3) 팩토링은 제조업자가 구매자에게 상품 등을 외상판매한 후 발생한 매출채권을 팩토링회사

장조작 대상증권의 인수·매매 및 중개 등이 있다. 이 중 어음발행 및 CMA업무는 종합금융회사의 주요 자금조달 수단이다.

또한 장단기 외자의 차입 및 전대, 해외투자 및 기타 국제금융의 주선, 외화표시 지급보증, 외화증권 투자, 외국환 및 연불수출어음의 매매 등 국제금융업무도 수행한다.

그 외에도 종합금융회사는 증권업무로서 유가증권발행 시장에서 간사단 또는 인수단으로 참여하여 유가증권의 인수, 매출, 모집 또는 매출의 주선업무를 영위할 수 있으며 유가증권의 매매, 매매의 중개 또는 대리 등으로 겸영업무를 할 수 있다.

2 금융투자업자

금융투자상품이란 이익추구나 손실회피를 목적으로 특정 시점에 금전 등을 지급함으로써 또는 지급하기로 약정함으로써 취득하는 '투자성' 있는 권리를 말한다. 이러한 금융투자상품은 증권과 장내·장외파생상품으로 분류된다. 금융투자업자는 금융투자상품의 거래와 관련된 업무를 주된 업무로 하는 금융기관인데, 금융투자회사는 자본시장법[4]에 의해 투자매매업, 투자중개업, 집합투자업, 투자자문업, 투자일임업, 신탁업으로 구분한다.

투자매매업자란 누구의 명의로 하든지 자기의 계산으로 금융투자상품의 매도·매수, 증권의 발행·인수 또는 그 청약의 권유, 청약, 청약의 승낙을 영업으로 하는 금융투자업자를 말한다. 그리고 투자중개업자란 타인의 계산에 의해 영업이 이루어진다는 점에서 투자매매업자와 구분된다. 집합투자업자는 2인 이상에게 투자권유를 하여 모은 금전 등을 투자자로부터 일상적인 운용지시를

(Factor)가 지속적으로 매입하면서 제조업자(상품의 공급자)에게 대금회수, 매출채권관리, 부실채권보호, 금융제공 등의 혜택을 부여하는 서비스를 말한다.

4) 자본시장과 금융투자업에 관한 법률

받지 아니하면서 자산을 취득·처분 그 밖의 방법으로 운용하고 그 결과를 투자자에게 배분하여 귀속시키는 금융업자를 말한다. 투자자문업자는 금융투자상품의 가치 또는 투자판단에 관하여 자문하는 금융업자를 말하며, 투자일임업자는 투자자로부터 금융투자상품에 대한 투자판단의 전부 또는 일부를 위임받아 투자자별로 구분하여 자산을 취득·처분하거나 그 밖의 방법으로 운용하는 금융업자를 의미한다. 마지막으로 신탁업자는 금전 또는 재산을 고객(위탁자)으로부터 수탁받아 수익자의 이익을 위해 운영·관리·처분하는 기능을 담당한다.

2.1 투자매매업·투자중개업

(1) 증권회사

1) 위탁매매업무

위탁매매업무는 증권 및 파생상품 등 금융투자상품에 대한 투자중개업무로서 고객의 매매주문을 성사시키고 수수료를 받는 업무이다. 위탁매매업무는 위탁매매, 매매의 중개·대리 및 위탁의 중개·주선·대리 세 가지 형태로 이루어진다.

2) 자기매매업무

자기매매업무는 투자매매업무로서 자기명의와 자기계산으로 인적·물적 시설을 갖추고 지속적·반복적으로 금융투자상품을 매매하는 업무를 말한다. 이러한 증권회사는 자기매매업무를 통해 거래시장에서의 시장조성자(market maker) 역할을 수행한다.

3) 인수·주선업무

증권의 인수업무는 투자매매업무로서 증권회사가 신규 발행된 증권을 매출할 목적으로 취득하는 업무를 말한다. 한편 주선업무는 증권회사가 제3자의 위탁에 의해 모집·매출을 주선하는 업무를 말한다.

4) 펀드판매 및 자산관리업무

펀드판매업무는 증권회사가 투자중개업자로서 펀드에서 발행하는 수익증권 등을 투자자에게 판매하는 업무이다.

자산관리업무는 투자자문 및 투자일임업자로서 투자자에게 랩어카운트 및 CMA 서비스 등을 제공하는 업무이다. 여기서 랩어카운트(wrap account)는 증권회사가 고객의 증권거래, 고객에 대한 자문 등의 서비스를 통합해 제공하고 그 대가로 고객예탁 재산의 평가액에 비례하여 산정한 요금을 징수하는 업무이다. 한편 CMA는 고객이 맡긴 예금을 어음이나 채권에 투자하여 그 수익을 고객에게 돌려주는 실적배당 금융상품이다. 증권회사는 이러한 CMA계좌를 고객예탁금 계좌와 연계해 부가서비스(수시입출, 급여이체, 신용카드 결제대금 납부 등)를 제공하는 업무를 한다.

5) 신용공여업무

신용공여업무는 증권회사가 증권거래와 관련하여 고객에게 금전을 대출하거나 유가증권을 대부하는 업무이다.

(2) 선물회사

선물회사는 선물거래 및 해외선물거래에 대한 위탁매매 등 장내파생상품에 대한 투자매매 및 투자중개업무를 영위하는 금융기관이다. 자본시장법에서는 파생상품을 선도, 옵션, 스왑 중 어느 하나에 해당하는 투자성 있는 것으로 정의하고 파생상품시장에서 거래되는 것 또는 해외 파생상품시장에서 거래되는 것을 장내파생상품으로 규정하고 있다.

2.2 집합투자업

자본시장법에 의한 집합투자업은 2인 이상의 자에게 투자권유를 하여 모은 금전과 여유자금을 투자자와 각 기금관리주체로부터 일상적인 운용지시를 받지 아니하고 재산적 가치가 있는 주식, 채권, 파생상품 등에 운용하여 그 운용결과를 투자자에게 귀속시키는 것을 의미한다. 집합투자업자는 이러한 자본시장법에 따른 집합투자업을 수행하는 자이다.

집합투자업자인 자산운용회사는 집합투자기구를 설정하여 등록한 후 판매회사(증권회사, 은행, 보험회사)에게 자금모집을 의뢰한다. 그리고 판매회사가 다수의 투자자로부터 모은 자금을 주식, 채권, 파생상품, 부동산 등에 운용하여 그 투자수익을 투자자에게 분배하는 업무를 수행한다.

2.3 투자자문업 · 일임업

투자자문업무는 투자자문회사가 고객과 일정한 계약을 맺고, 고객의 투자판단에 필요한 각종 정보자료와 투자에 관한 조언을 제공하는 업무를 말한다. 그리고 투자일임업무는 투자자문업무보다 진일보한 형태로서 투자자문회사가 고객으로부터 자산운용에 관한 권한 일체를 위임받아 유가증권투자를 대행하는 업무를 말한다.

2.4 신탁업

신탁업자에는 증권회사, 은행, 보험회사 등에 의한 신탁겸업회사와 부동산 신탁회사가 있다. 신탁겸업회사는 주로 신탁계정에서 금전 및 재산을 신탁받아 이를 주식이나 채권과 같은 유가증권과 대출금으로 운용하여 그 수익을 투자자에게 분배한다.

부동산 신탁회사는 부동산을 소유하고 있는 위탁자와 신탁계약을 체결하고 부동산을 관리, 처분, 개발함으로써 창출된 수익을 투자자에게 분배하고 그 대가로 수수료를 수취한다.

3 보험회사

보험사업은 크게 생명보험과 손해보험으로 구분할 수 있다. 한편 유사보험기관으로는 공제회(조합보험)를 들 수 있으며, 연·기금기관은 벤처기업에 대한 투자를 허용하므로 기타 금융기관으로 분류하여 살펴볼 것이다.

3.1 생명보험회사

(1) 연혁

생명보험회사는 사망, 질병, 노후 등에 대비한 보험의 인수 및 운영을 주된 업무로 하는 금융회사이다.

우리나라의 생명보험사는 1988년부터 1994년도에 15개사가 설립되어 1990년대에는 31개사로 늘어났다. 그러나 아시아금융위기를 맞으며 일부 부실보험에 대한 인수합병과 퇴출로 인해 감소하기 시작하였다. 2000년대에 들어서는 금융의 자유화 및 겸업화 진전과 더불어 소비자의 권익이 중요시됨에 따라 보험업에 대한 전반적인 개정논의가 진행되었다. 그러자 2003년도에 개정된 보험업법에서는 보험사 신규진입제도 개선, 공시제도 개선, 제3보험[5] 및 방카슈랑스[6] 도입 등이 이루어졌다. 그 후 2000년대에 들어서도 경쟁력 강화를 위해 대형 생명보험사들이 중소형 보험사들을 인수·합병하는 사례가 증가하면서 생명보험사 수는 더욱 감소하게 되었다.

(2) 업무 내용

생명보험의 주요업무는 크게 보험금 지급업무와 계약자 배당 지급업무로

---

5) 생명보험과 손해보험의 성격을 모두 갖고 있는 보험으로 상해보험, 질병보험, 간병보험 등이 해당된다.

6) 은행과 보험회사가 협력하여 종합금융서비스를 제공하는 것을 말한다. (Bank+Insurance = Bancassurance)

구분할 수 있다. 먼저 생명보험의 보험금 지급은 방법 및 종류에 따라서 사망보험과 생존보험, 생사혼합보험으로 구분하며, 가입주체에 따라서 개인보험과 단체보험으로 구분할 수 있다.

사망보험은 보험기간 중에 피보험자가 사망하였을 경우 지급하는 보험으로서 종신보험과 정기보험이 있다. 그리고 생존보험은 보험가입기간 동안 피보험자가 생존하였을 경우에 보험금이 지급되는 상품이며, 예를 들면 연금지급보험이 있다. 생사혼합보험은 사망보험과 생존보험기능을 결합한 상품으로서 양로보험이라고도 하는데 피보험자가 보험기간 중에 사망하였거나 상해를 입었을 경우에 보험금이 지급되며, 가입기간 중에 생존 시에는 생존보험금이 지급되는 보험상품이다.

이외에 단체보험은 개인보험과 다르게 그 구성원들이 소속된 단체의 대표자가 가입하는 상품을 의미하며 단체정기보험이나 단체저축성보험 등이 해당된다. 이러한 단체보험은 사업주가 보험기간 중 피고용주가 퇴직하거나 사망 또는 질병과 같이 예측하지 못한 사유로 발생하는 위험을 보험회사에 전가하는 특징을 가지고 있다.

한편 보험회사의 업무 중 계약자배당업무는 보험을 가입한 계약자가 납입하는 보험료를 계산할 시 적용한 예정위험률, 예정이자율, 예정사업비율과 실제위험률, 실제이자율, 실제사업비의 차이에서 발생하는 잉여금 중의 일부를 보험계약자에게 지급하는 것을 의미한다.

(3) 자금의 조달 및 운용

생명보험사는 자금에 있어 보면 보험계약준비금[7)]을 주된 재원으로 하는 특징이 있다. 그리고 자금의 운용 면에서는 현금보유, 은행예금, 유가증권 구입, 대출금, 부동산 구입 등을 통해 운용한다는 것과 유가증권이 총자산의 가장 높은 비중을 차지하고 있다는 것 또한 알 수 있다.

7) 보험계약에 의거한 책임을 이행하기 위하여 보험회사가 결산기말에 적립하는 준비금

3.2 손해보험회사

(1) 연혁

손해보험회사는 화재, 자동차 및 해상사고 등에 대비한 보험의 인수·운영을 주요업무로 하는 금융기관이다. 손해보험사는 1922년에 조선화재보험(동양화재해상보험으로 상호변경) 설립을 시작으로 1950년대에는 총 9개의 회사가 화재보험, 해상보험 등 종합적인 손해보험업무를 영위해 왔다. 우리나라의 손해보험산업은 경제규모의 확대, 산업구조의 고도화 등에 따른 보험대상의 다양화와 해외재보험의 확대에 따른 보험회사의 신용도 제고 및 보험에 대한 일반인들의 인식개선 등에 힘입어 이후 착실한 성장을 보여 왔다. 그러면서 2000년대에는 손해보험사에 대한 자동차보험사업 규제가 철폐됨에 따라 국내 자동차보험사 2개사가 신설되었고, 재보험사를 중심으로 8개 외국계 보험사가 국내지점을 개설하였으며 2000년대 중반 이후에는 국내 보험사가 추가 설립되었다.

(2) 업무 내용

손해보험은 각종 사고발생에 따른 재산상의 손실위험에 공동 대처하기 위한 상호보장적 성격의 사회제도로서 장기저축 기능과 상호보장 기능이 혼합된 생명보험과는 그 성격이 다르다는 것을 알 수 있다.

손해보험회사가 취급하는 보험 종목은 위험 부보(cover) 대상에 따라 화재, 해상, 자동차, 보증, 특종, 연금, 장기저축성 및 해외원보험 등으로 구분된다. 이들 보험종목의 상품내용을 보면 해상보험에는 적하보험, 선박보험, 운송보험 등이 있고 자동차보험에는 자동차종합보험[8]과 운전자보험 등이 있다. 보증보험에는 신원보증, 계약이행보증, 할부판매보증 및 납세보증 등이 있고 특종보험에는 상해보험, 도난보험, 배상책임보험 및 원자력보험 등이 있다. 그리고 보험사고가 없더라도 만기 시 보험금을 지급하는 장기저축성보험에는 장기

8) 자동차를 보험의 목적으로 하고 그 소유·사용·관리에 기인하여 발생한 손해를 전보(塡補)하는 보험.

화재, 장기상해, 장기질병, 장기종합보험 등이 있고 연금보험은 개인연금보험 및 퇴직보험 등이 포함된다. 해외원보험은 해외에 진출한 국내 손해보험회사가 외국인과 체결한 각종 보험을 말한다.

(3) 자금의 조달 및 운용

손해보험회사의 수입보험료를 보면 자동차보험과 장기저축성보험이 가장 높은 비중을 차지하고 있다. 그 이유로 자동차보험의 경우에는 자동차보험료 완전자유화, 자동차 등록대수의 증가세 둔화, 온라인 자동차보험 판매 등에 따른 가격경쟁 심화로 비중이 하락했기 때문이고 장기저축성보험의 경우에는 신상품 개발, 모집조직 확대 등의 비중이 크기 때문이다.

손해보험회사의 자금조달 측면에서는 보험계약준비금, 자금운용 측면에서는 유가증권투자와 대출금이 총자금 조달액의 가장 많은 비중을 차지하고 있다.

3.3 공제회(조합보험)

(1) 공제 및 보험

공제회는 개별 특별법에 근거하여 생명공제, 보험공제 등 유사보험을 취급하는 기관이다. 공제회기관은 일반인을 대상으로 하는 농업협동공제와 같은 공제기관과 특정업종에서 일하는 조합원만을 대상으로 하는 공제기관으로 구분된다.

공제는 일반보험과 같이 경제불안에 대비하는 사회·경제적 제도이다. 이러한 조합보험은 공동체적 특정다수를 대상으로 하기 때문에 인적 조합의 색채가 강하나 다수의 경제주체가 보험금을 부담하고 경제적 재해를 제거하는 집단적 위험분산기능을 가지고 있다는 점에서 일반보험과 그 성격을 같이 하고 있다. 그러나 공제는 보험과의 특정한 차이점을 가지고 있으므로 이를 비교해보도록 하자.

표 9-1 공제와 보험의 차이점

구 분	공 제	보 험
목적	상호부조 정신에 입각한 비영리사업	자조정신에 의한 경제적 대비
사업자	조합	보험회사
가입자	동종 집단 구성원	불특정다수
모집조직	불필요	필요
보험료 (공제료)	사업비의 경비절감요인으로 공제료가 저율	사업비로 보험료가 고율
급부	적음	계약급부를 통한 준비금
배당금 지급 (복지사업)	비영리사업(복지사업 적극)	영리사업(복지사업 곤란)

(2) 공제사업

자본주의 경제의 발달과정에서 여러 가지 이유로 인하여 경제력이 약하거나 지역적으로 소외된 계층에 대한 민영보험사의 보험인수가 적극적이지 못하였다. 이러한 보험의 소외계층 중에서 각기 그들의 생활을 지키기 위해 지역별, 직업별로 협동조합을 결성하여 신용·구매·판매 등의 경제적 거래를 비롯하여 조합원의 상호 구제를 위한 방안으로 공제사업을 실시하게 되었다.

보험의 대체적인 기능을 함으로써 여러 선진 국가에서는 협동조합보험의 성격인 공제사업도 민간보험과 같이 사업면허를 받아 운영하고 있으며, 보험업법의 규제와 보험감독을 받는 등 법체계가 일원화되어 있다. 그러나 우리나라의 공제는 각종 특별법에 의해 공제사업이 운영되고 있으며, 보험업법의 적용에서 배제되는 등 법체계가 이원화되어 있다.

3.4 우체국 보험

우체국보험은 생명보험만을 취급하고 있는데 민영 생명보험회사와 마찬가지로 교육보험, 연금보험, 보장성보험 및 생사혼합보험을 모두 취급하고 있다. 그리고 우체국보험은 정부가 보험금 등의 지급 책임을 지며 수급권 보호를 위하여 보험금 또는 환급금을 지급받을 권리의 양도를 제한하고 있다. 또한 민영보험에 비해 보험료가 상대적으로 싸게 책정되어 있을 뿐만 아니라 가입대상이 주로 저소득층인 점을 감안하여 보험계약 체결 시 피보험자에 대한 신체검사를 면제하고 있으며, 계약보험금 한도 역시 비교적 소액으로 되어 있다.

한편 납입된 보험료는 특별회계법에 따라 설치된 우체국보험 적립금으로 운용된다. 자금은 금융기관 예탁, 자본시장법에 따른 주식 및 채권 등의 매입 및 파생상품 거래, 보험계약자에 대한 대출, 정부투자기관에 대한 대출, 부동산의 임대·매입, 재정자금 예탁 등이 있다.

3.5 연금

연금이란 개인이 소득이 있는 기간 동안 기금에 적립해둔 일정액을 퇴직 후 소득이 없는 기간에 기금으로부터 정기적으로 지급받는 금액을 말한다. 연금에는 공적연금과 사적연금이 있는데, 현재 우리나라의 공적연금으로는 국민연금, 공무원연금, 군인연금, 교직원연금 등이 있고 사적연금으로는 개인연금과 기업연금이 있다.

(1) 국민연금

국민연금은 국민이 노령, 폐질 또는 사망 등으로 소득능력의 상실 또는 감퇴 시 본인이나 그 유족에게 일정액의 급전급부를 수행하여 국민의 생활과 복리증진에 기여하기 위한 사회보장제도이다. 연금급여의 종류에는 연금급여, 노령연금, 장애연금, 유족연금, 유족연금차액보상금,[9] 반환일시금, 사망일시금 등이 있다.

(2) 공무원연금

공무원연금은 공무원의 퇴직 또는 사망, 공무로 인한 부상, 질병, 폐질에 대한 연금으로 공무원 및 그 유족의 생활안정과 복지향상을 목표로 한다. 급여

9) 국민연금 가입자 또는 가입자였던 사람이 노령·장애·유족 연금의 수급 요건을 충족하지 못하는 경우 가입 중에 납부한 연금보험료에 일정한 이자를 가산해 본인 또는 그 유족이 지급받을 수 있는 금액을 말한다.

의 종류에는 재직 중 지급되는 단기급여와 퇴직 후 지급되는 장기급여로 구분된다. 단기급여에는 공무원 요양비, 공무상 요양일시금, 재해보조금, 사망 위로금 등이 있으며 장기급여에는 퇴직급여, 장애급여, 유족급여가 있다.

(3) 교직원연금

교직원연금은 사립학교 교직원의 퇴직, 직무상 상해, 질병, 폐질에 대한 연금으로서 교직원 및 가족의 경제적 생활안정과 복리향상에 기여함을 목적으로 하고 있다. 급여의 종류에는 재직 중 지급되는 단기급여와 퇴직 후 지급되는 장기급여로 구분된다. 단기급여에는 재해 보조금, 사망 부조금, 직무상 요양비, 직무상 요양일시금 등이 있으며 장기급여에는 퇴직급여, 장애급여, 유족급여가 있다.

(4) 개인연금

국민 생활수준의 향상과 의료기술이 발달함에 따라 노령인구가 급속하게 증가하여 노령화 사회가 됨에 따라 노년층의 소득보장을 위한 연금이다.

공적연금의 미비점을 보완하여 실질적인 노후생활 보장의 취지로 실시한 개인연금제도는 전 국민의 장기저축을 유도하고 장기 금융시장의 발전을 도모한다.

(5) 기업(퇴직)연금

회사는 근로자의 안정된 노후생활 보장을 위해 근로자가 퇴직할 때 일시에 퇴직금을 지급한다. 그러나 근로자가 퇴직금을 효과적으로 관리하지 못한다면 사회보장제도로서의 기능이 약화될 수 있고, 회사로서도 일시에 지급한 거액의 퇴직금으로 인해 회사 자금수급에 문제가 발생할 수 있다. 그래서 마련된 것이 바로 기업(퇴직)연금이다.

기업연금은 근로자들이 퇴직할 때 퇴직금을 일시에 지불하는 것이 아니라 퇴직 이후 장기적인 생활안정을 꾀하기 위해 연금형식으로 지급하도록 설계되었다는 특징이 있다.

이러한 퇴직연금에는 크게 DB형(확정급여형)과 DC형(확정기여형)이 있다. 우선 DB형은 퇴직 후 근로자가 미리 받을 금액을 정하는 연금으로 회사가 부담금을 사외 금융기관에 적립하여 운영하며 전적으로 수익과 손실에 대해 책임을 진다는 특징이 있다. 그리고 DC형은 회사와 근로자가 매달 일정액을 넣은 뒤 운용실적에 따라 퇴직 후 받는 금액이 달라지는 연금으로 근로자의 퇴직급여는 투자성과에 따라 변동된다는 특징이 있다. 투자성과는 근로자에게 책임이 있으므로 전문가의 도움을 받아 관리해야 하는 연금이라고도 볼 수 있다.

CHAPTER

10

그 외 금융 취급 기관들

10

1 기타 금융기관

1.1 민간 금융기관

(1) 신용카드회사

1) 신용카드제도

신용카드제도는 소비자가 물품이나 용역을 일정기간 외상으로 구입할 수 있도록 하는 제도이다. 우리나라의 경우 신용카드는 크게 은행계 카드와 비은행계 카드로 구분되며, 비은행계 카드는 다시 전문회사카드와 소매점카드로 나눌 수 있다.

은행계 카드는 은행이 카드업무를 직접 겸영하는 형태와 자회사를 설립하여 운영하는 형태로 구별된다. 자회사 형태의 경우는 은행이 카드회사에 대한 자금공급 및 카드회사와 고객 간의 업무중개만을 담당하고 신용공여에 따르는 채권·채무관계는 카드회사와 고객 간에 성립하는 방식으로 운영되고 있다.

한편 전문회사카드는 현재 현대카드, 삼성카드 등의 7개 신용카드회사가 영업 중에 있다. 그리고 소매점카드는 백화점 등 소매기업에서 발행하는 카드로 해당기업의 상품구매에 대해서만 이용할 수 있다.

2) 신용카드제도의 징짐

① 카드소지인은 일정 기간 동안 이자나 서비스에 대한 수수료 없이 신용을 얻을 수 있다.
② 카드발급은행이 Master카드나 VISA카드 등과 같은 광범위한 네트워크를 가졌을 경우 카드소지자는 어느 곳에서든 현금을 찾을 수 있고, 수수료 없이 물건을 구입할 수 있다.
③ 카드발행사측 입장을 보면 다양하고 편리한 복합서비스의 제공으로 신규고객의 유치와 기존고객과의 관계를 보다 더 강화할 수 있다.
④ 신용카드 보급은 화폐 유통량을 줄이고 개인의 자기신용관리에 대한 인

식을 제고시킴으로써 신용사회를 구현하고 유통경제질서를 지키는 등 외부경제효과가 발생한다.

3) 신용카드제도의 단점

① 카드소지자가 카드를 분실 또는 도난당해서 카드가 제3자에 의해 불법적으로 사용되었을 경우 카드소지자와 카드사는 함께 손해를 입게 된다. 따라서 최근에는 손실을 줄이기 위해 온라인 승인제도를 개선함과 동시에 일부 카드사에서는 카드에 카드소지자의 사진을 부착하기도 한다.

② 단기소액거래의 경우 카드사의 취급비용이 높아 소비자 측에서 볼 때 비교적 높은 금융비용을 부담한다.

③ 카드소지자는 자신의 지불능력을 고려하지 않고 카드를 남용하여 속칭 신용에 의한 신용의 대체(속칭 카드돌려막기)의 악순환으로 근검, 절약하는 생활방식을 멀리하게 되고 또한 악성사고까지 유발할 수 있다.

④ 은행이 신용카드제도를 신규로 도입하는 데에는 굉장히 많은 비용과 시간이 소요된다.

(2) 리스회사

리스회사는 시설의 대여 및 연불판매[1]업무와 이와 관련되는 보증업무를 취급하고 있다. 시설의 대여는 대여시설이용자가 선정한 특정물건을 리스회사가 새로 취득하거나 대여 받아 이를 이용자에게 일정기간 동안 사용하게 하고 그 기간 중 일정대가를 정기적으로 분할하여 지급받는다. 계약기간 종료 후 물건의 처분에 관하여는 당사자 간의 약정에 의해 정하는 방식으로 이루어진다.(반환, 재 대여, 양도 등)

시설의 연불판매는 이용자가 선정한 특정물건을 리스회사가 새로이 취득하여 정기적으로 분할하여 지급받으며 대상물건의 소유권 이전시기 및 기타 조

1) 연불판매는 일반적으로 법인이 소유하는 자산의 판매나 용역 또는 건설을 한 경우에 일반 외상판매와는 달리 미리 정해진 일정한 약관에 의해 연불(延拂)로 그 대금을 영수하기로 하고 판매하는 방법을 말한다.

건 등은 당사자 간의 약정으로 정하는 업무방식이다. 또한 리스회사는 이용자가 시설의 대여 및 연불판매계약으로 인해 부담하는 채무를 보증하는 업무도 같이하고 있다.

(3) 할부금융회사

할부금융이란 주로 내구재 구입이나 주택매입에 필요한 자금을 여러 차례에 걸쳐 분할 상환하도록 함으로써 소비자 신용을 제공하는 것이다. 물건의 판매대금을 분할하여 상환한다는 점에서 할부금융은 연불판매에 수반되는 연불금융이나 리스에 수반되는 금융리스와 유사한 점이 많다.

할부금융은 이용하는 고객이 유동성 제약이 크지 않은 고소득층이나 상환능력이 부족한 저소득층보다는 정기적으로 정액소득을 받는 중산층이 주류를 이루게 될 것이라는 점에서 중산층에 대한 소비자신용이라고 할 수 있다. 또한 할부금융은 소비자에게 자금을 대여해 준다는 점에서 소비자신용으로 분류되지만 물품대금이 일시에 생산자 또는 제품판매자에게 직접 지급되므로 생산자도 실질적인 수혜자라고 볼 수 있어 이들에 대한 유통금융의 일종이라고도 할 수 있다.

할부금융회사들은 설립과 영업이 본격화되면서 금융기관 간 경쟁심화, 금융기관 간 업무제휴 확대, 기존 금융기관의 할부금융 업무에 대한 규제완화 가능성 등 금융산업에 미치는 영향이 상당히 늘어나고 있다.

(4) 벤처캐피탈회사

벤처캐피탈회사는 벤처기업에 주식투자 형식으로 투자하는 기업 또는 기업의 자본을 의미한다. 고도의 기술력과 장래성은 있으나 경영기반이 약해 일반 금융기관으로부터 융자받기 어려운 벤처기업에 무담보 주식투자 형태로 투자하는 기업이나 그러한 기업의 자본을 의미한다. 다른 금융기관과는 달리 벤처기업의 장래성과 수익성에 주목하여 이에 투자와 융자를 하는 것으로 미래첨단 중소기업인 벤처기업의 주식을 상장할 경우 자본이득을 얻어내는 것을 주목적으로 하고 있다.

(5) 대부업자

대부업자는 금전을 대부하거나 어음의 할인 및 양도를 담보로 중개하는 것을 주요업무로 하는 자를 말한다. 대부업자에 대한 감독권은 시장과 도지사에게 있으며 시장과 도지사는 대부업자에 대한 검사, 영업정지 및 등록취소, 자료제출 요구 등을 통하여 감독을 실시하고 있다.

대부업자는 최저자본금에 대한 제한이 없고 자금조달에 대한 규제도 없을 뿐만 아니라 영업지역에 대한 제한도 없다. 그러나 대부업자는 미등록 대부업자에 대한 대부중개를 해서는 안 되며 또한 미등록 대부업자로부터 채권을 양도받아 추신하는 행위를 해서도 안 된다.

대부업자는 IMF 금융위기 이후 가계대출의 지속적인 증가와 저금리의 지속으로 인하여 그 숫자가 크게 늘어났으나 높은 금리의 부가와 불법적이고 탈법적인 채권추심 행위로 인하여 사회적인 문제를 불러오기도 했다.

(6) 증권금융회사

증권금융회사는 증권의 취득, 인수, 보유 및 매매와 관련하여 증권회사와 일반투자자에게 자금을 공급하거나 증권을 대여하는 증권금융업무를 전문적으로 취급하는 기관이다.

증권금융회사는 증권인수자금 대출, 증권유통금융, 증권담보대출, 금전신탁, 집합투자재산의 수탁업무 등을 영위하고 있다. 증권인수자금 대출은 대표적인 증권금융으로서 발행시장에서 증권을 매입하는 증권인수인에게 증권인수 및 취득에 소요되는 자금을 대출하는 것이다. 증권유통금융은 증권회사의 고객이 신용거래에 의해 증권을 매입하는 경우 또는 신용거래에 의해 증권을 매도할 경우 이에 필요한 증권을 각각 증권회사를 차주로 하여 대출해 주는 결제금융이다. 증권담보대출은 개인이나 법인이 보유한 유가증권을 담보로 자금을 대출하는 제도이다.

나아가 한국증권금융은 일반수신업무와 금융투자업자 등의 투자자 예탁금[2)]

2) 주식이나 채권 등에 투자하기 위해서는 사전에 자신의 계좌에 투자자금을 임시로 예탁하여야 하는데 이것을 예탁금이라고 한다.

을 금융기관으로부터 예수(豫受)하는 법인예수업무 등의 수신업무도 취급하고 있다.

1.2 공적 금융기관

(1) 한국투자공사

한국투자공사는 우리나라의 외환보유액 및 공공기금을 효율적으로 운용함으로써 국가자산을 증대하고 금융산업 발전에 이바지하기 위하여 설립되었다.

한국투자공사는 정부, 한국은행 및 각종 기금 등으로부터 자산을 위탁받아 관리·운용하며 위탁받은 자산을 증권 및 외국환, 파생금융거래, 국내외 금융기관 예치, 국내외 부동산 등에 직접 운용하고 외부 자산운용사에 재 위탁할 수 있다. 위탁자산의 운용수익은 위탁기관에 귀속되며 운용수수료는 위탁기관과 공사가 협의하여 결정한다.

(2) 한국자산관리공사

한국자산관리공사는 '금융회사 부실자산 등의 효율적 처리 및 한국자산관리공사의 설립에 관한 법률'에 따라 설립되어 금융회사 부실채권의 인수와 정리, 기업구조조정 업무, 금융소외자의 신용회복지원업무, 국유재산관리 및 체납조세정리업무를 수행하고 있는 준정부기관이라 할 수 있다. 한국자산공사는 그 밖에도 구조조정기금 관리운용업무, 국민행복기금 관리운용업무, 국유재산 개발업무, 전자자산처분시스템 관리운용업무를 수행하고 있다.

1) 부실채권 인수·정리를 위한 기금 운용

① **부실채권정리기금** : 1997년 IMF 외환위기 이후 금융기관이 보유하고 있는 부실채권의 신속한 정리와 부실징후기업의 효율적인 처리 등 금융산업의 구조조정을 위해 설치된 기금이다.

② **구조조정기금** : 2008년 말 금융기관들의 연체가 지속적으로 증가하여 대규모 부실채권의 발생가능성이 증가함에 따라 40조 원의 대규모 구조

조정기금을 설치하여 금융 안전판으로서의 역할을 수행하고 있다. 또한 급격한 유동성 위험에 빠진 국내 해운업계에 대한 지원을 통해 신속한 유동성을 조성해주어 실물경제로의 파급 위험을 사전에 차단하는 역할도 해주고 있으며 점차적으로 구조조정 기업의 자산 및 부실채권 등의 인수를 확대하고 인수한 부실채권에 대하여는 업종별 특징에 따라 기금운용 방안을 다각적으로 확대 추진해 가고 있다.

2) 부실징후기업 정상화 지원

한국자산관리공사는 금융회사 등의 요청에 따라 부실징후기업의 자구계획 대상자산을 관리·매각 또는 인수·정리하며 경영진단 및 정상화를 위한 다양한 자문업무도 수행한다. 또한 구조개선기업의 자산을 관리·매각·매매 중개하는 업무와 아울러 금융기관의 건전성 제고를 위해 해당 기업에 대한 인수·정리업무 등을 수행한다.

3) 국유재산 관리

국유재산은 국가가 행정목적을 수행하기 위한 필요에 의하여 소유하고 있는 일체의 재산 및 국가의 부담이나 기부의 체납, 법령 또는 조약에 따라 국가 소유로 된 재산을 의미한다. 한국자산관리공사는 국유재산을 종합관리하기 위한 국유재산 관리기금의 조달 및 운용기반을 마련하고 국유재산 관리의 전담관리 인프라를 구축하여 국유재산 가치제고를 위한 업무를 수행한다.

4) 기타 업무

한국자산관리공사는 국가 압류재산의 매각, 국가 귀속 법인의 청산 등 정부대행 업무를 수행한다. 또한 부실채권 채무관계자에 대한 재산조사, 부동산 담보신탁, 구조개선기업 부동산의 관리·처분·신탁 등의 업무도 수행한다. 이외에 신용불량자의 신용회복지원을 위한 개인신용지원 사업도 수행하고 있다.

(3) 한국무역보험공사

한국무역보험공사는 정부출연기관이자 특별법에 의해 설립된 비영리 특수법인으로서 우리나라의 수출 및 수입보험, 수출신용보증, 그리고 수입자 및 수입국에 대한 신용조사 등의 제도를 전담하여 운영한다.

1) 수출·수입보험 지원

무역보험은 수출보험과 수입보험으로 나누어진다. 수출보험은 국내 수출자가 물품을 수출하고 수출대금을 지급받지 못함으로써 입게 되는 손실을 보장하는 제도이다. 이러한 수출보험제도는 위험의 측정이나 보험료의 결정이 대수의 법칙으로 이루어지기보다는 수출 등 대외거래에 대한 지원필요성에 따라 이루어진다. 수출보험은 수출업자로 하여금 수출대금을 받지 못하여 발생한 손실을 보상받을 수 있게 해주기 때문에 위험성이 있는 외상거래나 신규 수입자의 발굴을 통한 신시장 개척 및 시장다변화를 도모할 수 있게 하는 기능을 한다. 금융기관 또한 담보능력이 부족한 수출업체에 대해서도 수출보험증권이나 수출신용보증서를 담보로 활용하여 무역금융 지원을 확대하고 위험도가 높은 수출거래에 대한 지원도 가능해진다.

수입보험은 국내 수입자가 해외 수출자의 계약불이행으로 적기에 화물을 인도받지 못하거나 선불금을 회수하지 못하는 경우 발생하는 손실을 보상하는 제도로서, 수입자용 수입보험과 금융기관용 수입보험으로 나누어진다. 수입자용 수입보험은 국내기업이 주요 자원의 수입을 위하여 해외에 소재하는 수입계약 상대방에게 선급금을 지급하였으나 선급금이 회수되지 못함에 따라 발생하는 손실을 보상하며, 금융기관용 수입보험은 금융기관이 주요 자원의 수입을 위하여 필요한 자금을 국내수입기업에 대출하였으나 대출금이 회수되지 못함에 따라 발생하는 손실을 보상한다.

2) 국외기업 신용조사 서비스 제공

국외기업 신용조사 서비스는 국외기업으로부터의 수출대금 미회수 위험을 담보해주는 무역보험 인수를 위한 필수조건이다. 이러한 서비스는 한국무역보험공사의 해외지사 및 전 세계 신용조사기관과 연계하여 해외소재 기업의 신용조사를 실시한 후 의뢰인에게 신용조사 보고서를 제공하는 서비스이다.

3) 해외채권추심대행 서비스 제공

해외채권추심대행 서비스는 수출 또는 기타 대외거래와 관련하여 발생한 해외미수채권에 대하여 한국무역보험공사의 해외 네트워크를 통해 채권회수를 대행하는 서비스이다.

4) 투자위험보증사업

투자위험보증사업은 해외자원개발투자회사가 해외자원개발사업에 투자하여 피투자국의 전쟁, 수용, 송금제한 등의 비상위험과 투자상대방의 파산, 해당 자원의 가격변동 등의 신용위험으로 인하여 해외자원개발펀드가 입게 되는 손실의 일부를 보상함으로써 해외자원개발사업을 활성화하기 위한 정책보험이다.

(4) 한국정책금융공사

한국정책금융공사는 금융기관의 자금중개기능을 활용하여 중소기업의 자금조달을 원활하게 하고 국민경제의 발전에 필요한 자금을 공급·관리함으로써 국가경쟁력 강화와 성장잠재력 확충을 통한 고용창출, 금융산업 및 국민경제의 건전한 개발에 이바지하기 위하여 설립되었다. 중소기업의 육성, 지역개발사업, 사회기반시설의 확충, 신성장동력산업 육성, 금융시장 안정, 해외사업 지원 등 국민경제에 필요한 자금의 공급 및 관리업무를 수행하고 있다.

한국정책금융공사의 정책금융 업무를 위한 재원은 정부, 한국은행 및 금융기관 등으로부터의 차입, 외국자본의 차입, 정책금융채권 발행 등을 통해 마련한다.

(5) 한국주택금융공사

한국주택금융공사는 주택금융 등의 장기적·안정적 공급을 촉진하여 국민의 복지증진과 국민경제의 발전을 목적으로 설립되었다.

한국주택금융공사는 은행, 보험회사 등 금융기관으로부터 주택저당채권을 양도받아 이를 기초로 유동화증권(MBS, ABS)을 발행하고 투자자들에게 매각함으로써 채권시장으로부터 장기저리의 자금을 안정적으로 조달하여 대출재원을 획기적으로 확충하고 있다. 또한 공사 내에 설립된 주택금융신용보증기금은 국민들의 주거안정을 위하여 금융기관으로부터 전세자금대출 및 아파트 중도금대출에 대한 보증서를 발급해주고 있으며 주택건설사업자를 대상으로 아파트 건설자금 대출에 대한 주택보증 지원업무를 수행하고 있다. 그리고 만 60세 이상인 노인층을 대상으로 주택연금 업무를 수행함으로써 노인들의 노후복지향상에도 기여하고 있다.

이 밖에도 학자금대출채권 유동화, 주택저당증권 및 학자금 대출증권에 대한 지급보증, 금융기관에 대한 신용공여, 보금자리론과 적격대출 공급 등의 업무를 수행한다.

2 금융보조기관

2.1 예금보험공사

예금보험공사는 금융기관이 경영부실 등으로 예금 원금이나 이자를 지급할 수 없을 때 해당 금융기관을 대신하여 예금주에게 원리금의 전부 또는 일부를 지급하는 역할을 담당하는 무자본 특수법인으로서 예금보험기금의 관리, 보험료의 수납 및 보험금 지급, 부실금융기관의 정리 및 자금지원 등의 업무를 수행한다.

(1) 예금보험기금의 관리

예금보험기금은 부보금융기관의 보험료 및 출연금, 정부출연금, 예금보험기금채권 발행, 기금의 운용수익 등을 재원으로 하며 이렇게 조성된 기금은 보험금 지급, 정리금융기관에의 출자, 부실금융기관 정리 등을 위한 자금지원, 예금보험기금채권 및 차입금의 원리금 상환 등으로 지출된다.

(2) 보험료의 수납 및 보험금 지급

예금보험공사는 부보금융기관으로부터 매년 예금 잔액의 일정률(0.5%)을 초과하지 않는 범위에서 정한 보험료율을 적용하여 산출된 보험료를 징수하는데, 부보금융기관에서 보험사고가 발생하면 당해 금융기관 예금자 등의 청구에 의하여 보험금을 지급하는 한편 보험사고 발생으로 상당기간 보험금 지급이 정지됨에 따라 예금자가 겪는 불편을 덜어주기 위하여 보험금의 지급한도 내에서 예금보험위원회가 정하는 금액을 가지급금으로 미리 지급할 수 있다. 또한 보험사고 발생 시 금융기관의 청산, 파산절차가 종료되기 전이라도 예금자가 예금채권을 조속히 변제받을 수 있도록 예금채권을 매입할 수 있다.

(3) 부실금융기관의 정리 및 자금지원

예금보험공사는 부실금융기관의 합병이나 영업의 양도 또는 제3자에 의한 인수를 알선할 수 있으며 금융위원회에 대하여 부실금융기관에 대한 계약이전명령, 파산신청 등 필요한 조치를 취할 것을 요청할 수 있다. 또한 예금보험공사는 금융위원회의 승인을 얻어 부실금융기관의 영업을 양수하거나 정리업무를 수행하기 위한 주식회사 형태의 정리금융기관을 설립할 수 있다.

그리고 아울러 금융기관이 부실금융기관을 인수하는 경우 등에는 자금지원을 할 수 있는데 자금을 지원받는 부보금융기관은 공사와 서면약정을 체결하여 재무건전성·수익성·건전성에 관한 목표수준과 이를 이행하기 위한 실천계획 등을 약속하며 이를 준수하지 못하면 예금보험공사가 당해 금융기관 임원의 해임·경고·주의·직무정지를 요구할 수 있다.

2.2 한국거래소

한국거래소는 유가증권시장, 코스닥, 파생상품시장 등 국내 증권 관련 거래를 총괄하는 거래소이다.

(1) 유가증권시장 및 코스닥시장 운영

한국거래소는 유가증권의 상장 여부를 심사하는 업무를 수행하며, 유가증권 발행회사의 공익 또는 투자자 보호에 문제가 있거나 당해 유가증권의 공정한 가격 형성과 유통에 지장이 초래되는 경우 일정기간 매매를 정지하거나 상장을 폐지하는 등의 조취를 취하는 업무를 한다.

한국거래소는 유가증권시장으로 주식시장, 채권시장 및 기타시장을 개설·운용하며 각 시장의 종합시세, 매매동향, 거래실적 등의 정보를 제공한다. 그리고 코스닥시장은 유가증권시장의 주식시장보다 상장조건을 완화하여 기업규모는 작지만 성장잠재력이 높은 벤처기업들의 원활한 자금조달을 도모하고자 운영되고 있다.

(2) 파생상품시장 운영

파생상품시장은 현물시장에서의 가격, 금리변동위험 등을 효과적으로 제거하기 위한 시장으로 현재 선물·옵션, 통화선물, 국채선물, 금·유류·곡물 선물 등 다양한 파생상품을 거래하고 있다. 한국거래소는 이러한 파생상품시장의 개설 및 운영, 장내파생상품거래의 체결 및 결제, 시세공표, 매매유형 및 품목결정에 관한 업무 등을 수행한다.

(3) 시장 감시업무

한국거래소는 유가증권시장, 코스닥시장, 파생상품시장에서의 불공정거래 행위를 예방·규제하고 회원 상호 간의 분쟁을 조정하기 위해 시장 감시 위원회를 두고 있다.

2.3 기타 금융보조기관

(1) 신용보증기관

1) 신용보증기금

신용보증기금은 담보능력이 미약한 기업의 채무를 보증하여 자금융통을 원활히 하고 신용정보의 효율적인 관리를 통하여 건전한 신용질서를 확립하고자 설립되었다.

① 신용보증업무

보증업무는 일반보증과 유동화회사 보증으로 구분할 수 있다. 우선 일반보증은 기업이 은행 등으로부터 자금을 조달하는데 따르는 보증이며, 다음으로 유동화회사보증은 자산유동화회사[3)]의 유동화 자산을 기초로 발행된 유동화 증권에 대한 보증을 의미한다.

② 창업기업에 대한 지원

③ 신용정보 종합관리

④ 기업경영지원

중소기업의 생산성 향상과 경쟁력 제고를 위해 진단지도를 실시한다.

⑤ 신용보험

중소기업의 어음과 외상매출금과 같은 매출채권의 회수불가능으로 손해가 발생할 경우에 보험금을 지급함으로써 연쇄도산[4)] 방지 업무를 수행한다.

2) 기술신용보증기금

기술신용보증기금은 중소기업의 기술개발을 촉진하고 담보력이 미약한 기업의 자금조달을 지원하기 위하여 설립되었다. 담보능력이 부족한 기업의 채무를 보증한다는 면에서 신용보증기금과 유사한 업무를 수행하지만 보증의 중점대상을 신기술사업자로 한다는 점에서 차이가 있다. 즉, 기술신용보증기금은 기술개발에 따른 위험과 담보부족 때문에 금융기관이 대출을 해주지 않으려 하는 기업에게 보증을 제공하는 것을 업무로 한다.

3) 금융기관에서 발생한 부실채권을 매각하기 위하여 임시로 설립된 특수목적회사이다. 투신증권, 은행신탁 등은 자산유동화회사(SPC)를 설립해 이곳에 채권을 양도하면 SPC는 이를 담보로 ABS를 발행하여 시장에 유통시킨다. ABS의 상환이 완료되면 SPC는 해산된다.

4) 어떤 기업이 도산하면, 그 영향으로 다른 기업이 차례로 도산하는 일

① 기술신용보증

기술신용보증이란 신기술사업자가 부담하는 금전채무에 대한 보증을 말한다. 주요 보증상품으로는 대출보증, 담보어음보증, 회사채보증, 지급보증의 보증, 이행보증, 무역금융보증, 전자상거래보증 등이 있다.

② 기술평가

기술평가는 기술금융 공급자와 수요자 간 정보 비대칭성과 불확실성 해소를 위해 필요한 핵심적인 사업으로서 기술평가 인프라를 바탕으로 연구·개발단계에서 사업화 단계의 전 주기에 걸친 다양한 금융상품과 연결시키는 기술금융 종합지원사업을 말한다.

③ 창업지원과 벤처 업무

기술보증기금은 기술창업기업 지원 전문기관으로서 예비창업단계부터 성공에 이르기까지 성장단계별로 각종지원을 마련하여 기술창업을 지원한다.

(2) 신용정보회사

신용정보란 금융거래 등 상거래 시 상대방의 신용도, 신용거래능력 등을 판단할 수 있는 정보를 말하며 이러한 신용정보를 다루는 신용정보업의 종류로는 신용평가업, 신용조회업, 신용조사업, 채권추심업이 있다.

1) 신용평가업

신용평가업이란 기업의 재정·경영상태, 장래성 등을 종합적으로 분석·평가하여 당해 기업이 발행하는 회사채 및 기업어음 등의 신용등급을 책정하고 이를 관련 금융기관이나 투자자에게 제공함으로써 원리금 지급의 확실성·안정성에 관한 판단기준으로 활용하도록 하는 업무를 말한다.

우리나라의 신용평가회사는 유가증권등급평가와 기업어음평가 및 주식가치평가를 수행하는 업무를 영위하고 있다.

2) 신용조회업

신용조회업이란 개인 및 기업의 신용정보를 수집·정리하고 의뢰인의 요청에 따라 정보를 제공하는 업무를 말한다. 신용정보의 종류에는 신용개설정보, 대출거래내역, 채무불이행정보, 채무보증내역, 공공기록정보 등이 있다.

3) 신용조사업

신용조사업이란 고객의 의뢰를 받아 개인이나 기업의 신용정보를 조사하여 제공하는 업무를 말한다. 의뢰인은 신용조사 서비스를 통해 거래상대방의 신용상태 및 지불능력을 사전에 확인하여 부실채무가 발생한 경우 채무자의 은닉재산 확인, 채권보전조치[5] 등의 재산조사를 실시할 수 있다.

4) 채권추심업

채권추심업은 채권자의 위임을 받아 채무불이행자에 대한 재산조사, 변제촉구 및 수령 등을 통해 채권자를 대신하여 채무에 대한 권리를 행사하는 업무를 말한다. 채권자와 채무자 사이에서 발생한 미수채권에 대한 추심을 채권추심회사에 위임하면 회사는 채무자에게 추심위임사실을 통보하고 채무금을 회수하여 채권자에게 반환한다.

(3) 자금중개회사

자금중개회사는 금융시장의 안정적 발전을 위해 금융기관 간 자금 거래 중개를 목적으로 금융감독위원회의 승인을 얻어 설립된 회사이다.

주요업무로는 금융기관 간 콜자금 거래 중개와 대차, 단기자금 거래 중개와 대차, 채권 매매 중개, 금 중개와 외국환거래법에 의한 외국환 중개 등이 있다. 자금중개회사는 금융투자업 행위를 할 수 없으나 자금거래 중개업무와 경제적 실질이 유사한 CD, 환매조건부판매, 기업어음증권(CP), 외국통화와 이자율을 기초로 하는 장외파생상품의 중개·주선·대리 업무는 할 수 있다.

---

5) 채권자가 채권을 이행하지 않는 채무자에 대해 강제집행 절차를 착수하기 전에 채무자가 채무를 면탈하지 못하게 하기 위하여 취하는 자산 동결 등의 보전조치를 말한다.

3 지급결제전문기관

지급결제란 경제주체가 화폐 등의 지급수단을 사용하여 화폐가치를 이전함으로써 실물 및 금융거래의 결과로 발생하는 거래 당사자 간의 채권·채무를 해소하고 거래를 종결하는 행위를 말하고 지급결제제도란 경제주체들의 경제활동에 수반되는 자금의 결제가 원활히 이루어지도록 하는 제도적 인프라를 말한다.

경제주체들은 경제규모의 확대와 기술의 발달에 따라 현금뿐만 아니라 어음, 수표, 신용카드 및 전자화폐 등 다양한 형태의 지급수단을 이용해 왔다. 따라서 지급결제는 지급수단에 따라 종결되는 과정을 달리 한다.

현금은 가장 공신력 있는 지급수단으로 지급과 동시에 결제가 완료되어 거래가 종료되지만 이와 달리 현금 대용의 지급수단인 어음, 수표, 계좌이체, 신용카드 및 전자화폐 등은 물품과 대금의 지급이 동시에 이루어지더라도 궁극적으로 매수자의 예금에서 대금이 빠져나가 매도인의 예금에 입금되어야 하며, 이를 위해 당사자의 거래은행 간 채권·채무액을 정산한 자금을 실제로 주고받아야 하는 지급수단이다. 즉, 결제는 청산과정을 통해 확정된 금액이 완전히 이전되어 거래를 완결시키는 과정이며 고객의 예금을 기초로 해당금융기관이 발행한 부채를 거래 상대방의 금융기관이 수용할 때에 비로소 거래가 이루어진다. 이러한 의미에서 지급결제시스템은 재부지급을 위한 적질한 수딘인 금융기관의 부채가 유통되는 메커니즘이라고 정의할 수도 있다.

3.1 지급결제시스템

(1) 거액결제시스템

거액결제시스템은 대규모 금융거래를 보다 신속하고 안전하게 처리하기 위한 제도로서 전자자금이체방식의 실시간 총액결제를 통하여 자금이체를 건별로 즉시 결제한다. 따라서 개별 자금이체신청에 대하여 연속적으로 결제의 완결성을 부여하여 결제과정에서 발생할 수 있는 결제리스크를 최소화할 수 있다.

1) 신한은금융망(BOK-Wire+)[6]을 통한 지급결제

① 원화자금 이체

원화자금 이체는 일반자금 이체, 콜자금 이체, 수취인지정자금 이체, 소액결제시스템 차액결제 등이 있다.

우선 일반자금 이체는 신한은금융망을 통해 수행되는 업무 가운데 가장 중요한 업무로서 한국은행에 개설되어 있는 결제계좌를 통하여 참가기관 간 또는 이들 지점 간에 원화를 이체하는 제도이다. 한편 콜자금 이체는 금융기관이 단기적인 자금과부족을 조정하기 위한 콜자금의 공급 및 상환을 한국은행의 결제전용예금계좌를 통해 결제하는 제도이다. 그리고 수취인지정자금 이체는 신한은금융망에 참가하고 있지 않은 일반 개인이나 기업 등이 참가기관을 통하여 거액자금을 간접적으로 송금할 수 있는 제도를 말한다. 마지막으로 소액결제시스템 차액결제는 금융결제원이 금융기관별 순 차액포지션을 산출하여 신한은금융망에서 지정처리시점에 이를 해당기관의 당좌예금계좌에서 입금 또는 출금하는 제도이다.

② 외화자금 이체

외화자금 이체는 한국은행에 개설된 외국환은행의 외화예수금계정을 통하여 금융기관 간에 미 달러화 및 일본 엔화 표시의 외화자금을 이체하는 업무이다.

ⅰ) 금융기관 간 외화자금 이체

금융기관 간 외화자금 거래에 따른 외화자금 이체는 이체를 의뢰한 기관의 외화예수금계정에서 자금이 출금되어 수취할 기관의 외화예수금계정에 입금되는 방식으로 처리된다.

6) 금융기관 간 콜거래 및 증권, 외환매매대금 등을 실시간으로 결제하기 위한 우리나라 유일의 거액결제시스템을 뜻하며, 2005년 5월 한은금융망 재구축 추진방안 수립 이후 2007년 7월부터 전산시스템 개발에 착수해 이후 테스트를 거쳐 착수 개시 4년여 만에 완성된 것이다.

ii) 외화자금 예치 및 인출

외화자금 예치 및 인출은 외국환업무취급기관이 한국은행에 개설한 외화예수금계정에 외화자금을 예치하거나 인출하는 것을 말한다.

③ 국공채 발행 및 상환

국공채 발행은 정부와 한국은행이 발행하는 각종 국공채를 매입하는 기관이 그 대금을 한국은행 당좌예금계좌를 통하여 결제하고 국공채를 이수하는 업무이다. 국공채 경쟁 입찰 결과 국공채를 낙찰받은 금융기관이 신한은금융망을 통하여 국공채 매출발행을 신청하게 되면 국공채 발행 관련 정보를 확인하고 자금결제와 동시에 해당 국공채를 한국은행 또는 한국예탁결제원[7]에 등록하여 발행하게 된다.

④ 한국은행 대출

한국은행은 신한은금융망을 통하여 금융기관들로부터 대출신청서와 담보증권 제공신청서를 온라인방식으로 전송 받아 심사하고 대출 실행 및 만기 회수 등의 자금결제를 수행한다.

(2) 소액결제시스템

1) 지로시스템

지로시스템은 일상생활에서 발생하는 지급인과 수취인 간의 각종 자금결제를 현금 대신 금융기관 계좌를 이용하여 지급하는 결제제도이다. 지로는 계좌이체가 지급결제중계센터에서 일괄처리되므로 대량의 수납거래와 지급거래에도 편리하다.

2) 어음교환시스템

어음교환[8]제도는 어음·수표의 추심에 따른 은행의 업무부담 및 비용

7) 주식이나 채권 등 유가증권의 집중 예탁업무를 담당하는 기관. 국내 유일의 증권 중앙예탁기관이며 증권 및 금융관련기관이 주주로 참여하고 있는 증권거래법에 의해 설립된 공공특수법인이다.

8) 어음교환이란 다수의 참가은행이 일정한 시간에 어음교환소에 보여 자행이 수납한 어음 중 타

절감, 추심 소요기간 단축 및 현금수수에 따른 도난·분실의 위험방지효과가 있다.

3) 금융공동망

금융공동망은 금융기관과 금융결제원의 전산시스템을 상호 연결하여 금융 이용 고객에게 각종 금융거래서비스와 거래정보를 제공하는 지급결제시스템이다. 즉, 금융공동망은 고객이 거래은행에 가지 않고도 현금인출, 계좌이체, 송금 및 금융거래정보 조회 등 각종 지급결제서비스를 편리하게 이용할 수 있도록 전 금융기관이 네트워크로 연결된 것으로 소액결제시스템의 중추를 담당하고 있다.

(3) 외환결제시스템

외환결제는 외환시장에서 외환매매거래에 따라 발생하는 채권·채무관계를 외환의 매도 및 매입기관 간에 사고 판 통화를 서로 교환함으로써 거래를 종결하는 것을 말한다. 따라서 외환매매에 따른 외국환업무 취급기관 간 자금결제는 원화의 경우 대부분 한국은행에 설치된 외국환업무 취급기관의 당좌예금계정을 통해 이루어지고 있으며 외화의 경우 매도기관이 한은금융망을 이용하여 자신의 환거래은행 또는 CLS은행[9)]을 통해 자금을 결제하는 것으로 이루어진다.

한편 환거래은행을 통한 외환결제는 국제은행 간 통신협정(SWIFT)망을 통해 자신의 환거래은행에 매도통화의 지급을 지시하면 환거래은행이 해당 통화의 지급결제시스템을 통하여 거래상대방의 환거래은행에 자금을 이체함으로써 결제가 이루어진다.

은행을 지급지로 하는 어음(제시어음)과 타 은행이 수납한 어음 중 자행을 지급지로 하는 어음(지급어음)을 서로 일괄하여 교환하고 이에 따른 대금을 결제하는 것을 말한다.

9) 미국 뉴욕에 위치한 외환 결제 전문 은행으로서 국제결제은행(BIS)의 권고에 따라 외환매매거래 시 국가 간 시차 때문에 발생하는 금융기관들의 외환결제 리스크를 줄이기 위해 설립된 외환결제전문 민간은행이다.

(4) 증권결제시스템

증권결제란 증권거래에 의한 자금의 유통과정에서 매매에 따라 발생한 거래당사자 간의 채권·채무 관계를 '증권의 인도' 와 '대금의 지급'이라는 가치교환 행위를 통해 종결시키는 것을 말한다. 증권결제시스템에는 한국거래소와 한국예탁결제원이 운영하는 유가증권시장결제시스템 및 코스닥시장결제시스템, 그리고 한국예탁결제원이 운영하는 채권기관투자자결제시스템 및 주식기관투자자결제시스템 등이 있다.

우선 유가증권·코스닥시장 결제시스템은 한국거래소가 청산을 통해 증권회사별로 결제일에 수수할 증권과 대금을 확정하면 증권은 한국예탁결제원의 예탁계좌에서 계좌대체방식으로, 결제대금은 한국은행에 개설된 한국예탁결제원 계좌를 통해 자금이체방식으로 동시에 결제된다. 그리고 채권기관투자자결제시스템은 건별로, 주식기관투자자결제시스템은 거래상대방별로 한국예탁결제원이 청산하며 증권수수는 장내시장과 같이 한국예탁결제원 계좌에서 대체되나 결제대금은 한국은행에 개설된 한국예탁결제원 계좌를 통해 증권과 동시에 결제된다.

CHAPTER

11

금융감독기구와 금융제도

CHAPTER 11

1 금융감독기구

금융감독은 개별 금융기관의 설립을 인가하고 금융기관이 업무 시 지켜야 할 사항들을 제정하며 이의 준수 여부를 감시하는 것을 말한다. 금융감독은 금융기관 업무에 대한 허가, 금지, 제한, 권유 등의 형태로 이루어진다는 점에서 금융기관 경영에 대한 일종의 규제이다. 금융거래를 시장 자율에만 맡길 경우 정보의 비대칭성 때문에 불공정한 거래가 증가하여 금융제도의 불안정과 금융거래의 위축을 초래할 수 있기 때문에 금융기관에 대한 이와 같은 규제가 필요하다. 따라서 금융기관이 금융중개를 공정하게 하고 경영 건전성을 유지함으로써 금융소비자의 재산을 보호하고 금융거래를 활성화하는 데 금융감독의 목적이 있다.

1.1. 조직

(1) 금융위원회

금융위원회는 국무총리 소속의 합의제 행정기관으로 금융관련 주요사항을 심의·의결한다. 주요업무는 국내 금융에 관한 정책 및 제도에 관한 사항과 관련 법령 및 규정의 제·개정 및 폐지에 관한 사항, 금융회사 감독 및 검사에 관한 사항과 관련 법령 및 규정의 제·개정 및 폐지에 관한 사항, 금융회사의 설립, 합병, 전환, 영입 양수·양도 및 경영 등의 인허가에 관한 사항과 관련 법령 및 규정의 제·개정 및 폐지에 관한 사항 등이 포함된다. 또한 금융위원회는 금융감독원의 업무, 운영에 대한 지도·감독을 하며 금융감독원의 정관변경, 예산 및 결산에 대한 승인 등의 사항을 심의·의결한다.

(2) 금융감독원

금융감독원은 1999년 1월 당시 은행감독원, 증권감독원, 보험감독원, 신용관리기금 등 4개 감독기관이 통합되어 설립되었다. 금융감독원은 무자본 특수법인으로서 공법인이며 정부 및 한국은행 출연금, 검사대상 금융회사의 출연금, 기타 다른 법령이나 정관에서 정한 수입 등의 재원으로 운영된다. 여기서 금융감독원을 정부 조직이 아닌 독립된 공법인으로 지정한 이유는 금융회사에 대한 감독업무가 정부의 간섭을 최소화하면서 공정하고 독립적으로 시행될 수 있도록 하기 위해서다.

금융감독원은 금융위원회 또는 증권선물위원회[1]의 지도·감독을 받아 금융기관에 대한 검사·감독업무를 수행하며, 구체적으로는 검사대상기관의 업무 및 재산상황에 대한 검사, 검사결과에 따른 제재, 금융위원회 및 소속기관에 대한 업무지원 등을 처리한다.

1.2 주요업무

(1) 금융기관 인·허가와 소유구조 업무

1) 금융기관 인·허가 업무

금융위원회는 금융기관의 설립 및 영업, 인수·합병 및 업종전환 시 인·허가제도를 통해 부적격 금융기관의 시장진입을 차단하고 독과점이나 과당경쟁에 따른 폐해를 최소화하는 역할을 하고 있다. 따라서 금융기관을 설립하기 위해서는 민법 및 상법상의 법인요건 이외에 은행법, 자본시장법, 보험업법 등 개별 금융업법에서 제시한 기본요건을 갖추고 금융위원회의 인·허가를 받아야 하며 또한 다른 금융업으로 업종을 전환하거나 금융기관을 인수·합병할 경우에도 금융위원회의 인가를 받아야 한다.

2) 퇴출업무

금융위원회는 금융기관의 자율적인 영업종료나 행정조치에 의한 강제퇴출과 관련한 퇴출업무를 수행한다. 금융기관은 영업의 양수·양도, 합병, 계약이전 또는 해산 등을 통해 자율적으로 금융업 영업을 종료할 수 있다. 그러나 금

1) 증권·선물시장의 불공정거래 조사와 금융위원회가 수행하는 주요 사항을 사전에 심의하기 위해 금융위원회에 설치된 기구이다.

융위원회의 퇴출결정에 앞서 사전인가를 받아야 되는데 이것은 퇴출로 인해 금융거래가 위축되거나 금융기관 간 경쟁이 과도하게 제한될 수 있을 뿐만 아니라 퇴출과정에서 금융소비자와 투자자가 부당한 재산상의 피해를 입을 가능성이 있기 때문이다.

금융위원회의 행정조치에 의한 강제퇴출은 관련법규를 위반하거나 재무상태가 기준에 미달한 금융기관을 대상으로 하며 영업정지나 인·허가 취소 등의 형태로 이루어진다. 금융위원회는 허위로 영업 인·허가를 받거나 또는 금융위원회의 시정명령을 위반하는 등 중대한 법규위반을 한 금융기관에 대해 일정기간 영업을 정지시키거나 영업 인·허가 자체를 취소할 수 있다.

또한 금융위원회는 재무상태가 일정기준에 미달하거나 미달할 것으로 예상되어 적기 시정조치를 받은 금융기관이 필요한 경영개선대책을 이행하지 않거나 이행할 수 없을 것으로 판단되는 경우 영업정지, 영업 인·허가 취소 및 계약이전 등을 통해 해당 금융기관을 강제 퇴출시킬 수 있다.

3) 소유구조 규제업무

금융산업은 부적격자의 시장진입 및 과당경쟁 등이 제한되고 있기 때문에 독과점을 형성하게 된다. 따라서 금융위원회는 금융기관에 대한 소유지배구조 규제로 그 폐혜를 최소화하고 있다.

금융기관 소유구조에 관한 규제는 은행과 은행지주회사에 대하여 적용하며 이는 예금·대출입무와 지급결제서비스 등 은행이 금융제도에서 차지하는 중요성을 감안하여 산업자본의 지배를 받지 않도록 하기 위해서이다. 소유구조에 대한 규제에는 동일인 및 비금융주력자의 주식보유한도가 있다. 동일인에 대한 주식보유한도는 동일인이 은행 주식의 10%를 초과하여 보유하지 못하도록 하고 있으며 또한 동일인의 은행 주식 보유상황 또는 주식보유비율의 변동상황 확인을 위하여 4% 초과해 보유할 경우 등에는 관련 내용을 금융위원회에 보고하도록 하고 있다. 한편 동일인이 보유한도를 초과하여 은행주식을 보유하고자 하는 경우에는 한도초과 보유요건을 충족하여야 하며 10%, 25%, 33%를 초과할 때마다 금융위원회의 승인을 받아야 한다.

또한 산업자본의 은행산업 지배를 방지하기 위해 비금융주력자에 대해서는 은행주식 보유한도를 규제하고 있다.

(2) 경영건전성 지도 업무

1) 금융기관의 자본 충실도

금융기관의 자본금은 예기치 못한 손실을 흡수할 수 있는 완충역할을 담당하여 자본금 규모가 큰 금융기관일수록 청산에 이르지 않고 생존할 가능성이 높아진다. 또한 자본금 규모가 큰 금융기관일수록 경영부실이 나타날 경우 주주들이 부담해야 할 손실이 커지기 때문에 자산운용 등에 있어 위험추구 행위를 줄이게 되고 그 결과 경영부실 가능성이 낮아진다.

① 은행

금융위원회는 은행 자본충실도의 경우 바젤Ⅱ협약[2)]에 따른 국제결제은행(BIS)[3)]의 자기자본비율 규제를 적용하고 있으며 BIS기준 자기자본비율에 미달하는 은행의 경우 경영개선 권고, 요구, 명령 등 적기 시정조치를 발동할 수 있다.

② 금융투자업자

금융위원회는 금융투자업자의 유동성 부족이나 손실 급증으로 인한 재무불안을 사전에 예방하고 영업이 중단된 경우에도 투자자의 재산을 변제 가능하도록 영업용 순자본비율을 규제한다. 영업용 순자본비율은 '영업용 순자본÷총위험액'으로 정의되는데, 금융위원회는 금융투자업자가 영업용 순자본비율을 100%이상 유지하도록 권고하고 있다. 이는 위험손실을 감안한 현금화 가능 자산의 규모가 상환의무가 있는 부채의 규모보다 항상 커야 한다는 것을 의미한다.

③ 보험회사

금융위원회는 보험회사의 자기자본을 충실화하기 위한 경영건전성 규제로

---

2) 국제결제은행(BIS) 바젤위원회가 제시한 리스크측정 세분화를 주요 내용으로 하는 자기자본에 대한 협약

3) 국제금융 안정을 추구하기 위하여 중앙은행과 다른 기관 사이의 협력을 증진시키는 국제기구

지급여력[4]비율제도를 운영한다. 지급여력비율은 지급여력금과 지급여력기준금액 간의 비율로 산출되는데 금융위원회는 보험회사가 지급여력비율을 100% 이상 유지하도록 권고하고 있다.

④ 금융지주회사

금융위원회는 은행지주회사에 대해서는 연결자기자본비율[5]을 통해 자기자본의 충실도를 기하고 있으며 비은행지주회사에 대해서는 필요자본[6] 대비 자기자본 순 합계액의 비율을 적용한다.

⑤ 기타 금융기관

금융위원회는 상호저축은행에 대하여 BIS기준 자기자본비율, 즉 위험가중자산에 대한 자기자본의 비율을 5%이상 유지하도록 하고 있다. 한편 여신전문금융회사는 조정자기자본비율 즉, 조정총자산에 대한 조정자기자본의 비율을 7%이상 유지하도록 하고 있으며, 또한 신용협동조합은 순자본비율을 2%이상으로 유지하도록 하고 있다.

2) 자산건전성 분류 및 대손충당금 적립

금융위원회는 금융기관 보유자산을 건전성에 따라 분류하고 부실자산에 대해서는 일정비율 이상의 대손충당금을 적립하도록 하고 있다. 그리고 금융감독원은 금융기관의 자산건전성 분류 및 대손충당금 등 적립의 적정성을 판단하고, 부적정하다고 판단되는 경우 시정을 요구할 수 있다.

자산건전성 분류제도는 금융기관 보유자산의 신용리스크 정도에 대한 평가를 통해 부실자산의 발생을 사전에 예방하고 이미 발생한 부실자산의 조기정상화를 촉진함으로써 금융기관 자산운용의 건전화 도모를 목적으로 한다. 자산

4) 지급여력이란 보험금 지급에 필요한 수준 이상으로 보유하고 있는 자산을 의미하며 예기치 않은 상황 발생 시 보험회사가 대처할 수 있는 능력을 말한다.

5) 은행지주회사의 연결재무제표를 기초로 BIS기준에 의해 산출한 위험가중자산(신용위험가중자산+시장위험가중자산)에 대한 자기자본의비율을 나타낸다.

6) 비은행지주회사가 관련 법령에 규정된 자본적정성 기준을 충족하기 위하여 보유해야 하는 최소한의 자기자본을 의미한다.

건전성을 분류하는 궁극적인 목적은 채권의 회수 가능성 정도에 따라 충당금을 적절히 적립하는 데 있으므로 금융기관은 자산건전성 분류 단계별로 일정 비율 이상의 금액을 대손충당금으로 적립하여야 한다. 그리고 자산건전성 분류결과 회수의문 및 추정손실로 분류된 부실자산은 자산의 건전화 유도 및 자산의 과대계상 방지 등을 위하여 조기에 대손상각7) 하여야 한다.

3) 경영지도 및 관리

① 경영실태평가

금융감독원은 금융기관의 재무상태, 경영관리능력, 법규준수사항 등 다양한 부문을 종합적이고 통일적인 방식으로 평가하는 경영실태평가제도를 운용하고 있다. 한편 금융위원회는 경영실태평가 결과를 바탕으로 경영개선권고와 요구 및 명령 등 적기 시정조치를 발동할 수 있다.

경영실태평가는 대체로 CAMELS 방식에 의해 수행되고 있다.

C : 자본적정성(capital management)

A : 자산건전성(asset quality)

M : 경영관리 적정성(management)

E : 수익성(earnings)

L : 유동성(liquidity)

S : 민감도(sensitivity)

② 적기 시정조치

적기 시정조치제도는 부실 가능성이 있는 금융기관에 대하여 적절한 경영개선조치를 취함으로써 조기에 금융기관 경영을 정상화하거나 정상화 가능성이 없는 금융기관을 퇴출시킴으로써 금융제도의 안정성을 강화하기 위한 것이다.

금융위원회는 금융기관의 자기자본비율이 일정 수준에 이르지 못하는 등 재무상태가 적정 기준에 미달하거나 거액의 금융사고 또는 부실채권의 발생으

7) 회수불가능하다고 판단되는 채권을 재무상태표상의 장부가액에서 제외시켜 손실로 처리하는 것이다.

로 금융기관의 재무상태가 적정 기준에 미달하게 될 것이 명백하다고 판단되는 경우 해당 금융기관에 대해 경영개선을 요구 또는 명령하거나 이행계획을 제출할 것을 명할 수 있다. 다만 적정 기준에 미달하더라도 단기간 내에 기준을 충족시킬 수 있다고 판단되면 기간을 정하여 조치를 유예할 수 있다.

(3) 영업행위 규제 업무

금융감독당국의 영업행위 규제업무는 금융기관의 투명성, 공시 및 투자자 보호에 중점을 두며 그 목적은 공정거래를 통한 금융고객 및 투자자 보호에 있다.

1) 경영정보 공시

금융감독위원장은 금융기관이 경영정보와 관련된 정기공시 또는 수시공시 사항에 대해 허위공시하거나 중요한 사항을 누락하는 등 불성실하게 공시한 경우에는 해당 금융기관에 대해 정정공시 또는 재공시를 요구할 수 있다. 이러한 경영정보 공시는 고객, 주주 등 불특정 다수에게 금융기관의 경영현황에 관한 정보를 제공하는 것으로 금융회사의 불공정행위나 부실로부터 금융고객을 보호하고 이해관계인에 의한 시장규율을 강화함으로써 금융회사의 건전경영 및 책임경영체제 정착을 목적으로 하고 있다.

2) 금융거래 자문

금융위원회와 금융감독원은 금융기관의 금융거래 자문을 금융상품의 공시수단 또는 불공정거래행위 규제 차원에서 시행하고 있다. 금융거래 자문은 금융에 대한 전문적인 지식이 없거나 관련 정보를 취득할 충분한 시간이 없는 고객에게 금융상품에 대한 전문적 정보를 제공함으로써 금융고객의 이익을 증진시킨다.

3) 금융상품 공시

금융위원회와 금융감독원은 금융회사가 금융상품과 관련해 공시할 내용 및 방법, 정보 및 자료의 제공방법, 자료의 형식 등을 정하고 있다. 금융상품

공시는 금융상품의 거래조건과 관련된 정보를 고객에게 제공하는 것으로 금융상품의 구조가 복잡·다양해지고 그로 인하여 점점 상품의 내용 및 거래조건을 파악하는 것이 어려워짐에 따라 필요성이 증대되고 있다.

4) 금융분쟁 조정

금융분쟁 조정제도는 예금자 등 금융고객과 금융기관 간 분쟁이 있을 경우 분쟁당사자의 주장과 사실관계를 조사한 후 합리적인 해결방안이나 조정의견을 제시함으로써 소송이 아닌 당사자 간 합의를 통해 분쟁을 해결하는 제도이다.

5) 약관 심사

금융회사는 금융거래약관 및 투자설명서 등을 제정 또는 변경하고자 하는 경우에는 사전에 금융위원회 또는 금융감독원장에 보고하여야 한다. 금융위원회 또는 금융감독원장은 약관을 심사한 결과 내용의 변경이 필요하다고 판단되는 경우 약관내용의 변경을 권고할 수 있다.

(4) 검사 업무

금융감독원은 금융회사의 건전경영 확보 및 공정한 금융거래질서 유지를 위해 금융회사에 대한 검사를 실시한다. 검사업무는 크게 금융회사의 규정 이행실태를 지속적으로 모니터링하는 상시감시와 금융회사 현장에서 실시하는 현장검사로 구분된다.

상시감시는 평상시 금융회사가 제출한 업무보고서 등을 토대로 경영실태 변동상황을 면밀히 분석·평가하는 것을 의미한다. 한편 현장검사는 필요시 영업현장에 입점하여 모니터링 결과를 확인하거나 금융회사가 관계 법령·규정·지시 등을 제대로 이행하였는지 여부를 확인하는 것을 의미한다.

또한 운영방식으로 검사를 구분해 보면 종합검사와 부분검사로 구분할 수 있다. 종합검사는 연도별 검사업무계획에 근거하여 금융회사의 업무전반 및 재산상황에 대하여 실시하는 검사이며 금융회사 본점 종합검사 시 통상적으로 경영실태 평가를 실시한다. 그리고 부분검사는 금융사고 예방, 금융질서 확립, 기타 금융감독 정책상 필요에 따라 금융회사의 특정 부문에 대해 실시하는 검사를 말한다.

2 금융제도

2.1 금융제도의 의의

금융제도에서 '제도'는 시스템(system)을 뜻한다. 앞서 말한 바와 같이 금융은 자금의 공급자와 수요자 사이에서 융통되는 자금의 흐름이다. 가계, 기업, 정부, 해외 등의 경제주체는 금융시장에 참여하여 수요자나 공급자의 역할을 하며 금융기관은 금융서비스나 금융상품을 금융시장에 제공함으로써 자금이전이 활발하게 이루어지도록 촉진시키는 역할과 금융시장에서 자금의 수요자와 공급자를 중개하는 역할을 한다. 따라서 금융제도란 금융거래에 관한 일체의 법규, 체계, 관행 등을 총칭하는 개념으로 개인이나 기업 등 금융거래를 행하는 경제주체, 금융서비스, 금융시장 등에 관한 모든 체계를 포괄하는 경제시스템의 하나이다. 예를 들어, 축구를 하나의 시스템이라 생각한다면 축구시스템에는 선수나 심판 등의 참여자가 있으며, 원활한 경기진행을 위해 경기운영규칙, 축구장의 규격에 대한 규정 등이 존재하는데 이것은 금융제도도 마찬가지이다. 금융거래(축구경기)에 참여한 경제주체(선수, 심판 등)가 원활한 금융거래를 할 수 있도록 법규, 체계, 관행 등(경기규칙 등)을 제공하고 이를 관리 감독하는 일련의 과정을 모두 통틀어 금융제도라 한다.

2.2 금융제도의 유형

(1) 전업주의제도와 겸업주의제도

금융제도는 금융기관이 주관하는 업무범위에 대한 규제에 따라 전업주의제도와 겸업주의제도로 구분할 수 있다. 한 금융회사가 은행, 증권, 보험 등의 여러 금융서비스를 제공할 수 없도록 제한한다면 이는 전업주의제도에 해당하며 반대로 다양한 금융서비스를 제공할 수 있도록 아무런 제한을 하지 않는다면 이는 겸업주의제도에 해당한다.

전업주의 도입은 1933년 미국에서 제정한 글래스-스티걸법(Glass-Steagall Act)이 근거가 되었다. 글래스-스티걸법은 은행업과 증권업의 겸영을 금했던 것이 요지이다. 해당법이 제정된 동기는 1929년의 주가 대폭락과 경제대공황의 원인 중 하나가 은행업과 증권업의 겸영에 따른 이익상충과 규제장치의 부재라는 판단이 작용한 것이다. 여기서 이익상충이란 금융기관이 고객과의 거래에 있어서 고객의 이익을 우선시하지 않고 금융기관 스스로의 이익을 우선시하거나 특정 고객의 이익을 위해 다른 고객을 희생시키는 것을 말한다. 이익 상충 문제 이외에도 지급결제의 역할을 담당하는 은행의 업무특성상 은행이 위험성이 높은 증권 업무를 함께 담당할 경우 증권부문의 부실이 은행부문으로 전이되어 금융시장 전체가 위험에 빠질 수 있다는 점도 지적되었다.

(2) 시장중심제도와 은행중심제도

국가별 정치·경제·사회·문화적 차이에 따른 금융제도상의 차이가 있는데, 국가별 배경에 따라 직접금융과 간접금융의 중요성을 기준으로 시장중심제도와 은행중심제도로 금융제도를 구분할 수 있다. 시장중심 금융제도는 자본시장이 금융의 중요한 역할을 수행하는 제도로서 이에 속하는 나라로는 직접금융[8] 위주의 금융제도의 미국, 영국 등이 있다. 시장중심의 금융제도의 장점은 자금배분의 적정화, 부실기업 조기정리 등을 꼽을 수 있는 반면, 투자자금 공급체계의 변동성 확대, 단기성과 중시로 인한 과소투자, 기업경영자와 투자자 간의 정보비대칭 확대 등이 단점으로 꼽힌다. 미국과 영국이 시장중심 금융제도에 속하는 대표적 국가라면, 한국, 일본, 독일 등은 간접금융[9] 위주의 은행중심 금융제도에 속하는 국가이다. 은행중심의 금융제도는 자본시장이 금융의 중요한 역할을 담당했던 시장중심 금융제도와는 달리, 은행이 금융의 중추적인 역할을 담당한다. 은행중심 금융제도의 장점은 장기고객관계에 의한 정보 비대칭 축소와 제조업의 경쟁력 강화 등이 있으나, 기업의 부실화가 은행의 부실화로 이전

8) 자금의 공급자와 수요자가 계약당사자로서 직접 금융거래를 하는 형태. 한국의 금융제도, 한국은행, 2012 참조.

9) 금융기관이 자금공급자나 수요자를 대신하여 계약의 일방이 됨으로써 자금의 공급자와 수요자를 연결하는 금융형태. 한국의 금융제도, 한국은행, 2012 참조.

될 가능성이 있다는 점이 단점이라 할 수 있다.

하지만 이들 금융제도 중 어느 것이 더 바람직한가에 대한 결론은 내릴 수 없다. 단순히 상호경쟁적인 금융제도라기 보다는 서로 보완적인 역할을 할 수 있다는 것이 최근의 인식이다.

(3) 단일은행제도와 지점은행제도

단일은행제도(unit banking system)는 지점이 없거나 지점이 있더라도 설치가 지역적으로 엄격히 제한되어 운영되는 제도로서, 대표적으로 미국의 은행제도를 들 수 있다. 미국의 경우 1927년 맥파든 법(McFadden Law)제정을 계기로 은행이 여러 주에 걸쳐 지점을 운영하는 것을 제한하였는데, 이에 따라 미국 중서부 및 중남부 지역의 주들은 주 내에서는 단일은행제도를 시행하였다. 이 제도는 소수의 은행에 의한 경제력 집중을 방지할 수 있다는 점과 지역 내 고객을 잘 알 수 있어 지역밀착 경영을 추구할 수 있다는 장점이 있다.

지점은행제도(branch banking system)는 전국적으로 지점망을 형성하고 운영하는 제도로서, 우리나라와 일본 그리고 서구 국가들이 대부분 이 제도를 채택하고 있다. 이 제도는 거액의 자금을 조달할 수 있다는 점, 전국적인 대출의 분산을 통해 대출의 위험을 분산할 수 있다는 점, 거의 모든 지역에 금융서비스의 혜택을 줄 수 있다는 점, 운영면에서의 규모의 경제를 추구할 수 있다는 점 등의 장점이 있다.

(4) 도매은행제도와 소매은행제도

금융제도는 금융기관의 거래고객성향과 금융중개의 양상에 따라 크게 도매은행제도(wholesale banking system)와 소매은행제도(retail banking system)로 구분된다. 도매은행제도는 지점망이 대도시 등에 한정된 상태에서 기업이나 정부, 정부기관 등 한정된 고객을 대상으로 거액의 예금이나 대출거래를 주로 행하는 은행들에 의해 형성된 제도를 말한다. 이들 은행은 기업을 대상으로 예대업무 및 증권관련업무, 인수합병, 벤처캐피탈, 파생상품업무, 부유고객을 대상으로 한 자산관리업무 등을 주요업무로 취급하고 있다. 이 제도는 소수의 고객을 대상으로 거액의 자금을 취급하므로 직원 수가 적고, 지점망을 대도시로 제한함으로써 점포유지에 소요되는 비용을 절감할 수 있으며, 고객별로 전문적인 금융서비스를 제공할 수 있다는 장점이 있다.

소매은행제도는 개인이나 다수의 고객을 대상으로 소액의 거래를 주종으로 취급하는 소매은행들에 의해 형성된 제도를 말한다. 소매은행은 개인을 대상으로 하는 예대업무, 주택관련 대출, 개인연금신탁, 카드 및 결제와 관련된 각종 수수료업무 등을 주요업무로 취급하고 있다. 이 제도는 주로 개인이나 다수의 고객을 상대로 소액거래를 이루고 있어 상대적으로 위험부담이 적고 은행의 안정성을 높일 수 있다는 장점이 있다.

2.3 우리나라 금융제도의 변천[10)]

이 절에서는 우리나라 금융제도의 역사를 살펴보고자 한다. 금융제도는 경제발전과 그 역사를 함께하므로 경제발전형태에 따른 금융제도의 변천사를 살펴보도록 하겠다. 이에 따라 정부주도로 경제개발 5개년 계획을 통해 경제발전이 이루어진 60~70년대, 시장의 역할을 중시하며 시장지향적 경제발전 정책을 세운 80년대, 이후 외환위기를 겪었던 90년대 중후반을 기준으로 금융제도의 변천사를 살펴보겠다.

(1) 1960년대 이전까지의 금융제도 변화

우리나라의 근대적인 은행제도는 19세기 후반부터 시작되었다. 1878년 부산에 첫 지점을 설립한 일본 제일국립은행을 시작으로 1896년 조선은행, 1897년 한성은행, 1899년 대한천일은행 등 민족자본계 은행들이 잇따라 설립되었다. 해방 이후에는 1950년 5월에 한국은행법과 은행법을 제정·공포하고 6월에 한국은행을 설립하였지만 같은 해 발발한 6.25 전쟁으로 인하여 금융제도의 정비가 1950년대 중반 이후로 미루어졌다. 당시까지 우리나라는 식민지시대와 한반도전쟁시대로 인하여 자주적 금융제도의 확립을 이루었다고 보긴 어려우며,

10) 한국은행, 한국의 금융제도, 2012

우리나라 금융제도의 자주적 기반은 이후 1954년 1월 한국산업은행, 1956년 농업은행과 대한증권거래소를 설립하면서 비로소 구축되기 시작하였다.

(2) 1960~1970년대의 금융제도 변화

1960년대의 금융제도의 역할은 경제개발 5개년 계획과 같은 정부 주도의 경제개발 체제하에서 개발정책의 추진과 국내 자원의 효율적인 운용을 뒷받침하는 것이었다. 이러한 과정 속에서 1961년 10월 부정축재재산 환수처리의 일환으로 대주주가 소유하고 있던 일반은행의 주식을 정부로 귀속시켰다. 또한 1962년 한국은행법과 한국산업은행법이 전면 개정됨으로써 금융기관에 대한 정부의 영향력이 대폭 강화되었다. 1960년대 금융제도 발전의 또 다른 축은 은행금융기관의 확충에 있었다. 그에 따라 개발자금의 원활한 지원을 목적으로 특수은행의 설립이 이어지는데, 1961년 농업협동조합과 중소기업은행, 1963년 국민은행, 1967년 한국외환은행, 1969년 한국주택은행 등이 설립되었다. 또한 1967년에는 대구은행, 부산은행 등의 지방은행이 설립되었다.

1970년대에는 오일쇼크의 발생과 주한미군의 점진적인 철수발표에 따른 국가 안보의 문제가 대두되었다. 경제부문에서는 기업의 재무구조 부실화와 제조부문의 실질임금 상승, 인플레이션 압력 등의 난관에 봉착하게 되었다. 정부는 1972년 8·3 긴급경제조치를 단행함과 동시에 사금융시장을 제도금융시장으로 흡수하여 금융구조측면에서의 정비를 단행하였다. 그 결과 1972년 단기금융업법, 상호신용금고법, 신용협동조합법 등 이른바 사금융양성화 3법과 1975년 종합금융회사에 관한 법률이 제정되었고 서울 등 대도시에서 유통되던 대규모의 사금융을 제도금융시장으로 흡수하기 위하여 투자금융회사, 상호신용금고, 신용협동조합, 종합금융회사 등의 비은행금융기관이 신설 또는 정비되었다. 동시에 직접금융시장을 통한 자금조달을 위해 증권시장에 대한 정비를 단행하는데, 기업공개 및 주식의 소유분산을 촉진하기 위해 1972년에 기업공개촉진법을 제정하였고, 1974년에는 한국투자신탁을 설립하였으며 1977년에는 증권시장의 감독 및 관리체계의 확립을 위해 증권관리위원회와 증권감독원을 설치하였다.

(3) 1980년대의 금융제도 변화

1980년대에 들어서는 대외채무의 누적, 산업 및 기업 간의 불균등 심화, 소득분배의 불공정, 인플레이션, 금융산업 낙후 등의 문제점들을 극복하기 위하여 정부는 경제정책의 기본목표를 성장에서 안정으로 전환하였다. 경제운용방식에서도 기존의 정부 주도의 경제개발 시스템에서 시장기능을 존중하는 방향으로 전환되었고, 금융산업에서도 금융 자유화 및 개방화가 추진되었다.

1980년대 금융제도의 발전상은 크게 네 가지로 살펴볼 수 있는데, 금리자유화의 진전, 새로운 금융상품의 개발과 업무분야의 다양화, 금융 산업 진입규제의 완화, 금융 및 자본시장의 국제화로의 전환이다.

금융기관의 자율적 경영기반을 조성하기 위하여 1981년 한일은행을 민영화한 것을 계기로 1983년까지 시중은행을 모두 민영화하고 은행 내부경영의 자율성을 제약하는 각종 규제를 축소 정비하였다. 또한 금융기관 간의 경쟁을 촉진하고 원활한 자금공급을 위하여 금융산업으로의 신규진입 제한을 완화함에 따라 1982년부터 1983년까지 시중은행인 신한은행과 한미은행과 12개의 투자금융회사, 58개의 상호신용금고 및 1개의 투자신탁회사가 신설되었다. 1988년부터 1989년 사이에도 금융기관의 신규설립은 계속되어, 동화은행과 중소기업전문은행인 동남은행, 대동은행이 설립되었고 5개의 지방 투자신탁회사, 11개의 지방 리스회사 등 비은행금융기관도 추가 설립되었다.

금융상품의 개발과 업무분야의 다양화를 위해 은행의 경우 신용카드업무, 상업어음일반대출 및 환매조건부채권매도(RP : Repurchase Agreement), 양도성예금증서(CD : Certificates of Deposit)업무 등이 도입되었고, 상호부금 및 신탁업무의 취급도 단계적으로 확대 허용되었다. 투자금융회사 및 증권회사의 경우 팩토링(factoring), 신종기업어음(CP : Commercial Paper), 어음관리계좌(CMA : Cash Management Account), 통화채권펀드(BMF : Bond Management Fund) 등 신종금융상품이 개발 도입되었다.

금리자유화의 기반 조성을 위하여 1980년대 초반 이후 정책금융과 일반금융의 금리격차 축소, 은행대출금리의 차등금리제 도입, 일반 금융시장상품의 발행 금리 자유화, 정책금융을 제외한 모든 여신금리와 금융기관의 만기 2년

표 12-1 국내 은행의 해외진출 추이 (단위 : 개)

	1975	1980	1985	1987	1993	1997	2001	2006	2010	2011
지점	13	35	47	47	66	105	67	65	54	55
현지법인	1	8	17	17	47	59	26	28	42	39
사무소	18	50	54	53	71	93	12	20	36	42
총계	32	93	118	117	187	257	105	113	132	136

출처 : 금융감독원, 은행경영통계

이상 장기수신금리에 대한 최고이율규제 철폐 등의 조치가 시행되었다. 그러나 금리의 자유화로 인해 물가의 변동성이 확대되었고, 자유화금리와 규제금리 간의 격차가 벌어지는 등의 부작용이 발생하였다.

금융의 국제화를 꾀하기 위하여 금융시장의 대외개방도 점진적으로 확대되었다. 외국인투자자의 국내 주식시장에 대한 간접투자를 허용하고 이어서 국내 기업의 해외증권 발행 및 국내 주식시장에 대한 직접투자를 허용하는 등의 점진적인 국제화를 꾀하였다. 또한 외국은행의 지점 증설의 허용과 외국생명보험사의 지점 설치, 합작회사 및 현지법인 설립 등이 이루어졌다. 〈표 12-1〉 국내 은행의 해외진출 추이에 관한 통계를 보면 금융시장 개방화의 정도를 가늠할 수 있다.

(4) 1990년대의 금융제도 변화

1990년대 이후, 급속한 임금상승과 외환위기 등으로 경제 전반의 위기를 맞게 되면서 정부의 경제정책은 규제완화와 개방화로의 전환을 시도하게 된다. 1991년 3월에 제정된 「금융기관의 합병 및 전환에 관한 법률」을 통해 8개 투자금융회사가 하나은행과 보람은행 두 곳의 시중은행과 5개 증권회사로 합병 및 전환되었다. 또한 1991년 8월에 금리자유화를 수립·발표함으로써 1980년대부터 추진하였던 금리자유화를 본격적으로 추진하게 된다. 이 계획에 따라 1997년에는 은행의 요구불예금과 초단기 수신금리(7일 미만), 재정자금 대출금리를 제외한 대부분의 금리가 자유화되었다. 금융시장의 대외개방의 추진을 목적으로 1992년 1월부터는 일정 한도 내에서는 외국인도 국내 주식시장에 대한 직접투자를 할 수 있도록 허용하였다. 1993년 8월에는 「금융실명거래 및 비밀보장에 관한 긴급재정경제명령」을 통해 금융개혁의 핵심과제 중 하나였던 금융실명제를 실시하게 되었다. 금융실명제로 인해 모든 금융기관과 거래할 때 실명사용이 의무화되었으며 동시에 금융거래정보의 비밀보장도 강화되었다. 1995년 2월에는 「종합금융회사에 관한 법률」을 개정하여 종합금융회사가 어음중개업무와 유가증권의 매매·위탁매매·매매의 중개 또는 대리업무 등을 수행할 수 있도록 법을 개정하였으며, 1995년 4월에는 국민소득수준의 향상과 소비행태의 변화를 고려하여 할부금융제도를 도입하였다. 같은 해 12월에는 증권투자신탁업법을 개정하여 증권회사와 투자신탁회사에 대하여 자회사방식을 통한 상호 진출을 허용하였고 투자신탁업의 종합자산운용업으로의 발전을 도모하고자 자산운용업무와 판매업무를 분리하였으며, 1996년 7월에는 15개 투자금융회사가 종합금융회사로 전환되었다.

1997년 말 금융·외환위기를 겪은 이후에는 금융기관의 경영 건전성 회복과 구조개선에 초점을 맞추어 금융제도가 발전하게 되었다. 먼저, 부실 금융기관의 구조조정이 단행되었는데 1997년 말 기준으로 33개에 달했던 은행이 2005년 말 19개로 줄어든 것이 단적인 예이다. 그 밖에 30개에 달했던 종합금융회사는 2005년 말 2개로 줄어들었으며 상호저축은행 등과 같은 서민금융기관도 대다수 퇴출되었다. 금융기관의 부실 재발방지를 목적으로 1998년 4월에 적시시정조치제도를 은행, 종합금융회사 및 증권회사를 대상으로 도입하였고, 이 후 그 대상을 보험사, 상호저축은행, 신용협동조합 등으로 점차 확대 적용하였다. 금융기관의 자산건전성 확대를 위해 1998년 7월에는 자산건전성 분류기준이 강화되었고, 그에 따라 종전에는 6개월 이상 연체 시 요주의 자산으로 분류하던 것을 3개월 이상 연체 시 요주의 자산으로 분류하도록 하였다. 2000년 1월에는 차주의 미래채무상환능력까지 감안하는 자산건전성분류기준(FLC : Forward Looking Criteria)을 은행에 도입하였다.

금융기관의 구조조정과 동시에 금융자유화와 개방화를 위한 제도개선도 이어졌다. 1997년 12월 관리변동환율제도에서 자율변동환율제도로 바뀌었고, 대외송금을 전면 자유화하는 등의 외환자유화조치가 실시되었다. 1998년 5월에는 외국인 주식투자한도가 폐지됨에 따라 외국인의 국내 금융시장유입이 확대되었고 금융기관의 경쟁력 강화와 금융서비스 다양화를 위해 금융기관의 업무영역에 대한 규제를 대폭 완화하였으며 2000년에는 금융지주회사법을 제정하였다.

(5) 2000년대 이후의 금융제도 변화

2001년 12월에는 거래소와 코스닥시장에서 거래되는 250개 종목을 대상으로 정규시장 종료 이후에도 거래가 가능한 전자장외증권중개(ECN : Electronic Communication Network)시장이 개설되었다. 그리고 2005년 1월에는 증권거래소, 코스닥, 선물거래소 등을 통합하여 한국증권선물거래소가 새로이 출범하였고 2009년 2월에는 명칭을 한국거래소로 변경하였다. 2007년 8월에는 기존의 「증권거래법」, 「간접투자자산운용업법」, 「신탁업법」 등의 자본시장 관련 6개 법률을 통합한 「자본시장과 금융투자업에 관한 법률」을 제정하였다.

2001년 이후 은행을 중심으로 금융지주회사가 신설되었고, 2009년 10월에는 산은금융지주회사를 새로 설립하였으며, 상업은행들과의 경쟁을 위해 국책은행에서 주식회사로 전환하여 원칙적으로 은행법의 적용을 받고 업무범위 역시 일반은행의 업무범위 수준으로 확대하였다.

한편 부실화된 금융기관의 퇴출과 금융기관 간의 인수합병 과정에서 서민을 대상으로 한 소액거래를 취급하던 금융기관이 급감하면서 대부업체가 급증하

표 12-1 국내 은행의 해외진출 추이 (단위 : 개)

	시중은행		지방은행		특수은행		국내은행	
	개 수	증 감	개 수	증 감	개 수	증 감	개 수	증 감
2000년 말	11	–	6	–	5	△1	22	△1
2001년 말	9	△2	6	–	5	–	20	△2
2002년 말	8	△1	6	–	5	–	19	△1
2003년 말 ~2005년 말	8	–	6	–	5	–	19	-
2006년 말	7	△1	6	–	5	–	18	△1
2007년 말 ~2013년 말	7	–	6	–	5	–	18	-

출처 : 금융감독원, 은행경영통계, 2014

게 되었고, 대부업체의 고금리 대출로 인한 서민들의 피해가 증가하게 되었다.

이에 정부는 저신용 서민계층을 보호할 목적으로 미소금융의 활성화 방안을 적극 추진하였고 미등록 사채업자 등으로부터 금융소비자를 보호하고자 1998년 폐지하였던 이자제한법을 다시 제정하였다.

2.4 금융환경의 변화와 금융제도에 미치는 영향

(1) 금융의 세계화

아침시간의 뉴스를 통해 밤사이 미국 증권시장의 변동과 그것이 국내 증시에 미칠 영향에 대한 보도를 들어본 적이 있을 것이다. 뿐만 아니라, 증권시장과 전혀 관계없는 국제정세변화에도 국내 증권시장은 민감하게 반응한다. 이들은 금융의 세계화 사례라 할 수 있다. 금융시장은 24시간동안 쉬지 않는다. 뉴욕과 런던, 도쿄의 증권시장이 맞물려 열리고 닫힘으로써 금융시장은 계속 이어지며, 그 사이 전해지는 뉴스는 즉각 각 시장에 영향을 미치게 된다. 2008년 미국발 서브프라임 사태가 전 세계 금융위기로 이어진 것만 봐도 알 수 있다. 금융시장은 시간적·지리적 제약을 넘어 전 세계가 연결되어 있으며, 각 시장에서 거래되는 금융상품과 서비스 역시 약간의 차이는 존재하지만 점차 동질화·균일화 되어가고 있다.

금융의 세계화가 금융제도에 미칠 영향은 다음과 같다.

첫째, 튼튼하지 못한 금융시장이 해외자본의 유입과 유출이 활발해짐에 따라 변동성이 확대되어 불안정성이 커지게 된다. 기관투자자들의 거대 자본이나 투기적 성향이 강한 투자자들의 자본이 물밀 듯 들어와 금융시장의 거품을 확대시킨 뒤 한꺼번에 빠져나갈 경우 해당 국가의 국부가 유출되는 사태로 이어지게 된다. 둘째, 국제금융거래가 리스크의 거대화로 이어질 수 있다. 2008년 미국에서 시작된 금융위기가 전 세계의 불황으로 이어지기까지는 그리 오랜 시간이 소요되지 않았다. 거대 금융회사 파산의 여파가 다른 금융회사의 줄도산으로 이어지는 사태가 발생하였다. 또한 리스크의 확산 과정에서 리스크의 크기나 파급효과를 예측하기가 더 힘들어져 리스크 관리에 어려움이 커지게 되었다. 셋째, 금융상품에 대한 단기적 투자가 증가하고 각 금융사에서 경쟁적으로 새로운 금융상품을 개발함에 따라 시장 내의 경쟁이 심화된다. 이로 인해 금융상품의 라이프 사이클이 단축될 경우 금융시장의 건전성 저하로 이어질 수밖에 없다.

(2) 금융의 증권화

금융의 증권화(securitization)는 금융시장의 변화 중 하나이다. 증권화를 보다 쉽게 정의하기 위해 은행의 주택담보대출을 예로 들어 살펴보자. 은행의 입장에서는 차입자에게 대출을 해줌으로써 은행 재무제표의 자산항목에 대출금계정을 기입하게 되고 이 대출금을 증권형태로 전환하여 투자자에게 매각함으로써 자금을 조달할 수 있게 된다. 예금과 대출 간 만기의 차이에 따른 대차대조표상의 부조화를 해결할 수 있기 때문에 은행의 입장에서는 증권화가 매력적인 수단이 될 수 있다. 이와 같이 금융기관이 보유하고 있는 대출금 등과 같은 자산을 증권의 형태로 전환하여 발행하는 과정을 증권화라고 정의할 수 있다. 보다 넓은 의미에서는 간접금융의 형태에서 직접금융의 형태로 전환되는 과정이라고도 정의할 수 있다.

금융의 증권화가 금융제도 전체에 미치는 영향을 다음과 같은 측면에서 살펴볼 수 있다.

첫째, 증권화가 진전됨에 따라 금융기관의 자산내용의 질이 하락할 수 있나. 금융기관이 보유한 자신 중 양질의 지산은 증권화를 통해 유통시킬 수 있지만 열위의 자산은 높은 위험 때문에 유통시키기가 쉽지 않아 금융기관의 자산으로 남아있게 된다. 둘째, 유통시장의 활성화를 유발하지만 상대적으로 발행시장의 발달을 저해할 수 있다. 마지막으로 증권화의 과정에서 새로운 금융상품이 개발됨으로써 투자자들의 금융상품에 대한 선택의 폭이 넓어짐과 동시에 상품의 복잡한 구조로 인해 금융의 하이테크화를 촉진시키는 요인으로 작용한다.

(3) 정보통신기술의 발달

정보통신기술의 발달로 인해 '알리페이, 애플페이, 카카오페이'와 같은 새로운 모바일 결제 시스템이 생겨나고 있을 뿐만 아니라 기존의 IT 기업들이 속속 금융결제 시스템으로 사업영역을 확장하려는 시도를 하고 있다. 심지어 2009년에 발행된 '비트코인'이라는 온라인 가상화폐는 기존의 화폐를 대체할 수도 있다는 추측도 있었다.

정보통신기술이 금융산업에 접목됨에 따라 전자금융시스템이 발달하게 되었는데, 그 발달 양상은 다음과 같은 단계를 거친다.

첫째는 은행 업무의 온라인화와 자동화 단계이다. 이것은 은행의 지점 간에 온라인시스템이 구축되고 현금자동지급기를 통해 업무처리가 자동화되는 단계로서 특히 ATM(Automated Teller Machine)을 이용하여 지점의 창구를 통해 처리되던 상당수의 업무(예 : 예금 입출금, 계좌이체, 잔액조회 등)가 고객이 직접 처리할 수 있도록 변화되는 단계이다. 다음으로 인터넷의 발달에 따른 전자화폐, 인터넷뱅킹의 거래가 증가하는 단계이다. 이것은 기존의 점포를 중심으로 이루어지던 금융업무가 점포를 초월하여 인터넷공간에서 수행됨으로서 점포의 필요성이 줄어들고 사이버상의 거래가 활성화 되는 단계이며 실제로, 최근 국내 은행은 점포수를 줄이고 있는 추세이다.

위와 같은 양상을 보이는 정보통신기술의 발달은 금융제도에 영향을 미치게 되는데 그것은 다음과 같다.

첫째, 기존 금융거래가 주로 오프라인에서 이루어졌던 것과 달리 온라인 네트워크상에서 이루어지게 되었다. 온라인 거래가 가능해짐에 따라 금융거래의 시간적 제약을 완화시킴으로서 금융거래의 활성화를 가져왔을 뿐만 아니라 공간적 제약의 완화로 금융의 범세계화를 촉진시키고 있다. 둘째, 정보처리 기술의 발달로 인해 금융공학적 기법을 바탕으로 새로운 금융상품이 개발되었다.

2.5 우리나라 금융제도의 발전방향

향후 우리나라 금융제도의 발전방향은 크게 세 가지 측면에서 살펴볼 수 있다. 첫째는 금융제도의 겸업화와 시장중심제도로의 전환의 측면이며 둘째는 금융시장의 범세계화로 인한 금융업의 경쟁력 강화의 측면, 마지막으로 셋째는 각종 금융 관련 범죄로부터의 금융소비자 보호와 금융제도의 전반적인 안전성 확보라는 측면이다.

(1) 금융제도의 겸업주의제도로의 이행

오늘날 전 세계의 금융제도는 전업주의제도에서 겸업주의제도로 이행되고 있다. 우리나라 역시 겸업화가 광범위하게 이루어지고 있다. 특히 2000년 금융지주회사법이 제정되면서 금융지주회사가 설립되고 금융지주회사의 자회사를 통해 은행, 증권, 보험 간의 겸업화가 진행 중에 있다.

겸업주의제도의 장점으로는 첫째, 정보생산의 우월성을 들 수 있다. 여러 금융업무를 취급하는 겸업 금융기관은 다양한 금융서비스를 통해 거래기업의 경영상태를 보다 정확히 파악할 수 있다. 또한 겸업화가 가능해짐에 따라 하나의 금융기관이 직접금융, 간접금융을 모두 취급함으로써 기업의 라이프사이클에 맞춘 다양한 형태의 자금조달이 가능해졌다. 둘째, 규모의 경제이다. 규모의 경제란 보다 다양한 업무를 동시에 취급할 경우 각각의 업무를 따로 취급할 때보다 비용을 절감할 수 있음을 의미한다. 금융기관에서의 규모의 경제라 함은 서로 다른 금융산업(예를 들면, 증권과 은행)의 금융서비스를 생산·제공할 때보다 낮은 비용으로 금융소비자에게 서비스를 제공할 수 있는 효과를 뜻한다. 예를 들면, 고객에 관한 정보나 금융시장에 관한 정보를 처리하는 공통된 시스템이 존재함으로써 정보의 생산비용을 절감할 수 있게 된다. 금융서비스를 이용하는 소비사의 입장에서도 여러 종류의 금융시비스에 대한 정보를 하나의 금융기관에서 제공받을 수 있게 됨으로써 탐색비용을 절감하는 효과가 있다. 셋째, 금융기관 간의 경쟁을 유발시킴으로써 자본시장 전반적인 측면에서는 자원배분의 효율성이 증대되었고, 금융소비자의 입장에서는 각종 서비스비용을 보다 낮은 가격에 이용할 수 있게 되었다.

반면, 겸업주의제도의 단점은 첫째, 은행의 업무영역과 증권의 업무영역이 중첩됨에 따라 금융기관 간의 시스템리스크가 증가할 수 있다는 것이며 둘째, 겸업화가 진행됨에 따라 해당업무에 대한 전문성이 떨어질 수 있다는 것이다.

이같이 금융제도의 겸업화가 진행됨에 따라 우리는 자본시장과 금융투자업에 대한 규제를 재편성하여 금융시장의 경쟁을 촉진시키고 대형 투자은행의 육성을 꾀해야 한다. 그리고 금융업 간의 경쟁과 혁신을 유도하기 위하여 금융업으로 신규로 진입하는 자들에 대한 복잡한 인·허가 규제를 완화하여 그들의 금융업 진입을 손쉽게 해야 한다.

(2) 금융업의 범세계화로의 전환

금융시장이 개방되고 범세계화가 가져오는 긍정적인 효과는 다음과 같다. 첫째, 금융시장의 기능과 자원배분의 효율성이 증대된다는 점이다. 둘째, 선진 금융기법을 배울 수 있는 기회가 늘어나고 가격결정과 가치평가에 대한 점진적인 방법을 개발할 수 있다는 것이다. 셋째, 자금의 수요자들은 다양한 경로를 통해 자금을 조달할 수 있을 뿐만 아니라 자금조달에 있어 유동성위험을 해소할 수 있다는 점이다. 동시에 자금의 공급자들은 다양한 금융상품에 투자할 수 있게 되었다. 넷째, 재무건전성의 확보와 강화를 위한 금융구조조정이 불가피해졌기 때문에 시장전반적인 건전성이 재고될 수 있게 되었다. 다섯째, 글로벌스탠다드에 걸맞은 금융제도로의 수정을 통해 금융제도가 보다 선진화 될 수 있다는 점이다.

반면 범세계화는 부정적인 효과도 함께 가져왔다. 첫째, 국내 금융기관의 수익성 악화에 따른 국내금융기관과 외국금융기관 간의 불균형이 심화된다는 점이다. 둘째, 단기자금의 유출입이나 투기성이 강한 자금의 유출입이 증가함에 따라 금융시장의 변동성이 확대된다는 점이다. 셋째, 국내 경제환경의 변화뿐만 아니라 해외경제 환경요인에 대한 금융시장의 민감도가 증가함에 따라 금융시장의 시스템리스크가 증가할 우려가 있다. 넷째, 해외 자본의 유입이 증가함에 따라 국내 금융산업이 해외자본에 귀속되어 금융시장 전반에 대한 해외자본의 지배가능성이 커진다는 점이다.

금융업의 범세계화에 따른 금융업의 경쟁력 강화를 위해 금융제도 역시 다음과 같은 발전방향을 모색해야 한다. 첫째, 지속적인 규제완화를 통한 금융시장의 유연성을 확보해야 한다. 둘째, 국내의 금융서비스 수요가 해외의 금융시장으로 빠져나가는 공동화현상을 막기 위해 국내 금융산업은 금융소비자의 요구를 충족시킬 수 있는 다양한 금융서비스의 제공에 힘써야 한다. 셋째, 시장의 투명성을 확보하고 금융정보비용, 세제개편, 수수료 인하 등을 통해 금융소비자들의 만족도를 높여야 한다. 넷째, 해외의 거대한 투자은행과 경쟁할 수 있는 금융지주회사의 성장에 힘써야 한다. 특히, 국내 금융기업의 해외진출에 대한 규제를 완화하여 글로벌 경쟁력을 확보할 수 있도록 도와야 하며, 금융기관 간의 인수·합병을 통한 대형화를 추구해야 한다. 다섯째, 저금리·저성장·고령화라는 경제 및 사회전반의 흐름을 인지하여 투자자의 라이프사이클과 수요에 걸맞은 금융투자상품의 개발에 힘써야 한다.

(3) 금융소비자 보호 및 금융제도의 안전성 확보

최근 금융 관련 범죄의 증가와 세계 경제의 불확실성의 확대에 따라 금융시장의 안정성 확보와 금융소비자 보호를 위한 금융제도의 역할이 중요한 문제로 부각되고 있다. 특히 금융서비스와 금융소비자의 측면에서는 정보통신 기술의 발달에 따른 인터넷 뱅킹이나 모바일 뱅킹과 같은 새로운 금융서비스의 확대로 금융소비자를 보호하기 위한 법적·제도적 보완이 필요한 시점이다.

금융제도의 발전방향은 다음과 같다. 첫째, BIS자기자본비율 규제[11]와 같은 사전적 규제의 엄격한 시행을 통해 금융기관의 부실화를 사전에 방지해야 한다. 둘째, 예금보험제도와 같이 금융기관이 부실화되었을 때 예금자의 은행예금을 보장해주는 안전망의 확충이 필요하다. 예를 들어, 예금자 1인당 보장되는 예금의 한도가 확대 시행되어야 한다. 셋째, 온라인 금융거래의 확대에 따라 금융기관 자체 서버에 대한 투자가 확충되어야 하며, 해킹과 같은 외부 공격으로부터 전산시스템을 보호할 수 있도록 관련 기술의 개발과 인력을 확충해야 한다. 넷째, 금융소비자 보호를 위한 「금융소비자보호법」을 제정하고, 금융시장에서의 금융소비자 보호에 초점을 맞춘 금융소비자보호원과 같은 새로운 기구를 신설하도록 해야 한다.

11) 은행감독과 관련된 국제협력 및 국제 간 은행감독의 정책방향과 표준화를 위해 국제결제은행(BIS : Bank for International Settlement)산하에 설립된 은행규제감독위원회, 바젤위원회가 제안한 은행의 자기자본비율에 관한 국제 공통의 기준이다. 이 규제의 목적은 은행의 건전성 확보와 균등한 경쟁소건의 확보에 있다.

IV

PART IV
금융서비스

일반적으로 금융이란 자금의 유통을 말하며 은행에 예금을 하거나 증권과 같은 금융상품을 거래하는 것을 뜻한다. 금융시장이란 금융이 실제로 이루어지는 장소를 의미하며 금융기관이란 금융시장에서 자금 공급자와 자금 수요자를 연결하는 기능을 하는 중개기관을 말한다. 그리고 금융상품이란 금융시장에서 금융기관이 취급하는 상품이나 직접 거래되는 상품을 의미한다. 이 세 가지를 일반적으로 금융제도의 3요소라 한다. 금융은 거래 절차에 따라 간접금융과 직접금융으로 나뉘며 여기서 간접금융은 은행이나 보험회사 등의 금융기관에 의한 자금 거래를 말한다. 반면 직접금융이란 자금 공급자와 자금 수요자가 직접 자금 거래를 하는 것을 말한다. 금융시장은 직접금융시장과 간접금융시장으로 나뉘지만, 일반적으로는 직접금융시장을 의미한다. 또한 금융시장은 금융상품의 만기, 특징, 거래 단계, 거래 장소에 따라 단기금융시장, 자본시장, 채무증서시장, 주식시장, 발생시장, 유통시장, 거래소시장, 장외시장 등으로 다양하게 구분된다. 금융상품은 이를 취급하는 금융기관에 따라 분류될 수 있다. 우리나라의 경우 은행업, 보험업, 금융투자업으로 금융기관이 구분되며 이에 따라 금융상품도 분류되는데 은행에서는 원본의 지급을 약정하는 수신상품, 보험업에서는 장래 위험 발생에 따른 보상을 약정한 보험상품, 금융투자업에서는 원본이나 원본을 초과하는 손실을 부담하는 금융상품으로 구분할 수 있다.

CHAPTER

12

예금과 대출

1 예금

1.1 예금의 의의

예금이란 일정한 계약에 의해 은행이나 우체국 등과 같은 금융기관에 돈을 맡기는 것을 말한다. 예금채권의 우선변제 유무에 따라 예금의 성격이 다르지만 우리나라의 경우 우선변제를 허용하지 않고 있다. 예금채권 우선변제가 도입되면 예금은 담보채보다 하위이고 무담보채보다는 우위이지만 우선 변제가 도입되지 않으면 예금은 선순위 무담보채와 동일하다. 최근 금융이 발전함에 따라 예금 간의 이체가 용이하게 되었다. 정기예금의 경우 금리상 불이익을 감수한다면 시간의 제약없이 해약이나 타 예금으로의 이체가 가능하며 통지예금의 경우 예금자가 원할 때 언제든지 요구불예금으로 자동 이체할 수 있는 자동이체시스템(ATS : Automatic Transfer System)[1)]의 이용이 활발하다.

1.2 예금의 종류

(1) 목적에 따른 분류

1) 요구불예금

요구불예금이란 자금을 일시적 보관이나 결제수단으로 사용하기 위한 예금을 말하며 예금의 만기나 예치기간을 정하지 않고 예금주가 지급을 원하면 언제든지 조건 없이 지급한다. 현금과 유사한 유동성을 가지므로 통화성예금이라고도 불리지만 은행에 예치하였기 때문에 분실의 우려가 없다. 예금의 예입 및 인출이 자유롭기 때문에 이자가 없는 것이 일반적이지만 금융기관 간의 경쟁에 의해 요구불예금에 대한 이자를 지급하기도 한다. 이러한 요구불예금의 종류는 다음과 같다.

1) 강병호 외 2명, 금융시장론, 박영사, 2014

① 당좌예금

당좌예금이란 수표 또는 어음을 발행하여 수시입출금이 가능하도록 한 예금으로 당좌예금 개설에 따른 일정 거래 보증금을 납부해야 하며 원칙적으로 이자 지급이 없다. 일정한 자격을 갖춘 법인이나 사업등록증을 소지한 개인이 당좌예금에 가입할 수 있다. 이전에는 교환소에서 실물수표의 교환과정을 거쳐 당일결제가 불가능했지만 최근에는 인터넷을 통한 수표 이미지 파일을 교환함으로써 당일 결제가 가능하게 되어 결제리스크와 결제비용을 절감할 수 있게 되었다.

② 가계당좌예금[2)]

가계당좌예금이란 금융기관에서 정한 일정한 자격을 충족하는 개인이나 개인사업자가 이용할 수 있으며 가계 수표를 통해 자유롭게 입출금이 가능한 당좌예금이다. 이는 수표거래의 대중화를 통해 국민의 현금 사용을 줄이고 은행 이용도를 높임으로써 신용사회를 이룩하며 가계저축을 증대시키기 위해 도입되었다. 가계당좌예금의 경우 보통예금 정도의 이자도 지급한다.

③ 기타 요구불예금

a) 보통예금

보통예금이란 자금을 모으거나 결제하는 계좌로 주로 이용되며 거래대상, 예치금액, 예치기간 등에 제한이 없는 예금이기 때문에 낮은 이자가 지급된다.

b) 별단예금

별단예금이란 미결제·보관 등의 이유로 일시적으로 보유되는 예금으로서 후에 다른 계정으로 대체되거나 지급될 예정인 예금을 말한다. 한가지 종류의 예금이 아니기 때문에 거래 약관이 없고 예금 기간이 일정하지 않은 것이 특징이다.

2) 매일경제 경제경영연구소, 알기쉬운 금융지식, 매일경제신문사, 2012

c) 공공예금[3)]

공공예금이란 공공기관과의 업무취급 계약에 따라 각종 공과금의 수납 대행을 위해 보유하는 예금을 말한다.

2) 저축성예금

저축성예금이란 예금자의 예금인출 기간에 제약이 있는 예금으로 높은 예금이자를 지급하기 때문에 저축이나 이자수익을 목적으로 한다. 정기예금의 경우 만기 이전에는 예금의 인출이 제한되지만, 통지예금의 경우 일정 기간 이전에 인출 예정을 은행에 통지하면 인출이 가능하다.

① 정기예금

정기예금은 계좌를 개설하여 일정 기간 동안 목돈을 한꺼번에 예치하기 때문에 상대적으로 이자가 높아 이자수익을 목적으로 예금을 예치한다. 만기 이전에 인출하지 않는 것이 원칙이지만 만기 이전 인출을 원할 경우 해지이율이 적용되며 이는 약정이자보다 현저하게 낮다. 우리나라의 경우 일반정기예금 이외에 특정 목적을 위해 예치하는 목적부예금도 있으며 이자뿐 아니라 특정한 혜택도 주어지는 만큼 예금 목적을 중도에 변경할 수 없다. 목적부예금의 대표적인 예는 주택청약예금이며 이는 주택 청약 시 우선권이 주어지는 예금을 말한다. 거래에 제한은 없으나 최저가입금액 이상이 되어야 개설이 가능하고 매월 혹은 만기에 이자를 받을 수 있다.

② 정기적금

정기적금이란 목돈 마련을 위한 대표적인 예금 상품으로 미리 계약금액과 계약기간을 정한 후 정기적으로 일정 금액을 만기까지 예입하며 계약금액은 만기에 지급된다. 만기 이전에 해지할 수 있지만 그럴 경우 정해진 이자보다 훨씬 낮은 이자를 받게 되므로 정기적금 가입 시 잘 고려하여 계약금액을 정하는 것이 좋다.

3) 강병호 외 2명, 전게서

③ 상호부금

상호부금은 일정 기간 동안 부금을 납입한다는 점에서 정기적금과 유사하나 만기 혹은 만기 이전에 금융기관에 소정의 금액을 급부하는 약정을 가지고 있다는 차이점이 있다. 이는 민간 사금융제도를 기업화한 제도로 은행 계정에서는 예금으로 분류하지 않지만 통화지표 분류상으로 저축성예금에 분류된다. 이 외에도 양도성예금증서, 그리고 외화나 외화채권을 금융기관에 예치한 외화예금 등이 있다.

④ 장기주택마련저축

무주택자에게 정부의 조세특례제한법에 따라 다양한 금융 세제상의 지원을 강화함으로써 무주택자의 내 집 마련과 주거환경의 개선을 도모하기 위하여 1994년 도입되었다. 7년 이상의 장기 적립식 예금으로 분기당 300만 원 이내에 자유롭게 납입 가능하다.

⑤ 양도성예금증서

양도성예금증서(CD : Certificate of Deposit)란 은행의 정기예금을 제3자에게 양도할 수 있는 양도성을 부여한 무기명 예금 증서이다. 중도 해지가 허용되지 않으나 양도가 자유로워 유동성이 높은 상품이다.

⑥ 기업자유예금

기업자유예금이란 기업이 일시적인 여유자금을 운용할 수 있도록 1988년 12월에 도입된 예금을 말한다. 단기예치자금에 대해서도 높은 이자가 지급되는 것이 특징이며 자유롭게 수시 입출금이 가능한 저축성 예금이다. 하지만 1997년 7월 7일부터 정부의 4단계 금리자유화에 의해 7일 이상의 예금에 대한 이자는 자유화되었으며 7일 미만의 예금에 대해서는 이자를 지급하지 않는다.

3) 신종예금상품

금융시장의 규모가 커지고 발전하면서 금융산업에 대한 규제 완화와 기술혁신이 이루어졌고 이는 금융시장의 경쟁을 확대하고 심화시키고 있다. 제도

완화를 통해 종전에 금융기관과 비금융기관으로 구분했던 장벽이 낮아짐에 따라 은행이 증권 관련 상품을 취급하기도 하고 비은행기관이 결제기능을 첨가한 상품을 취득할 수 있게 되었다. 또한 컴퓨터와 정보통신의 기술 혁신으로 인해 금융상품의 전달이 자동화되고 동시화되어 보다 저렴한 가격으로 종합상품을 개발하고 있다.

① CMA

CMA(Cash Management Account)란 증권사가 고객으로부터 예탁받은 자금을 어음 및 채무증서 등에 투자하여 그 수익을 고객에게 지급하는 수시입출금이 가능한 금융상품이다.

② 시장금리부 수시입출금식 예금

시장금리부 수시입출금식 예금(MMDA : Money Market Deposit Account)이란 은행의 단기 금융상품으로서 가입 시 적용되는 금리는 시장실세금리를 적용하며 입출금이 자유롭고 각종 이체와 결제도 가능하다. 이는 수시 입출식 저축성예금이라고도 불리며 종합금융회사의 어음관리계좌(CMA), 증권회사의 단기금융펀드(MMF)에 대응하기 위해 도입되었다.

③ 자동이체계정

자동이체계정(sweep account)[4]이란 은행의 예금계좌와 투자신탁계정을 자동으로 연결시킨 것이다. 예금 잔액이 미리 정해진 최저 수준을 초과하면 초과분은 투자신탁으로 자동이체되며 최저 수준에 미달되면 미달된 만큼 투자신탁계정의 상품이 해약되어 예금계정으로 이체된다.

④ 변액보험

보험회사의 변액보험이란 보험과 신탁이 연계된 상품으로서 보험료 중 보장 부분과 저축 부분이 구분된다.

4) 강병호 외 2명, 전게서

(2) 예금의 재원에 따른 분류

예금은 제원에 따라 1차 예금과 2차 예금으로 분류된다. 1차 예금이란 예금자의 여유자금으로 예탁된 예금을 말하며, 2차 예금이란 고객이 은행의 대출을 통해 받을 자금이나 은행이 고객의 증권을 인수한 자금으로 예탁된 예금을 말한다.

1.3 예금금리

(1) 예금금리

예금금리란 금융기관이 특정인의 예금에 대하여 예금자에게 지급하는 금리이며 예금 잔액에 대한 예금금리의 비율을 예금이율이라고 한다. 즉, 예금금리는 예금자가 정해진 기간 동안 돈을 쓰지 않고 예금을 하였기 때문에 이를 기다린 시간에 대하여 주어지는 보상이라 할 수 있다. 예금 중에도 유동성이 높은 통화성 예금은 언제든지 돈을 찾을 수 있기 때문에 이 돈의 수요가 적어 이자가 없거나 낮은 것이 통상적이다. 또한 예금금리는 예금의 거치기간이 길수록 높기 때문에 일반적으로 보통예금보다는 정기예금의 예금금리가 높다.

(2) 할인율과 수익률

1) 할인율[5)]

할인율이란 인플레이션과 같이 시간의 흐름에 의해 변화되는 화폐의 미래가치를 현재의 가치와 같게 하는 비율을 말하며 대표적인 할인율로는 채권수익률이 있다. 채권수익률이 높아진다면 채권을 상환해서 받을 현금의 현재가치가 떨어지기 때문에 채권가격이 떨어지고 반면 채권수익률이 낮아진다면 앞으로 받을 현금의 현재가치가 높아진 것이므로 채권가격은 올라가게 된다. 이처럼 채권가격은 채권수익률과 반비례관계에 있다.

5) 매일경제, 매경닷컴

2) 수익률

현재가치에 대해 발생하는 미래가치의 비율, 즉 현재 투자하는 금액에 대해 미래 시점에 받게 되는 이자의 비율이다. 일반적으로 이자율이 올라가면 나중에 더 많은 수익을 얻기 때문에 수익률이 높아지며, 미래가치를 현재가치와 일치시키는 비율도 높아지기 때문에 할인율도 높아진다.

(3) 고정금리와 변동금리

1) 고정금리

상품에 가입한 기간에 시중금리가 아무리 큰 폭으로 변하더라도 처음 정한 이자율이 만기까지 변하지 않고 정해져 있는 것을 의미한다. 예금상품, 채권, 기업어음(CP), 양도성예금증서(CD), 개발신탁 등이 고정금리[6]를 주고 있다.

2) 변동금리

변동금리란 적용되는 시장 상황에 따라 금리가 계속 변하는 것을 말한다. 변동금리는 불확정적이므로 안정적인 재무 설계에는 어려움이 있다는 단점이 있다. 예금자의 경우 미래에 금리가 오를 것이라고 기대되면 변동금리, 낮아질 것이라고 기대되면 고정금리를 이용하는 것이 유리하다. 하지만 대출인의 경우 그와 반대로 금리가 오를 것이라고 기대되면 고정금리, 낮아질 것이라고 기대되면 변동금리를 이용하는 것이 좋다. 따라서 고정금리와 변동금리 중 무엇을 선택할지 결정하는 데 가장 중요한 요인은 미래 금리에 대한 예측이라고 할 수 있다.

(4) 명목금리와 실질금리

명목금리란 물가 상승률을 감안하지 않고 표시된 금리이며 실질금리란 물가 상승률을 차감하여 산정되는 금리를 말한다. 그러므로 명목금리에서 물가 상승률을 차감한 금리를 실질금리라고 한다.

6) 기획재정부, 시사경제용어사전, 대한민국정부, 2010

(5) 세전 금리와 세후 금리

세전 금리란 세금을 제하기 전의 금리를 말하고 세후 금리란 세금을 제한 후의 금리를 말한다.

(6) 콜금리

콜금리(call rate)란 주로 은행, 보험, 증권업자 간에 단기적인 여유자금이 부족한 경우 이루어지는 거래의 단기간 대차(貸借)에 적용되는 금리이다.

(7) 리보금리

리보(LIBOR)금리는 London Interbank Offered Rate의 약칭으로 영국 런던의 유로 금융시장에서 우량은행이 다른 은행에 대출할 때 적용하는 금리로 런던의 은행 간 대출 금리를 말한다. 런던이 국제 금융시장의 중심지이기 때문에 국제 금융시장의 기준금리로 활용되고 있으며 금융기관이 외화자금을 들여올 때도 기준으로 삼는다.

(8) 코리보금리

코리보(KORIBOR)금리는 영국 런던의 리보금리와 같이 은행 간 단기 자금거래의 기준금리를 도입할 필요성에 의해 2004년 개발되었다. 코리보금리는 국내 14개 상업 은행이 제시하는 기간별 금리를 통합하여 산출되는 단기 기준금리이다. 이 금리는 CD금리보다 변동폭이 작고 만기기간이 다양하며 안정적인 장점을 가지고 있다.

1.4 수표신용

수표신용이란 예금과 대출을 결합한 상품으로 당좌예금계정에 신용한도를 연결한 것이다. 수표신용제도는 도입비용이 적고 절차가 간편하지만 이용상의 편의가 신용카드보다 낮기 때문에 소비자대출에서 신용카드보다 낮은 비중을 차지하고 있다. 이러한 수표신용제도는 일반당좌예금계정과 별단예금계정으로 구성된다.

(1) 일반당좌예금계정

일반당좌예금계정이란 미리 정한 신용한도까지 결제를 가능하게 하는 것으로 수표가 당좌예금잔고를 초과하더라도 신용한도 내의 범위라면 결제할 수 있다. 여기서 예금잔고를 초과한 금액을 당좌대출이라 하며 이는 당좌예금계정에 자금을 예금하거나 회전대출 하는 방식으로 인해 상환될 수 있다.

(2) 별단예금계정

별단예금계정이란 일반당좌수표에 의한 수표신용제도로서 은행의 업무 편의상 일반당좌수표와 구분하기 위해 만들어졌다.

2 대출

대출이란 정해진 기간 내 원리금의 상환을 약정하여 자금을 빌려주는 것을 의미하며 이는 대출 형식에 따라 어음대출, 당좌대출 및 증서대출 등으로 나뉜다. 그리고 대출금의 이용 목적에 따라 기업대출, 소비자신용 등으로 나뉘며 대출금의 사용기간에 따라 장기대출과 단기대출로 나뉜다.

2.1 대출형식에 따른 분류

(1) 어음대출

어음대출이란 금융기관이 차주에게 금융기관을 수취인으로 하는 약속어음을 발행하게 하고 그 어음을 담보로 자금을 대출을 해주는 것을 말한다. 어음할인이란 은행이 어음 소지자의 의뢰에 의해 액면금액에서 만기일까지의 이자를 공제하고 매입하여 자금을 제공하는 것을 말한다.

(2) 당좌대출

당좌대출이란 은행과 당좌거래를 하고 있는 기업이 약정에 의해 일정 범위 내에서 예금한 잔액을 초과하여 당좌수표를 발행하고 결제해 자금을 제공하는 것을 말한다.

(3) 증서대출[7)]

증서대출이란 은행이 차주로부터 차용금증서나 대출거래약정서를 징수해 자금을 제공하는 것을 말한다.

2.2 이용목적에 따른 분류

(1) 기업대출

1) 유통금융

유통금융이란 일반적으로 재화의 생산, 유통, 기업의 운전자금을 지원하기 위한 목적을 가진 자금으로 재화의 원활한 생산과 유통을 위한 대출을 말한다. 이러한 유통금융은 중간재를 대상으로 하는 생산자대출과 재판매업자를 대상으로 하는 판매 시용을 포함하며 다양한 경제적 기능을 가진다. 우선 중간재에 대한 기업 간 거래를 원활하게 하여 대기업과 중소기업의 수직적 계열화를 촉진해 중소기업의 성장에 기여하며 재화 유통과정에서 발생된 판매대금을 제공하여 금융의 자동상환성이 확보된다. 또한 실물거래를 기반으로 하기 때문에 비인플레이션적 신용의 특징을 지니며 자금의 용도가 분명하여 자금 흐름을 개선시킬 수 있다. 그리고 유통구조를 개선해 보다 저렴한 가격으로 소비자에게 재화를 제공할 수 있다. 상업어음할인, 무역금융, 매출채권담보금융, 팩토링 등의 유통금융이 현재 금융기관에 의해 제공되고 있다.

① 상업어음할인

어음할인이란 은행이 어음 소지자의 의뢰에 의해 액면금액에서 만기일까

7) 강병호 외 2명, 금융시장론, 박영사, 2014

지의 이자를 공제하고 매입함으로써 자금을 제공하는 것을 말하며 채권 담보의 성격은 없으나 유동자산인 받을어음을 통한 금융수단이다. 이전에는 진성어음(commercial bill)[8]이 은행의 할인대상이 되는 어음이었으나 최근 수표와 전자 결제의 발달로 진성어음 대신 융통어음(accommodation bill)[9]과 CP, 팩토링 등이 대체하고 있다.

② 무역금융

무역금융이란 수출업체 등에 대하여 수출물품의 생산, 원자재 및 완제품 구매에 필요한 자금을 원화로 대출하는 단기 금융지원 제도를 말하며 수출의 증대를 통한 국제수지를 개선시키고 외화 보유를 증대시키기 위해 이 무역금융을 지원해 왔다. 하지만 WTO 협정에서 무역에 직접적인 왜곡 효과를 가져올 수 있는 지원금이 금지되어 보조금적 성격을 갖는 무역금융은 점점 사라지고 있다. 우리나라 무역금융의 경우 무역 거래의 유형에 따라 수출금융, 수입금융으로 나뉘고 신용공여 기간에 따라 단기무역금융, 중장기무역금융, 자금공여시기에 따라 선적 전 금융과 선적 후 금융으로 구분된다. 일반적으로 우리나라의 무역금융은 단기 수출금융으로서 선적 전 금융이 주를 이룬다.

③ 어음대체유통금융제도

어음제도는 기업 간 신용공여에 기여하고 상거래를 활성시켜왔다. 하지만 기업에 부도가 발생할 경우 연쇄 부도가 일어날 수 있고 위조와 변조에 의한 다수의 피해자가 발생할 수 있다. 이러한 어음의 역기능을 줄이고 중소기업금융의 활성화를 위해 다양한 어음대체유통금융제도가 도입되고 있다.

a) 기업구매자금대출제도

기업구매자금대출제도란 기업 간에 거래할 때 어음 사용을 줄이기 위해 새로 도입한 제도로서 구매기업이 자금을 융자받아 납품업체에 현금으로 결제하

8) 상업어음이라고도 하며 기업 간 상거래를 하고 대금결제를 위해 발행되는 어음이다. 진성어음은 상거래를 할 때만 발행할 수 있다. 시사경제용어사전, 기획재정부

9) 돈을 빌린 대가로 발행한 어음. 즉 발행인의 신용을 수취인이 이용하여 융자를 받게 하는 목적으로 발행되는 어음이다. 시사상식사전, pmg 지식엔진연구소, 박문각

도록 하는 것이다.

b) 기업구매전용카드제도

기업구매전용카드제도란 구매업체와 납품업체 간 대금의 결제를 신용카드를 이용하여 결제하고 이를 카드사가 대신 결제해 주는 것을 말한다. 구매업체는 신용카드로 대금을 결제하고 납품업체는 카드사에 할인료 성격의 수수료를 부담한다. 그러므로 기업구매전용카드제도는 구매업체가 금융비용을 부담하는 기업구매자금대출제도와 달리 납품업체가 금융비용을 부담한다.

c) 전자외상매출채권 담보대출제도

전자외상매출채권이란 채권자의 이름이 명시된 지명채권으로서 기업이 은행과 전자외상매출채권거래계약을 체결한 후 상거래를 통해 물품을 구입하면 물품판매자를 채권자로 하여 정해진 시기에 정해진 금액을 지급할 것을 약속하고 발행하는 채권을 의미한다. 그러므로 전자외상매출채권 담보대출제도란 납품업체가 구매기업으로부터 받은 전자외상매출채권을 담보로 하여 은행으로부터 대출을 받는 것을 말한다.

d) 네트워크론제도

네트워크론(network loan)제도[10)]란 구매기업의 추천을 받은 판매기업과 금융기관이 대출한도를 약정한 뒤 판매기업이 구매기업의 발주서 또는 구매기업에 대한 납품실적을 근거로 대출받고, 구매기업이 전자결제방식으로 대출금을 금융기관에 상환하는 결제방식을 의미한다.

2) 일반대출

대출과목이나 자금의 용도가 따로 정해지지 않은 대출을 일반대출이라 하며 기업시설자금대출의 경우 만기가 3년에서 7년 사이이지만 일반대출의 만기는 보통 1년 이내이다. 적금관계대출은 적금대출과 적금담보대출로 나뉘며 적금대출은 정기적금 계약을 체결하여 일정 금액 이상을 매월 납입한 적금계약액을 적금계약자에게 대출하는 것을 말한다. 반면에 적금담보대출은 적금을 담보

10) 중소기업청 전문용어, 대한민국정부, 2010

로 납입액 범위 내에서 대출해주는 것을 의미한다.

3) 대출한도거래

대출한도거래란 구두나 문서의 작성에 의해 일정한 한도를 약정하고 그 한도 내에서 고객이 원할 때 대출해주는 것을 의미한다. 대출한도는 일정기간이 지난 후 재사정하며 일반적으로 1년이다. 대출약정은 주로 대출한도, 대출이자율, 약정기간, 대출약정수수료 등이 포함되며 대출한도는 일반대출한도와 회전대출한도로 다시 나뉜다.

① 일반대출한도

일반대출한도는 은행이 구두에 의해 체결한 비공식적인 대출약정으로 법적 구속력 대신 도의적 의무가 있다. 하지만 은행의 고객이 이를 이용하고 있기 때문에 큰 이유가 없다면 이 약정을 지킨다. 은행은 일반적으로 1개월 정도 무대출 기간을 요구하여 고객이 대출한도거래에 의한 대출을 장기자금재원으로 이용하는 것을 방지하고자 한다. 일반대출한도는 일반적으로 1년 이내의 단기금융에 이용되며, 고객에게 한도를 알려주는 통지한도, 한도를 알려주지 않고 은행의 내부 지침으로만 이용하는 내부한도, 특별한 거래에 한정하는 특별한도 등으로 분류된다.

② 회전대출한도

회전대출한도란 공식대출약정으로 은행은 구속력 있는 대출 의무를 가지고 그 대가로 소정의 약정 수수료를 청구하며 은행이 고객에게 공식적인 대출조건을 제시한다. 회전대출한도는 장기운전자금이나 시설자금과 같은 1년 이상의 장기금융에 주로 이용되며 회전대출거래한도 내에서 차주는 약정 한도 내에서 원할 때는 언제든지 대출금을 상환하거나 재차입을 할 수 있다.

4) 텀론

텀론(term loan)의 만기는 보통 1년 이상이며 일반적으로 3년에서 5년이다. 텀론은 분할 상환하는 것이 원칙이지만 일시상환도 가능하다. 텀론의 약정형식에 따라 일반텀론방식, 회전대출방식을 결합한 혼합방식으로 나뉜다. 여기서 일반텀론방식이란 만기를 1년으로 하고 이 기간 동안 정기적으로 분할 상환하는 것을 말하며 혼합방식은 회전대출방식이 결합되어 있어서 처음 얼마간은 회전대출방식으로 하고 기업 자금 요소 기간이 확정되었을 때 기업의 선택에 의해 일반텀론으로 전환하는 것을 말한다. 텀론의 경우 장기 대출이기 때문에 은행의 입장에서는 신용위험이 크고 텀론의 상환금이 차입기업의 미래 수익에 의존하므로 기업의 경영여건이나 경제상태가 상환에 큰 영향을 준다. 그러므로 은행은 텀론의 경우 철저한 채권보전조치를 대출 약정에 넣고 있다.

5) 조건부대출

대출을 할 때 여러 가지 조건이 약정된 조건부대출은 대출금의 사용 목적이나 상환재원이 특정 거래와 연계되어 있는 bridge loan, swing loan 등으로 불리는 가교 금융이 있다. 또한 주식이나 채권을 발행하고 이 판매대금으로 대출금을 상환하는 조건으로 차입하는 대출이나 기업의 설비가 완성될 때까지 대출하고 그 후에는 장기금융회사가 대출을 인수하는 인수조건부대출 등도 이에 포함된다. 그리고 경영 성과에 참여할 수 있는 참가부 대출도 조건부대출에 포함된다. 참가부 대출은 수익참가권부대출과 주식인수권부대출이 있으며 수익참가권부대출은 고정대출금리 이외에 초과 영업수익을 내었을 때 일정 금액을 받을 수 있는 권리를 말한다. 주식인수권대출이란 차입기업의 주가가 올랐을 때 미리 정한 가격으로 주식을 구입할 수 있는 권리를 말한다.

(2) 소비자신용

1) 의의

소비자신용이란 소비행위와 관련하여 신용을 제공하는 것으로 소비자가 주택·자동차·전기기구 등과 같은 소비 생활에 필요한 자금을 빌려주거나 이자나 수수료를 받고 상품 매매의 상환을 일정 기간 연기해주는 것을 의미한다. 소비자대출의 방식은 분할상환방식과 일시상환방식으로 나뉘며 분할 상환방식은 대출금으로 구입한 물건을 담보로 원리금을 분할 상환하는 것을 말한다. 반면 일시상환방식이란 개인에 대한 단순대출 등이 속하는 것으로 대출금을 일시에 상환하는 것을 의미한다.

2) 소비자 신용의 종류

소비자신용은 판매신용과 소비자대출, 주택대출로 구분된다. 판매신용이란 자금의 용도에 따라 상품의 판매나 서비스가 제공되는 것을 의미하며 소비자대출이란 특별한 용도를 가지지 않고 소비자에게 제공되는 것을 말한다. 주택대출의 경우 소비자신용처럼 소비자에게 대출이 제공되는 특징이 있지만, 자금의 용도가 장기 고정투자 성격이 강하기 때문에 따로 분류된다.

① 판매신용

상품의 판매를 촉진하기 위해 상품 구매자에게 제공되는 판매신용은 일시상환방식과 할부상환방식으로 나눌 수 있으며 할부상환방식은 다시 직접대출방식과 간접대출방식으로 나눌 수 있다. 직접대출방식이란 직접 금융기관으로부터 대출을 받는 것을 의미하며 간접대출방식이란 금융기관과 판매자의 제휴를 통해 대출하는 것을 의미한다. 판매신용의 가장 대표적인 예는 자동차구입자금대출로서 이는 자동차 구입자금을 직접 대출하는 직접대출과 자동차 판매상이 소비자에게 분할 상환하겠다고 약정한 분할상환계약증서를 금융기관이 매입하는 간접대출의 형태가 있다.

② 소비사내출

소비자대출이란 의료비, 교육비, 생활비 등을 위해 필요한 자금을 소비자에게 직접 대출해주는 것을 말하며 우리나라는 예금은행, 생명보험회사, 상호저축은행, 신용협동조합 등의 저축기관과 카드회사와 같은 비예금은행이 이를 취급하고 있다. 즉, 소비자대출에는 금융권의 담보부대출, 신용대출, 신용카드사의 현금서비스, 대부업의 사금융 등이 포함된다.

③ 주택금융

주택구입이나 건설을 위해 대출되는 주택금융은 주택을 담보로 하며 일반적으로 10년에서 30년의 상환기간을 가지고 주로 분할상환으로 이루어진다. 주택시장은 시장원리에 따라 계약이 이루어지는 일반시장과 정부가 개입하여 시장 실패를 막는 공공주택시장으로 구분되는데 공공주택시장의 경우 주택 구입에 정부의 도움이 필요한 계층에게 시가보다 저렴하게 주택을 공급하는 혜택을 부여한다. 주택금융제도는 계약조달방식, 예금조달방식, 저당은행방식이 있다. 계약조달방식은 일정기간 저축을 해야 대출 자격이 주어지는 것으로 시장 금리보다 낮은 금리로 대출이 가능하고 이를 정부가 개입하는 것으로 우리나라 주택 대출 대부분이 이 방식을 따르고 있다. 예금조달방식이란 일반 고객을 대상으로 조성한 예금을 대출하는 방식을 말하며 저당은행방식이란 은행들이 취득한 저당증서를 매각하거나 증권화하여 자금을 조달하는 방식을 말한다.

④ 모기지대출(주택담보대출)

모기지대출이란 은행이 대출할 때 담보물인 부동산에 저당권(mortgage)을 설정하고 이를 담보로 장기분할상환을 조건으로 자금을 대출하는 것을 말한다. 이는 현재 상업은행, 저축은행, 보험회사와 같은 일반금융회사와 주택금융공사가 취급하고 있으며 일반금융회사의 경우 변동금리부 모기지로서 만기가 3년 이하이고 만기에 원금을 일시에 상환하는 구조를 가진다. 주택금융공사의 경우 고정금리부 모기지대출을 취급하고 있으며 최장 30년의 만기를 가지고 원리금균등분할상환조건으로 대출해준다. 대출금을 만기 이전에 상환할 수 있지만 그럴 경우 조기 상환수수료가 차등적으로 적용된다. 대출 가능금액(LTV : Loan To Value)[11]의 경우 담보자산가치의 최대 70% 이내에서 소득대비 상환액 비율(DTI : Debt To Income)에 따라 차등 적용된다.

(3) 기타 분류[12]

1) 담보 유무에 따른 분류

금융 기관이 대출을 해주는 경우 채무자가 약속한 기한 안에 돈을 갚을 수

11) 강병호 외 2명, 금융시장론, 박영사, 2014
12) 알기쉬운 금융 지식, 매일경제 경제경영연구소, 2012

없는 위험이 있기 때문에 이를 대비해 채무자의 자산이나 제3자의 신용 보증을 담보로 하여 대출해 주기도 한다. 이러한 조건을 가진 대출을 담보 대출이라고 하며 담보 유무에 따라 크게 담보 대출과 신용 대출로 나뉜다.

① 담보 대출

a) 물적 담보

물적 담보란 채무자의 재산을 이루고 있는 자산 중에 집이나 부동산 등 특정 자산을 대출을 위한 담보로 충당하는 제도를 말한다. 일반적으로 담보물의 가치에 따라 대출 금액이 달라진다.

b) 인적 담보

인적 담보란 대출 후 원금 상환의 안전을 위하여 채무자 이외의 특정인의 인적 신용에 의한 채권의 담보를 말하며 대인 담보라고도 말한다. 일반적으로 채무자 이외의 특정인은 보증인이나 연대 보증인을 세우며 이들의 신용에 따라 대출 금액이 달라진다.

- 보증인 : 주 채무자가 채무 상환을 이행하지 않을 경우 채무에 대한 채권을 갚을 의무가 있어 보증인에게 상환을 요구한다.
- 연대 보증인 : 연대 보증인은 채무자와 같이 대출금 상환 의무를 가지기 때문에 연대 보증인이 대출을 받은 것과 동일한 상황이 된다. 그러므로 금융 기관은 주 채무자에게 먼저 상환 요구하지 않고 연대 보증인에게 상환 요구를 할 수 있다.

② 신용 대출

신용 대출이란 부동산이나 집을 담보로 한 물적 담보, 제3자의 신용 책임을 이용한 인적 담보 등을 사용하지 않고 본인의 신용만으로 금융 회사에서 대출받는 경우를 말한다. 신용 대출을 위해 금융 기관은 개인 신용 평가 시스템(CSS : Credit Scoring System)에 따라 직업, 소득, 재산, 거래 내역 등을 종합적으로 분석하고 판단하여 대출 금액을 결정한다.

2) 채무자에 따른 분류

① 가계 자금 대출

일반 개인, 가계에 대출하는 것으로 채무자는 개인이 된다.

② 기업 자금 대출

기업에 대출하는 것으로 채무자는 기업이 된다.

3) 거래 방식에 따른 분류

① 건별 대출

대출 계약과 동시에 대출금을 지급하는 대출이다.

② 한도 대출

마이너스 통장과 같이 대출 한도를 정하고 그 안에서 채무자의 필요에 따라 인출 가능한 대출이다.

4) 상환 방법에 따른 분류

① 만기 일시 상환

대출 기간 동안 이자를 부담하고 만기 도달 시 한꺼번에 원금을 상환한다. 그러므로 대출 만기 시 원금을 상환해야 하는 재무적 부담이 있다.

② 원금 균등 분할 상환

대출 원금을 약속한 기간으로 균등하게 나누어 상환하고 이자는 매달 줄어든 대출잔액에 대해서만 지급하는 방법이다. 분할 금액과 이자를 매달 갚아나가는 방식이기 때문에 상환해야 할 원금이 줄어들면서 이자도 감소하며 매달 상환해야할 금액이 달라진다. 매월 일정한 소득이 있고 이자의 부담을 줄이고 싶으면 이 방법을 이용하는 것이 좋으나 대출금 회수로 인해 자금 운용기회가 줄어드는 단점이 있다.

③ 원리금 균등 분할 상환

대출 만기 시 지급해야 할 원금과 이자의 총합을 미리 계산하여 약속된 기간으로 나누어 매달 균등하게 갚아나가는 방법이다. 미리 상환해야 할 금액이 계산되기 때문에 일정한 고정비 성격을 가지고 있으며 자금 계획을 세우는데도 좋다. 상환 기간 초기에는 상환액 중 이자의 비중이 높지만, 원금을 갚아나가면서 이자 비중은 줄고 원금의 비중은 높아진다. 그러므로 총 지급이자는 원금 균등 분할 상환에 비해 높다.

5) 자금 성격에 따른 분류

① 일반 대출

은행의 예금과 적금으로 대출해 주는 것을 의미한다.

② 카드론

신용 카드 회사에서 카드 회원을 대상으로 고객의 신용도와 카드 이용 실적에 따라 대출 한도와 금리를 정해 대출해 주는 상품이다. 카드 이용실적이 많고 연체 없이 결제할 경우 신용 등급이 올라 대출받을 수 있는 금액도 증가한다. 쉽고 빠르게 대출받을 수 있지만 대출 금리가 높고 수수료도 지급해야 하므로 비용 부담이 있다.

③ 약관 대출

보험사에 납입한 보험료 안에서 대출을 받는 것으로 계약자가 가입한 보험해약환급금의 70~80% 범위에서 수시로 대출받을 수 있는 제도이다.

④ 증권 대출

증권사 등의 금융 기관이 유가증권, 채권, 주식을 담보로 하여 증권 보유자에 대출해 주는 것을 말한다.

CHAPTER

13

주식, 채권, 펀드

1 주식

1.1 주식과 주식시장

주식이란 주식회사의 지분권을 표시하는 유가증권을 말한다. 주식은 상환 의무가 없고 경영실적에 따라 배당하는 것이기 때문에 발행기업 입장에서는 안정적인 자금 조달 수단이 되며 자기자본으로서 기업의 재무구조를 개선시키는 효과가 있다. 또한 투자자 입장에서도 유용한 자금 운용 수단이 된다.

한편 주식시장은 위와 같은 주식이 매매 거래되는 시장을 말하며 주식시장의 개념은 크게 광의의 주식시장과 협의의 주식시장으로 나누어 볼 수 있다. 광의의 주식시장이란 기업을 비롯한 자금의 수요자가 유가증권을 발행하거나 매출하여 필요한 자금을 조달하고, 투자자가 유가증권의 매입이나 매각을 통해 자신의 금융자산을 운용하는 시장을 일컫는다. 즉, 주식을 발행하여 공급하는 공급자와 이에 투자하는 수요자가 만나 수급관계가 이루어지는 곳을 말하며, 이는 다시 기업공개 및 유상증자 등을 통한 주식의 새로운 발행이 이루어지는 발행시장과 이미 발행된 주식이 매매 거래되는 유통시장으로 나눌 수 있다. 우리나라의 유통시장은 유가증권시장, 코스닥 및 프리보드로 구성된다. 협의의 주식시장은 앞서 설명한 유가증권시장이나 코스닥시장, 프리보드와 같이 일정한 질시와 형대를 갖춘 물리적 공간이라는 의미로서의 시장을 일컫는다. 협의의 주식시장은 다수의 공급자와 수요자들이 만나 보다 자유롭고 편리하게 매매 거래를 하도록 돕는다.

1.2 주식의 종류

(1) 보통주

보통주(common stock)란 의결권을 가지며 이익배당청구권이나 잔여재산청구권 등을 행사할 수 있는 주식을 말하며 기업이 파산할 경우 혹은 배당을 지급할 경우에는 우선적 지위가 보장되지 않는 것이 특징이다. 주식시장에서 ○○주식회사의 회사명 '○○'으로 표기된 주식이 보통주에 해당한다. 보통주의 특징을 살펴보면 다음과 같다.

첫째, 의결권(voting right)이다. 주식회사의 주주는 주주총회에서 의결권을 행사함으로써 회사의 경영에 참여하게 된다. 주주총회에서의 의결권 행사는 마치 일반 선거에서 투표를 하는 것과 비슷하지만 일반 선거에서는 투표자 1명당 1표를 행사할 수 있도록 제한하는 반면 주주총회에서는 보통주 1주당 1표를 행사할 수 있게 되는 데 차이가 있다. 예를 들어, 100주의 보통주를 보유한 주주는 1주의 보통주를 보유한 주주에 비해 100배 많은 표를 행사할 수 있는 셈이다.

둘째, 잔여재산청구권(residual property claim right)이다. 보통주의 주주는 기업청산 시 부채를 상환하고 남은 자산에 대해서 보유 주식 지분만큼의 자산을 청구할 수 있는 권리가 있다. 하지만 채권자보다 우선순위로 재산청구권을 행사할 수는 없다.

셋째, 이익배당청구권(dividend claim right)이다. 보통주의 주주는 이익에 대한 배당을 청구할 수 있지만 기업 입장에서 배당의 지급은 의무가 아닌 이사회의 결정에 따라 지급 여부를 자율적으로 선택할 수 있다. 다시 말해, 기업이 배당의 지급을 거부하는 경우에도 기업은 파산하지 않는다. 배당지급의 결정권한은 이사회에 있으며, 배당지급이 확정될 경우 보통주의 주주들은 자신이 보유한 지분에 따라 배당을 받게 된다.

넷째, 신주인수권(preemptive right)이다. 기업이 새로 주식을 발행하는 경우 공모를 하기 전에 기존 주주들에게 먼저 주식을 팔아야 한다. 이는 신주를 발행함으로써 기존 주주들의 지분이 희석되는 것을 방지하기 위함이다. 예를 들어, A기업의 총 발행주식수가 1,000주라고 가정해보자. 주주 X가 보유한 주식이 100주라면 X의 지분은 10%가 된다. 이때, A기업이 9,000주를 신주로 발행할 계획이라면, X의 지분은 10%에서 1%로 줄어들게 되고 X는 주주로서의 권리가 줄어들게 되는 효과를 가져온다. 따라서 이런 경우를 방지하기 위하여 기업이 신주를 발행하는 경우 기존 주주들에게 우선적으로 신주를 살 수 있는 권리를 제공한다.

(2) 우선주

우선주(preferred stock)는 보통주와 달리 의결권을 갖진 않지만, 이익배당이나 잔여재산청구에 있어 보통주보다 우선적 지위가 인정되는 주식을 말한다. 여기서 우선적 지위가 인정된다는 것은 보통주의 주주가 이익배당청구나 잔여재산청구를 하기 이전에 우선주의 주주에게만 청구권을 부여한다는 의미이다. 주식시장에서 '○○우' 혹은 '○○우B' 로 표기된 주식이 우선주에 해당한다. 주식명의 'B'는 우선주의 채권적 성격 때문에 Bond를 의미하는 B를 붙인 것이다.

우선주는 부여된 권리에 따라 종류를 구분할 수 있는데 먼저 전기에 미지급된 배당을 이후에 누적하여 지급하는가의 여부에 따라 누적적 우선주와 비누적적 우선주로 나눌 수 있다. 예를 들어, ○○ 주식회사가 전기에 수익이 악화되어 배당을 지급하지 못했다고 하자. 이 경우, 만약 ○○ 주식회사가 누적적 우선주를 발행했다면 미지급된 배당분을 다음 결산기에 누적하여 지급해야 한다. 반면, 비누적적 우선주를 발행했다면 미지급된 배당을 누적하지 않는다. 하지만 대부분의 우선주는 누적적 우선주에 해당한다. 다음으로, 배당지급 참여 여부에 따라 참가적 우선주와 비참가적 우선주로 구분할 수 있다. 우선주가 일정률의 배당을 지급받은 다음에도 회사가 배당하기로 한 이익의 잔여분이 남을 경우 이 이익에 대해서도 보통주의 주주와 함께 잔여 이익에 대한 배당지급을 요구할 수 있는데, 이때 참가적 우선주는 배당지급에 참여할 수 있고 비참가적 우선주는 배당지급에 참여할 수 없다.

1.3 주식의 가치평가

주식의 가치를 측정한다는 것은 현실적으로 매우 어려운 일이다. 채권과 달리, 고정된 현금흐름이 발생하는 것도 아니고, 만기가 정해져 있는 것도 아니며 계속기업을 가정하고 가치를 평가해야 하기 때문이다. 또한 미래에 발생할 현금흐름을 현재가치로 할인할 할인율을 정함에 있어서도 명확한 기준이 없기 때문에 주식의 가치를 측정함에 어려움이 따른다. 아래에서는 주식의 가치 평가 방법을 5가지로 나누어 살펴보도록 할 것이다.

주식의 가치를 평가함에 있어 가장 기본적인 방법은 미래에 발생할 현금 흐름과 주식에 투자함으로써 얻고자 하는 요구수익률(required rate of return)을 알고 있다는 가정에서 출발하는 것이다. 만약 주식에 투자하려는 사람이 1년 동안만 투자를 할 것이라고 가정한다면, 현재 주식의 가치(P_0)는 다음과 같이 구할 수 있다. D_1는 1년도에 받는 배당, R은 요구수익률, P_1는 1년도의 주식 가격을 뜻한다.

$$P_0 = \frac{D_1 + P_1}{1+R}$$

위의 식을 확장하여 t년 동안 투자한다고 가정하면, 그 식은 다음과 같다.

$$P_0 = \frac{D_1}{(1+R)^1} + \frac{D_2}{(1+R)^2} + \frac{D_3}{(1+R)^3} + \cdots + \frac{D_t}{(1+R)^t} + \frac{P_t}{(1+R)^t} \qquad (13.1)$$

만약, 한정된 기간 동안 투자하는 것이 아니라 영원히 투자하여 주식을 되팔지 않을 것이라고 가정하면 주식의 가치는 다음과 같다.

$$P_0 = \frac{D_1}{(1+R)^1} + \frac{D_2}{(1+R)^2} + \frac{D_3}{(1+R)^3} + \frac{D_4}{(1+R)^4} + \frac{D_5}{(1+R)^5} + \cdots \qquad (13.2)$$

미래에 배당 받을 모든 금액을 현재가치로 환산한 것이 현재의 주식 가격이라고 정의할 수 있다.

(13.2)의 식에서 D_t의 값에 대한 정확한 정의는 하지 않았다. D_t의 값이 고정되었다고 가정했을 때와 일정한 성장률(g)로 증가한다고 가정했을 때, 매년 값이 변할 때로 나누어 주식의 가격을 살펴보도록 하겠다.

먼저, 배당(D_t)이 매년 고정되었다고 가정했을 때 주식의 가격을 구하는 식은 매우 단순하다.

$$P_0 = \frac{D}{(1+R)^1} + \frac{D}{(1+R)^2} + \frac{D}{(1+R)^3} + \frac{D}{(1+R)^4} + \frac{D}{(1+R)^5} + \cdots$$

따라서 현재 주식의 가치는, 다음과 같이 계산할 수 있다.

$$P_0 = \frac{D}{R}$$

다음으로, D_t의 값이 매년 일정한 성장률(g)로 증가한다고 가정했을 때의 주식 가격은 다음과 같이 구할 수 있다.

$$\begin{aligned} P_0 &= \frac{D_1}{(1+R)^1} + \frac{D_2}{(1+R)^2} + \frac{D_3}{(1+R)^3} + \frac{D_4}{(1+R)^4} + \frac{D_5}{(1+R)^5} + \cdots \\ &= \frac{D_0(1+g)^1}{(1+R)^1} + \frac{D_0(1+g)^2}{(1+R)^2} + \frac{D_0(1+g)^3}{(1+R)^3} + \frac{D_0(1+g)^4}{(1+R)^4} + \frac{D_0(1+g)^5}{(1+R)^5} + \cdots \\ &= \frac{D_0 \times (1+g)}{R-g} = \frac{D_1}{R-g} \qquad (13.3) \end{aligned}$$

만약 t시점에서의 주식 가격을 구하고 싶다면 (13.3)식을 변형시켜서, 다음과 같이 구할 수 있다.

$$P_t = \frac{D_t \times (1+g)}{R-g} = \frac{D_{t+1}}{R-g} \qquad (13.4)$$

여기에서 일정성장률(g)로 증가한다는 가정을 조금 변형시켜서 성장률이 중간에 한번 변한다고 가정하여 주식의 가격을 구할 수도 있다. 예를 들어, t년도까지는 배당의 성장률이 g_1으로 일정하다가 $t+1$년도 이후로는 영원히 g_2의 성장률로 배당이 증가한다고 가정해보자. 이런 경우 주식의 현재가치는 두 단계에 걸쳐서 구할 수 있다. 첫 번째 단계는 t년도까지의 배당의 현재가치를 구하는 단계이고 두 번째 단계는 $t+1$년도 이후에 받을 배당의 가치를 t년도 시점에서의 가치(P_t)를 구한 다음 이를 현재가치로 변환하는 단계로서 다음과 같이 구할 수 있다.

$$P_0 = \frac{D_1}{R-g_1} \times \left[1 - \left(\frac{1+g_1}{1+R}\right)^t\right] + \frac{P_t}{(1+R)^t} \qquad (13.5)$$

여기에, g_2의 성장률을 적용하여 P_t의 값을 구하면, 다음과 같다.

$$P_t = \frac{D_{t+1}}{R-g_2} = \frac{D_0 \times (1+g_1)^t \times (1+g_2)}{R-g_2} \tag{13.6}$$

만약 배당 성장률이 세 번에 걸쳐서 변한다면, 위에서 두 단계에 걸쳐 주식 가격을 구했던 방법을 세 단계로 확장시키면 된다.

마지막으로 D_t의 값이 고정되거나 일정하게 증가하는 것이 아니라 불규칙적으로 변할 때는 (13.2)식과 같이 매년 발생하는 배당금을 현재가치로 환산하여 계산하면 된다.

2 채권

2.1 채권의 개념

채권은 원금과 이자의 지급액과 시기가 약속된 고정소득증권(fixed income securities)을 일컫는다. 정부, 공공기관, 그 밖에 주식회사 등도 자금을 조달할 목적으로 채권을 발행한다. 채권은 발행주체에 따라서 개별적 특성을 갖고 있지만, 발행 시 약속한 시기에 지급해야 하는 이자와 원리금의 기준이 정해져 있다는 공통점을 가지고 있다. 또한, 원리금 상환기간이 사전에 정해지기 때문에 발행자는 정해진 날짜에 원금을 상환해야 하는 의무를 지닌다. 예를 들어, A사가 10년 동안 10,000원의 자금을 조달하기 위해 채권을 발행하였고, 투자자들에게 매년 발행 당시 기준 이자율 10%에 해당하는 이자를 지급하기로 약정하였다고 가정하자. A사는 해당 채권에 투자한 투자자에게 매년 1,000원의 이자를 지급하며, 만기 시(해당 예에서는 10년 이후)에 원금에 해당하는 10,000원을 지불해야 할 의무를 갖게 된다. 이 예를 통해 쿠폰(coupon), 액면가(face value), 쿠폰율(coupon rate), 만기(maturity)에 대해 살펴보기로 한다.

먼저, 쿠폰(coupon)은 채권에 표시된 지급이자로 A사가 매년 1,000원씩 지급하는 이자를 말한다. 만기(maturiy)는 10년이며, 만기 시에 지불하는 10,000원을 일컬어 액면가(face value)라고 한다. 매년 투자자에게 지급되는 이자 1,000원을 액면가로 나눈 비율(1,000/10,000 = 10%)은 쿠폰율(coupon rate)이라고 불린다.

채권과 주식의 차이점은 첫째, 채권은 타인자본(부채)에 해당하지만 주식은 자기자본에 해당한다. 따라서 부채비율이 높은 기업은 채권을 발행하는 데 있어 부담을 느낄 수 있다. 둘째, 채권은 증권의 존속기간이 한시적이지만, 주식은 영구적이다. 앞서 언급했듯이 채권에는 만기가 정해져 있다. 만기가 도래하면 채권의 발행자는 약속한 금액을 지급하고 시장으로부터 채권을 매입한다. 셋째, 채권은 만기 시 원금을 상환해야 하는 상환의무가 있지만, 주식은 상환의무가 존재하지 않는다. 넷째, 채권은 투자자에게 사전에 확정된 이자를 지급하지만, 주식은 배당을 지급하며 지급액이나 시기가 가변적이다. 마지막으로 채권의 투자자는 채권자의 지위를 얻지만, 주식의 투자자는 주주의 지위를 얻게 된다.

2.2 채권의 종류

(1) 발행주체에 따른 분류

채권은 발행주체에 따라 국채, 지방채, 회사채 등으로 나눌 수 있다.

국채란 국가가 발행한 채권으로 국고채권, 국민주택채권, 국민주택기금채권 등이 있다. 미국 정부에서 발행하는 정부채는 장기국채(treasury bond), 중기국채(treasury note), 단기국채(treasury bill)가 있고 일반 대중에게 판매한다. 이들 미국 재무부채권의 만기는 2년에서 30년까지 다양하며 채무불이행위험이 아예 없다고는 할 수 없으나 거의 존재하지 않는다고 할 수 있다.

지방채는 지방자치단체에서 개별적으로 발행하는 채권으로 지방자치단체의 사업기금을 마련할 목적으로 발행된다. 도시철도채권, 상수도공채, 도로공채 등이 지방채에 해당한다. 미국 주 정부 혹은 지방정부에서 발행하는 지방채는 municipal note 혹은 municipal bond라고 불린다. 지방채의 경우는 정부채와는 달리 채무불이행 위험을 갖고 있으며 실제로 회사채와 같이 등급이 매겨지기도 하는데 채권에 매겨지는 등급에 대해서는 이후에 설명하도록 하겠다. 투자자들에게 지방채가 흥미로운 이유는 연방소득세가 면제된다는 점이다. 따라서 지방채를 사들임으로써 소득세의 감면혜택이 있기 때문에 소득세율이 높은 고소득층에게 인기가 높다.

회사채는 주식회사가 발행하는 채권으로 담보부사채, 전환사채, 신주인수권부사채, 옵션부사채 등이 있다. 회사채는 주식과 달리 주주로서의 지위나 의결권을 갖지 않아 기업의 소유권 지분과는 관련이 없다. 또한 기업이 회사채 발행 시 약정된 이자를 지급할 때 해당 이자는 비용으로 간주되어 세금부과대상이 되지 않는다. 기업 입장에서는 회사채 발행에 따른 세금감면의 혜택이 있지만 과도한 회사채 발행은 기업에 파산위험(default risk)의 부담을 가중시킨다. 부채를 상환하지 못할 경우 채권자들은 회사의 자산에 대한 법적인 권리를 주장할 수 있고, 법정관리나 청산과 같은 기업파산의 행동을 취하게 된다.

(2) 이자 지급에 따른 분류

무이표채권(zero coupon bond)은 만기이전에 이자를 지급하지 않는 채권을 뜻한다. 앞의 예에서 볼 수 있듯이 채권 발행 시 만기이전에 이자를 지급하겠다는 약속을 하는 경우가 있다. 하지만 무이표채권은 이와 같은 이자를 지급하지 않고 만기 시에 액면가에 해당하는 금액을 채권자에게 상환하게 된다. 대신 발행 시에 이자를 지급하는 이표채권보다 낮은 가격으로 채권을 살 수 있다. 이표채권(coupon bond)은 무이표채권과 상반되는 개념으로서 만기이전에 약정된 이자를 지급하며 만기 시에 액면가를 상환하는 채권이다.

지급하는 이자를 계산할 때 적용되는 이자율에 따라 변동금리채권과 고정금리채권으로 구분할 수 있다. 변동금리채권이란 이자 지급액이 이자를 지급하는 기간마다 달라지는 채권을 말하며, 이때 이자는 기준이 되는 어떤 이자율에 맞추어 시간적 간격을 두고 조정된다. 반면 고정금리채권은 사전에 약정된 금리에 맞춰 이자를 책정하게 된다.

(3) 만기에 따른 분류

단기채는 상환기간이 1년 미만인 채권을 말한다. 통화안정증권, 양곡기금증권, 재정증권 등이 이에 해당하며 미국 정부가 발행하는 treasury bill 역시 단기채에 해당한다. 중기채는 우리나라의 경우 만기가 2~5년인 경우를 일컫는다. 하지만 이 기준은 국가마다 조금씩 달라서 미국의 경우 만기가 2년 이상 10년 미만인 채권을 중기채로 분류한다. 외국환평형기금채, 회사채가 이에 속하며 treasury note가 중기채에 해당한다. 장기채는 우리나라의 경우 5년 이상, 미국의 경우 10년 이상의 만기로 발행되는 채권을 말한다. 국민주택채권, 도시철도채권이 있으며, treasury bond가 장기채에 해당한다.

2.3 채권의 수익률과 가격

기간이 경과함에 따라 시장에서의 금리는 변하게 된다. 하지만 앞서 설명하였듯이 채권으로부터 발생하는 현금흐름은 일정하다.[1] 현금흐름은 일정한데 금리가 변하게 되면 채권의 가격도 변하게 된다. 예를 들어, 금리가 상승할 경우 채권의 미래 현금흐름의 현재가치는 하락하게 되므로 채권의 가격은 하락하고, 금리가 하락할 경우 반대로 채권의 가격은 상승하게 된다.

특정 시점에서의 채권가격을 알기 위해서는 특정 시점을 기준으로 남은 만기와 이자지급횟수, 이자지급액, 액면가, 그리고 해당 채권과 비슷한 특징을 지닌 채권에 적용되는 시장이자율을 알아야 한다. 채권가격평가에 적용되는 시장금리를 만기수익률(YTM : Yield To Maturity)이라고 부른다. 만기수익률을 다시 정의하자면, 채권을 만기 시까지 보유하고 있다고 가정했을 때 얻을 수 있는 수익률을 일컫는다. 예를 들어, A기업이 10년 만기 채권을 발행했다고 가정해 보자. 남은 만기 역시 10년, 해당 채권의 쿠폰율은 10%이며 매년 한 번만 지급한다. 액면가는 1,000원, 적용되는 시장이자율은 12%이다. 〈그림 13-1〉은 A기업 채권의 현재 흐름을 나타낸 것이다.

1) 물론 변동금리채권은 현금흐름이 시장의 금리에 따라 변동하지만, 보다 쉬운 설명을 위해 고정금리채권으로 가정하도록 한다.

그림 13-1 A기업 채권의 현금흐름

연도	0	1	2	3	4	5	6	7	8	9	10
이자	0	100	100	100	100	100	100	100	100	100	100
원금											1,000
이자+원금	0	100	100	100	100	100	100	100	100	100	1,100

시장이자율 12%를 적용하여 10년 뒤 상환되는 원금의 현재가치를 구하면 다음과 같다.

$$\text{현재가치}(PV) = \frac{1{,}000}{1.12^{10}} = \frac{1{,}000}{3.1059} = 321.97$$

동일한 시장이자율을 적용하여 매년 지급되는 이자의 현재가치를 구하면 다음과 같다.

$$\begin{aligned}\text{이자의 현재가치} &= 100 \times \frac{\left(1 - \dfrac{1}{1.12^{10}}\right)}{0.12} \\ &= 100 \times \frac{\left(1 - \dfrac{1}{3.1059}\right)}{0.12} \\ &= 565.03\end{aligned}$$

원금의 현재가치와 이자의 현재가치를 합하면 A기업 채권의 현재가치가 된다.

$$\text{A기업 채권의 현재가치} = 321.97 + 565.03 = 887$$

A기업 채권의 액면가는 1,000원이고 심지어 매년 100원씩의 쿠폰을 지급하는데도 오히려 현재 가격은 887원이다. 어떻게 된 일일까? 현재 채권의 가격을 측정할 때 적용되는 시장이자율(12%)이 쿠폰율(10%)보다 높기 때문에 채

권의 현재가치가 액면가보다 낮은 것이다. 이를 할인(discounted)발행되었다고 하며 이때의 채권을 할인채권(discount bond)이라 한다.

만약 시장이자율을 쿠폰율(10%)보다 낮은 8%로 적용한다면 A기업 채권의 가격은 어떻게 될까? 시장이자율 8%를 적용하여 10년 뒤 상환되는 원금의 현재가치를 구하면 다음과 같다.

$$\text{현재가치}(PV) = \frac{1,000}{1.08^{10}} = \frac{1,000}{2.1589} = 463.19$$

동일한 시장이자율을 적용하여 매년 지급되는 이자의 현재가치를 구하면 다음과 같다.

$$\begin{aligned}\text{이자의 현재가치} &= 100 \times \frac{\left(1 - \frac{1}{1.08^{10}}\right)}{0.08} \\ &= 100 \times \frac{\left(1 - \frac{1}{2.1589}\right)}{0.08} \\ &= 671.00\end{aligned}$$

원금의 현재가치와 이자의 현재가치를 합하면 A기업 채권의 현재가치가 된다.

$$\text{A기업 채권의 현재가치} = 463.19 + 671.00 = 1,134.19$$

계산결과 A기업 채권의 현재가격은 액면가 1,000원보다 높은 1,134.19원이다. 이렇게 액면가보다 높은 가격으로 발행되었을 때 할증(premium)발행되었다고 하며 이때의 채권을 할증채권(premium bond)이라고 한다.

마지막으로 시장이자율을 쿠폰율(10%)과 동일한 10%로 적용한다면 A기업 채권의 현재가치는 어떻게 될까? 시장이자율 10%를 적용하여 10년 뒤 상환되는 원금의 현재가치를 구하면 다음과 같다.

$$\text{현재가치}(PV) = \frac{1,000}{1.1^{10}} = \frac{1,000}{2.3579} = 424.11$$

동일한 시장이자율을 적용하여 매년 지급되는 이자의 현재가치를 구하면 다음과 같다.

$$\text{이자의 현재가치} = 100 \times \frac{\left(1 - \frac{1}{1.1^{10}}\right)}{0.1}$$
$$= 100 \times \frac{\left(1 - \frac{1}{2.3579}\right)}{0.1}$$
$$= 575.89$$

원금의 현재가치와 이자의 현재가치를 합하면 A기업 채권의 현재가치가 된다.

$$\text{A기업 채권의 현재가치} = 424.11 + 575.89 = 1{,}000$$

A기업 채권의 현재가치는 액면가와 동일한 1,000원이다. 액면가와 채권의 현재가치가 동일할 때 액면(par)발행되었다고 하며 이때의 채권을 액면채권(par bond)이라고 한다.

채권의 현재가치를 구하는 식을 수식으로 나타내면 다음과 같다. C는 매년 지급되는 이자를 뜻하며, r은 시장이자율, t는 만기까지 남은 기간, F는 액면가를 뜻한다.

$$Bond\ Value = C \times \frac{\left(1 - \frac{1}{(1+r)^t}\right)}{r} + \frac{F}{(1+r)^t}$$

2.4 채권의 등급

채권은 Moody's나 Standard & Poor's(S&P)와 같은 신용평가회사들에 의해 등급이 매겨진다. 채권등급은 투자자로 하여금 해당 채권의 신용도를 판단하여 투자 여부를 판가름할 수 있는 잣대가 되며, 더 나아가서는 채권을 발행한 발행주체의 신용상태를 판단하는 기준이 된다. 채권의 등급을 매기는 데 있어서 고려되는 요인은 발행주체의 채무불이행 가능성이다. 따라서 그 밖의 다른 위험요인들(이자율 위험 등)은 채권등급을 결정하는 데 고려되지 않음을 주의해야 한다.

채권의 등급은 〈표 13-1〉과 같이 AAA(Aaa)부터 D까지 나누어 볼 수 있다.

표 13-1 채권의 등급

	Moody's	S&P	
투자적격 등급	Aaa	AAA	채권의 등급 중 가장 높은 등급이며 이자와 원금의 상환능력이 충분히 있는 채권들에 부여된다.
	Aa	AA	이자와 원금의 상환능력이 높은 상태를 말한다.
	A	A	이자와 원금의 상환능력이 높지만, 윗 등급의 채권들에 비해 경제 전반의 상황이나 환경 변화에 영향을 받을 가능성이 높은 채권들에 부여되는 등급이다.
	Baa	BBB	적당한 이자와 원금의 상환능력을 갖추고 있지만 경제 전반의 상황이나 환경이 악화될 경우 상환능력의 악화가 우려되는 채권들에 부여되는 등급이다.
투자부적격 등급	Ba; B	BB; B	이자와 원금의 상환능력을 고려했을 때 해당 채권들은 상환능력이 상당히 떨어진다. 해당 등급이 부여된 채권에 투자하는 것은 투기성이 크다고 본다. 이들 채권은 파산위험에 상당히 노출되어 있으며 불확실성도 크다고 판단되는 채권들이다. S&P에서는 C등급을 받은 채권은 파산한 상태로 본다.
	Caa	CCC	
	Ca	CC	
	C	C	
	D		D등급의 채권들은 파산한 상태의 채권들에 부여되는 등급이다.

3 펀드

3.1 펀드의 개념

펀드(fund)의 개념을 정의하기 위해서는 집합투자라는 개념에 대한 정의가 우선되어야 한다. 집합투자라 함은 2인 이상에게 투자권유를 하여 모든 금전 등의 투자자 또는 각 기금주체로부터 일상적인 운용지시를 받지 아니하면서 재산적 가치가 있는 투자대상자산을 취득·처분, 그 밖의 방법으로 운용하고 그 결과를 투자자 또는 각 기금관리주체에게 배분하여 귀속시키는 것을 말한다. 이러한 집합투자의 기능을 수행하는 기구를 집합투자기구라고 하며 이를 일컬어 펀드(fund)라고 부른다. 다음 세 가지 경우는 집합투자의 개념에서 제외한다.

a. 「부동산투자회사법」, 「선박투자회사법」, 「여신전문금융업법」 등과 같이 특별법에 따라 투자자를 49인 이하로 하여 사모의 방법으로 금전 등을 모아 투자자산에 투자하고 이를 운용하여 배분하는 경우
b. 자산유동화계획에 따라 금전 등을 모아 이를 운용하여 배분하는 경우
c. 지주회사, 투자자 등으로부터 금전 등을 모아 투자자 전원의 합의에 따라 이를 운용하여 배분하는 경우

펀드는 일반 투자자들로부터 소액의 자금을 모아 거액의 자금을 조성함으로써 개인의 소액자금으로는 접근하기 힘든 금융투자상품에 투자하여 이들을 금융시장에 참여할 수 있도록 하고, 풍부한 경험과 전문지식을 갖춘 금융전문가들이 투자자들을 대신하여 자산에 투자하고 이를 관리·운용함으로써 전문적인 투자를 가능하게 한다는 장점이 있다. 또한, 서로 다른 위험에 노출된 다양한 자산에 나누어서 투자할 수 있느 여력과 전문적인 능력을 갖추었기 때문에 위험분산의 효과를 얻을 수 있으며, 배당소득·이자 수익·가격변동에 따른 자본이득 중 투자이익을 극대화함으로써 수익성을 높일 수 있다.

3.2 펀드의 운용구조 및 분류

(1) 펀드의 운용구조

국내에서 주로 운용되는 투자신탁 형태의 펀드의 경우, 위탁자(집합투자업자), 수탁자(신탁업자), 수익자의 3당사자 계약에 의해 만들어진다. 위탁자는 불특정 다수의 투자자로부터 자금을 모아 투자자들을 대신하여 증권 등 투자자산에 투자하고 이를 운용하는 자산운용회사를 말한다. 수탁자는 위탁자의 운용지시에 따라 유가증권 매매에 따른 대금결제, 유가증권 매도대금의 수수 등 신탁재산을 보관·관리하는 기능을 담당하는 기관으로 「자본시장과 금융투자업에 관한 법률」에 의한 신탁업자 또는 신탁업을 겸영하는 금융기관으로 신탁업허가를 받은 은행 등을 말한다. 수익자는 위탁자가 발행한 수익증권을 구입한 일반투자자를 의미한다.

「자본시장과 금융투자업에 관한 법률」은 집합투자기구에 대한 출자지분이나 투자신탁의 수익권을 집합투자증권의 형태로 표시하도록 규정하고 있다. 이에 따라 일반적인 투자자인 수익자는 집합투자증권에 투자하는 방식으로 집합투자기구의 출자지분이나 투자신탁의 수익증권에 투자하게 된다. 한편, 집합투자기구의 직접적인 당사자는 아니지만, 위탁자(집합투자업자)와의 판매계약에 의하여 수익자에게 집합투자증권이나 투자신탁의 수익권을 판매하는 금융투자회사 및 은행 등의 판매회사가 있다. 집합투자업자도 인가를 받아 직접 판매할 수 있으나, 일반적으로는 투자매매·중개업을 영위하는 금융투자회사나 은행 등을 통해 위탁판매를 한다.

(2) 펀드의 분류

1) 집합투자 수행기구에 따른 분류

「자본시장과 금융투자업에 관한 법률」은 집합투자를 수행하기 위한 기구를 그 기구의 법적인 성격에 따라 다음의 8가지로 구분하고 있다.

첫째, 신탁형 펀드에 속하는 투자신탁이다. 투자신탁이란 다수의 출자자로부터 조성된 기금을 전문적 지식을 가진 기금관리자에게 맡겨 안정적이고 수익성 있는 곳에 투자함으로써 이를 통해 발생하는 수익금을 분배하는 것을 말한다. 개별투자자들은 증권시장에 대한 지식이 부족하기 때문에 전문적인 지식을 바탕으로 한 투자의사결정을 내리기가 어렵다. 따라서 투자신탁회사는 일반투자가들로부터 자금을 모집해 대규모 펀드를 조성하고 이를 투자하여 운용 실적대로 수익금을 배분한다.

둘째, 회사형 펀드에 속하는 펀드는 다음 4종류의 펀드로 나누어 설명할 수 있다. 투자회사형 펀드는「상법」에 따른 주식회사 형태의 펀드로서 업무를 집행하는 집합투자업자인 법인이사와 실제 투자를 하는 사원으로 구성된다. 투자유한회사형 펀드는「상법」에 따른 유한회사 형태의 펀드로서, 업무를 집행하는 집합투자업자인 업무집행사원과 실제 투자를 하는 사원으로 구성된다. 투자합자회사형 펀드는「상법」에 따른 합자회사 형태의 펀드로서 업무를 집행하는 집합투자업자인 업무집행사원과 실제 투자를 하는 사원으로 구성된다. 마지막으로 투자유한책임회사형 펀드는「상법」에 따른 유한책임회사 형태의 펀드로서 업무를 집행하는 집합투자업자인 업무집행사원과 실제 투자를 하는 사원으로 구성된다.

셋째, 조합형 펀드에 속하는 펀드에는 2종류의 펀드가 있다. 투자합자조합형 펀드는「민법」에 따른 합자조합 형태의 펀드로서 업무를 집행하는 집합투자업자인 업무집행조합원과 실제 투자를 하는 조합원으로 구성된다. 투자익명조합형 펀드는「상법」에 따른 익명조합 형태의 펀드로서 업무를 집행하는 집합투자업자인 영업자와 실제 투자를 하는 익명조합원으로 구성된다.

넷째, 사모투자전문회사형 펀드가 있다. 일반적으로 PEF(Private Equity Fund)라고도 불리는 펀드로서 경영권 참여가 가능하고 사업구조 또는 지배구조의 개선 등을 위해 지분증권 등에 투자·운용하는 투자합자회사로 지분증권을 사모로만 발행하는 펀드를 말한다.

이 중 주로 사용되는 펀드 형태는 투자신탁과 투자회사이다. 투자신탁은 신탁의 형태로 펀드를 운용하는 것이다. 신탁이란 신탁을 설정하는 위탁자와 신탁을 인수하는 수탁자 간의 신임관계에 기초하여 위탁자가 수탁자에게 금전 등의 재산을 이전하는 등의 처분을 하고 수탁자로 하여금 수익자의 이익을 위하여 그 재산의 관리·처분·운용·개발 등 필요한 행위를 하게 하는 일종의 계약이다. 이러한 신탁계약에 의하여 투자신탁을 실제로 관리하고 운용하는 자산운용회사 등의 집합투자업자는 투자자에게서 자금을 모아 그 자금을 운용하여 발생한 이익을 다시 투자자에게 분배한다. 집합투자업자는 자금을 모으기 위하여 집합투자신탁의 재산권을 나타내는 증서인 수익증권을 발행하여 투자자에게 판매하게 된다. 반면, 투자회사는 집합투자업자가 신탁계약 대신에 명목 회사인 투자회사를 주식회사의 형태로 설립하여 모집·투자 등의 집합투자행위를 하게 된다. 투자자금을 모으기 위해 수익증권 대신 투자회사의 주식을 발행하여 그 주식을 투자자에게 판매한다. 따라서 투자자의 지위는 투자신탁은 수익자, 투자회사는 주주가 된다.

2) 투자대상에 따른 분류

투자대상을 기준으로 펀드의 종류를 구분하면 증권펀드, 부동산펀드, 특별자산펀드, 혼합자산펀드, 단기금융펀드가 있다. 투자대상에 따른 분류의 기준은 주된 투자대상이 무엇이냐는 것인데 투자대상이 중요한 이유는 투자대상에 따라 적용되는 세법이 달라지기 때문이다.

증권펀드는 집합투자재산의 50%를 초과하여 주식, 채권 등의 유가증권에 투자하는 펀드를 일컫는다.

부동산펀드는 집합투자재산의 50%를 초과하여 부동산, 부동산을 기초자산으로 하는 파생상품, 부동산 개발과 관련된 법인에 대한 대출, 부동산의 개발, 부동산의 관리 및 개량, 부동산의 임대, 지상권·지역권·전세권·임차권·분양권 등 부동산 관련 권리의 취득, 부동산을 담보로 한 금전채권의 취득, 부동산과 관련된 증권 등에 투자하는 펀드를 일컫는다.

특별자산펀드는 집합투자재산의 50%를 초과하여 앞서 소개한 증권펀드나 부동산펀드와는 달리 증권 및 부동산을 제외한 투자대상 자산에 투자하는 펀드를 일컫는다.

혼합자산펀드는 집합투자재산을 운용함에 있어서 증권·부동산·특별자산 펀드의 규정에 제한을 받지 않는 펀드를 일컫는데 앞의 세 가지 펀드와는 달리 주된 투자대상 및 최저투자한도 등에 관한 별도의 법령상 제한이 없다. 따라서 어떤 자산에 얼마만큼을 투자해야 한다는 제한은 없으나, 환매금지형펀드로 설정·설립해야 한다는 제한이 있다.

단기금융펀드를 일컬어 흔히 MMF(Money Market Fund)라고도 한다. 집합투자재산의 전부를 만기 6개월의 양도성 예금증서, 만기 5년 이하의 국채, 만기 1년 이하의 지방채증권, 특수채증권, 어음 등 단기금융상품에 투자하는 펀드를 일컫는다. 이는 자산운용사에서 제공하는 금융상품으로서 은행의 MMDA나 증권사의 CMA 등과 경쟁상품이며, 증권계좌와 연결하여 대기자금 예치 시 상대적으로 높은 수익을 얻을 수 있다. 펀드 내에 있는 채권 금리가 변동함에 따라 시가평가를 적용하지 않기 때문에 시장금리의 변동과 무관하게 안정적인 수익률을 기대할 수 있다. 다만 시가가 장부가의 0.5% 하회 또는 상회 시에는 채권시가 평가가 적용된다. MMF 내에서도 신종 MMF와 클린 MMF로 나누어 볼 수 있다. 신종 MMF의 경우 가입한 이후 언제든 환매가 가능하지만 클린 MMF는 1개월이 경과해야만 환매가 가능하다. MMF가 일시자금예치 수단으로서 본래의 기능을 수행할 수 있도록 하기 위하여 운용가능한 채권의 신용등급에 제한을 두고 있다. 신종 MMF의 경우, BBB- 등급 이상의 채권, 클린 MMF의 경우 A- 등급 이상의 채권으로 투자가능 채권에 제한이 있다.

3.3 뮤추얼펀드

(1) 뮤추얼펀드의 개념

뮤추얼펀드는 유가증권투자를 목적으로 설립된 독립된 회사를 일컫는 말이다. 개별 투자자(가입자)들의 자금을 유치하여 설립한 투자회사를 통해 주식이나 채권 등 다양한 금융상품에 투자한 후 여기서 발생하는 수익을 배당금의 형태로 배분하는 구조로 이루어져 있다. 전문지식이 부족한 개별 투자자들이 전문적인 운용사에게 자금을 맡기고 여기서 수익금을 분배받는다는 측면에서 앞서 설명한 투자신탁과 비슷하다. 투자신탁과의 차이점은 투자신탁의 경우 수익증권에 투자하는 개념이지만, 뮤추얼펀드는 증권투자회사로서 뮤추얼펀드의 투자자들은 독립된 회사의 주주로서의 권한을 얻게 된다. 따라서 뮤추얼펀드에 투자한다는 것은 뮤추얼펀드라는 법인회사가 발행한 주식에 투자하는 것과 같다. 앞서 주식의 특징 중 의결권을 언급한 바가 있는데, 뮤추얼펀드의 투자자 역시 주주의 역할을 하므로 이들에게도 회사의 운용 및 투자의 의사결정을 좌우할 수 있는 의결권이 주어진다.

뮤추얼펀드는 자금을 모집한 기관이 자금을 직접 운용하는 것이 아니라 전문 자산운용회사에 위탁하게 된다. 자금의 운용을 맡은 전문 자산운용회사의 펀드매니저는 해당 자금을 다양한 금융상품 즉, 주식, 채권, 선물, 옵션 등에 투자하여 수익을 올리게 된다. 뮤추얼펀드의 투자자들은 주주로 투자에 참여한 것이기 때문에 뮤추얼펀드의 투자성과는 전적으로 투자자의 책임이다. 여기서 투자신탁과의 또 다른 차이점은, 투자신탁의 경우 투자자에게 원금에 최소수익률을 보장해주는 경우가 많지만, 뮤추얼펀드의 경우 100% 실적배당 상품이기 때문에 원금손실의 위험을 감수해야 한다는 점이다. 뮤추얼펀드가 고수익을 내는 반면에 수반하는 리스크도 커서 많은 규제가 따르기도 한다. 이를테면, 뮤추얼펀드는 투자설명서나 매일의 순자산가치(net asset value)를 공시해야 하며, 1년에 두 번 어떤 투자 포트폴리오를 구성하고 있는지에 대해 공시해야 한다. 따라서 뮤추얼펀드의 가입자들은 해당 펀드가 어떤 포트폴리오를 구성하는지, 자신의 투자 목적과는 어울리는지에 대한 정확한 판단과 더욱 신중한 투자 의사결정이 필요하다.

(2) 뮤추얼펀드의 종류

뮤추얼펀드는 투자자금의 만기이전 환매가능여부에 따라 개방형(open-end type)과 폐쇄형(closed-end type)으로 나눌 수 있다. 개방형 뮤추얼펀드의 경우 투자자들의 수요에 따라 신규 주식을 발행하여 회사[2)]의 자본금을 늘리고 줄일 수 있다. 만약 투자자가 만기이전에 투입한 자금에 대한 환매를 요청하면, 순자산가치를 계산하여 즉시 현금으로 자금을 환급해주도록 한다. 미국의 뮤추얼펀드는 대부분 개방형 뮤추얼펀드이다. 반면, 폐쇄형 뮤추얼펀드는 만기 이

2) 여기서 회사란 뮤추얼펀드를 말한다.

전에 회사의 자본을 늘리거나 줄이는 것이 금지된다. 다시 말해, 뮤추얼펀드의 가입자들은 만기 이전에는 투입한 원금을 회수하거나 추가투자를 할 수 없다.

3.4 헤지펀드(hedge fund)

헤지펀드는 뮤추얼펀드에 비해 규제가 적기 때문에 보다 더 다양한 상품에 투자하여 수익을 얻는 전략을 구사할 수 있다. 규제가 적다는 것은 헤지펀드 매니저들이 선택하는 금융상품이나 공매, 레버리지와 같은 투자전략에 대한 규제가 적다는 것을 뜻한다. 또한 뮤추얼펀드와 달리 투자설명서나 매일의 순자산가치(net asset value)의 공시에 대한 규제가 없으며, 1년에 두 번 어떤 투자 포트폴리오를 구성하고 있는지에 대한 공시 관련 규제도 없다. 공매와 레버리지와 같은 전략을 구사한다는 것은 그만큼 위험이 크다는 것을 뜻하기 때문에, 헤지펀드에 가입할 수 있는 투자자의 자격도 제한된다. 또한 헤지펀드에 가입을 원하는 투자자들에게 요구되는 투자금액 역시 상당히 높은 수준이다. 개방형 뮤추얼펀드일 경우 만기이전에 투자금의 회수가 가능했지만, 헤지펀드는 1년에서 3년의 매각기간제한(Lock-up period)이 있기 때문에, 이 기간 동안 투자자들은 투자금 회수에 제한이 따른다. 매각기간제한의 규제가 강할 경우에는 투자금 회수가 전혀 불가능하며, 규제가 다소 약한 경우에는 1~3%의 환매수수료를 지급하고 투자금을 회수할 수 있다.

헤지펀드가 주로 사용하는 투자전략은 차익거래 전략이다. 이 전략은 증권의 가치가 일시적으로 적정가를 벗어났을 때 매도 포지션과 매수 포지션을 동시에 취함으로써 수익을 얻는 전략을 뜻한다. 예를 들어, 동일한 기초자산에 대한 콜옵션과 풋옵션은 풋-콜 패리티에 의해 각각 적정한 콜옵션가격과 풋옵션가격을 갖게 된다. 하지만 일시적으로 콜옵션과 풋옵션의 균형이 깨져서 적정가를 벗어났을 때, 적정가보다 가격이 낮은 옵션을 매입하고 적정가보다 가격이 높은 옵션을 매도함으로써 이 두 옵션의 가격이 결국 적정수준으로 수렴하는 특징을 이용하여 수익을 얻는 것이다. 헤지펀드의 경우 레버리지를 이용할 수 있기 때문에 더 큰 수익을 얻게 된다. 콜옵션과 풋옵션의 일시적인 가격

차이가 정상수준으로 돌아오는 시장의 재조정으로부터 이익을 얻기 때문에 위험을 회피할 수 있게 된다. 바로 이런 이유 때문에 '헤지(hedge)'펀드라고 부르는 것이다.

하지만 헤지펀드는 상당히 리스크가 큰 금융상품임이 분명하다. 앞선 예에서처럼, 이론적으로는 풋-콜 패리티에 의해 구한 콜옵션과 풋옵션의 적정가격이 존재한다고 할지라도 실제 시장에서 이 적정가격이 진짜 가격이라고 확정지을 수는 없기 때문이다. 금융시장 전반의 펀더멘털(fundamental)이 변했을 수도 있고, 국제 정세의 변화나 자연재해, 금융위기와 같은 갑작스러운 쇼크가 경제에 영향을 미쳐서 적정수준이라고 믿었던 자산의 가격이 갑작스럽게 변동될 수도 있기 때문이다.

CHAPTER

14

보험상품과 금융파생상품

1 보험상품

1.1 생명보험

(1) 생명보험의 개요

생명보험계약이란 보험자가 피보험자(보험계약자 또는 제3자)의 생존과 사망에 따라 피보험자에게 일정한 보험금액을 지급할 것을 약정하고, 보험계약자는 이 약정에 대하여 보험자에게 보험료를 지급할 것을 목적으로 하는 인보험계약을 말한다. 즉 생명보험은 사람의 생존과 사망을 보험사고로 한다는 점에서 상해를 보험 사고로 하는 상해보험과 다르다. 생명보험은 손해보험과 같이 피보험이익이란 것을 인정하지 않고 보험가액이란 개념도 성립하지 않으며, 손해 발생 유무나 손해의 다과를 묻지 않는 정액보험이다. 보험금액을 지급 받을 자를 '보험수익자'라 하고 생사가 보험사고로 되는 사람을 '피보험자'라 한다. 보험계약자와 피보험자는 동일인 일 수도 있고 각각 다를 수도 있다.

생명보험의 기본적 기능은 보장기능과 저축기능이다. 한 개인은 생명보험을 통해 아직 실현되지 않은 자기의 잠재적 경제가치를 조기 사망의 리스크로부터 보장하는 것이다. 이를 통해 피보험자는 인간생애가치 실현에 대한 불확실성을 제거할 수 있다. 그리고 생명보험은 순수보장형 계약인 정기 생명보험을 제외하고 계약 구조상 저축 기능이 자동적으로 포함되어 있다. 물론 저축성의 크기는 계약의 종류에 따라 다르지만, 계약자는 특정 금액의 자산을 축적하게 된다.

(2) 생명보험의 종류

1) 정기보험

① 정기보험의 성격

정기보험은 약정된 보험금이 피보험자의 사망 시에 지급되고, 보험기간 내에 생존해있으면 보험금이 지급되지 않는 사망보험의 대표적인 보험계약이다.

정기보험에서 피보험자가 보험회사에 지불한 보험료는 보험기간이 만료됨과 동시에 전부 보험회사에 귀속되고 보험증권은 효력을 상실하기 때문에 일시적인 보험이라 할 수 있다. 장기보험이 아니기 때문에 중도에 해약하게 되면 해약환급금이 없는 것도 특징이다.

또한, 피보험자가 요구할 경우 보험기간이 만료된 후라도 정기보험계약은 보험가입 적합성에 대한 검증 없이 갱신 가능하다. 하지만 갱신 시 연령이나 다른 조건 변화를 고려하여 보험료를 조정한다. 이러한 성격으로 인해 정기보험은 부가보험료[1]와 역선택[2]의 소지가 존재하는 보험계약으로서 보험료가 상대적으로 저렴하기 때문에, 사망률이 높고 보험비용이 높은 노년층의 보험가입이 제한되는 경우가 일반적이다.

② 정기보험의 종류

a) 평준정기보험

평준정기보험은 일정한 보험기간 동안 동일한 사망보험금 지급을 보장하는 보험이다. 단순히 정기보험이라고 표현하는 상품들은 일반적으로 평준정기보험을 가리킨다.

b) 체감정기보험

체감정기보험은 정기보험의 한 형태로 납입보험료는 평준정기보험과 동일하지만 사망보험금이 감소하는 보험이다. 이러한 체감정기보험에는 대표적으로 대출기간 동안 피보험자의 생명을 보장하는 보험으로 보장금액이 대출 잔액이 줄어듦에 따라 감소하는 주택담보대출상환보험, 두 사람을 피보험자로 하여 두 사람의 피보험자 중 한 사람이 사망할 경우 보험금이 지급되는 연생 주택담보대출상환보험, 보험기간 내에 피보험자가 사망할 경우 매월 가족을 위한 생활자금을 지급하는 가족수입보장보험, 채무자가 채무를 청산하기 전에 사망하는 경우 채무 잔액을 상환할 수 있도록 고안된 신용생명보험이 있다.

1) 보험사업을 운영하는 데 있어 순보험료 이외에 계약관리상의 비용, 모집인에 대한 수수료, 광고, 선전 등 사업운용에 필요한 비용을 부가보험료라 한다.

2) 사고율이 낮은(보험회사의 입장에서는 양질의) 보험가입자는 시장으로부터 제외되고, 사고율이 높은(보험회사의 입장에서는 불량한) 보험가입자만이 보험에 가입한다는, 보통과는 뒤바뀐 선택이 이루어지는 현상을 역선택이라 한다.

c) 체증정기보험

체증정기보험은 보통 주 계약이 아닌 특약의 형태로 판매되는 것이 일반적이다. 체증정기보험은 인플레이션에 따른 사망 보장급부의 실질가치 하락을 막기 위하여 개발되었다. 초기의 체증보험은 보험금액이 매년 일정 비율로 증가하도록 되어 있었지만, 현재는 주로 평준정기보험에 물가지수와 같은 지표와 연동되어 보험금액이 증액되도록 개발된 특약을 부가하는 형식이다.

③ 정기보험의 장·단점

a) 장점

정기보험의 가장 큰 장점은 최초 가입 시 가장 저렴한 보험료로 사망보장을 받을 수 있다는 것이다. 그러나 보험료가 피보험자의 보장기간 내내 가장 싸다는 것은 아니고, 갱신할 때마다 인상되므로 특정 시기 이후에는 도리어 종신보험이 상대적으로 저렴해진다. 갱신 시 인상되는 것은 얼핏 안 좋아 보이기도 하지만 사실 갱신조항이 존재하는 것은 큰 장점이다. 현재 보험료 납입 여력이 없을 경우에도 정기보험을 통해 필요 보장액만큼 가입한 후에 경제상황이 좋아질 경우 갱신조항을 통해 보장기간을 연장할 수 있기 때문이다. 전환특권과 같은 다양한 특약 역시 갱신조항과 함께 개인의 상황을 반영하여 상품을 조정케 해준다.

젊은 사람들의 경우 현재 필요보장금액보다 더 많은 보장금액을 적은 비용으로 구입한 후, 결혼이나 자녀 출생 시 늘어난 보장액을 충당시킬 수 있다.이때 건강이 악화되거나 사고로 후유증을 지니고 있을 경우에도 늘어난 필요보장액을 유지할 수 있다.

b) 단점

연령증가에 따른 보험료 부담이 높아지는 것은 상대적인 보험료가 저렴하다는 정기보험의 최대 장점을 무력화시킨다. 피보험자의 연령이 증가함에 따라 사망확률이 필연적으로 상승하므로 보험료 수준이 급격하게 높아지고, 이로 인해 고 연령시기에는 보험료 부담을 견디지 못해 가입을 못하거나 유지가 어려워지는 경우가 발생하게 된다.

특히 정기보험은 전 생애에 걸쳐 보장을 제공하는 것이 아니라 정해진 기간만 보장을 제공하여 실질적 보장의 기능이 미흡하기 때문에 가격이 비싸짐에 따라 종신보험을 선호하게 된다.

정기보험이 저축 효과가 없고 해약환급금이 없다는 점 역시 큰 단점이다. 정기보험은 종신보험과 같은 저축보험료가 없기 때문에 저축효과와 적립금에 대한 비과세 혜택을 누릴 수 없다. 또 만기 시에 해약환급금이 없을 뿐 아니라 보험기간 중에도 재무적 필요(needs)를 충당할 만한 해약환급금이 없기 때문에 계약 유지에 대한 부담이 높다.

2) 종신보험

① 종신보험의 성격

종신보험은 정기보험과 같이 보험기간을 정해 놓지 않고 피보험자가 사망할 때까지를 보험기간으로 하고 있다. 보험금은 사망 시에만 지급되므로, 주로 피보험자가 사망한 후 유족의 생활 보장을 목적으로 한다. 보험료 불입기간은 종신불·유한불·일시불 등이 있다.

종신보험은 보험기간 동안 보험증권이 변화를 허용하거나 변화하는 특별규정을 계약 내에 포함하지 않는다면 지급보험금은 일정수준을 유지하게 된다. 이와 함께 대다수의 종신보험은 보험료가 그 납입기간에 걸쳐 일정수준을 유지한다. 예외적으로 계단식 보험료 종신보험은 계약에 의해 미래보험료의 수준 변화가 정해져 있다.

모든 종신보험은 사망에 대비한 어느 정도의 사전적립이 있게 되고, 보험료 납입형태와 기간에 의해 적립형태와 규모가 결정된다. 이러한 사전적립으로 모든 종신보험은 해약환급금을 가지며, 보통 104세까지 보험금액에 해당하는 금액을 적립하게 된다.

해약환급금은 보험계약자에게 유동성을 제공하고 보험계획에 있어 유용한 수단으로 사용될 수 있다. 또한 보험계약자는 해약환급금에 해당하는 금액까지 보험자로부터 대출을 받을 수 있다. 대출금에 대한 이자가 청구되고 보험계약자가 그 계약을 해약할 경우, 해약환급금에서 대출금액이 차감되며 잔액은 보험계약자나 보험금 수령자에게 지급된다. 이러한 약관대출은 어느 때라도 상환이 가능하며, 보험가입자에게 재무계획의 효율성을 주게 된다.

② 종신보험의 종류

a) 금리 확정형

금리 확정형은 보험계약 체결 시점에 보험 가입금액이 결정되면 보장내용, 보험료 및 해약환급금 등 계약내용이 평생 변하지 않는 특징을 가지고 있다. 전통형 종신보험의 경우가 주로 여기에 해당되는 형태이다.

b) 금리 연동형

금리 연동형은 일반적으로 금리 확정형보다 예정이율은 낮으나 실세금리를 적용하기 때문에 예정이율과 실세금리 차이에 해당하는 부분에 대한 추가적인 보장이 있어 물가 및 시장금리에 따라 보장 내용이 변동하는 상품이다. 보험회사별로 차이는 있으나 실세금리는 주로 공시이율을 사용하고 있는데 이러한 공시이율은 대개 3개월간 연동하며 매 분기마다 회사별로 발표한다. 추가보장금액을 지급하는 방식에 따라 가산보험금[3]과 변동보험금[4]으로 나누어진다.

c) 실적 배당형

실적 배당형은 보험료의 대부분을 채권이나 주식 등에 투자하므로 운영실적에 따라 보장내용이 변경되며 투자실적이 좋을 경우 사망보험금 및 해약환급금이 증가하고 투자실적이 좋지 않으면 최초 약정한 사망보험금은 보장되나 해약환급금은 손실을 볼 수 있는 투자형 상품이다.

그러나 투자형 상품임에도 최저사망보험금은 보장을 해주는 형태이기 때문에 사망보장에 대한 리스크는 작다. 따라서 최저사망보장을 위해 약정한 최저 사망보증비용을 공제한다. 실제 사망보험금을 지급하는 형태는 금리연동형 상품처럼 예정이율과 실제 투자수익에 의한 적립금액의 차액을 가산하여 주는 가산보험금형태와 사망 보험금을 추가해 주는 변동보험금형태가 있다.

3) 가산보험금은 공시이율과 예정이율의 차액을 그대로 추가해 지급하는 형태이다.

4) 변동보험금은 공시이율의 적립금과 예정이율의 적립금의 차이만큼 사망 보장금액을 구입하여 추가로 보장하는 형태이다.

③ 종신보험의 단점 및 보완책

종신보험은 다음과 같은 단점이 있다. 첫째, 보험료 납입 기간이 길다. 둘째, 소득감소나 소비증가로 인해 일시적으로 보험료 납입이 어려워진 가입자에게는 보험이 실효되거나 보장이 불가능해진다. 셋째, 보험기간 중 긴급자금이 필요할 때 약관대출을 하면 이자부담이 생기고 해지를 하면 불이익이 크다. 넷째, 여유자금이 생겨서 추가로 투자해야 할 일이 생겨도 추가가입을 하기에는 부담이 되며 타 금융은 세금문제가 있다.

이렇듯 기존의 종신보험은 탄력적인 운용이 불가능하다. 그래서 각 보험사들은 이러한 문제점을 해결하기 위해 기존의 종신보험에 유니버셜 기능을 도입한 유니버셜 보험을 운용한다. 유니버셜 보험은 중도인출이 가능하기 때문에 가입자는 필요 시 해약환급금의 일정범위 내에서 인출을 하게 된다. 또한 보험료의 일정배수 이내에서 추가 납입 역시 가능하고 스탑앤고(stop&go) 기능으로 의무납입기간 이후에는 보험료 납입을 중지할 수 있다.

3) 생존보험

생존보험이란 피보험자가 만기까지 생존하면 보험금이 지급되는 보험을 말한다. 즉 사망보험과 달리 어느 일정 시점에서 피보험자가 생존하고 있는 것을 조건으로 하여 보험금을 지급하게 되며 피보험자가 보험기간 중 사망했을 때에는 보험금이 지급되지 않고 납입한 보험료도 환급되지 않는 것이 원칙이다.

4) 양로보험

양로보험은 생사혼합보험이라고도 하며 피보험자가 보험기간 내에 사망하였을 때나 보험기간 말까지 생존했을 때, 모두 동일액의 보험금이 지급되는 생명보험을 말한다. 양로보험은 생존보험의 저축성과 사망보험의 보장성을 다 갖추고 있기 때문에 가족의 생활보장과 함께 교육자금이나 노후자금의 준비 등에 이용되며 이러한 양로보험을 바탕으로 정기보험의 기능을 첨가한 정기부 양로보험 등도 상품화되어있다.

순수한 의미의 생존보험은 위험을 보장해주는 기능이 약하기 때문에 단독 상품으로 출시되는 경우는 거의 없다. 현재 우리나라에서 판매되고 있는 생존보험은 대부분 피보험자가 보험기간 중 사망하더라도 사망보험금을 지급 받을 수 있도록 각종 사망보장이 특약으로 부가되어 판매되고 있다. 따라서 대부분의 생존보험은 양로보험의 성격을 띠고 있다고 볼 수 있다.

5) 연금보험

① 연금보험의 개요

보험금의 지급 방식은 두 가지로 나눌 수 있다. 하나는 일시금으로 받는 것이고, 나머지는 매년 연금으로 나누어 받는 것이다. 보험의 기능이 위험보장 수단으로서 자산을 창출하는 것이라면 연금의 기능은 이 창출된 자산을 생존과 사망에 따른 확률적 기초를 토대로 청산하는 것이다.

특히 오늘날 대부분의 생존보험은 대부분 연금 형태로 운영되며 연금보험 역시 장수에 따라 발생할 수 있는 경제적 생활수준의 하락(longevity risk)에 대처하기 위한 금융상품이란 점에서 생존보험의 한 종류라고 볼 수 있다.

② 연금보험의 종류

a) 확정 금리형 연금보험

연금보험금을 적립할 때 적용하는 금리(이율)를 보험 가입 당시 보험회사에서 책정한 확정 금리로 확정한다.

보험 운용 실적에 따라 배당되는 유배당 상품인 경우 기본연금에 적용되는 확정금리는 낮지만 연금보험의 운용실적이 좋을 때 배당금을 재원으로 지급하는 증액연금과 가산연금을 추가로 받을 수 있으며 이러한 증액연금과 가산연금은 연금지급 시점에 따라 구분된다. 반면 배당이 없는 무배당 상품은 유배당 상품에 비해 높은 확정금리를 적용하여 기본연금은 더 많으나 증액연금, 가산연금은 받지 못한다.

b) 금리 연동형 연금보험

연금보험금리를 확정이율로 적용하는 것이 아니라 공시이율 등을 기준으로 한다. 최저보증 연금액을 설정해놓고 그 이상 분은 금리에 연동시켜 추가 지급을 받는다.

c) 변액 연금보험

연금적립금액을 일반적인 금리를 기준으로 적립하는 것이 아니라 펀드나 채권 등에 투자하며 이 투자를 통해 발생하는 이익을 보험가입자에게 배분한다. 따라서 연금액이 투자 성과에 따라 달라진다.

1.2 손해보험

(1) 손해보험의 의의

손해보험은 개별경제주체가 입게 되는 다양한 손해에 대한 보상을 목적으로 하는 경제제도이다. 즉 손해보험은 다양한 위험으로 인하여 경제적 손해를 입게 되는 다수의 개별경제주체가 결합하여 합리적으로 계산된 보험료를 각출하여 공동준비금을 마련하고 이로써 손해보상을 행한다는 경제제도인 것이다.

1) 피보험이익

피보험이익이란 보험목적물이 멸실 또는 손상됨으로써 경제적으로 손실을 입게 되는 특정인이 보험계약에 의거하여 보험자로부터 보호받는 이익을 말한다. 손해보험계약이 법적인 효력을 발생하기 위해서는 피보험이익이 있어야 하고, 이것이 없는 계약은 무효이다.

그러므로 다음과 같은 피보험이익의 세 가지 요건을 갖추어야 한다.

① 적법성

피보험이익은 법의 금지규정에 위반하거나 공서양속에 반하지 않는 것이어야 한다. 예를 들어 밀무역에 사용된 선박, 수출입이 금지된 화물, 절도품, 탈세 또는 도박과 관련된 목적물은 법의 보호를 받지 못하므로 피보험이익이 되지 못한다.

② 경제성

피보험이익은 반드시 금전적으로 평가할 수 있어야 한다. 손해보험은 보험목적물에 대한 경제적 손해를 보상하는 것을 목적으로 하므로 아무리 중요한 것이라도 그 가치를 금전적으로 산정할 수 없다면 그것은 피보험이익의 요건을 갖지 못하므로 보험계약이 성립될 수 없다.

③ 확정성

피보험이익은 손해가 발생할 때까지는 금전적으로 확정되고 그 귀속이 결정되어야 한다.

2) 실손보상의 원칙

실손보상의 원칙이란 보험사고로 인한 손해발생 시 보험자는 피보험자가 실제로 입은 손해만을 보상한다는 원칙이다. 즉, 실손보상의 원칙은 보험사고로 인한 손해발생 시 피보험자는 실제 손해액만을 보상받아야 하며 보험으로 인해서 이득을 보아서는 안 된다는 원칙으로 손해보험에서 보상의 기본이 된다.

만약 보험사고로 피보험자가 실제 손해액 이상으로 보상을 받게 된다면 고의나 사기 또는 부정으로 인한 도덕적 해이(moral hazard)를 조장하게 되어 결과적으로 보험계약의 도박을 야기하게 된다.

3) 보험가액과 보험금액

보험가액이란 보험목적물의 경제적 가치를 말하며, 보험사고가 발생한 경우에 피보험자가 입게 되는 손해액의 최고한도액을 말한다. 보험가액은 보험기간 중 고정되어 있는 것이 아니라 시간의 경과, 장소의 이동, 물가의 변동 등에 따라 끊임없이 변동하게 된다. 그러므로 이를 토대로 보험계약체결 시 계약당사자가 협정하여 보험가액을 확정한 보험을 기평가보험이라 하고, 보험계약체결 시 보험가액을 확정하지 아니한 보험을 미평가보험이라 한다.

보험금액이란 손해발생 시에 보험자가 부담하는 보상책임의 최고한도액이다. 보험금액은 보험가액의 범위 내에서 계약당사자가 자유롭게 정할 수 있으나 실손보상의 원칙에 따라 보험금액이 보험가액을 초과할 수 없다.

4) 보험자 대위

보험자 대위란 보험회사가 보험금을 지급한 경우, 보험회사가 피보험자를 대신하여 피보험자가 보험목적물의 잔존물에 대하여 가지는 소유권 및 손해를 발생케 한 제3자에 대한 손해배상청구권을 취득하는 것을 말한다.

보험자 대위는 보험회사가 취득하는 권리의 종류에 따라 잔존물 대위와 구상권 대위로 구분된다. 우선 잔존물 대위는 보험목적물이 멸실 또는 손상된 경우에 보험금을 지급한 보험자가 보험목적물의 잔존물에 대한 피보험자의 권리를 취득하는 것을 말하며 구상권 대위는 피보험자가 손해를 발생케 한 제3자에 대하여 가지는 권리를 취득하는 것을 말한다.

(2) 손해보험 상품 : 재물보험

1) 화재보험

화재보험은 화재에 따른 손해, 화재에 따른 소방손해, 화재에 따른 피난손해와 피난지에서의 손해를 보상한다. 화재에 따른 손해는 보험에 가입한 물건이 직접적으로 불에 타거나 그을림, 연기에 의한 손해를 입은 경우를 보상하며, 벼락에 맞아 생긴 손해도 보상한다. 화재와 손해 사이에 상당인과관계가 성립되면 보상하지만 휴업손실과 같은 간접적인 손해는 별도의 약정이 없으면 보상하지 않는다.

화재에 따른 소방손해는 화재 진화를 위하여 사용된 소방수에 의한 수침손해 및 타 건물로 옮겨 붙는 화재의 확대를 방지하기 위하여 일부 구조물이나 건물을 파괴 또는 무너뜨려 발생된 파괴손해를 보상하는 것을 의미한다.

2) 동산종합보험

동산종합보험이란 피보험자가 보관, 운송 또는 사용하는 보험의 목적인 동산에 관하여 발생한 사고로 입은 손해를 보상하는 보험을 말한다.

동산종합보험은 크게 세 가지의 특색을 지니고 있다. 첫째, 보험에 가입한 물건이 모든 우연한 사고로 입은 손해를 보상하는 전위험(all risk) 담보 방식의 보험이라는 점이다. 둘째, 보관 중, 사용 중, 운송 중을 묻지 아니하고 증권 상담보지역 내이면 어떠한 장소에서 생긴 손해도 담보하는 Floater 방식의 보험이라는 점을 들 수 있다. 마지막으로 동산종합보험은 불특정장소위험담보가 원칙이지만 특정 장소 내에서 발생한 사고로 인한 손해만을 담보하는 계약을 체결할 수 있다는 점이 특징이라고 할 수 있다.

3) 배상책임보험

배상책임보험은 피보험자가 보험기간 중의 사고로 인하여 제3자에게 배상할 책임을 진 경우에 보험자가 이를 보상할 것을 목적으로 하는 손해보험계약이다. 배상책임보험의 사고발생 객체는 보험계약자와 이해관계가 없는 불특정 타인의 재물이나 신체 또는 생명인 점이 특징이다.

이러한 배상책임보험의 사회적 기능은 크게 두 가지를 들 수 있다. 그중 첫 번째는 피보험자의 자위수단으로서의 기능이다. 기업이 본래의 목적대로 영속성을 유지하고 안정적인 성장을 도모하기 위해서는 무엇보다도 이러한 대소의 사고를 예방하는 것이 최선의 방법이지만 사고 예방대책은 사고의 빈도와 규모를 축소하거나 경감할 수는 있어도 사고발생 자체를 완전히 제거할 수는 없다. 따라서 합리적인 기업경영을 위해서는 사고의 예방과 함께 불가피하게 발생하는 사고에 대한 대책이 강구되어야 하는데 그러한 대책으로는 저축, 자가보험, 공제등 보험 이외의 제도와 배상책임보험이 고려될 수 있다.

두 번째 사회적 기능은 피해자의 구제수단으로서의 기능이다. 기업경영과 관련하여 발생하는 각종의 대소 사고에 대하여 당해 기업은 그 손해를 배상하여야 할 책임을 부담하는데 그 기업이 배상능력이 없을 경우에는 손해를 배상하도록 한 법률규정도 의미가 없을 것이며 더욱이 대형사고로 발생한 다수 피해자에 대하여 가해자에게 배상능력이 없다고 한다면 이는 커다란 사회적 문제가 될 것이다. 따라서 다수 피해자가 발생할 수 있는 위험한 기업에 대하여는 배상책임에 대한 이행확보수단을 강구하여야 할 것이다. 이러한 배상책임보험의 종류는 다음과 같은 것들이 있다.

① 적재물 배상책임보험

적재물 배상책임보험은 육상화물운송업자가 화물을 운송하는 중 발생하는 사고로 운송 중인 화물이 피해를 입음으로써 피보험자인 화물운송업자의 화주에 대한 법률상 배상책임 있는 손해를 보상한다. 따라서 동 보험은 보관자책임만을 담보하는 것이며 제3자 배상책임은 자동차보험에 의하여 담보된다.

② 가스사고 배상책임보험

가스사고 배상책임보험은 피보험자(가스사업자, 가스사용자, 용기 등 제조업자)가 사고로 인해 타인의 신체 또는 재물에 대한 법률상 손해배상책임을 부담함으로써 타인이 입은 손해를 보상하며 피보험자는 사업영위를 위하여 의무적으로 가스사고 배상책임보험에 가입하여야 한다. 대표적인 사고의 예로는 가스사업자의 가스취급의 수행 또는 그 결과에 의해 발생한 가스사고, 용기등 제조업자가 제조 또는 판매하거나 대여한 가스의 용기, 냉동기, 특정설비, 가스용품이나 그에 수반되는 작업의 결함으로 인하여 발생한 가스사고, 가스사용자의 가스취급의 수행 또는 그 결과에 의해 발생한 가스사고 등이 있다.

③ 체육시설업자 배상책임보험

체육시설업자 배상책임보험은 피보험자(체육시설업자)가 소유, 사용 또는 관리하는 시설 및 그 시설의 용도에 따른 업무의 수행으로 생긴 우연한 사고로 인하여 피보험자가 타인의 신체 또는 재물에 손해를 입혀 부담하게 되는 손해배상책임을 담보한다.

④ 생산물 배상책임보험

생산물 배상책임보험은 피보험자가 제조, 판매, 공급 또는 시공한 생산물이 타인에게 양도된 후 생산물에 생긴 우연한 사고로 인하여 보험기간 중에 사고(배상청구)가 발생하여 소비자 및 제3자가 입은 신체상해 및 재물손해에 대한 법률상 배상책임을 부담함으로써 입은 손해를 보상한다.

⑤ 근로자재해 보장책임보험

근로자재해 보장책임보험은 사업장에 고용된 근로자가 업무수행 중에 재해나 질병에 걸렸을 경우에 사용자의 근로기준법 또는 선원법상의 재해보상과 이를 초과한 민법상 손해배상책임을 담보하는 보험으로 전자의 재해보상책임은 재해보상책임담보특약으로 후자의 손해배상책임은 사용자배상책임 담보특약으로 담보한다.

⑥ 임원 배상책임보험

임원 배상책임보험은 회사임원이 각자의 자격 내에서 업무를 수행함에 있어 선량한 관리자로서의 주의 의무 및 회사에 대한 충실의무를 위반함으로 인하여 발생한 주주 및 제3자에 대하여 부담하는 손해배상책임을 담보하는 보험이다.

⑦ 의료 배상책임보험

의료 배상책임보험은 의료전문서비스 제공으로 인해 일어나는 제3자의 신체장해나 사망에 대하여 피보험자가 손해배상책임을 부담함에 따라 입게 되는 손해를 보상하는 보험이다.

⑧ 사이버 배상책임보험

사이버 배상책임보험은 피보험자의 인터넷 및 네크워크 업무로 인해 발생한 피해자에 대한 법률상 손해배상책임과 보험사의 동의를 받은 방어비용을 담보한다. 주 가입대상은 금융사, 인터넷 정보 통신업체, 인터넷서비스 제공업체 등 인터넷을 통하여 서비스를 운영하는 업체가 주 가입대상으로서 피보험자가 된다.

4) 해상보험

해상보험이란 보험자가 계약에 의하여 합의한 방법과 범위내에서의 해상손해, 즉 해상사업에 수반되는 손해에 대하여 피보험자에게 손해보상을 약속하는 보험이다.

해상보험은 재산보험과 배상책임보험을 모두 포함하고 있는데, 여러 가지 피보험 이익을 반영하여 적하보험, 선박보험, 항공보험, 운송보험, 우주보험, 해양 관련 종합보험, 해상 배상책임보험으로 나눌 수 있다. 또한 해상손해는 해상사업에 관련하여 해상위험으로 인한 보험 목적의 멸실 또는 손상의 결과로 피보험자가 입게 되는 경제적 불이익이라고 정의된다.

5) 선박보험

해운업을 영위함에 있어 선박의 좌초, 화재 발생, 충돌에 따른 상대선박에 대한 배상책임 또는 기타 원인에 의한 선박의 침몰 등의 해상위험이 상존하며 항해장비가 고도로 발달된 오늘날에도 선박 항해 시 항상 이러한 위험에 노출되어 있다. 이러한 해난사고의 발생은 예측이 불가능하며, 해난사고 시 선박 자체의 손해에만 국한되지 않고 선박이 해난을 입은 시점부터 정상적 활동을 할 때까지의 운임, 용선료 등의 수입을 기대할 수 없으므로 이러한 선박의 위험을 담보로 계약하는 보험이 바로 선박보험이다.

6) 적하보험

적하보험은 해상이나 항공 또는 이에 부수하는 육상 등에 운송되는 물건이 멸실되거나 손상됨으로써 피보험자가 입은 경제적 손실을 합의된 방법과 범위에 따라 보상하는 보험이다.

7) 운송보험

운송보험은 기차, 트럭 등의 육상 운송 수단(하천, 호수운송 및 헬기를 이용한 화물의 운송을 포함)을 이용하여 화물을 출발지에서 목적지까지 운송하는 도중에 우연한 사고로 인하여 화물에 발생한 손해를 담보하는 보험이다.

8) 자동차보험

자동차보험이란 자동차를 소유, 사용, 관리하는 자가 그 자동차를 소유, 사용, 관리하는 과정에서 배상책임손해, 자기신체상해 또는 자기차량손해 등이 발생하였을 때 그 손해를 보상해 줄 것을 목적으로 하는 보험이다.

자동차보험은 크게 책임보험과 종합보험으로 구성된다. 강제보험이라고도 불리는 책임보험은 자동차를 소유, 사용, 관리하는 동안 타인을 사망케 하거나 상해를 입혀 법률상 배상책임을 짐으로써 입은 손해를 보상해 주며(대인배상) 자동차손해배상보장법에 의해 가입이 강제되는 보험을 말한다. 또 임의보험이라고도 불리는 종합보험은 자동차를 소유, 사용, 관리하는 동안의 사고로 책임보험을 초과하는 대인배상Ⅱ, 대물배상, 자기신체사고, 자기차량손해, 무보험

자동차에 의한 상해 등이 있다.

9) 기계보험

기계보험은 공장, 사무실 등에 설치되어 운용 중인 각종 기계 등에 발생한 손해 및 이 때문에 야기된 부분적 영업 휴지로 인한 회사의 손실을 보상하는 보험이다. 처음에는 보일러만을 대상으로 하였으나, 지금은 그 밖의 다양한 기계로 확대되고 있다.

10) 금융기관 종합보험

금융기관 종합보험은 금융거래를 주 업무로 하는 은행, 보험회사 등을 대상으로 하는 상품으로 본사뿐만 아니라 영업소 등의 영업 중에 발생할 수 있는 각종 손실을 보상해준다. 사고 발생 시 보상 액수가 매우 크기 때문에 일반적으로 보험회사들은 재보험을 통해 위험을 분산시키는 전략을 사용한다.

11) 상금보험과 날씨보험

상금보험은 축구, 야구, 골프 등 특정 스포츠 경기에서 우승하는 경우, 특정 일자에 일정기준 이상의 눈 또는 비가 오는 경우 또는 복권 당첨식 경품행사의 경우 일정한 상금을 지급하기로 한 행사주관자가 그들의 고객에게 부담하게 되는 비용을 보상하는 보험이다.

날씨보험은 급격하고도 우연한 기상현상으로 인하여 피보험자가 보험기간 동안 입은 경제적 손실을 사전에 보험계약자와 보험회사가 약정한 조건에 따라 보상해주는 보험이며, 보험료는 기업의 매출, 이익, 비용 등의 규모, 날씨위험과의 상관관계, 보험조건 등에 따라 각기 달리 결정된다. 주 가입대상은 공연 콘서트 등 이벤트 기획업체, 놀이공원과 레저시설, 또는 계절특수업체(빙과, 음료수, 냉난방기기업체), 농수산업 종사자 등이다.

12) 테러보험

테러행위란, 어떤 개인이나 단체의 무력이나 폭력의 사용을 포함하여, 단독으로 행위하든 어떤 조직(들)을 위해서 또는 그와 관련해서 행위하든, 정부에 영향력을 행사하거나 그러한 목적을 위해 대중을 공포에 몰아넣으려는 의도를 포함한 정치적, 종교적 또는 이념적 목적을 위해 범하는 행위를 의미하지만 실질적으로 테러에 관한 명확한 정의를 내리기는 어렵다. 테러보험은 이러한 테러 집단에 의한 재물 파괴에 따른 직간접 손해에 효과적으로 대비할 수 있도록 위험을 보장해주는 보험 상품이라고 할 수 있다.

13) 권원보험

권원보험은 부동산 물권취득과 관련해 등기부와 실제 물권 관계가 일치하지 않을 경우, 또는 이중매매나 공문서 위조, 기타의 사유로 인해 소유권을 취득하지 못하는 경우 그 손실을 돈으로 보상해 주는 보험을 말한다.

14) 여행보험

국내여행보험은 '국내'여행을 목적으로 주거지를 떠난 피보험자를 대상으로 하며, 여행 과정에서 발생할 수 있는 사고로 인한 사망, 후유장해, 의료비, 휴대품 손해, 배상책임 등의 손해를 보상한다.

해외여행보험은 '해외'여행을 목적으로 주거지를 떠났을 때부터 주거지로 돌아오는 기간 사이에 발생할 수 있는 상해, 질병, 배상책임, 휴대품, 긴급비용을 보상하는 상품으로 국내여행보험과 거의 흡사하지만 국내여행보험과 비교했을 때, 특별비용과 항공기 납치에 대한 보험금을 지급한다는 점에서 차이가 있다. 해외여행보험에서 보상하는 '특별비용'이란 조난이나 납치 등 예기치 않은 사고로 인해 피보험자가 행방불명되거나 사망하는 경우, 긴급 수색 등의 구조활동이 필요한 경우에 발생하는 비용을 일컫는다.

2 파생상품

파생상품(derivatives)이란 기초자산(underlying asset)을 바탕으로 파생적으로 창출된 금융상품을 지칭한다.

2.1 선도거래와 선물거래

(1) 선도거래의 의의

선도거래(forward contract)란 두 당사자 간에 현재시점에서 미리 정한 특정가격으로 미래의 특정시점에 어떤 상품이나 증권을 사거나 팔기로 약속하는 계약에 따라 결제가 이루어지는 거래를 말한다.

선도거래에서 거래 당사자가 선도계약을 매입하는 것을 매입포지션(long position)을 취한다고 하며, 선도계약을 매도하는 것을 매도포지션(short position)을 취한다고 한다. 선도거래에서 사거나 팔기로 미리 약정한 특정 상품이나 증권을 기초자산(underlying assets)이라 하며, 미리 약정한 특정 시점을 만기일(maturity date) 또는 결제일(settlement date)이라 한다.

선도가격(forward price)은 선도거래의 만기일에 선도계약 매입자와 매도자 간에 주고 받기로 현재시점에서 약정한 기초자산의 가격을 의미한다.

(2) 선도거래의 특징

선도거래는 미래 기초자산 가격의 변동위험을 회피할 수 있는 유용한 수단을 제공하며, 선도거래에서는 선도거래의 만기일까지 현금흐름이 연기되므로 자금사용의 효율성을 증가시킬 수 있다. 또한 선도거래 매입자의 이익·손실은 선도거래 매도자의 손실·이익과 같게 되는 대칭적 손익구조를 갖으며 선도거래의 만기손익은 만기시의 기초자산 가격의 선형적(linear)함수로 표현된다.

(3) 선물계약의 의의

선물계약(futures contract)은 거래당사자가 표준화된 특정 상품 또는 증권을 미래의 특정한 날짜에 특정가격으로 주고 받을 것을 현재의 시점에서 표준화된 계약조건에 따라 약정한 계약으로서 선물거래소에서 거래된다.

(4) 선물거래의 특징

선물거래는 기본적으로 선도거래와 유사한 기능을 수행하나, 선도거래가 갖는 문제점인 신용위험을 감소시키고 유동성을 제고시키는 장치를 보완하는 특성을 갖는다. 선물거래의 특징을 보다 자세히 살펴보면 다음과 같다.

첫째, 조직적인 거래소에서 공개입찰방식에 의해 거래가 성립된다. 즉, 선물거래는 공인된 거래소에서 자격을 갖춘 회원의 중개를 통해서만 이루어질 수 있다. 둘째, 거래조건이 표준화되어 있다. 선도거래는 거래당사자 간의 합의에 따라 계약조건이 정해지지만 선물거래는 거래소가 정한 표준화된 계약방식에 따라 거래가 이루어진다. 셋째, 청산소(clearing house)가 존재하여 결제를 담당하고 매입자와 매도자 사이에서 계약당사자가 되어 계약이행을 보증한다. 넷째, 결제불이행을 방지하기 위하여 증거금과 일일정산제도가 존재하며, 결제는 대부분 만기일 이전에 반대매매에 의해 청산되고 실물인도는 극소수로 이루어

표 14-1 선도거래와 선물거래의 비교

구 분	선도거래	선물거래
거래방법	당사자 간의 거래	공개경쟁입찰
시장형태	전화 등 통신수단	거래소
시장참여자	실 수요자	헤저, 투기자 등 다양
시장성격	불완전경쟁시장	완전경쟁시장
거래조건	당사자 간의 계약	거래소별 표준화
가격형성	계약 시 결정	일별 변동
이행보증	당사자의 신용도	청산소의 보증
가격변동 제한	제한 없음	1일 변동폭 제한 있음
증거금존재 유무	없음	개시 증거금, 유지 증거금
실물인수도	99% 이상 실물인수도	1% 미만 실물인수도

표 14-2 선물거래의 절차

계좌개설 → 증거금 납부 → 주문 → 거래체결 → 체결내용 확인 → 일일정산 → 최종결제

진다. 선물거래를 하고자 하는 고객이나 회원은 의무적으로 거래소가 정한 소정의 증거금(margin)을 납부해야 하며, 이 증거금은 계약이행을 보증하는 일종의 담보금이다.

2.2 옵션

(1) 옵션의 의의

옵션(options)은 특정 자산을 사전에 정한 일정한 가격으로 일정 기일 내에 또는 일정 기일에 사거나 팔 수 있는 권리를 말한다. 여기서 거래대상이 되는 특정 자산을 기초자산(underlying assets)이라고 하며 기초자산을 살 수 있는 권리를 콜옵션(call option), 팔 수 있는 권리를 풋옵션(put option)이라고 한다. 그리고 사전에 정한 일정한 가격을 행사가격(strike price)이라 하고, 사전에 정한 일정 기일을 만기일(expiration date)이라 한다.

(2) 옵션거래의 용어

1) 내가격(in the money), 등가격(at the money), 외가격(out of the money)

내가격 옵션이란 콜옵션의 경우 기초자산의 현재 시장가격(S)이 행사가격(K)보다 높은 상태인 경우(S〉K)를 뜻하고, 반대로 풋옵션의 경우 행사가격이 기초자산의 현재 시장가격보다 높은 경우(S〈K)를 뜻한다. 결국 현재 옵션을 행사하는 경우 양(+)의 가치를 가질 수 있는 옵션이므로 그만큼 프리미엄이 높은 옵션이 된다.

한편, 외가격 옵션이란 콜옵션의 경우 행사가격(K)이 기초자산의 현재 시장가격(S)보다 높은 상태인 경우(S〈K)를 뜻하고, 풋옵션의 경우 기초자산의 현재 시장가격(S)이 행사가격(K)보다 높은 상태인 경우(S〉K)를 뜻한다. 그리

고 등가격 옵션은 콜옵션과 풋옵션 모두 행사가격(K)과 기초자산의 현재 시장가격(S)이 같은 상태인 경우(S=K)를 뜻한다.

2) 유럽형 옵션(European option)과 미국형 옵션(American option)

옵션은 행사시기에 따라 유럽형옵션과 미국형 옵션으로 구분된다. 유럽형 옵션은 옵션의 만기일에만 권리를 행사할 수 있는 옵션을 말하고, 미국형 옵션은 옵션의 만기일 이내에는 언제라도 권리를 행사할 수 있는 옵션을 말한다. 한편 장외 특이옵션 중 하나인 버뮤다 옵션(Bermudan option)은 만기에 이르는 기간 중 특정 중간 시점에서 행사가 가능하도록 한 옵션이다.[5)]

(3) 옵션거래의 특징

유리한 리스크(이익획득의 기회)와 불리한 리스크(손실위험)를 분리시킨다. 즉, 일정액의 옵션 프리미엄을 지불하고 기초자산의 가격변동에 따른 이익을 획득할 수 있는 반면, 가격변동에 따른 손실위험은 지불한 옵션 프리미엄에만 한정시킬 수 있다.

옵션거래의 경우에는 매도자가 매수자에게 권리를 부여하는 대가로 매수자로부터 프리미엄을 받지만 선물거래의 경우에는 프리미엄의 수수가 없다. 옵션거래에서 매수자는 매도자에게 프리미엄을 지불하는 대가로 옵션행사의 권리만을 갖게 되며 매도자는 매수자로부터 프리미엄을 받는 대가로 매수자의 권리행사에 대하여 계약이행의무를 지게 된다. 반면, 선물거래에서는 매수자와 매도자 쌍방이 계약이행의 의무를 진다.

옵션거래는 권리에 대한 거래이며 그 권리행사는 일정한 기간으로 제한되어 있다. 따라서 그 기간이 지나면 권리를 행사할 수 없는 기한부 상품의 특성을 갖는다.

---

5) 유럽형 옵션은 E(end option), 미국형 옵션은 A(any option), 버뮤다 옵션은 B(between option)로 기억하는 것도 좋다.

(4) 옵션거래의 종류

1) 주식옵션

주식옵션(stock option)은 개별주식을 기초자산으로 하는 옵션으로, 세계적으로 가장 많은 거래가 이루어지고 있는 옵션이다.

2) 주가지수옵션

주가지수옵션(stock index option)은 기초자산인 주가지수(KOSPI 200 혹은 KOSDAQ 50)를 특정시기(만기일)에 미리 지정된 가격(행사가격)으로 매입(콜옵션) 또는 매도(풋옵션)할 수 있는 권리를 말한다.

3) 통화옵션

통화옵션(currency option)은 외국통화가 기초자산이 되는 옵션이다. 즉, 통화옵션은 일정량의 특정통화를 사전에 약정한 환율로 미래 일정 기간에 매매할 수 있는 상업적 계약으로서 환위험관리 수단의 하나가 된다.

4) 금리옵션

금리옵션(interest rate option)은 금리상품을 기초자산으로 하는 옵션이며 일반적으로 현물옵션보다는 선물옵션이 더 활발히 거래된다.

5) 선물옵션

선물옵션(futures option)은 선물계약을 기초자산으로 하는 옵션이다. 선물옵션을 행사하면 대상 현물의 매매를 할 수 있는 것이 아니라 현물에 대한 선물계약이 이루어지는 것이다.

6) 상품옵션

상품옵션(commodity option)은 일반상품을 기초자산으로 하는 옵션이며 특히 귀금속에 대한 상품옵션은 세계 여러 거래소에서 거래되고 있다.

2.3 스왑

(1) 스왑거래의 의의

스왑(swap)거래는 장래 특정기간 동안 정기적으로 두 계약 당사자들이 자산을 서로 교환하기로 약속한 계약이다.

(2) 스왑거래의 기능

1) 차입비용의 절감

기업들은 신용도와 지역 간 금융환경의 차이로 인해 서로 다른 차입조건을 가지고 있다. 이때 차입조건의 차이에서 발생하는 상대적 비교우위를 활용하여 현금흐름을 교환하면 차입비용을 절감할 수 있다.

이러한 경우에 스왑거래의 두 당사자는 비교우위가 있는 자금조달방법으로 자금을 조달한 다음 스왑딜러를 통해 이자지급의무를 서로 교환하는 금리스왑을 체결하여 자기가 원하는 자금조달방법으로 전환하면 고정금리의 차이와 변동금리의 차이에 해당하는 차입비용을 절감할 수 있다.

2) 이자수익의 증대

금융시장에서 변동금리자산에 투자하고 있는 투자자는 미래에 금리가 하락할 것으로 예상되는 경우에 변동금리자산을 고정금리자산으로 변형시킴으로써 이자수익을 증대시킬 수 있다. 반면에 고정금리자산에 투자하고 있는 투자자는 미래에 금리가 상승할 것으로 예상되는 경우에 고정금리자산을 변동금리자산으로 변형시킴으로써 이자수익을 증대시킬 수 있다.

3) 가격위험의 헤지

스왑을 이용하면 환율, 금리, 주가, 상품가격과 같은 가격위험을 헤지 할 수 있다. 선물이나 옵션은 단기 헤지에 이용되는 반면에 스왑은 장기 헤지에 사용될 수 있다.

4) 시장규제의 회피

스왑은 정상적인 거래를 어렵게 하거나 불가능하게 하는 금융 및 외환에 대한 규제회피의 수단으로 이용된다. 최근에도 각국의 조세, 금융, 외환 상의 규제를 회피하는 수단으로 이용되고 있으며 각종 규제가 있는 시장에서는 기대할 수 없었던 이익을 얻을 수 있다.

5) 금융시장의 보완

스왑은 선물시장과 옵션시장이 충족시키지 못하는 위험헤지에 대한 보완적 기능을 수행한다. 선물시장과 옵션시장에서는 장기계약이나 유동성이 낮은 통화에 대한 계약이 거래되지 않지만, 스왑은 사적인 계약으로 이러한 계약도 얼마든지 가능하기 때문에 선물시장과 옵션시장을 보완하는 기능을 한다.

(3) 금리스왑

금리스왑(interest rate swap)은 동일한 통화로 표시된 채무를 부담하고 있는 두 거래당사자가 계약기간 동안 일정 간격으로 이자지급의무를 교환하여 부담하기로 약정한 계약을 말한다. 금리스왑은 이자지급의무만 교환하고 원금상환의무는 교환하지 않는다는 점에서 통화스왑과 차이가 있다.

(4) 통화스왑

통화스왑(currency swap)은 상이한 통화로 표시된 채무를 부담하고 있는 스왑당사자가 계약기간 동안 일정 간격으로 이자지급의무뿐만 아니라 원금상환의무까지 부담하기로 약정한 계약을 말한다. 통화스왑은 서로 다른 통화로 표시되기 때문에 원금교환의 현금흐름이 발생한다는 점에서 금리스왑과 차이가 있다.

V

PART V
국제금융

국제금융이란 국제무역, 해외투자, 자금의 대차 등에 수반하여 금융자산의 이동이 국제적으로 또는 국가 간에 반복하여 이루어지는 일련의 현상을 말한다. 또한, 각국의 투자자나 차입자가 일정 기대위험하에서 수익성, 유동성, 안정성 및 경제성을 극대화하기 위하여 자신들의 금융자산이나 금융부채를 국내외 금융시장, 유로시장 및 외환시장에 연계적으로 거래시킴으로써 금융자산 또는 부채가 범세계적 차원에서 효율적으로 배분 및 관리되는 현상이라고 할 수 있다. 국제금융은 국가 간에 발생하는 금융현상이며 국제적으로 이루어지는 경제활동 가운데 자금의 이동과 관련된 모든 현상으로서 국가 간의 상품 및 용역거래의 결제뿐만 아니라 한 나라의 기업, 가계, 정부 혹은 금융기관이 행하는 다른 나라의 각 경제주체들과의 자금의 대부 혹은 차입과 같은 신용거래 및 자본의 국가 간 이동을 포괄한다.

CHAPTER

15

국제금융과 외환시장

한 나라의 경제는 해외부문 시장을 통하여 다른 나라의 경제와 연결되어 있다. 한 나라가 생산한 상품과 서비스가 다른 나라에 수출되어 생산과 소비활동에 쓰일 수 있으며, 국가 간 자본의 이동 또한 빈번해지고 있다. 이렇게 외국인이 국내 주식과 채권을 매입하는 등 한 나라의 경제가 재화 및 서비스시장 그리고 자본시장을 통하여 다른 나라와 연결되어 있는 개방된 경제체제를 개방경제라 부른다. 이와 다르게 다른 나라와의 연계가 없는 경제는 폐쇄경제라 부른다. 하지만 현재 이러한 폐쇄경제의 구조를 온전히 지닌 국가는 지구상에 존재하지 않는다.

개방경제하의 한 나라의 경제정책은 재화 및 자본시장을 통하여 다른 나라의 거시경제 변수에 영향을 미치므로 국가 간 연계가 중요해지고 경제이론도 크게 달라진다. 우리나라의 경우, 국제화 및 세계화가 빠르게 진전되면서 개방경제하에서의 경제현상과 경제정책의 효과가 중요한 이슈가 되어왔고 1997년 말 외환위기를 맞으면서 국제금융에 대한 관심이 더욱 고조되었다.

1 국제금융의 특징과 중요성

국제금융의 일반적인 특징으로는 첫째, 거래 시 항상 환리스크에 노출되어 있다는 것과 둘째, 특정 통화로 표시된 거래는 해당 통화를 발행한 국가의 규제나 통제로부터 분리되어 있다는 것을 꼽을 수 있다. 더불어, 각 나라의 금융시장이 상호 간에 부분적으로만 연계되어 있거나 분할화되어 있는 경우 이들 시장에서의 국제금융거래는 국내시장에서보다 큰 재정거래의 기회가 존재한다는 것과 국제금융 또한 금융의 본질적 특성으로 인하여 지속적으로 혁신된다는 것 또한 국제금융의 특징으로 꼽을 수 있다.

경제의 개방 정도는 국제자본이동이 얼마나 활발하게 이루어졌는지를 통해 살펴볼 수 있다.[1] 국제자본이동의 규모와 구성의 변화추이를 살펴보면, 자

1) M. Kose, E. Prasad, K. Rogoff, and S. Wei, "*Financial Globalization* : A Reappraisal," IMF Staff Papers, 2009, 56, p.8~62.

본이동규모는 1980~1984년 기간 동안 연평균 약 4천억 달러에서 2000~2004년 기간에는 연평균 약 3조 6천억 달러로 증대되었다. 또한 자본거래의 형태는 1980년대 초반에 높은 비중을 차지하던 은행대출이나 채권투자와 같은 부채형식의 비중이 감소하고, 고수익을 겨냥한 주식투자와 같은 지분간접투자 비중이 크게 증가하는 증권화(securitization)현상이 두드러졌다.

이러한 국제자본이동 규모의 증가와 변화추이를 통해 볼 때, 국제금융시장의 변동성이 매우 크게 증가하였음을 알 수 있다. 나아가서, 국제금융은 채무자가 변제의무를 이행하지 않은 경우 책임을 물을 수 있는 제도적 장치도 국내거래에 비하여 미비한 경우가 많아 국내금융에 비하여 근본적으로 투자위험이 높다. 2007년 글로벌 금융위기는 개발도상국에 대한 순자본유입액을 2007년 7,000억 달러에서 2008, 2009년에 2,000억 달러 수준으로 감소시켰다. 이러한 사항을 통해 한 국가 내에서 혹은 몇몇 국가 간에 이루어지는 금융거래는 세계경제 전체를 뒤흔들 수 있다는 사실을 알 수 있다. 이에 따라 국제자본이동을 이해 및 파악하여 이에 수반되는 불확실성과 위험성을 최소화하는 것의 중요성이 크게 확대되었다고 할 수 있다.

2 국제수지

2.1 국제수지표의 이해

(1) 국제수지표의 작성방식 및 구성

국제수지표는 일정기간 동안 국내 거주자와 비거주자 사이의 거래내용을 체계적으로 분류하여 정리한 표이며, 국가 간의 비교를 위해 IMF가 제시한 기준에 의해서 작성되고 있다. 국제수지표의 작성과 관련된 주요 기준 및 방식은 다음과 같다. 첫째, 국제수지표는 일정기간 동안에 나타난 변화를 기록한다. 따라서 국제수지표에 나타나는 모든 수치는 유량(flow)변수를 의미한다. 둘째,

국제수지표는 국내 거주자와 비거주자 간의 거래를 기록하며, 여기서의 거주자란 경제활동을 영위하는 주 소재지가 국민경제의 관할영역 내에 있는 경제주체를 의미한다. 셋째, 국제수지표는 외환유입 또는 부채의 증가와 관련된 사항은 대변에, 외환유출 또는 자산의 증가와 관련된 사항은 차변에 기록하는 복식부기방식으로 작성되고 있다.

국제수지표는 크게 실물 및 서비스거래와 경상이전거래 등을 포함하는 경상수지와 경제주체들의 자본이전거래 및 금융거래를 포함하는 자본·금융계정으로 구성된다. 경상수지는 상품수지, 서비스수지, 본원소득수지, 이전소득수지로 구성되며, 자본·금융계정은 자본이전거래 및 비생산·비금융자산 거래에 해당하는 자본수지와 직접투자, 증권투자, 금융파생상품, 기타투자, 준비자산 증감으로 이루어진 금융계정으로 구성된다.

경상수지란 경상거래를 통하여 유입된 외환에서 유출된 외환을 뺀 금액으로 앞서 언급한 상품수지, 서비스수지, 본원소득수지 그리고 이전소득수지를 합계한 금액을 말하는데 이들 각각의 구성항목을 살펴보면 다음과 같다. 상품수지란 상품의 수출로 인한 외환의 유입에서 상품의 수입으로 인한 외환의 유출을 차감한 크기를 뜻하며 우리나라의 상품수지는 2012년 기준 약 383달러에 달한다. 서비스수지는 외국인 관광객의 외환지출 등의 서비스수입에서 외국에 지불한 용역의 대가로 인한 외환유출을 차감한 금액을 의미한다. 또한, 본원소득수지란 해외거주 우리나라 근로자가 수취하는 급료 및 임금과 우리나라가 보유하고 있는 대외금융자산에서 발생하는 소득수입에서 국내 거주 외국인 근로자에게 지급되는 급료 및 임금과 소득지급을 차감한 수치이다. 그리고, 이전소득수지는 경상거래와 관련하여 아무런 대가 없이 주고받는 무상거래를 의미하는데 그 예로는 해외송금, 해외 자선단체로부터의 기부금, 정부 간의 무상원조 등을 들 수 있다. 우리나라의 경우 외환위기 직후인 1998년부터 2012년까지 지속적으로 경상수지 흑자를 기록하고 있는데, 이는 우리나라 국민들의 총소득이 그 규모만큼 국내총지출을 초과했으며 그에 따라 우리나라의 해외저축 및 해외자산이 증가했음을 의미한다.

자본수지는 자본이전과 비생산·비금융자산의 취득 및 처분에 따른 자본거래를 포함한다. 또한, 직접투자는 기업의 경영권과 관련된 자본투자로서 외국인직접투자에서 해외직접투자 금액을 차감한 수치를 의미하며 증권투자는 투자자본의 가치증가 또는 수익을 목적으로 행하는 투자로서 경영권 확보와 무관한 지분타자나 채권투자를 일컫는다. 금융파생상품계정은 금융파생상품의 거래로 실현된 손익 및 옵션프리미엄의 지급 및 수취로 인한 자본순유입을 뜻하며 기타투자의 경우 앞서 언급한 네 계정에 속하지 않는 금융기관 등을 통한 대출 및 차입 등의 금융거래를 포함한다. 이들 모두를 포괄하는 자본·금융계정은 자본수지와 금융계정의 합계로 자본거래를 통한 총자본의 순유입 금액을 의미한다.

일반적으로 국제수지(BOP : Balance Of Payment)는 경상수지와 준비자산의 증감을 제외한 자본·금융계정 그리고 오차 및 누락의 합계로 계상된다. 따라서 국제수지의 불균형은 일정기간 동안 경제주체들에 의한 국내로의 자본유입과 해외로의 자본유출 간에 차이가 발생하였다는 것을 의미한다. 즉, 국제수지 흑자의 경우 유입된 자본 중의 일부가 외환당국으로 들어갔음을 의미하고, 국제수지 적자는 외환당국의 보유액에서 외환이 해외로 유출되었다는 것을 의미한다. 따라서 국제수지는 외환당국의 외환보유액 증감으로 이어짐을 알 수 있다.

(2) 우리나라 국제수지의 변화와 특징

우리나라의 경상수지는 1985년까지 지속적으로 적자를 보이다가 1986년에 흑자로 전환되었다. 그러나 1990년 이후 1997년까지 적자 기조를 유지하다가 외환위기 직후인 1998년에 큰 폭의 흑자가 발생하였다. 이후, 2000년대 이후에는 2008년 글로벌 금융위기로 인해 흑자폭이 대폭 감수된 경우를 제외하고 대체적으로 안정적인 수준에서 흑자를 기록하고 있다.

그리고 1990년대 중반까지 경상수지와 자본·금융계정에서 자본수지 간에는 대체로 대칭적인 모습을 나타냈다. 이러한 현상은 그간 자본자유화가 본격적으로 이루어지지 않았기 때문에 민간부문의 자본거래가 주로 경상수지 적자를 보전하는 수준에서 이루어졌기 때문으로 볼 수 있다. 그러나 이러한 대칭적인 관계가 비교적 잘 드러나는 경상수지 적자의 경우와 달리, 흑자시기에는 자본순유입이 자본거래를 통한 자본유출로 상쇄되지 않는 모습을 보인다.

마지막으로 외환보유액의 경우 1988년 이후 크게 증가하였는데 이는 경상수지 흑자의 상당부분이 준비자산으로 흡수되었음을 의미한다. 한편, 1994년부터 1996년 사이에는 경상수지 적자와 외환보유액의 증가가 동시에 나타났는데 이는 대외부채가 큰 규모로 확대된 것으로 볼 수 있다. 1997년에는 외환보유액이 큰 폭으로 감소하였는데, 이는 대규모 자본유출에 대응하기 위해 외환당국이 적극적으로 외환시장에 개입한 것에 기인한다. 또한, 2008년 금융위기 때에도 해외자본유출에 따른 외환보유액 감소를 기록하였으나 2000년대 이후 외환보유액은 대체적으로 지속적인 증가 추세에 있다고 볼 수 있다.

2.2 국제투자대조표

(1) 국제투자대조표의 성격

국제투자대조표(IIP : International Investment Position)는 특정시점에 한 나라의 거주자의 비거주자에 대한 금융자산(대외투자) 및 금융부채(외국인투자) 잔액을 보여주는 통계이다. 국제수지표가 특정기간 발생한 유량거래를 체계적으로 정리한 통계표인 데에 반해서 국제투자대조표는 특정시점에서 한 나라의 대외 자산과 부채를 보여주는 통계표로서 저량변수를 나타낸다. 국제투자대조표는 국제수지표상의 금융계정과 항목 및 포괄범위가 일치하나, 국제투자대조표의 잔액증감은 거래요인과 비거래요인에 의해서 결정된다. 이때, 거래요인에 의한 변동액은 국제수지표상의 금융계정의 합계와 일치한다. 반면 비거래요인은 가격변동이나 환율변동 등에 의해서 결정된다.

또한, 국제투자대조표에는 대외채권·채무 통계가 포함되어 있다. 대외채권·채무 통계란 일정시점에서 한 나라 거주자의 비거주자에 대한 확정 금융자산 및 금융부채를 의미하므로 국제투자대조표상에서 지분성 투자(직접투자 내 지분투자와 증권투자 내 주식투자)와 금융파생상품을 제외한 것과 동일하다. 우리나라의 경우, 국제투자대조표를 2003년 3월 처음으로 발표한 이래 매 분기별로 작성하여 발표하고 있다.

(2) 우리나라의 국제투자대조표 및 대외채권·채무

국제투자대조표와 관련하여 대외투자 자산이 외국인투자 부채보다 큰 경우 그 국가는 대외순자산국이라 하고 그 반대의 경우 대외순부채국이라 한다. 또한 대외채권규모가 채무보다 큰 경우에는 대외순채권국으로 분류하며, 그 반대의 경우 대외순채무국으로 분류한다. 우리나라의 경우, 2012년 말 대외순부채국인 반면 대외순채권국에 속하였는데 이는 외국인의 국내 지분성 투자규모가 상당한 수준에 이르러 있음을 의미한다.

우리나라는 2005년부터 2007년까지 매우 큰 규모로 외국인투자가 이루어졌으나 2008년 글로벌 금융위기로 인해 국내주식가격이 하락함에 따라 대외순부채규모가 크게 감소하였다. 한편 대외순채권의 경우에는 2002년부터 2006년까지 증가세를 보이다가 이후 감소세로 전환된 후 2008년 금융위기 시에는 그 규모가 대폭 축소되었다. 이후 이는 다시 증가세로 전환되었으나 최근 외국인의 국내채권에 대한 투자가 지속적으로 늘어나고 있다. 이러한 상황에서 우리나라 경제가 대외순채무국으로 전환될 경우에 발생할 자본의 급격한 유출은 우리나라 경제에 큰 충격을 줄 가능성이 있기 때문에 외환유동성 관리의 강화가 요구된다. 한편 2008년 말 순국제투자 잔액이 약 2조 5천억 달러에 달하는 대외순자산국인 일본의 경우 이러한 요인이 일본 경상수지 흑자의 주요 원천이 되고 있다.

2.3 국민소득

(1) 국민소득 3면등가의 원칙

국민소득이란 한 나라의 가계, 기업, 정부 등 모든 경제주체가 일정기간 동안에 발생시킨 소득의 합계를 의미한다. 국민소득은 크게 세 가지 측면에서 추계가 가능하다.

먼저 생산과정에서 발생되는 부가가치의 총합계 또는 최종재화의 시장가치를 합산해서 추정할 수 있는데 이러한 방식으로 국민소득을 산정하는 것을 생산국민소득이라 한다.

다음으로 생산된 최종재화나 서비스가 어떠한 용도로 사용되었는가에 초점을 맞추어서 국민소득을 산정하는 방식이 있다. 이 경우 지출용도는 크게 민간의 소비 및 투자와 정부지출, 그리고 해외에서의 국내 생산물에 대한 수요를 의미하는 수출로 구성된다. 이때 국내지출에 외국으로부터 수입된 재화나 서비스가 포함되므로 이러한 수입요소를 차감해야 국내에서 생산된 재화나 서비스에 대한 지출규모를 보다 명확하게 파악할 수 있다. 이렇게 국민소득을 추계하는 방식을 지출국민소득이라 한다.

마지막으로 생산과정에서 창출된 부가가치, 즉 소득이 어떻게 배분되었는가를 확인함으로써 국민소득을 추정하는 방식이 있다. 즉, 일단 생산된 부가가치는 생산과정에 참여한 생산요소의 기여도에 따라 임금, 이자, 지대, 이윤 등의 형태로 분배되는데 생산요소에 지급된 소득을 추계해서 산정되는 국민소득을 분배국민소득이라 부른다. 이러한 분배과정에서 정부는 일정수준의 세금을 징수하게 되며 그러한 세금을 제외하고 배분된 소득은 최종적으로 소비에 사용하느냐 또는 소비에 사용하지 않고 저축하느냐로 분류할 수 있다.

국민소득 3면등가의 원칙이란 이렇게 추계된 생산, 지출, 분배 세 측면에서의 국민소득이 항상 일치되어야 한다는 것을 의미하며, 다음과 같이 표시될 수 있다.

$$\begin{aligned} \text{생산국민소득}(Y) &\equiv \text{지출국민소득}(C+I+G+X-M) \\ &\equiv \text{분배국민소득}(C+S+T) \end{aligned} \tag{15.1}$$

(C : 소비, I : 투자, G : 정부지출, X : 수출, M : 수입, S : 저축, T : 세금)

(2) 경상수지와 국민소득의 관계

국민소득 3면등가의 원칙에 따르면 경상수지는 다음과 같이 표시될 수 있다.

$$\begin{aligned} &Y \equiv C+I+G+X-M \\ &\rightarrow (X-M) \equiv Y-(C+I+G) \equiv Y-A \end{aligned} \tag{15.2}$$

이는 경상수지가 국민소득(Y)에서 국내총지출($A=C+I+G$)을 차감한 크기로 나타남을 의미한다. 따라서 경상수지가 흑자라는 것은 국민소득이 국내총지출보다 크다는 것을 의미하고 이는 국가 차원의 저축이라 할 수 있다. 이때 저축은 해외에 하는 것이기 때문에 경상수지 흑자는 곧 해외저축으로 볼 수 있다. 반대로 경상수지가 적자라는 것은 국가차원에서 소득보다 더 많은 지출이 발생했다는 것을 의미한다. 이때의 차액은 결국 해외로부터의 차입에 해당되므로 국내경제에 대한 외국인저축으로 볼 수 있다. 따라서 경상수지의 흑자는 해외저축 발생에 의해 대외자산이 증가했다는 것을 의미하고, 경상수지의 적자는 대외채무가 증가했다는 것을 의미한다.

국민소득 3면등가의 원칙을 이용하여 경상수지를 다른 방식으로 표기하면 다음과 같다.

$$C+I+G+X-M \equiv C+S+T \tag{15.3}$$
$$\rightarrow (X-M) \equiv (S-I)+(T-G)$$

이 식에 의하면 경상수지는 민간저축에서 투자를 제외한 민간순저축($S-I$)과 정부의 조세수입에서 정부지출을 차감한 정부순저축($T-G$)인 재정수지의 합계로 나타난다. 이러한 구조를 통해 경상수지를 한 국가의 저축 개념으로 이해할 수 있는데 이러한 저축은 다시 민간순저축과 정부순저축으로 나누어볼 수 있다. 따라서 경상수지가 흑자인 경우를 민간순저축이 양수이거나 재정수지가 흑자인 것으로 볼 수 있다. 반대로 경상수지가 적자인 경우는 민간 저축이 민간 투자보다 적거나 재정적자가 발생하는 경우로 이해할 수 있다. 1980년대에 발생한 미국의 경상수지 적자와 재정적자를 일컫는 쌍둥이 적자 현상은 대규모 재정적자로 인해 경상수지 적자가 야기된 것으로 이해할 수 있다. 그러나 재정적자가 필연적으로 경상수지 적자를 초래하지는 않는다. 왜냐하면 위의 식에서 보여지듯이 재정적자의 발생에도 불구하고 민간저축이 크게 증대되면 경상수지의 흑자가 유지될 수 있기 때문이다.

이를 통해서 한 국가가 경상수지를 개선하기 위해서는 민간순저축을 증대시키거나 재정적자를 축소하여야 함을 알 수 있다. 한편 민간순저축의 증대는 소비 또는 투자의 감소를 의미하고 재정적자 축소는 정부지출의 감소 또는 증세를 의미하므로 경기침체를 수반할 수 있음을 유의하여야 한다.

2.4 통화공급

(1) 통화의 정의

통화란 통화금융기관 이외의 민간부문이 보유하고 있는 현금통화와 예금금융기관이 창출한 예금통화의 합계를 일컫는다. 통화는 한 국가 내의 구매력 규모를 결정하는 가장 기본적인 요소이므로 물가를 적정수준으로 관리하는 데에 있어서 통화량 규모의 정확한 파악은 필수적인 요소라 할 수 있다. 한편 통화의 정의는 다양하게 나타날 수 있다. 이는 금융자산이 여러 형태로 존재하기 때문에 그중 어느 것을 지급의 매개수단과 구매력수단으로 삼아 통화로 분류할 것인지는 금융자산의 유동성 차이, 거래관습 등에 의해 차이가 나기 때문이다.

현금통화는 화폐를 발행하는 중앙은행에 의해서 공급되며 예금통화는 은행으로 대표되는 예금금융기관에 의하여 창출된다. 여기서의 현금통화와 예금통화는 기본적으로 독점적 권한을 부여받은 중앙은행이 공급하는 본원통화(high powered money)에 기초하여 유통 및 창출된다. 본원통화란 중앙은행이 보유하고 있는 국내외 순자산에 대비되는 부채로서, 민간이 보유한 현금과 금융기관의 보유현금인 시재금 그리고 금융기관이 중앙은행에 맡겨둔 지급준비예치금으로 이루어져 있다.

중앙은행에서 일차적으로 공급된 본원통화는 예금은행에 전부 또는 일부가 예금되며, 이때 예금된 금액의 일부는 중앙은행에 지급준비금으로 예치되고 나머지는 예금은행에 의해서 대출 또는 투자재원으로 활용된다. 이러한 방식으로 예금자와 차입자의 예금인 예금통화로 인해 통화가 창출되는 것을 신용창출이라 한다.

(2) 국제수지와 통화량의 변화

국제수지와 통화공급 간의 관계를 파악하기 위해서는 우선 중앙은행의 대차대조표를 파악하는 것이 선행되어야 한다. 본원통화의 변화는 곧 중앙은행의 해외순자산 또는 국내순자산의 변화로 이어진다. 국제수지가 불균형 상태일 경우 이는 곧 준비자산의 증감으로 이어지고, 이때 준비자산의 변화가 중앙은행 보유 해외순자산의 변화와 일치한 경우 이를 본원통화의 변화로 볼 수 있다. 왜냐하면, 이는 중앙은행이 시장에서 해외자산을 매매함으로써 준비자산과 해외순자산을 변화시키는 것이 곧 그 반대급부로 본원통화가 중앙은행으로 유입 또는 유출됨을 의미하기 때문이다. 이러한 과정을 통해 국제수지에 의해 변동된 본원통화는 앞서 언급한 신용창출과정을 통해 통화공급에 영향을 미친다.

통화공급과 관련하여 외환시장에 개입하는 방식은 크게 비중화(non-sterilization) 외환개입정책과 중화(sterilization) 외환개입정책으로 분류된다. 해외순자산의 변화가 동일한 규모의 본원통화 변화로 이어지는 것을 비중화 외환개입정책이라 한다. 반면, 해외순자산의 변화로 인한 변동을 국내순자산의 변동을 통해 상쇄시킬 때 이러한 해외순자산과 국내순자산의 반대 조정을 중화 외환시장개입정책이라 한다. 중화 외환시장개입정책의 경우 국제수지의 변동에도 불구하고 통화공급을 일정하게 유지시킴으로써 물가안정을 도모하려는 의도로 시행하는 경우가 대부분이다.

3 외환시장

3.1 외환시장의 정의

외환시장(foreign exchange market)이란 외환의 매매거래가 이루어지는 특정의 장소나 공간을 지칭하기보다는 외환거래가 정기적 또는 지속적으로 이루어지는 총괄적인 거래 메커니즘을 의미하는 말로 기본적으로 이종통화표시 지급수단의 매매시장으로서 자금의 대차가 이루어지는 신용시장과는 그 성격을 달리하는 시장을 의미한다.

3.2 외환시장의 참여자

외환시장에는 공항에서 볼 수 있는 환전상 창구, 은행 간 외환거래현장 등 은행, 기업, 개인, 중앙은행 등이 각각 다양한 목적으로 참여한다. 외환시장에서의 이종통화 간의 매매는 기본적으로 상품과 용역 그리고 금융자산의 매매거래에 수반하여 일어나기 때문에 이들 외환거래는 기본적으로 지급 메커니즘의 한 과정으로 이해할 수 있다. 따라서 각국의 금융시장이나 유로금융시장에서 이루어지는 이종통화표시 금융거래는 외환시장의 거래와 연계되어 이루어진다.

(1) 은행 및 비은행 외환딜러(bank and nonbank exchange dealers)

은행이나 소수의 비은행 외환딜러는 주요 은행 간 또는 고객시장 양쪽에서 활동한다. 이들은 매입(bid)가격으로 외환을 매입하여 이보다 조금 높은 매도(ask)가격에 이를 매각함으로써 이윤을 얻는다. 전 세계에 걸친 딜러들 간의 경쟁은 매입과 매도가격의 차이인 스프레드의 폭을 작게 함으로써 외환시장을 효율적으로 만들게 된다. 대규모 국제은행의 외환부서에 속한 딜러들은 시장조성자(market maker)로서의 기능을 수행하게 된다. 그들은 언제나 통화의 매입, 매각에 응할 준비를 하고 있을 뿐만 아니라 외환잔고 포지션[2)]도 주의하여 관리하고 있다. 반면에 중소규모의 은행은 외환잔고 포지션의 유지 대신 자신의 고객들과의 소매거래를 상쇄하는 차원에서 규모가 큰 은행과 연속적인 거래를 한다.

주요 은행 간 거래의 상당부분은 거래의 직접적 관련자가 아닌 외환브로커에 의해 성사되는 경우가 많다. 독립적인 외환브로커는 계약이 성사될 때까지 은행의 이름을 상대은행에게 알려주지 않고 거래를 할 수 있도록 해준다. 최근 뉴욕의 미국 중앙은행이 미국 내의 119개 은행기관과 10개의 외환브로커를 대

2) 외환포지션은 기업이나 은행이 보유한 외화로 표시된 순자산의 상태, 즉 외환의 매도액과 매입액의 차액을 말한다. 이를 달리 표현하면, 일정시점에서 기업이나 금융기관이 보유하고 있는 외화표시 자산과 외화표시 부채와의 차액을 말하며 외환위험에 노출된 부분을 의미한다. 외국환은행의 경우 외국환의 매도액과 매입액이 일치하는 경우는 없다.

상으로 설문조사를 실시한 결과 주요 은행 간 외환 거래의 56%가 외환브로커에 의해 중개되고 있음이 알려졌다.

(2) 국제무역 및 자본거래를 하는 개인이나 기업

국제무역 및 자본거래의 수행을 원활하게 하기 위해 외환시장을 이용하는 개인이나 기업에는 수입업자, 수출업자, 국제포트폴리오 투자자, 다국적기업, 그리고 해외여행자 등이 있다. 이들의 외환시장 이용은 무역 및 자본거래 목적에 따라 이루어지며 이들 참가자의 대부분은 환위험을 헤징하기 위해 외환시장에 참여하게 된다.

(3) 투기자 및 차액거래자(speculators and arbitragers)

투기자 및 차액거래자들은 시장 자체 내에서의 단기적 거래를 통해 이윤을 추구한다. 그들의 거래동기는 고객에게 서비스를 제공하거나 시장의 계속성을 확보하기 위하여 활동하는 딜러와는 달리 자신의 이해를 추구하는 것이다. 딜러가 주로 매입과 매도가격의 차이인 스프레드에서 이윤을 추구하는 데 반해 투기자는 가격수준의 변동에 편승하여 이윤을 추구한다. 한편 차익거래자들은 시장 간에 일시적으로 생긴 가격차를 이용하여 이윤을 추구한다.

투기나 조정행위의 상당 부분은 은행을 대표하는 외환부서의 거래자에 의해 수행되므로 은행은 외환딜러로서 그리고 투기자 및 차익거래자로서의 역할을 모두 수행하는데 은행들은 이러한 투기행위를 투기라고 하지 않고 좀 더 적극적인 투자행위라고 주장한다.

(4) 중앙은행

각국의 중앙은행은 환율조정과 외환준비금의 관리를 위해 외환시장에 참여한다. 이들은 국가적인 차원에서의 정책이나 의무 때문에 자국통화가치의 관리를 위한 활동을 하여야 한다. 이들의 시장참가 동기는 이윤추구에 일차적 목표가 있다기보다는 자국민의 이익을 도모하기 위한 방향으로 환율을 조정하는 데 있으므로 외환거래를 통해 자발적으로 손실을 보는 경우도 있다.

(5) 브로커

브로커(broker)란 고객의 주문을 받고 유가증권의 매매, 즉 위탁매매를 전문으로 하는 증권업자를 말한다. 딜러(dealer)가 자기 계산에 의한 유가증권의 매매이익을 수입원으로 하는 것에 비해 브로커는 위탁수수료 수입에 의존하는 까닭에 비교적 안정성이 높다고 할 수 있다.

3.3 외환시장의 종류

외환시장의 종류는 거래 주체별로 은행 간 시장과 대고객시장, 거래 상품별로 현물환, 선물환, 외환스왑, 통화스왑, 통화옵션이 있고 표준화에 따라 장외 외환시장과 장내 외환시장이 있다. 현재 여타의 통화에 비하여 미국 달러화의 시장이 가장 크고 그 유통이 활발하므로, 대개 주요 은행 간 시장에서의 외환거래는 연속적인 달러화와 타국통화와의 교환형식을 취한다. 예를 들어 일본의 엔화를 달러로 교환한 후 다시 교환된 달러를 유로화로 교환하는 형식을 취하게 된다.

그림 15-1 외환시장의 종류

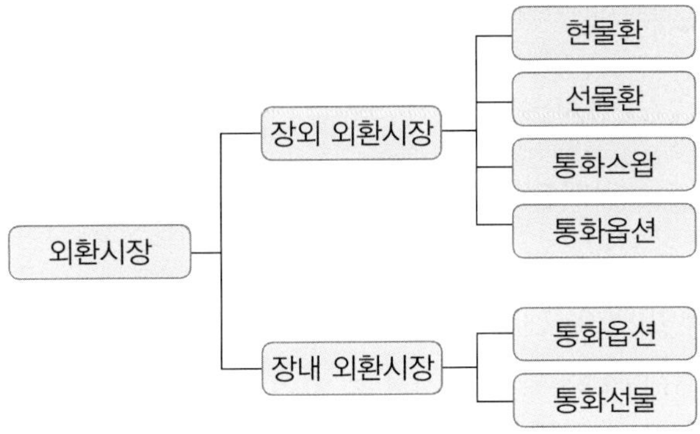

(1) 현물환시장(spot market)

현물환거래는 외환시장에서 가장 일반적인 거래형태로서 약정일(contract date)로부터 통상 2영업일 이내에[3)] 외환의 인수, 인도와 대금의 결제(settlement)가 이루어지는 외환거래를 말한다. 예를 들어, 서울 소재 S은행이 9월 5일 H은행으로부터 미화 100만 달러를 1달러당 1,200원에 매입하기로 한 경우, 현물환 결제일(value date)인 9월 7일에 S은행은 H은행에 원화 12억 원을 이체시키고 H은행은 S은행에 미화 1억 달러를 이체시킴으로써 현물환거래가 종료된다. 현물환거래는 약정일로부터 몇 영업일째 외환의 수도와 대금의 결제가 이루어지느냐에 따라 당일결제(value today), 내일결제(value tomorrow), 모레결제(value spot)로 구분된다. [그림 15−2]에서 보는 바와 같이 외환거래 약정일에 외환의 수도와 대금의 결제가 이루어지는 현물환거래는 당일결제라고 한다. 외환거래 약정일로부터 1영업일째 외환의 수도와 대금의 결제가 이루어지는 현물환거래는 내일결제라고 하고, 2영업일째 외환의 수도와 대금의 결제가 이루어지는 현물환거래는 모레결제라고 한다.

그림 15−2 현물환거래의 대금결제일

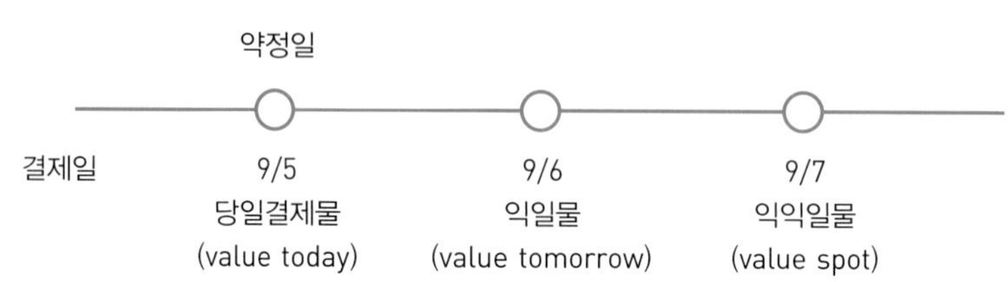

(2) 선물환시장(forward market)

선물환은 매매계약일로부터 약정한 기간 후에 약정한 환율로 거래되는 외국환을 말한다. 예를 들어, 앞으로 3개월 후에 미리 약정한 가격인 1달러당 1,200원으로 달러를 팔거나 사자고 약정한 다음 그날이 되면 이 가격으로 거래

3) 은행의 휴무일은 영업일에서 제외된다.

표 15-1 선물환율의 완전호가(outright rate quotation) 표시

	EUR/USD	USD/JPY
현물	1.0785－1.0805	118.81－199.20
30일 선물환	1.0834－1.0864	118.45－118.94
60일 선물환	1.0917－1.0965	117.88－118.42
90일 선물환	1.0115－1.0171	116.97－117.60

를 한다.

선물환은 결제일의 특성에 따라 두 가지로 분류되며 1주일, 30, 60, 90, 180, 270일 및 360일 등의 표준적인 날들을 결제일로 정하는 선물환거래의 방식을 표준결제일방식(even date forward)이라 하고, 그렇지 않은 경우를 비표준결제일방식(odd date forward)이라 한다. 스왑거래의 일부로서 일어나는 선물환거래와 구별하기 위하여 독립된 선물환거래만을 지칭할 때는 'forward outright'라는 용어를 쓴다.

선물환율을 표시하는 방법은 완전호가, 스왑률(또는 포인트)호가 및 연율호가 등 세 가지가 있다. 첫째, 완전호가(outright rate quotation)란 〈표 15－1〉과 같이 선물환율을 현물환율과 마찬가지로 그대로 표시하는 방법이다. 이 표시방법은 외환시장에 익숙하지 않은 일반고객들에게도 이해되기 쉽다는 장점이 있어 대고객거래에서 주로 사용된다.

둘째, 스왑률호가(swap rate quotation)는 선물환율을 현물환율에 대한 격차인 스왑률로 고시하는 방법으로 위에서 든 예를 스왑률호가로 표시하면 〈표 15－2〉와 같다.

예를 들어, EUR/USD 30일 선물환 매입스왑률이 49로 나타나고 있는데,

표 15-2 선물환율의 스왑률 표시

	EUR/USD	USD/JPY
현물	1.0785－1.0805	118.81－119.20
30일 선물환	49－59	36－26
60일 선물환	132－160	93－78
90일 선물환	330－366	184－160

이는 유로화가 49포인트(=1.5834−1.5785) 할증되어 매입되고 있다는 것을 의미한다. 선물환율을 스왑률로 표시할 때, (+)나 (−)부호를 붙이지 않더라도 외환시장에서는 매입스왑률과 매도스왑률의 크기를 보고 선물환이 할증(premium)되어 있는지 아니면 할인(discount)되어 있는지를 쉽게 파악하고 있다. 즉, EUR/USD 환율의 경우처럼 매입스왑률보다 매도스왑률이 크면 선물환은 할증되어 있으므로 선물환율을 구하기 위해서는 현물환율에 스왑률을 더하면 된다. 반대로 USD/JPY 환율의 경우처럼 매입스왑률보다 매도스왑률이 작게 나타나면 선물환이 할인되어 있는 경우이므로 선물환율을 구하기 위해서는 현물환율에서 스왑률을 빼면 된다. 이 표시방법은 주로 은행 간 시장에서 시장의 구조에 익숙하고 환율의 흐름을 신속하게 파악하고자 하는 전문딜러들과 브로커들 간에 이용된다.

셋째, 연율호가(per annum rate quotation)는 현물환율로부터 선물환할증 또는 선물환할인을 연간 변화율로 나타내는 방법이다.[4)] 위의 예에서 EUR/USD 30일 선물환의 매입률과 매도율은 각각 연 5.45%와 연 6.55% 할증상태에 있고 USD/JPY 30일 선물환의 매입률과 매도율은 각각 연 3.64%와 연 2.66% 할인상태에 있다. 이러한 선물환거래의 환율은 거래시점에서 정해지고 결제는 지정된 만기일에 하기 때문에 환위험 헤징과 환투기 목적에 많이 사용된다.

(3) 통화선물시장(currency futures market)

선물환거래는 수출입거래 등에서 발생한 오픈 포지션의 환위험을 선물환 매입이나 매각을 통하여 반대 포지션을 취함으로써 제거할 수 있다는 장점을 가지고 있다. 그러나 선물환거래는 일단 계약이 체결되면 만기 이전에 선물환 계약을 해지하거나 선물환을 다른 외환거래 당사자에게 팔아 소멸시키기 어려운 단점이 있다. 매입한 선물환을 중도에 처분하기 어려운 가장 큰 이유는 선물환의 금액과 거래일자가 표준화되어 있지 않아 거래상대방을 찾기 어렵기 때문이다. 통화선물거래는 선물환거래의 특징은 살리되 선물환을 표준화시켜 만기

4) 선물환할증률(또는 할인율) $= \dfrac{F-S}{S} \times \dfrac{360}{\text{만기일수}(N)} \times 100$

표 15-3 주요통화의 통화선물시장

	영국 파운드	캐나다 달러	일본 엔	스위스 프랑	호주 달러
계약단위	£62,500	C$100,000	¥12,500,000	SFr125,000	A$100,000
최소가격변동폭	0.0002	0.0001	0.000001	0.0001	0.0001
최소가격변동한도	U$12.50	U$10.00	U$ 12.50	U$12.50	U$10.00
거래기준(EST준)	7 : 20 AM ~ 2 : 00 PM				
최종거래일	인도월 세 번째 수요일 전의 2영업일				
인도일	인도월의 세 번째 수요일				
인도월	3, 6, 9, 12월				

일 이전에 거래가 쉽게 이루어질 수 있도록 한 금융파생상품거래이며, 선물환거래가 가지고 있는 단점을 보완하기 위하여 전통적으로 상품거래에 사용되는 선물거래기법을 외환거래에 적용한 것이다.

통화선물시장에서는 거래대상통화와 선물가격의 표시방법 및 거래형식을 지정하여 통화선물거래를 표준화시키고 있다. 미국 국제통화시장(international monetary market)[5]에서는 〈표 15-3〉에서 보는 바와 같이 영국 파운드화 등 4개 통화를 거래대상통화로 선정하였으며 계약의 인도결제일은 연 4회로 3월, 6월, 9월과 12월의 셋째 수요일로 지정되어 있다. IMM에서 거래되는 통화의 가격은 American Terms로 표시되며 각 통화별로 단위계약규모가 표준화되어 있으며 선물가격의 1일 가격변동폭도 통화별로 제한되어 있다. 통화선물시장은 미래의 특정 시점에 특정 통화를 인도할 것을 약속한다는 점에서 선물환시장과 동일하나 이러한 모든 조건이나 규약이 IMM에 의해 규정된다는 점에서 상이하다. 금융선물은 충분한 유동성을 가지고 있어야 하기 때문에 각 선물거래소는 각각의 주력 금융선물상품을 가지고 있다. 예를 들어 시카고거래소(CBT : Chicago Board of Trade)에서는 'T-bond' 선물이, 미드아메리카 상품거래소(MACE :

5) 1971년 8월 15일 닉슨의 금태환중지선언으로 인하여 사실상 브레튼우즈체제가 무너지게 되자 시카고상품거래소(CME : Chicago Mercantile Exchange)는 농산물선물거래법을 이용하여 환위험을 헤지할 수 있는 선물제도에 대한 연구를 시카고 대학의 프리드먼(M. Friedman) 교수에게 의뢰했다. 이 연구 결과에 의해 CME는 새로운 사업부분으로 IMM을 설립하고 엔화, 파운드화, 캐나다 달러에 의한 선물거래를 시작하였다.

Mid-America Commodity Exchange)에서는 'T-bill'이 주력상품이다.

통화선물시장은 선물환시장이 기간이나 환율 등을 표준화(standardization)한 것이라 볼 수 있는데, 여기서 선물계약은 선물환계약과는 달리 실제적인 통화의 인도가 거의 일어나지 않는다는 점에서 큰 차이가 있다. 즉, 선물계약거래는 대부분 만기 이전에 반대거래(opposite transaction)가 일어나 최초거래를 상쇄하게 되는데 반대거래는 모든 거래가 표준화되어 있기 때문에 쉽게 가능하다. 한편 선물환시장이 은행과 고객 간에 직접적으로 결제가 이루어지는데 반해 통화선물시장은 청산소(clearing house)에 의해 이루어진다.

(4) 통화옵션시장(currency option market)

선물환거래나 통화선물거래가 헤징 거래자로 하여금 완전한 헤징을 가능하게 해주는 등 많은 이점이 있는 것이 사실이나 환율이 유리한 방향으로 전개될 경우의 이익 가능성마저 중화시켜 버린다는 문제점을 내포하고 있다. 이에 대한 새로운 헤징가능 금융상품으로 대두된 것이 옵션이다. 옵션은 거래당사자들이 미리 정한 가격으로 장래의 특정 시점, 또는 그 이전에 일정 자산을 팔거나 살 수 있는 권리를 매매하는 계약을 말한다. 시장에서 당일 형성된 가격으로 물건을 사고 파는 현물거래나 미래의 가격을 매매하는 선물거래와는 달리 사고 팔 수 있는 '권리'를 거래하는 것이 옵션거래의 특징이다. 따라서 가격변동에 따라 권리를 행사할 것이냐 포기할 것이냐가 옵션거래의 핵심이다. 자신이 예상했던 것보다 가격이 하락하면 권리를 포기해서 값이 떨어진 물건을 떠안는 부담을 피함으로써 손실을 최소화한다. 반대로 값이 올랐을 때는 권리를 행사해서 이익을 극대화하는 것이다. 옵션은 살 수 있는(매입) 권리가 부여되는 콜옵션과 팔 수 있는(매도) 권리가 부여되는 풋옵션으로 나누어지며 시간가치와 내재가치로 나누어져 만기일에 가까워질수록 가격이 하락하는 경향이 있기 때문에 신중히 투자해야한다. 주요 옵션의 정의와 특징은 다음과 같다.

1) 콜옵션(call option)

미래의 옵션가격이 현재의 옵션가격보다 높을 것이라고 예상될 때 매입하는 것이다. 현재가격이 행사가격보다 높을 경우 권리를 행사하여 그 차액을 이익으로 얻을 수 있다. 하지만 현재가격이 행사가격보다 낮을 때에는 지불한 옵션가격만큼 손실을 감수하고 권리행사를 포기하게 된다. 전자의 경우 가격상승 정도에 따라 옵션 매입자의 이익은 무한히 확대될 수 있는 반면, 후자의 경우 아무리 가격이 하락하더라도 손실을 지급한 옵션가격에 한정시킬 수 있다.

2) 풋옵션(put option)

콜옵션과 반대되는 파생상품으로서 미래의 옵션가격이 현재의 옵션가격보다 낮을 것이라고 예상할 때 매도하는 것이다. 현재가격이 행사가격보다 낮을 경우 권리를 행사하여 그 차액을 이익으로 얻을 수 있다.

3) 옵션만기일

옵션 소지자가 권리를 행사할 수 있는 마지막 날이다. 한국거래소의 미국달러 옵션의 경우 만기일에 현물환율과 옵션행사가격을 비교하여 그 차액을 정산해 준다.

(5) 통화스왑거래

스왑이란 '교환하다'라는 의미이다. 통화스왑은 서로 다른 통화를 일정기

그림 15-3 통화스왑거래의 기본구조

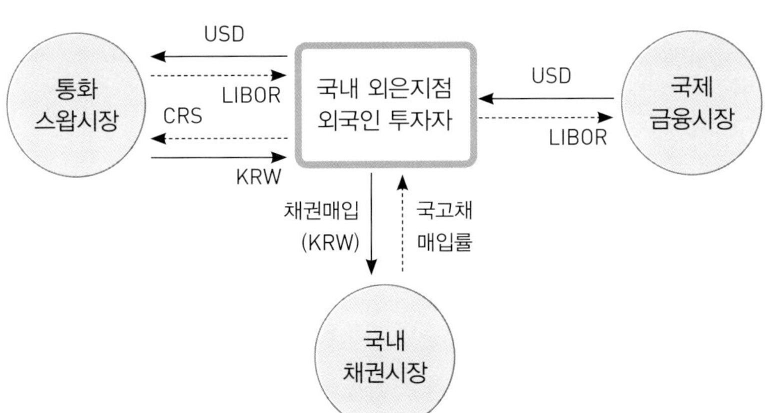

간 교환하여 이용하다가 만기에 돌려주고 원래의 통화를 받기로 하는 금융기법이다. 통화스왑은 일반적으로 환위험을 관리하기 위해서 개발되었으나, 최근에는 투자수익률을 높이는 수단으로 이용되고 있다. 2007년 기준으로 국제자본거래의 약 60% 이상이 통화스왑 형태로 거래되고 있다.

예를 들면 외국계 은행은 달러, 유로, 엔화 등을 들여와 원화로 환전하여 기업이나 가계에 대출하거나 유가증권 등에 투자한다. 이때 환율변동에 따른 위험이 존재하므로, 외화가 필요한 한국의 시중은행이 보유하고 있는 원화와 자신들의 외화를 일정 기간 교환하는 통화 스왑을 체결한다. 이렇게 통화스왑을 한 원화로 대출을 하거나 유가증권 등에 투자하면 환위험에서 자유로울 수 있다.

3.4 외환시장의 역할과 기능

(1) 외환시장의 역할

1) 구매력이전

외환시장을 이용함으로써 금융기관들과 고객들은 필요한 국제통화나 자국통화로 전환이 가능하고 국가 간에 발생된 대차관계를 결제하며 국가 간의 자본이동이 가능하게 된다. 즉, 국제결제나 자본이동이 이루어져서 외화자산이 이전되며 이러한 이전에 따라 국가 간의 구매력이 이전되는 것이다.

2) 국제투자

국가 간의 자금흐름이 아무런 장애요인 없이 자유롭다고 가정하면 외환시장의 가격조절을 통하여, 외화자금이 풍부한 나라에서 외화자금이 부족한 나라로 자금이 이동하게 되며, 이 이동을 통하여 은행들은 각종 외환을 운용할 수 있게 된다. 즉, 은행의 외환업무를 통하여 국제적으로 자본이동이 가능하며, 외환시장은 시장에 필요한 국제유동성을 확보하게 할 수 있는 역할을 하게 된다. 이에 따라 한 나라의 부가 다른 나라로 이동하게 된다.

이때 효율적인 가격기능으로 국제유동성을 이전할 수 있도록 하는 것이 바로 외환시장의 역할이다.

3) 환위험관리

외환시장은 은행의 경우에는 대고객거래에서 발생되는 자금상의 불균형을 조절하는 장소로서의 역할을 하고 고객의 경우에는 외화자산을 보유하거나 평가할 때 환율변동으로 인한 외환위험을 사전 또는 사후에 회피할 수 있는 장소로서의 역할을 한다. 이러한 외환시장이 존재하기 때문에 국제기업이나 국제은행들의 자금관리자들이 환위험을 효율적으로 관리할 수 있는 각종 수단과 기법을 개발하게 되는 것이다.

(2) 외환시장의 기능

1) 차익기능(arbitrage function)

외환시장에서는 환과 이자로 인해 차익이 발생한다. 환으로 발생되는 차익 즉, 환 또는 통화차익(exchange or currency arbitrage)을 환차익거래라고도 하며 이러한 거래가 계속되면 여러 외환시장에서의 환율이 서로 조정되어 일치하게 된다. 그리고 이자로 발생되는 차익 즉, 이자차익(interest arbitrage)을 이자차익거래라고도 하며 자금시장을 효율적으로 연결시켜 국제적 자본이동을 원활히 한다.

2) 헤징기능(hedging function)

환위험을 최소화하거나 회피하기 위해 외환시장 참여자들이 외환이나 외환표시 자산을 매입하거나 매도하는 것을 말하며 이는 외환거래를 하는 은행들의 환포지션(exchange position)[6]을 유지하기 위한 행위 혹은 국제기업이나 무역업자의 외환보유를 약세통화자산에서 강세통화자산으로 변경하거나 강세통

6) 외국환은행은 언제나 외화자금과 자국통화자금의 균형을 유지시키려 한다. 그러나 외화자금의 매매는 고객의 요구에 따라 이루어지기 때문에 외화매입액과 외화매각액이 항상 일치하지는 않는다. 이와 같은 외국환은행에 있어서의 외화매입과 외화매각액과의 차감잔액을 환포지션이라 한다.

화부채 상환을 약세통화부채로 전환하는 행위 등을 일컫는다.

3) 투기기능(speculation function)

딜러은행들과 투기적인 다국적기업들이 환이익만을 얻기 위해 거래하는 것으로 현물거래, 선물거래, 스왑거래를 통하여 일어나고 환위험이 가장 높으며 투기기능으로 인해 거래가 활성화되고 연속성을 유지한다.

4) 청산기능(clearing function)

외환시장의 은행 간 거래는 어음교환소와 같은 기능을 한다. 외환의 거래가 형성되고 결제를 하기 위하여 국제통화에 대한 결제기관을 이용하게 되는데 이러한 결과를 거쳐야만 국제표시통화 외환이 거래될 수 있다. 이런 외환시장의 결제과정을 통하여 국제통화가 청산기능을 수행한다.

CHAPTER

16

환율과 국제통화제도

1 환율

1.1 환율의 의의

환율(exchange rate)이란 한 나라의 통화와 외국 통화 간의 교환비율로서 양국 통화의 상대적 가치를 표시하는 일종의 가격변수이다. 환율의 표시방법은 W/$와 같이 외국통화에 대한 자국통화비율을 나타내는 직접표시법(American terms)과 그 반대인 간접표시법(European terms)의 두 종류로 구분된다. 환율이 자유롭게 변동하는 변동환율제도하에서 환율은 외환시장에서 외환의 수요와 공급에 의해 결정된다. 일례로 경상수지의 흑자나 외국인 주식투자자금의 순유입으로 외환시장에서 외환공급이 수요보다 커지면 외환의 가치가 떨어져 원/달러 환율은 하락한다.

환율은 통화의 상대가치에 영향을 주는 다양한 요인에 의해 변동된다. 중장기적으로 물가변동에 따른 상대적인 구매력 차이, 생산성과 교역조건 변화, 재정 및 통화정책 등에 영향을 주며, 단기적으로는 시장참가자의 환율에 대한 기대 변화, 각종 뉴스, 경쟁국의 환율 움직임, 금융기관의 포지션 조정 등에 따라 변동한다.

그리고 환율의 변동은 다양한 경로를 통해 국민경제에 커다란 영향을 준다. 일반적으로 원/달러 환율이 상승(원화 절하)하면 수출이 늘고 수입은 줄어 경상수지가 개선되며 그 결과 국내생산과 고용이 증대되고 경제성장이 촉진된다. 원화 환율 상승은 수입 원자재나 부품 등의 원가를 올리므로 국내물가의 상승을 초래하고 동일 금액의 외채상환에 더 많은 원화가 필요하게 되므로 기업이나 금융기관의 외채상환 부담이 증대된다.

1.2 환율의 종류

환율은 가격의 인식시점이나 거래성격 등에 따라 현물환율과 선물환율,

매입환율과 매도환율, 대고객환율과 은행 간환율, 명목환율과 실질환율 등 다양하게 구분된다.

(1) 현물환율과 선물환율

현물환율(spot exchange rate)이란 외환거래 당사자 간 매매계약 후 통상 제2영업일 이내에 외환의 결제가 이루어지는 환율이다. 외환매매계약 후 결제일에 따라 당일결제(value today), 내일결제 또는 익일결제(value tomorrow), 모레결제 또는 제2영업일결제(value spot)로 구분된다.

선물환율(forward exchange rate)은 외환매매계약 체결일로부터 제2영업일 경과 후 장래의 특정일에 결제가 이루어지는 환율이다. 금리평가이론(covered interest rate parity)에 따르면 선물환율은 현물환율과 양 통화 간의 금리차이에 의해 결정된다.

$$F = S \times \frac{(1+i)}{(1+i^*)} \quad (F : \text{선물환율},\ S : \text{현물환율},\ i : \text{국내금리},\ i^* : \text{외국금리})$$

(2) 매입환율과 매도환율

매입환율(bid rate, buying rate)이란 외환매입자가 외환을 매입할 의사가 있는 가격이며, 매도환율(offered rate, asked rate)은 외환매도자가 매도할 의향으로 제시한 가격이다. 국내은행이 원/달러 환율을 1,050.0/1,050.5로 제시하였다면 1달러당 1,050원에 매입하고, 1,050.5원에 매도할 의사가 있음을 나타내며 중간값인 1,050.25원은 중간환율(mid rate)이 된다.

매입환율과 매도환율의 차이를 매매율차(bid-offer spread)라고 부르는데 매매율차는 거래통화의 유동성 상황이나 환율전망에 따라 변화된다.

(3) 대고객환율과 은행 간 환율

대고객환율(customer rates)은 은행과 고객(개인이나 기업) 간 거래에 적용되는 환율이며, 은행 간 환율(inter-bank rate)은 도매시장에 해당하는 은행 간 외환시장에서 거래되는 환율을 의미한다. 국내 외국환은행의 대고객환율은 외환의 결제방법에 따라 전신환매매율, 현찰매매율, 여행자수표(T/C)매매율 등으로 구분된다. 대고객환율은 은행 간 환율을 감안하여 각 은행이 자율적으로 결정하는데 은행 간 시장의 매매기준율에 일정률의 마진(margin)을 추가하여 고시한다.

(4) 크로스환율과 재정환율

크로스환율(cross rate)이란 국내통화가 개재되지 않는 여타 외국통화 간 환율을 말하는데 우리나라에서는 엔/달러 환율이나 유로/달러 환율 등이 이에 해당된다.

재정환율(arbitrage rate)은 국내 외환시장에서 거래되지 않는 통화와의 환율을 결정할 때 국제금융시장에서 형성되는 환율을 이용하여 산출한 환율이다. 원/달러 환율이 1,000원이고 뉴욕외환시장에서 엔/달러 환율이 100엔이면 원/엔 재정환율은 1엔당 10원으로 결정된다.

(5) 명목환율과 실질환율

명목환율(nominal exchange rate)은 양국 통화의 명목 교환비율을 나타내는 데 비해 실질환율(real exchange rate)은 외국통화에 대한 자국통화의 상대적인 구매력을 반영한다. 실질환율은 구매력평가이론(purchasing power parity)에 근거하며 한 나라의 수출경쟁력을 나타내는 지표로 이용된다.

$$e = s \times \frac{p^*}{p}$$ (e : 실질환율, s : 명목환율, p : 국내물가수준, p^*: 외국물가수준)

한편 실효환율(effective exchange rate)은 주요 교역상대국의 환율을 교역비중으로 가중평균한 환율로 명목실효환율(nominal effective exchange rate)과 물가지수 변동까지 감안한 실질실효환율(real effective exchange rate)로 구분된다. 실질실효환율은 지수화하여 균형환율 수준을 판단하는 지표로 활용되는데 동 지수가 100 이상이면 기준시점 대비 국내통화의 고평가를, 100 미만이면 저평가를 의미한다.

1.3 균형환율

균형환율(equilibrium exchange rate)이란 한 나라 경제의 대내외 균형을 유지시켜주는 적정하고 바람직한 환율로 정의할 수 있다. 그러나 균형환율은 현실적인 존재여부를 확인하기가 어려우며 평가자마다 다양한 개념을 사용하기 때문에 일률적으로 정의하기도 쉽지 않다.

균형환율의 평가지표로는 실질실효환율, 기조적 균형환율, 행태적 균형환율 등 다양하다. 실질실효환율은 구매력평가와 교역상대국의 명목환율 변동을 바탕으로 산출하여 균형환율 수준을 판단하는 지표로 활용한다. 구매력평가에 의한 균형환율은 단기간 내에 성립되기 어려운 데다 기준년도, 물가지수 선정, 국별 가중치 부여방법 등에 따라 상이하다.

기조적 균형환율(fundamental equilibrium exchange rate)이란 대내외균형을 동시에 달성하는 환율수준으로 Williamson(1985), Bayoumi(1994) 등에 의해 제시된 개념이다. 대내균형은 물가상승을 유발하지 않으면서 잠재GDP 수준의 생산을 이룰 때 달성되며, 대외균형은 경상수지가 기조적인 안정수준을 유지할 경우에 달성된다.

그림 16-1 기조적 균형환율의 결정

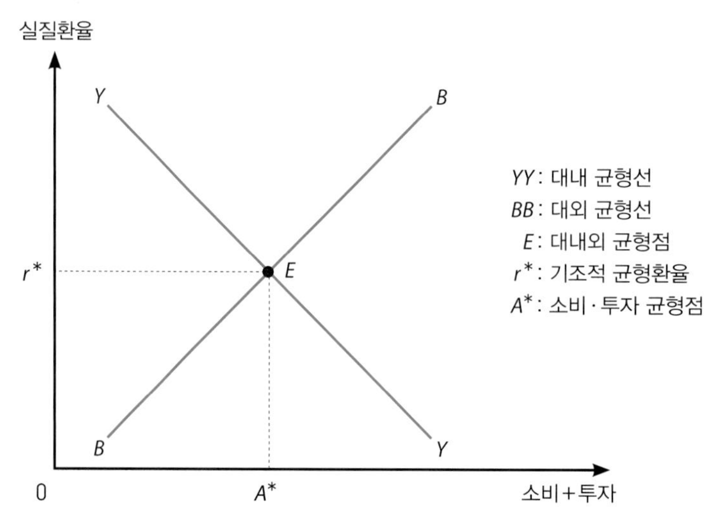

행태적 균형환율(behavioral equilibrium exchange rate)은 환율과 다양한 경제변수와의 관계를 설정한 후 행태방정식을 추정하여 도출한 균형환율로 Edward(1989), Stein(1994) 등에 의해 정립되었다.

1.4 환율제도의 종류

환율제도는 환율변동의 신축성 정도와 형태에 따라 크게 고정환율제도, 변동환율제도 및 제한적 변동환율제도의 세 가지 유형으로 나뉜다.

고정환율제도(fixed or pegged exchange rate system)는 특정 외국통화에 자국통화를 일정 수준으로 고정시키는 제도이며 변동환율제도(flexible exchange rate system)는 시장의 수급에 의한 자유로운 환율변동을 허용하는 제도이다. 또한 제한적 변동환율제도는 고정과 변동의 중간단계 환율제도로 특정 통화에 대한 환율변동폭을 1~2.25% 등 일정 범위 내로 제한한다.

1976년 자메이카 킹스턴에서 개최된 IMF 회의에서 새로운 국제통화제도로 변동환율제도가 공인된 이후 각국은 경제여건을 고려하여 적절한 환율제도를 자유로이 선택하여 운용한다.

1.5 환율제도별 특징

(1) 고정환율제도

고정환율제도는 환율변동의 비용과 경제의 불확실성을 축소시킴으로써 안정적인 경제성장에 기여한다. 신흥시장국은 금융시장의 미발달, 기업 및 금융기관의 환위험 관리능력 부족, 정부의 신뢰도 결여 등으로 환율변동의 비용이 크므로 고정환율제도가 바람직하다는 평가가 많다. 한편 금융자유화와 세계화의 진전으로 자본이동성이 크게 증대된 국제금융환경하에서는 고정환율제도가 부적합하다는 주장도 제기된다. 고정환율제도는 대외불균형이 지속되어 기초경제여건이 악화될 경우 자기실현적 기대논리에 의해 국제투기자금의 환투기 공격에 노출될 가능성이 높기 때문이다.

(2) 변동환율제도

통화론자들이 언급한 변동환율제도의 장점은 다음과 같다. 첫째, 국제수지의 균형을 유도한다. 국제수지 적자 상태에서는 외환의 수요가 초과되어, 자국통화가치 절하를 불러오기 때문에 경쟁력이 향상되며 이로 인해 수출은 증가하고 수입은 감소하여 결국 국제수지의 균형을 회복시킨다. 둘째, 환투기를 예방한다. 환율이 자유로이 변동되면 장래의 환율 움직임에 대해 불확실하기 때문에 환투기는 원천적으로 봉쇄되는 것이다. 셋째, 경제정책 효과 제고는 가격변수인 환율이 일정수준으로 유지되어야 한다는 제약이 없기 때문에 독립적인 경제정책 수행이 가능하고 정책노력을 국내 경제균형에 집중함으로써 정책효과 극대화를 가능하게 한다. 넷째, 외환보유액이 적정 관리되도록 한다. 특정 환율수준을 방어하기 위한 중앙은행의 외환시장개입이 불필요하기 때문에 외환보유액의 무리한 축적을 방지한다.

그러나 이러한 변동환율제도의 장점은 이론적 논거에도 불구하고 충분히 검증되지 않고 있다. 실제 각국의 환율은 균형환율수준에서 괴리되어 국제수지의 불균형이 초래되고 있고, 외환보유액 규모도 변동환율제도 도입 후 축소되지 않고 있다. 또한 투기적 요인에 의한 통화강세가 지속되는 현상이 발생하는 한편, 통화의 불안정성이 오히려 성장을 저해하고 독립적인 경제정책의 수행을 어렵게 한다는 주장도 제기되고 있다. 일부 국가를 제외하면 완전한 자유변동환율제도를 채택하고 있는 국가는 거의 없다. 국제금융계에서는 각국이 자국의 사정을 반영하여 환율제도를 선택하되 채택된 환율제도와 부합하는 거시경제정책을 일관성있게 추진하는 것이 중요하다고 강조하고 있다.

2 국제통화제도

2.1 국제통화제도의 의의

국제통화제도란 국가 간의 무역 및 자본의 거래를 원활히 하기 위하여 만들어진 국제적인 결제제도이다. 그 근본 목적은 각 국가 간의 교역 확대와 균형성장을 이룩하여 국제적인 완전고용의 달성, 실질소득의 증대 및 생산자원의 개발을 촉진하는 데 있다. 그러나 이와 같은 국제균형 달성목표는 각국의 경제정책 목표, 즉 대내균형과 상충되는 경우가 많다. 따라서 국제통화제도를 달리 정의한다면 이러한 국제 균형과 대내균형의 조화를 도모하는 메커니즘이라고 할 수 있을 것이다.

국제통화제도가 이러한 기능을 수행하기 위해서는 국가 간의 거래를 원활하게 뒷받침할 수 있는 결제수단을 공급하는 기능과 신속히 충격을 최소화하면서 국제수지 불균형을 시정할 수 있는 기능을 갖추어야 한다.

국내통화제도에서는 국내화폐제도와 마찬가지로 국제적으로 통용될 수 있는 통화가 필요하며 이를 국제통화라 한다. 국제통화는 달러화와 같이 특정국의 화폐이면서 그 공신력에 의해 국제통화로서 기능하는 것도 있고 특별인출권과 같이 IMF가 새로이 창출한 것도 있다.

이러한 국제통화가 될 수 있는 요건으로는 그 통화의 발행국이 경제적으로 큰 규모이어야 한다는 것 이외에도 둘째, 다른 통화와의 태환성이 있어야 하며 셋째, 자유로운 금융시장을 보유하여야 하고 넷째, 그 통화가치에 대한 국제적인 신뢰가 있어야 한다.

자국통화가 국제통화가 되면 국제수지 적자가 발생해도 이를 자국통화 발행으로 바로 상쇄할 수 있을 뿐 아니라 금융시장이나 외환시장의 확대로 인해 외환관리 상의 변동위험이 적어지게 된다. 반대로 많은 자국통화자산을 외국이 보유하게 되면 자국통화의 공급량을 통제하기 어려워진다는 부담을 안게 된다.

이처럼 국제통화제도를 구성하는 규범들은 규범으로서의 성격보다 의사결정을 비롯한 다양한 규제의 테크닉을 제공하는 soft law(약한 의미에서의 법)의 성격을 띠고 있다. 이러한 soft law는 견고하고 명확한 제제방법을 갖추지 못하고 있으나 실제의 효과측면에서는 오히려 적절한 경우가 많다.

국제통화제도를 구성하는 규범의 원천들은 많지 않으며 본질적으로 조약법의 창조물이라 할 수 있고 여기서 IMF 협정문들은 중요한 역할을 담당한다. 이는 IMF의 규정들이 국제통화문제의 근본적인 문제들을 포괄하며 통화문제의 국제포럼을 제공하고 국제통화관련법규들의 개발을 촉진시키기 때문이다. 또한 이러한 중요 기능들은 IMF의 중앙은행으로서의 기능으로 더욱 강화되는데 이 기능은 IMF의 회원국 통화제도에 관한 규제력 및 정보의 수집과 배포 그리고 특별인출권(SDR : Special Drawing Rights) 창출 등을 통한 국가의 마지막 자금원으로 기능하기 때문이다. 특히 IMF 규제력은 국내와 국제 체제에 대한 감독 및 국제수지 조정 프로그램을 통하여 발휘한다.

2.2 국제통화제도의 기능

(1) 국제유동성 공급과 국제수지조정

국제통화제도의 두 가지 큰 기능은 국제유동성의 공급기능과 국제수지조정기능이다. 국제유동성이라 함은 대외 결제수단을 말하는바 국제유동성이 공급과잉이면 국제 인플레이션이 발생할 가능성이 있고 반대로 국제유동성이 부족하게 되면 원활한 국제교역을 저해하게 된다. 따라서 유동성의 적절한 균형을 유지하는 것이 국제통화제도의 핵심적인 기능이라 할 수 있다. 또한 국제통화제도는 국제수지불균형의 시정이 어려운 경우 이를 적기에 지원할 수 있는 제도적 장치를 갖추어야 한다. 이러한 국제수지조정을 위한 합리적인 방안을 마련하기 위해 국제통화제도는 수차례에 걸친 변화를 시도해왔다.

(2) 국제통화제도의 문제점 : 국제통화제도와 주권 간의 조율문제

국제교역은 통화를 매개수단으로 하여 이루어지므로 국제통화체제의 안정적 유지는 국제교역이 성장하는 데 중요한 역할을 담당한다. 그러나 여기서 제

그림 16-2 국제통화제도의 변천

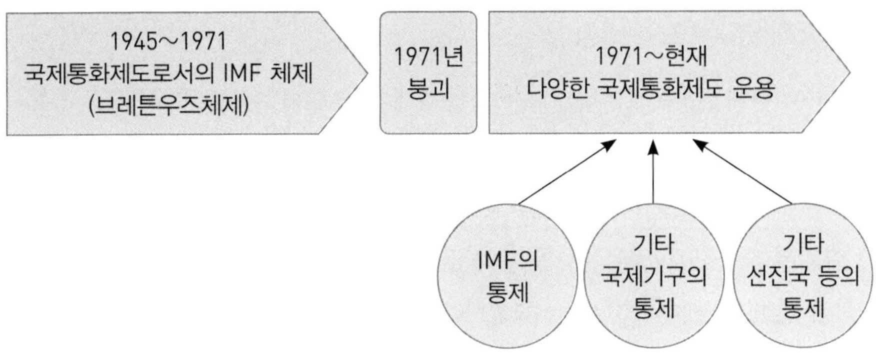

기되는 딜레마는 금융질서의 근간을 이루고 있는 통화문제가 각국의 경제 정책에서 핵심을 이루는 사항으로 이를 규제 및 관리하는 것은 기본적으로 해당국가의 통화주권에 속한다는 것이다.

그러나 통화에 대한 통제가 국가주권의 범위 내에 있다하더라도 국제적인 어떠한 의무로부터도 면제된다는 것을 의미하지는 않는다. 오히려 경제적 상호의존성이 심화되고 있는 국제경제 현실을 감안할 때 한 나라의 통화금리에 대한 정책과 규제는 곧 국제적인 파급력을 갖게 된다. 이는 엔고의 영향이 당사국인 일본뿐 아니라 미국이나 한국의 국제수지와 무역에도 즉시 영향을 주고 있는 것만 보더라도 쉽게 알 수 있다.

그리하여 통화문제에 관한 국제적 협력의 필요성이 강조될 수밖에 없어 일찍이 국제통화기금을 중심으로 한 전 세계적인 차원에서의 통화협력체제가 구축되었고 또 최근에 와서는 유럽통화동맹과 같은 일정지역에 한정된 통화협력제도를 중심으로 유동성의 적정공급을 위한 준비자금과 배분체제를 마련하기도 하는 추세이다.

2.3 국제통화제도의 변천

(1) 국제통화제도의 배경

1970년대 초 브레튼우즈체제가 종식된 이후부터 전 세계 국가들은 그 국가의 경제구조와 상황에 따라 각기 다른 국제통화제도를 채택하고 있다.

국제통화제도란 국가 간의 대외적 거래를 실행하고 결제하기 위해 국가 간에 합의된 일련의 규정, 절차 및 조직을 포괄하는 개념이며 국제준비자산의 형태와 환율제도에 따라 분류할 수 있다. 국제준비자산의 구성요소는 국제수지상의 재원조달을 위한 대외적 결제수단 혹은 국제유동성의 역할을 하게 된다.

국제준비자산의 형태에 의해 분류하면 금본위제도, 환본위제도 혹은 달러, 금환본위제도로 분류할 수 있다. 금본위제도에서는 금을 유일한 국제준비자산으로 보유하며, 환본위제도 혹은 달러본위제도에서는 금과는 상관없는 특정 기축통화 혹은 달러가 국제준비자산을 구성하는데 이러한 환본위제도에서는 특정 기축통화가 금본위제도에서의 금과 같은 역할을 수행한다. 그리고 금환본위제도에서는 공식 가격으로 금태환이 보장된 특정 기축통화나 금을 국제준비자산으로 보유한다.

국제통화제도를 환율제도에 의해 분류하면, 고정환율제도 혹은 페그환율제도, 통화위원회 제도, 크롤링 페그제도, 관리변동환율제도, 독자적 변동환율제도 등으로 나눌 수 있다.[1)] 국제통화제도는 국제준비자산의 형태와 환율제도가 복합되어 다양한 형태로 변화해왔다. 금본위제도는 성격상 고정환율제도이다. 그러나 고정환율제도라고 하더라도 금본위제나 금환본위제, 환본위제도 혹은 달러본위제도의 형태를 띨 수도 있다. 그리고 관리변동환율제도의 경우에는 금이나 달러 혹은 다른 외환을 국제준비자산으로 보유하는 환본위제도나 달러본위제도의 형태를 보이게 되며 이 제도하에서 중앙은행은 보유하고 있는 기축통화를 활용하여 외환시장에 개입한다. 국제통화제도는 전쟁의 발발이나 국제금융위기와 같은 시행착오를 고쳐가는 과정에서 다양한 형태로 변해왔다. 따라

1) 환율제도는 국제통화제도의 근간을 이루고 있으므로 일반적으로 국제통화제도는 환율을 결정하는 방법에 따라 구분 짓고 있다.

서 환율과 국제통화제도를 이해하기 위해서는 국제통화제도의 변화에 따라 역사적 배경을 살펴볼 필요가 있다.

(2) 금본위제도(1880~1914년)

금본위제도가 시작된 시기는 나라마다 조금씩 차이가 있지만 일반적으로 1870년대 후반부터 시작되어 제1차 세계대전이 발발한 1914년까지 운영되었다. 당시 국제경제를 주도하던 영국이 18세기에 금본위제도를 채택한 이후 독일, 일본, 미국 등 다른 선진국가들도 19세기 후반에 금본위제도에 합류하게 되었다.

금본위제도하에서는 자국통화로 표시된 일정 중량의 금 가격을 고정시키고, 자국통화와 금을 자유롭게 교환할 수 있는 태환성이 보장되었다.

주조평가는 자연적으로 각국의 통화 간 교환비율, 즉 환율을 형성하였고 환율은 고정적으로 유지되었다. 각국 통화의 주조평가 비율이 일정하게 유지되는 한 환율이 고정되므로 금본위제도하에서 환율제도는 전형적인 고정환율제도이다. 만약 금 가격이 일정하게 유지되지 않으면 각국의 통화는 고정된 환율로 교환되지 못한다. 금본위제도하에서 각국 정부는 자국통화와 금의 교환비율인 주조평가를 일정하게 유지시키기 위해서 금 보유량 수준에 맞춰 통화량을 유지해야 한다. 금의 공급량이 증가하면 통화량도 연계해서 증가하게 되고 금의 공급량이 감소하면 통화량도 감소하게 된다.

각국의 금 보유량이 증가하려면 금광에서 새로이 캐내거나 무역수지가 흑자이어야 하는데 금이 갑작스럽게 새로 발견되기는 어려우므로 무역수지의 흑자로 인해 금유입이 증가하면 통화량도 증가하고 무역수지의 적자로 인해 금유출이 이루어지면 통화량도 그만큼 감소한다. 통화량이 국제수지의 변화에 의해 수동적으로 결정되므로 통화량을 결정하는 중앙은행의 존재 가치는 금본위제도하에서 제한적이다.

국내물가가 완전히 신축적이라고 가정하는 경우, 통화량의 변화는 물가수준을 좌우하므로 금본위제도하에서 무역수지 흑자국은 물가가 상승하고 무역수지 적자국은 물가가 감소한다. 결과적으로 흑자국 통화의 실질절상이 이루어져 무역수지 흑자국에서는 수입이 증대되고 무역수지 적자국의 수출은 촉진된다. 따라서 금본위제도하에서 국제수지 불균형은 자동적으로 조정되는 특징이 있다. 이것을 가격 정화 플로우 메커니즘이라고 한다.

또한, 금본위제도에서는 인플레이션 위험이 적다는 특징이 있다. 물가의 상승은 통화량, 즉 금의 공급량에 의해 좌우되지만, 전 세계적으로는 금의 채굴량이 갑자기 증가하기 어렵고 실제로 금본위제도 당시 금 보유량은 안정적이었으므로 과도한 인플레이션 현상을 보이지 않았다.

이상에서 언급한 금본위제도의 장점 때문에 금본위제도로의 복귀를 지지하는 주장이 있다. 그러나 연구에 의하면 실제로 금본위제도 당시 국제수지의 자동조정기구는 이론처럼 잘 작동하지 않았던 것으로 나타났다. 국제수지가 불균형 상태가 되더라도 현실적으로 국내물가가 완전히 신축적이지 않기 때문이다. 당시 빈번한 무역수지의 적자로 인해 영국 및 서방국가들은 금준비량 감소의 위험에 직면하였으나, 가격 정화 플로우 메커니즘에 의해 국제수지 불균형이 자동 조정되기보다는 정부의 인위적인 통화정책과 단기적인 국제자본이동에 의해 국제수지 불균형이 조정될 수 있었다. 금본위제도하에서 서방 선진국은 무역수지 불균형에 대해 자동적으로 통화정책을 운영하기보다는 상당히 인위적으로 운영한 면이 많았다.

이와 같은 사실은, 금본위제도의 유지를 위해 필요한 기본규칙이 잘 지켜지기 어려우며 근본적인 제도적 결함이 금본위제도에 내재해 있다는 점을 반증한다. 금본위제도가 어느 정도 안정적으로 유지될 수 있었던 것은 당시 막강한 지도력을 가진 영국이 국제통화제도의 기본규칙 준수를 감시하는 역할을 할 수 있었기 때문이다. 저개발국들은 무역수지불균형에 대해 수동적으로 통화정책을 운영하여 자국 경제의 침체를 감수할 수밖에 없었으므로 금본위제도하에서 국제수지불균형의 조정에 따른 충격은 선진국과 후진국 간에 비대칭적으로 나타났다.

앞서 언급하였듯이, 금본위제도에서는 인플레이션의 위험성이 적다는 특징이 있지만, 단기적인 물가 변동성 면에서는 금본위제도 시기가 그 이후의 환율제도에 비해 물가 변동성이 더욱 높았다. 또한, 경제가 성장함에 따라 화폐

수요가 증가하게 마련이지만 금본위제도에서는 화폐공급량이 화폐수요를 충족시켜줄 수 없는 구조적 문제를 안고 있었다. 제1차 세계대전 이전에 영국 및 미국에서 심각한 실업문제를 겪었던 사실은 그러한 유동성부족에 기인한 면이 크다.

(3) 두 세계대전 사이 기간(1918~1939년)

1914년에 제1차 세계대전이 촉발되면서 많은 유럽국가들은 주조평가로 자유롭게 자국통화와 금을 교환할 수 있는 금태환을 중지하였다. 각국 정부는 화폐를 발행하여 전비를 마련해야 했으므로 더 이상 이전의 주조평가율은 유지될 수 없었고 자연적으로 각국 통화 간 환율은 자유롭게 변동하게 되었다. 이로써 금본위제도는 실질적으로 붕괴하였고 국제통화제도는 제1차 세계대전 와중에 무질서한 변동환율제도 기간을 겪게 되었다.

1919년에 제1차 세계대전이 베르사유 조약으로 끝이 나자, 선진국들은 전쟁 중에 나타난 혼란스런 통화가치 변동을 안정시키기 위해 과거의 금본위제도로 복귀하기를 원했다. 선진국들은 일반적으로 금본위제도로의 회귀를 원하였지만 어떠한 주조평가율을 택할 것인지에 관하여 국가 간에 이견을 보였다. 왜냐하면 전쟁으로 인해 각국의 거시경제상황은 크게 바뀌었고 선진국들 간의 경제정책 우선순위가 달랐기 때문이다. 또한 전쟁으로 형성된 적대적 감정은 국가 간의 협력을 어렵게 만들었다.

미국은 제1차 세계대전 기간 중에는 높은 인플레이션을 겪게 됨에 따라 전쟁 전의 주조 평가율 수준으로 금본위제도에 복귀할 수 없었고, 1919년 종전 후에야 비로소 전쟁 전의 주조평가율 수준으로 금본위제도에 복귀할 수 있었다. 독일은 전후 복구를 위해 필요한 재정을 통화증발을 통해 조달하는 과정에서 초인플레이션을 겪었는데 1921년 말 독일의 도매물가는 전전물가수준에 비해 35배 이상 상승하였고 그 이듬해에는 약 1500배까지 상승하였다. 따라서 제1차 세계대전 중에 나타난 무질서한 변동환율제도는 제1차 세계대전이 끝난 1919년 이후에도 지속되어 1926년까지 유지되었다.

1925년에 영국이 전쟁 전의 평가율 수준으로 금본위제도로의 복귀를 선언하였다. 1926년에 대부분의 유럽국가들이 금본위제도로 복귀하고 각국 통화 간 환율이 고정되었다. 이 당시의 새로운 국제통화제도는 국제준비자산으로서 금 이외에 파운드, 달러, 프랑 등 금과 태환이 가능한 주요통화도 포함되었으므로 사실상 금환본위제도로 볼 수 있다.

영국은 전쟁 이전에 비해 물가가 상승하였음에도 불구하고 전쟁 전의 평가율 수준으로 복귀하였으나 다른 국가들 특히 프랑스는 상당히 높은 주조평가율 수준에서 금본위제도를 채택하였다. 결과적으로 영국의 파운드화가 과대평가되어 영국의 수출은 타격을 받게 되었다. 금가격이 낮게 평가된 상황에서 많은 국민들은 금가격이 상승하고 파운드화 가치는 하락할 것으로 예상하여 보유화폐를 금으로 태환하였고 이에 따라 영국의 통화량은 더욱 감소하여 영국경제는 침체하고 디플레이션과 실업이 증대하였다.

결국 영국정부는 통화가치를 유지하기 위해 치러야 하는 비용이 너무 큰 상황에서 금태환을 포기할 수밖에 없었다. 1931년 영국이 금본위제도에서 이탈한 이후 미국과 선진국들은 당시의 극심한 경기침체를 벗어나기 위해 경쟁적으로 자국 통화를 절하시키는 인접국 궁핍화 정책을 시행하였다. 미국은 1933년까지 금의 공식가격을 1온스당 20.67달러에서 35달러까지 상승시키는 평가절하정책을 실시하면서 이후 관리변동환율제도를 채택하였다. 1930년대 후반까지 대부분의 다른 선진국들도 금본위제도를 포기하게 되었고 곧이어 제2차 세계대전이 발발했다.

(4) 브레튼우즈체제(1944~1971년)

두 세계대전 기간에 경험한 변동환율제도는 세계적 경기침체, 보호무역, 인플레이션 및 불안정적인 투기를 양산했다고 인식되었다. 이러한 인식은 연합국이 전후 새로운 국제통화제도를 보다 고정적인 환율제도로 설립하는 데 영향을 주었다. 전후의 국제통화제도의 설립에 관한 초안은 1941년에 시작된 미국 재무성의 화이트와 영국 경제학자 케인즈 간의 협상에 의해 만들어졌다. 1944년 44개국 대표들이 미국 뉴햄프셔의 브레튼우즈에서 가진 회합에서 미국과 영국이 만든 초안에 대한 추인이 이루어졌다. 새로운 국제통화제도는 브레튼우즈체제로 불리어졌으며 사실상 전후 최강국으로 부상한 미국의 제안이 많이 반영된 제도였다.

1) 브레튼우즈체제의 주요 내용

브레튼우즈체제의 주요 내용은 다음과 같다.

첫째, 고정환율제도이지만 조정이 가능한 환율제도, 즉 조정가능 페그제도이다. 각국의 통화는 일정한 평형가치로 미국 달러에 대해 환율을 고정시켰고 그 평형가치를 기준으로 상하 1%까지 변동할 수 있도록 허용되었다. 각국은 외환시장에서 자국 통화의 매입과 매도를 통해 고정환율 수준을 유지해야 한다. 미국 달러의 가치는 일정중량의 금에 고정시켰다. 1온스당 금 가격을 35달러로 고정시킴으로써 1달러는 금 1/35온스에 해당한다고 정의되었다.

각국은 고정환율을 유지하도록 노력해야 하지만 경제가 '근본적인 불균형'에 직면했을 경우 고정환율 수준을 조정할 수 있도록 허용되었으므로 이를 조정가능 고정환율제도라고 한다. 가령, 한 나라가 지속적인 경상수지 적자를 겪을 경우 IMF의 승인을 통해 자국통화를 평가절하할 수 있었고 제안된 환율변화폭이 10% 미만인 경우 국제통화기금의 승인 없이 환율 조정이 가능하였다. 하지만 브레튼우즈체제 당시 선진국들은 이러한 예외 조항을 거의 활용하지 않았다. 자국 통화에 대한 평가절하는 자국 경제가 '근본적인 불균형'에 직면했음을 시인하는 것으로 인식되어 자국통화에 대한 신뢰성 하락을 부추길 수 있기 때문이었다.

둘째, 브레튼우즈체제는 금환본위제도이다. 각국 중앙은행이나 정부는 금이나 달러를 국제준비자산으로 보유하며 금과 달러 간 태환이 보장된 금환본위제도이다.

셋째, 국제통화제제의 감시 및 협력을 위해 국제통화기금(IMF)이 설립되었다. IMF의 주된 임무는 일시적으로 국제수지 불균형에 처한 국가에게 국제유동성을 제공함으로써 빈번한 환율조정을 막고 고정환율제도를 유지시키는 것이었다. 국제수지 적자를 겪고 있는 국가에서 고정환율을 유지시키기 위해서는 자국통화량을 감소시켜야 함으로 그 나라는 디플레이션과 경기침체를 맞게 된다. 각국은 디플레이션과 경기침체를 원하지 않을 것이므로 국제수지 적자국은 평가절하와 수입규제 정책을 추진할 가능성이 높다. 이러한 부정적 상황을 막기 위해 IMF가 설립되었다.

IMF의 가맹국은 각국의 경제적 중요도에 의해 쿼터를 할당받았으며, 쿼터의 크기에 비례해서 IMF에서의 투표권과 차입가능 금액의 크기가 결정된다. IMF 가맹국은 할당받은 쿼터의 25%를 IMF에 금으로 내고, 나머지 75%는 자국통화로 내게 된다. 브레튼우즈체제에서 IMF 이외에 국제부흥개발은행이 설립되었고 이후에 세계은행으로 바뀌었다.

2) 브레튼우즈체제의 붕괴

브레튼우즈체제는 1950년대까지 전반적으로 잘 운영되어 국제무역이 꾸준히 성장하였고 큰 국제금융위기도 발생하지 않았다. 그러나 1960년대 들어서 미국의 국제수지 적자가 크게 증가하면서 마침내 1971년 닉슨 대통령이 달러의 금에 대한 태환정지를 선언함에 따라 브레튼우즈체제는 붕괴하였다.

브레튼우즈체제가 왜 붕괴하였는지에 관하여 많은 연구가 진행되었는데 주요 원인은 브레튼우즈체제 자체가 안고 있는 내재적 문제와 미국의 확고하지 못한 통화정책의 운용문제로 구분할 수 있다.

브레튼우즈체제 자체가 안고 있는 내재적 문제 중 하나는 소위 '트리핀 딜레마'이다. 트리핀은 브레튼우즈체제와 같은 금환본위제도는 근본적으로 세계적인 유동성 부족과 신뢰성 문제를 동시에 해결할 수 없는 딜레마가 내재해 있다고 주장하였다. 세계경제가 성장함에 따라 국제유동성에 대한 수요도 자연히 증가하게 된다. 하지만 금의 생산량이 한정적인 상황에서 달러의 공급량도 증가할 수 없으므로 국제유동성에 대한 수요를 충족시킬 수 없다.

이러한 유동성 부족 문제는 두 가지 방식에 의해서만 해결이 가능하다.

첫 번째 방식은 미국 내의 달러가 외국으로 유출되거나 혹은 금의 달러 가격을 인상시켜 금의 구매력을 상승시키는 방식이다. 이 첫 번째 방식은 미국의 국제수지가 지속적인 적자를 겪어야만 가능하다.

전후 경제부흥에 성공한 일본과 독일은 수출위주의 경제성장정책을 추구함으로써 국제준비자산을 점점 증대시켰다. 미국의 경상수지적자가 오래 지속되고 달러가 외국에 축적될수록 미국 달러에 대한 신뢰성도 쇠퇴하게 된다. 왜냐하면 미국이 보유한 금준비량보다 외국의 중앙은행들이 보유한 달러보유량이 더 많을 경우 미국이 1온스당 금 가격을 35달러로 유지할 수 없을 것이라고 의심할 것이기 때문이다.

1985년부터 미국의 국제수지 적자규모가 크게 증가하기 시작하여 매년 연평균 30억 달러를 상회하였다. 미국은 국제수지 적자를 대부분 달러로 결제함에 따라 외국의 공적 달러보유가 1949년 130억 달러에서 1970년 400억 달러로 증가하였다. 반면, 미국의 금 준비량은 1949년의 250억 달러에서 1970년에 110억 달러로 감소하여 1970년에 외국의 공적인 달러보유가 미국 총 금 준비량의 약 4배에 달하였다.

두 번째 방식은 금의 달러 가격을 인상시켜 세계경제의 유동성 부족 문제를 해결하는 것이지만, 이 방식 또한 달러와 국제통화제도에 대한 신뢰성 저하 문제에 봉착한다. 만약 미국이 금의 달러 가격을 인상시키려 할 경우 외국 중앙은행들과 민간 투자자들은 보유한 달러를 금과 교환하려 할 것이며 달러에 대한 신뢰성 저하로 인해 미국의 금 준비량이 급격히 고갈될 가능성이 있다. 또한, 금의 달러 가격 인상은 금을 생산하는 국가만 부유하게 만드는 문제점이 있다. 더구나 금의 달러 가격을 인상시키더라도 다른 통화가치가 달러에 연동되어 있으므로 당시 고질적인 미국의 경상수지적자는 해결될 수 없다. 만약 경상수지 흑자국들이 자국의 통화가치를 달러 대비 절상시킬 경우 미국의 고질적인 경상수지 적자문제는 해결될 수 있었을 것이지만, 여러 흑자국들이 동시에 얼마나 자국통화를 절상시킬 것인지에 대해 국제적 협력을 이끌어 내기는 사실상 불가능한 일이었다.

미국의 확고하지 못한 통화정책의 운용도 브레튼우즈체제 붕괴의 중요한 원인으로 설명된다. 1960년대 중반에 미국의 존슨 대통령이 베트남 전쟁에 개입하면서 미국의 군비지출이 크게 증가하였으며, 미국 내 사회개발 프로그램을 확대함에 따라 더욱 늘어난 정부의 재정지출을 충당하기 위해 미국은 세금 인상보다는 팽창적인 통화정책을 추신하였다. 1960년대 중반부터 1969년까지

평균 6%에 이르는 인플레이션이 초래되었고 경상수지 적자가 심화됨에 따라 시장에서는 1온스당 금 가격을 35달러로 유지할 수 없을 것이라고 확신하기 시작하였다.

마침내 금의 시장가격이 금의 공식가격을 상회하는 이중가격이 형성되면서 민간투자자들과 각국의 중앙은행들이 보유 달러를 금으로 태환하려는 움직임이 쇄도하였다. 미국자산으로부터 민간자본이 빠져 나가 다른 나라의 외환보유액이 늘어나고 특히 독일 마르크화에 대한 절상압력이 강력해지자 독일 당국은 1971년 5월 고정환율을 포기하고 마르크화에 대한 변동환율을 허용했다. 급기야 1971년 8월 미국의 닉슨 대통령이 달러의 금 태환 중지를 선언함으로써 브레튼우즈체제는 사실상 막을 내렸다. 미국이 금 태환을 중지한 직후인 1971년 8월말까지 대부분의 국가들이 자국통화에 대한 평형가치유지를 포기하였다.

이후 1971년 12월 선진 10개국 대표가 스미소니언 협정을 타결하며 브레튼우즈체제를 복구시키려 노력하였다. 스미소니언 협정의 핵심내용은 달러의 금가격을 1온스당 35달러에서 38달러로 변화시켜 달러의 가치를 약 9% 평가절하시키는 동시에 흑자국의 통화는 평가절상하는 것이었다. 하지만 미국은 타국 중앙은행에 대한 금 태환을 보장하지 않았으므로 스미소니언 협정이 실질적인 효력을 갖기는 어려웠다. 1972년에는 미국의 막대한 경상수지 적자로 인해 달러에 대한 추가적인 평가절하가 필요하다는 기대가 만연되었다. 결국 달러에 대한 대규모 투기적 공격이 재개됨에 따라 1973년 초 주요 선진국은 자국통화가 달러에 대해 변동되도록 하였다.

한편, 유럽경제공동체의 초기 가맹국이었던 유럽 6개국(독일, 프랑스, 벨기에, 이탈리아, 룩셈부르크, 네덜란드)은 1972년 역내국가 통화 간에는 환율이 일정 범위에서 고정적이고 달러 등 역외 통화에 대해서는 자유롭게 변동하는 스네이크체제를 출범시켰다. 이후 1973년 말 중동전쟁의 결과로 발생한 제1차 오일쇼크로 인해 주요 국가들은 경상수지 적자와 경기 침체를 겪게 되었다. 각국은 팽창적인 경제정책을 통해 자국경제를 활성화시키는 것을 우선시하였으므로 고정환율제도로의 복귀 움직임은 나타나기 어려웠다. 브레튼우즈체제가 종식된 이후 현재 전 세계 국가들은 그 나라 경제구조와 여건에 따라 다양한 환율제도를 채택하고 있다.

3 국제금융시장과 금융상품

3.1 국제금융시장의 구성 및 종류

국제금융시장(international financial markets)은 금융자산 수요자와 공급자 간의 국제적 금융거래가 지속적으로 이루어지는 장소나 거래 메커니즘을 의미한다. 국내금융시장과의 차이점은 국내금융시장에서는 국내거주자 상호 간에 금융거래가 발생하지만 국제금융시장에서는 국내거주자와 외국거주자 간 혹은 외국거주자 상호 간에 금융거래가 일어난다는 점이다.

국제금융시장은 각국의 금융시장, 외환시장, 유로시장을 포괄하는 개념이다.[2] 각국의 금융시장은 금융거래의 만기, 금융수단의 성격, 금융거래의 단계, 금융거래의 장소 등 여러 기준에 의해서 나뉠 수 있다.

(1) 금융거래의 만기에 따른 구분 : 단기금융시장과 자본시장

단기금융시장(short-term money market)은 보통 만기 1년 이내의 금융자산이 거래되는 시장을, 자본시장(capital market)은 보통 만기 1년 이상의 채권이나 만기가 없는 주식이 거래되는 시장을 의미한다. 미국의 경우 페더럴펀드(federal fund), 단기재정증권(treasury bill), 양도성 예금증서(Certificate of Deposit), 은행인수어음(bankers acceptance), 기업어음(Commercial Paper) 시장이 대표적 단기금융상품시장이다. 우리나라의 경우 미국의 페더럴펀드에 해당하는 콜시장, 기업어음시장, 양도성예금증서시장, 환매조건부채권매매시장, 표지어음시장, 통화안정증권 등이 주요 단기금융상품이다.

2) 이하 금융시장에 대한 설명은 한국은행(2007)을 잠조함.

자본시장은 주로 기업, 금융기관, 정부 등이 장기자금을 조달하는 시장이다. 주식시장과 만기가 1년 이상의 중장기 채권시장이 이에 해당한다. 그리고 국제은행대출(cross-border bank loan)도 대부분 만기가 1년 이상이므로 국제자본시장에 포함된다.

(2) 금융수단의 성격에 따른 구분 : 채무시장과 지분시장

채무시장(debt market)이란 차입자가 만기까지 일정한 이자를 정기적으로 지급할 것을 약속하고 발행한 채무증서가 거래되는 시장이다. 채무증서의 만기는 단기(통상 1년 이내), 중기(1년과 10년 사이), 장기(10년 이상)로 구분된다. 우리나라의 경우 기업어음시장, 양도성예금증서시장, 표지어음시장, 통화안정증권시장, 채권시장과 은행대출시장이 채무시장에 해당된다.

지분시장(equity market)은 회사의 재산에 대한 지분을 나타내는 주식이 거래되는 시장이다. 주식은 조달된 자금에 대해서는 원리금 상환의무가 없고, 주주는 기업 순이익에 대한 배당청구권을 갖는다. 미국 뉴욕증권거래시장, 나스닥시장이 대표적인 주식시장이다. 우리나라는 유가증권시장, 코스닥시장, 프리보드 등이 있다.

(3) 금융거래의 단계에 따른 구분 : 발행시장과 유통시장

발행시장(primary market)은 단기금융상품이나 채권, 주식 등 장기금융상품이 신규로 발행되는 시장이다. 발행시장에서 증권의 발행은 직접발행보다는 간접발행 위주로 이루어지며 간접발행의 경우에는 인수기관이 중심적인 역할을 수행한다. 인수기관은 해당 증권의 발행 사무를 대행함은 물론 증권의 전부 또는 일부를 인수하여 발행위험을 부담하는 한편 발행된 증권의 유통시장을 조성한다.

유통시장(secondary market)은 이미 발행된 장단기금융상품이 거래되는 시장을 말한다. 유통시장은 투자자가 보유중인 회사채나 주식을 쉽게 현금화할 수 있게 함으로써 당해 금융상품의 유동성을 높여 준다.

(4) 금융거래의 장소에 따른 구분 : 거래소시장과 장외시장

거래소시장(exchange)은 시장참가자의 특정 금융상품에 대한 매수매도 주문이 거래소에 집중되도록 한 후, 이를 표준화된 거래규칙에 따라 처리하는 조직화된 시장으로 장내시장이라고도 한다. 거래소시장은 시장참가자 간의 거래관계가 다면적이고 거래소에 집중된 매수매도 주문의 상호작용에 의해 가격이 결정된다는 점에서 거래정보가 투명하다는 것이 특징이다. 미국의 경우 뉴욕 증권거래소(NYSE), 아메리칸 증권거래소(AMEX), 시카고 상품거래소(CME)가 있으며 우리나라의 경우 한국증권선물거래소가 있다.

장외시장(OTC : Over The Counter market)은 점두시장이라고도 하며, 거래소 이외의 장소에서 금융상품의 거래가 이루어지는 시장을 말한다. 주로 딜러와 브로커가 장외거래를 중개하는 역할을 하는데 딜러는 공시한 매수매도호가로 자기계산과 책임하에 금융상품을 매매하는 자기매매기관이고, 브로커는 매매사무를 단순 대행하고 그 대가로 수수료를 지불 받는 위탁매매기관을 의미한다. 미국의 경우 증권거래소에서 거래되지 않는 주식 및 국채시장, 양도성예금증서, 페더럴펀드, 은행인수어음, 외환 및 금융파생상품 등이 장외시장에서 거래된다. 우리나라의 경우에도 채권은 대부분 장외시장에서 거래되고 있으며 콜, 양도성예금증서, 기업어음, 외환 및 외판파생상품, 금리 및 통화 스왑 등이 대부분 장외시장에서 거래된다.

3.2 국제금융시장의 기능별 구분과 각 시장의 금융상품

금융시장을 금융거래의 만기, 금융수단의 성격, 금융거래의 단계, 금융거래의 장소 등의 기준이 아닌 기능별로 구분하면 각 시장에 속한 금융상품의 특성을 파악하는 데 용이할 것이다. 국제금융시장을 기능별로 구분하면 〈표 16-1〉과 같이 국제단기금융시장, 국제자본시장, 금융파생상품시장, 외환시장으로 분류할 수 있다.

표 16-1 국제금융시장의 기능별 비교

구분	
국제단기금융시장 (international money market)	각국 단기금융시장 유로커런시(Eurocurrency) 시장
국제자본시장 (international capital market)	각국 자본시장 국제은행대출(cross-border bank loan) 시장 유로본드(Eurobond) 시장 외국채(foreign bond) 시장
금융파생상품시장 (financial derivatives market)	선물시장 옵션시장 스왑시장
외환시장 (foreign exchange market)	현물환시장 선물환시장

(1) 국제단기금융시장 및 금융상품

국제단기금융시장은 보통 만기 1년 이내의 금융자산이 거래되는 시장으로 각국의 단기금융시장과 유로커런시 시장으로 이루어진다. 이 중 유로커런시 시장은 국제단기금융시장의 핵심이 되는 시장이다. 국제단기금융시장에서 가장 큰 역할을 수행하고 있는 미국 단기금융시장의 주요상품은 단기재정증권, 페더럴펀드, 환매조건부채권매매, 양도성예금증서, 기업어음, 은행인수어음이 있다. 각 금융상품의 수익구조와 만기, 그리고 특징은 다음과 같다.

1) 단기재정증권(treasury bill)

단기재정증권(T-bill)은 미국 재무성이 연방정부의 재원을 조달하기 위해 발행하는 단기국채의 일종으로서 미국의 국채 중에서 가장 유동성이 좋고 널리 거래되고 있는 상품이다. 유통시장이 잘 발달되어 있으므로, T-bill 보유자는 필요시 손쉽게 현금으로 전환할 수 있다. 또한 이것은 정부가 만기에 액면금액의 지급을 보증하는 무위험(risk-free) 증권으로 안전성이 매우 높다. T-bill의 만기는 13주, 26주, 52주로 1년 이내 만기물이 거래되고 있으며 만기에 지급이 약속된 액면금액으로부터 할인된 형식으로 발행되므로 정부가 실제 이자를 지급하지 않는다. 투자자들의 수익은 구입시기의 가격과 판매시기의 가격 차이에 의해서만 발생하고 표면금리가 없다.

2) 페더럴펀드(federal fund)

페더럴펀드 시장은 연방준비은행에 지급준비금 예치의무가 있는 예금취급 기관들이 상호 간에 자금을 대여하거나 차입하는 초단기금융시장을 말한다. 지급준비금은 이자수익이 발생하지 않으므로 초과지급준비금을 보유한 은행들은 금리가 낮더라도 페더럴펀드 시장에서 자금을 공급함으로써 상대적으로 높은 이익을 얻을 수 있다. 페더럴펀드의 만기는 1일물이 대부분을 차지하고 있다.

3) 환매조권부채권매매(repurchase agreement, RP, Repo)

환매조건부채권매매(Repo)는 일정 기간 경과 후 정해진 가격으로 재매입하기로 하는 조건으로 채권을 매각하는 것을 말한다. Repo거래는 채권매매 형태로 이루어지나 실제로는 단기자금의 조달과 운용수단으로 이용되고 있어 단기자금 대차거래의 성격을 지닌다. Repo시장은 채권시장과 매우 밀접한 관계가 있는데, Repo거래는 채권을 매개로 하기 때문에 채권시장의 수급에 영향을 줄 뿐 아니라 Repo시장과 채권시장 간의 차익거래 기회를 제공하여 채권가격이 보다 합리적으로 형성되도록 한다. 이렇듯 Repo시장은 단기금융시장과 자본시장을 연결시켜주는 기능을 한다.

미국 Repo거래의 만기는 3일부터 14일까지가 대부분이고, 1개월 내지 3개월의 Repo시장도 존재한다. Repo거래는 대부분 국채를 담보로 단기자금을 거래하기 때문에 위험성이 작고 금리도 상대적으로 낮다. 페더럴펀드시장이 무담보로 단기자금을 조달하는 반면 Repo거래는 사실상 담보부대출 성격을 갖고 있으므로 일반적으로 Repo금리가 페더럴펀드 금리보다 낮게 형성된다.

4) 양도성예금증서(Certificate of Deposit)

양도성예금증서(CD)는 은행 정기예금증서에 양도성을 부여한 것이다. 만기일 이전에 양도, 즉 매매가 가능하며 만기일에 원금과 일정 이자를 지급하기로 약정되어 있다. 미국에서는 CD의 최단만기가 7일로 제한되어 있으며, 은행은 주로 1개월에서 4개월물을 발행하고 있다. CD는 대부분 소지인 지급식 증권이다.

5) 기업어음(Commercial Paper)

기업어음(CP)은 신용상태가 양호한 금융회사, 금융지주회사, 일반기업 등이 상거래와 관계없이 운전자금 등 단기자금을 조달하기 위하여 자기신용을 바탕으로 발행하는 만기 1년 이내의 무담보약속어음이며 무담보이므로 대기업이나 신용도가 좋은 기업이 CP를 발행하게 된다. CP는 상거래에 수반되어 발행되는 상업어음(commercial bill)과 구별된다.

CP의 최장만기는 270일이지만 20일에서 45일 만기가 대부분이다. 거래단위는 보통 10만 달러 이상이며, 이자지급방식은 T-bill과 마찬가지로 할인방식으로 발행된다. 이때 할인율은 만기와 발행기업의 신용도에 따라 달라진다.

6) 은행인수어음(Bankers Acceptance)

은행인수어음(BA)은 일종의 은행대출로서 판매자로부터 구매자에게 수송되기 이전의 상품 혹은 전매가 가능한 상품의 포관을 위해 필요한 자금조달에 사용된다. 대부분 외국무역과 관련하여 거래가 발생한다.

수출업자 입장에서는 물품선적 즉시 수출대금을 받을 수 있고, 수출업자의 은행으로부터 국내 통화로 자금을 제공받으므로 환위험을 회피할 수 있으며, 수입상의 거래은행이 결제를 보장하므로 수입상의 신용도를 걱정할 필요가 없다. 또한, 수입업자의 입장에서도 수입시점에 결제자금의 부담없이 수입할 수 있다는 이점이 있다.

7) 유로커런시(Eurocurrency)

유로금융시장(Euromarket)은 크게 유로커런시(Eurocurrency) 시장과 유로본드(Eurobond) 시장으로 구분된다. 유로커런시 시장에서는 역외에서 단기적인 차입과 대출업무가 수행되며, 유로본드 시장에서는 역외에서 장기자금의 조달수단으로 채권(발행국 이외 통화)이 발행거래 된다.

유로커런시 시장이란 특정통화의 발행국 이외의 지역에서 단기적인 차입과 대출업무가 발생하는 은행시장을 의미한다. 유로커런시 시장은 대부분 1년 이하의 단기차입과 대출이 이루어지는 시장이므로 국제단기금융시장에 포함된다.

지난 수십 년간 유로통화(달러)시장이 지속적으로 성장한 이유는 금융규제나 통제를 받지 않고 금리면에서도 유리하여 각국의 국내금융시장보다 높은 효율성을 허용하였기 때문이다. 구체적으로는, 미국 정부의 국내은행에 대한 금융 규제 강화, 석유수출국기구(OPEC) 국가들의 유로커런시 시장 참여, 국제무역의 급속한 성장에 따라 다국적 기업들이 잉여 외화자금을 유로시장에 예치한 점 등에 그 원인이 있다.

(2) 국제자본시장 및 금융상품

국제자본시장(international capital market)은 기업, 금융기관 또는 정부 등이 국제적으로 장기자금을 조달하는 시장으로 넓은 의미에서는 각국 자본시장, 국제 은행대출 시장, 유로본드 시장, 그리고 외국채 시장으로 구분할 수 있으며, 특히 국제채권시장은 국제자본시장의 주요 시장으로서 역할을 한다.

1) 유로본드(Eurobond)

유로본드 시장이란 채권이 발행되는 국가의 통화가 아닌 다른 통화로 발행되어 거래되는 채권시장이다. 예를 들어, 런던에서 달러로 표시된 채권이 발행거래될 경우 '달러 유로본드'가 된다. 유로본드 시장은 주로 1년 이상의 차입과 대출이 이루어지는 시장이다. 유로본드는 발행국의 규제를 원칙적으로 받지 않으며 공시의무나 신용등급 조사는 기본적으로 불필요한 데다 이자소득에 대한 원천세도 면제된다. 하지만 유로본드도 국제증권시장협회에서 자발적으로 규정하고 있는 요건을 따라야 한다.

2) 외국채(foreign bond)

외국채란 차입자가 자기 나라가 아닌 외국에서 채권을 발행하되, 발행국의 통화로 발행되고 발행국의 국내 채권과 비슷한 절차를 따라 발행되는 채권이다. 예를 들어, 우리나라 기업이 미국에서 달러표시 채권을 발행하여 자금을 조달하는 경우가 '달러표시 외국채'에 해당된다. 외국채는 발행국에서 규정한 절차에 의해 발행되고 주로 발행국 시장에서 유통되므로 공시의무, 신용등급, 원천과세 등 발행국으로부터 여러 규제를 받는다.

3.3 국제금융센터

국제금융센터(international financial center)는 일반적인 국제금융시장과 차이점을 가진다. 국제금융센터는 금융허브라고도 불리며 이곳에서는 다양한 주요 역외통화(offshore currencies)의 거래가 이루어진다. 국제금융센터는 국제통화의 거래가 국내은행시스템과 사실상 분리되었다는 점에서 역외금융센터(offshore finance center)라 불린다. 국제금융센터에서는 국제통화 거래 시 일반적으로 세금과 외환통제(exchange control)가 면제되기 때문에 유로커런시 시장이 발달되어 있다.

CHAPTER

17

환위험관리

1 금융파생상품과 위험관리

1.1 금융파생상품

(1) 금융파생상품의 개요

금융파생상품(financial derivative)이란 그 가치가 통화, 채권, 주식 등의 기초자산 가치에 의존하는 금융상품이다. 금융파생상품은 기본적으로 기초자산의 가치변동에 따른 위험을 회피하기 위해 사용되고 있다. 이와는 달리, 파생상품은 위험을 부담하면서 고수익을 얻으려는 투기적 동기로도 사용된다.

금융파생상품은 계약형태에 따라 선도, 선물, 옵션, 스왑으로 구분되고, 기초자산에 따라 통화, 금리, 주식, 신용관련 상품 등으로 분류되며 또한 거래되는 장소에 따라 장내거래와 장외거래로 구분된다. 그 가운데 기초자산에 따른 금융파생상품의 분류는 〈표 17－1〉과 같다.

금융파생상품시장이 빠르게 발전하게 된 이유는 수요측면과 공급측면으로 나누어볼 수 있다. 수요측면에서 보면 1970년대 이래 고정환율제도가 변동환율제도로 이행되고 국제자본이동이 크게 증가하는 가운데 금융상품의 가격 변동

표 17－1 금융파생상품의 분류

기초자산	장내거래	장외거래
통화	통화선물(currency futures) 통화선물옵션(currency futures option) 통화옵션(currency options)	선물환(forward exchange) 통화스왑(currency swaps) 통화옵션(currency options)
금리	금리선물(interest rate futures) 금리선물옵션(interest rate futures options)	선도금리계약 (forward rate agreement) 금리스왑(interest rate swaps) 금리옵션(interest rate options) 스왑션(swaptions)
주식	주식옵션(equity options) 주가지수선물(index futures) 주가지수옵션(index options) 수가지수선물옵션(index futures options)	주식옵션(equity options) 주식스왑(equity swaps)

폭이 확대됨에 따라 그 위험을 헤지(hedge)할 상품에 대한 수요가 증가했기 때문이고, 공급측면에서 보면 정보통신기술의 급속한 발전에 힘입어 기초자산에 수반되는 위험의 평가·분리·이전이 용이해짐으로써 다양한 상품을 개발할 수 있게 되었기 때문이다.

(2) 통화선물 및 선물환

1) 통화선물

통화선물(currency futures)거래란 선물거래소에 상장되어 있는 특정통화를 미래시점에 약정가격(선물환율)으로 매입·매도하기로 하는 거래를 말한다. 통화선물거래는 계약 시에 약정된 가격으로 미래의 일정시점에 특정 통화를 매입·매도한다는 점에서 선물환거래와 유사하다. 그런데 통화선물거래는 거래내용과 거래조건이 표준화되고 청산소라는 조직화된 거래소에서 이루어진다는 특징을 가진다. 또한 선물환거래는 만기일에 실물 인수도가 이루어지지만 통화선물거래는 최종 결제일 이전에 대부분 반대거래를 통하여 차액을 정산하고 있다. 대규모의 도매거래(은행 간 거래)는 선물환시장을 통해 이루어지므로 통화선물시장은 선물환시장에 비해 그 규모가 훨씬 작다. 이러한 통화선물거래는 환위험 헤징 거래, 투기적 거래 및 차익거래의 목적 등으로 이용된다.

2) 선물환

선물환(forward exchange)거래란 계약일로부터 일정기간(통상 2영업일) 경과 후 특정일에 현물의 수도·결제가 이루어지는 외환거래를 말한다. 선물환거래는 계약을 체결한 후 약정된 결제일까지 매매 쌍방의 결제가 유보된다는 점에서 현물환거래와 구별된다. 이러한 선물환 거래는 환위험 헤징, 투기적 거래 및 차익거래의 목적으로 사용된다.

(3) 통화옵션

통화옵션(currency options)이란 특정통화를 미리 정한 가격(환율)으로 미래의 어떤 시점에 사거나 팔 수 있는 권리를 부여한 계약을 의미한다. 특정

통화를 미리 정한 환율로 미래의 어떤 시점에 매입할 수 있는 권리를 부여한 계약을 콜옵션(call option)이라 하며, 이와는 반대로 계약에서 특정통화를 미리 정한 환율로 미래의 어떤 시점에 매도할 수 있는 권리를 부여한 경우는 풋옵션(put option)이라 한다.

통화옵션거래에서 통화옵션의 매입자는 특정 기초통화를 매매할 수 있는 권리를 사는 대가로 통화옵션의 매도자에게 일정 가격의 옵션 프리미엄을 지불한다. 통화옵션의 매입자는 자유롭게 옵션을 행사하거나 포기할 수 있는 권리를 갖고, 옵션 매도자는 옵션 매입자가 권리를 행사할 경우 계약을 이행해야 하는 의무를 갖게 된다. 이러한 통화옵션거래는 거래소나 장외시장에서 거래된다.

통화옵션과 통화선물은 몇 가지 차이점이 있다. 우선 통화선물거래에서는 매입자와 매도자 모두 거래이행의 책임을 진다는 점이 다르다. 또한 거래과정에서도 통화옵션은 일일 정산제도가 없지만, 통화선물의 경우 매입자와 매도자 모두 거래증거금을 납부한다. 그리고 손실위험 면에서도 통화옵션 매입자의 위험은 지불한 프리미엄에 한정되고 매도자의 위험은 무한정적이지만, 통화선물 매입자와 매도자는 모두 거래이행 책임의 부담을 진다.

(4) 통화스왑

통화스왑(currency swaps)이란 양 당사자 간에 서로 다른 통화를 교환하고 일정기간 동안 이자를 서로 지급하다가 만기일에 원금을 재교환하기로 약정하는 거래를 말한다. 통화스왑은 양 당사자가 비교우위를 활용하여 상대적으로 낮은 금리로 자금을 조달할 수 있도록 해준다는 점에서 장점이 있다.

통화스왑은 외환스왑(foreign exchange swap)과 구분하여야 하는데, 외환스왑은 거래 양 당사자가 현재의 계약환율에 따라 서로 다른 통화를 교환하고, 일정기간 후 최초 계약시점에서 정한 선물환율에 따라 원금을 재교환하기로 하는 거래를 말하며 이자 교환이 없고 계약시점의 선물환율로 만기에 원금만 재교환 한다는 점에서 통화스왑과 다르다. 또한, 외환스왑은 1년 이하의 단기자금 조달 및 환리스크 헤지 수단으로 이용되지만, 통화스왑은 1년 이상의 중장기 환리스크 및 금리리스크 헤지 수단으로 이용된다는 점에서 다르다.

1.2 금융파생상품의 위험관리

(1) 금융파생상품의 위험성

금융파생상품을 활용하는 주된 목적은 위험을 헤지하는 것이지만, 그 운용에 따라 오히려 위험을 확대시킬 수 있다. 특히 투기적 목적으로 사용될 경우 손실은 엄청나게 증폭될 수 있다. 이 위험성을 보여주는 가장 큰 예로 2008년 미국의 서브프라임 모기지(subprime mortgage)사태를 들 수 있다.[1] 2000년대 초, 미국의 경기부양책의 일환인 초 저금리 정책의 영향을 받아서 주택융자금리가 인하되었고, 부동산 가격이 상승하기 시작했다. 주택담보대출인 서브프라임 모기지의 대출금리보다 높은 상승률을 보이는 주택가격 때문에 파산하더라도 주택가격 상승으로 보전되어 금융회사가 손해를 보지 않는 구조였기 때문에 거래량은 대폭 증가하였다. 증권화 된 서브프라임 모기지론은 높은 수익률이 보장되며 신용등급이 높은 상품으로 알려져 거래량이 증폭했지만 2004년 미국이 저금리 정책을 종료하면서 부동산 거품이 꺼지기 시작했으며, 서브프라임 모기지론 금리가 올라갔고 저소득층 대출자들은 원리금을 제대로 갚지 못하게 된다. 증권화 되어 거래된 서브프라임 모기지론을 구매한 금융기관들은 대출금 회수불능사태에 빠지게 되고 손실이 발생하였으며 그 과정에서 여러 기업들이 부실화 된다. 그러나 미 정부는 개입을 공식적으로 부정했고 미국의 대형 금융사, 증권회사의 파산이 이어졌다. 이것이 세계적인 신용경색을 가져왔고 실물경제에 악영향을 주었는데 이는 결국 세계 경제에까지 타격을 주어 2008년 세계금융위기로 이어지게 되었다.

금융파생상품거래는 거래상대방의 채무불이행 위험(counterparty risk)이 상존하며, 레버리지가 높고 거래구조도 복잡하다. 따라서 투기적 목적으로 활용되는 금융파생상품거래에 대한 철저한 내부통제가 이루어지지 않을 경우 큰 손실을 입을 수 있다. 위의 사례에서 보듯이, 최근 국제적으로 금융시장의 통합이 심화됨에 따라 개별 금융기관이 위험관리를 잘 못할 경우 그 위험은 국내뿐만 아니라 다른 나라의 금융시장으로 쉽게 전가될 수 있다.

1) 위키백과, 2008년 서브프라임 모기지 사태를 참고.

(2) 금융파생상품 위험의 종류와 위험관리

금융파생상품 거래는 세 가지 종류의 위험에 노출된다. 첫째는 파생상품 신용위험(derivative credit risk)으로 결제일에 거래상대방이 현금이나 유가증권의 인수 혹은 인도를 제대로 이행하지 못함에 따라 손실이 발생할 가능성을 말한다. 둘째는 파생상품의 시장위험(derivative market risk)으로 파생상품의 기초자산가격의 변화가 투자자에게 불리한 방향으로 변동함으로써 손실을 입게 될 가능성이다. 셋째는 파생상품 운영위험(derivative operation risk)으로 직원이나 시스템에 대한 부주의한 관리(내부통제)로 인해 발생할 수 있는 손실의 가능성을 말한다.

위험(risk)은 불확실성에 수반되는 위협(danger)이자 기회(opportunity)이다. 예를 들어, 주식시장에서의 위험이란 주가가 변동함에 따라 가격이 움직이면서 발생하는 것이다. 그런데 이 위험을 완전히 없애는 것은 불가능하므로,[2] 효율적인 위험관리 수단이 필요하다. 위험관리란 총 4단계인 위험의 인식(risk identification), 위험의 측정(risk measurement), 위험의 통제(risk control), 피드백을 통한 적용(implementation)으로 구성되어 있다.

이 중 위험의 측정 방법으로는 VaR(value at risk)이 가장 많은 방법으로 사용된다. VaR은 미래에 발생할 최대한의 손실액을 의미한다. VaR은 듀레이션(duration) 매칭, 델타(delta) 헤징 방법 등과 함께 시장위험(market risk)을 측정하고 관리하는 수단으로 사용된다. 그리고 VaR을 응용한 CVaR(credit VaR)은 신용위험(credit risk)의 측정 방법으로 널리 사용되고 있다. 또한, LVaR(liquidity-adjusted VaR)은 유동성 위험(liquidity risk)[3]을 관리하는 데 사용된다.

2) Schweser FRM Part1 & Part2 books 참고.

3) 유동성 위험이란 거래 일방이 일시적인 자금부족으로 결제시점에서 결제의무를 이행하지 못함으로써 거래 상대방의 자금조달계획 등에 악영향을 미치게 되는 위험을 말한다.

2 외환위기와 금융위기

2.1 의의

외환위기란 어떤 나라의 통화가치가 단기간에 급격히 하락하는 것을 말한다. 외환위기가 발생하면, 중앙은행은 대규모 투기적 공격으로 인한 자국의 통화가치 하락을 막기 위해 외환시장에 개입하여 국제수지상의 대외 준비자산을 소모하기 때문에 국제수지위기라고도 한다. 외환위기는 은행의 도산과 그로 인한 금융시장의 불확실성 확대를 가져오는 금융위기와 동반해서 발생하는데 1997년대 아시아 외환위기가 대표적인 사례로 우리나라도 이를 뼈저리게 경험한 바가 있다.

한편, 금융위기란 은행을 비롯한 금융기관들이 부실화되거나 예금인출사태가 발생하여 부도위기에 처하는 것을 말한다. 은행들이 부도위기에 처하는 것을 은행위기라고 하며, 금융위기는 일반적으로 은행위기가 금융시스템 전체적으로 확산되어 나타난다.

외환위기와 금융위기는 동시에 발생하는 경우가 많지만 반드시 그런 것은 아니다. 1997~1998년의 아시아 금융위기는 외환위기와 금융위기가 동시에 발생했으나, 1992~1993년의 ERM(European Exchange Rate Mechanism : 유럽환율조정장치)위기는 외환위기만 발생한 경우에 해당된다. Kamnsky and Reinhart(1998)가 76번의 외환위기와 26번의 은행위기에 관하여 연구한 결과에 의하면, 일반적으로 은행위기 이후에 외환위기가 발생하며, 은행위기와 외환위기는 서로를 더욱 악화시키는 상호작용을 하는 것으로 나타났다.

1990년대와 2000년대는 일련의 외환위기와 국제금융위기가 점철되어왔다. 1992~1993년에는 ERM외환위기가 발생하여 '유럽통화제도'하에서 상대적으로 약세가 예상되는 통화에 대한 투매현상이 발생했다. 연이어 1994~1995년에는 멕시코에서 외환위기와 금융위기가 발생하였고, 1997~1998년에는 아시아 외환·금융위기가 발생했다. 1997년 중순 태국에서 시작된 금융위기는 곧 인근의 말레이시아, 인도네시아, 필리핀으로 번졌으며, 1997년 말에는 한국에서도 외환위기가 발생함으로써 아시아 경제는 큰 타격을 입었다. 아시아 외환·금융위기가 제대로 진정되기도 전에 1998년 8월에는 강대국 러시아가 대외채무에 대한 채무불이행 및 외자지급 동결을 선언하였다. 이듬해인 1999년에는 브라질 레알화가 투기적 공격으로 인해 변동환율제로 전환된 직후 통화가치가 40% 폭락하는 외환위기를 겪었다.

2001년 초 터키는 대규모 금융위기를 겪은 후 변동환율제로 전환하였으며, 같은 해 말 아르헨티나는 대외채무에 대한 채무불이행을 선언하였고 2002년에는 통화위원회제도를 포기하면서 페소화는 70% 이상 폭락하였다. 그 이후 2007년 미국에서 발생한 서브프라임 금융위기가 전 세계로 확산되면서 세계금융시장은 엄청난 혼란을 겪었다. 서브프라임 금융위기는, 신용조건이 낮은 사람에게 빌려주는 주택담보대출을 원 채권으로 하는 증권화 상품에 투자한 금융기관들이 미국의 집값 하락으로 인해 막대한 손실을 입고 붕괴되면서 충격이 전 세계로 확산되었다. 이러한 미국발 서브프라임 금융위기는 1930년대의 대공황 이후 발생한 국제금융위기 중에서 가장 심각한 것으로 평가되고 있다.

2.2 외환·금융위기이론

(1) 제1세대 모형

외환위기에 대한 제1세대 모형은 Krugman(1979)의 논문과 이를 바탕으로 다양하게 발전해 온 모형을 말한다. 제1세대 외환위기 모형은 고정환율제도를 유지하려는 정책과 국내정책(통화팽창에 의한 재정적자 유지) 간에 근본적인 불일치의 결과로써 외환위기가 발생한다고 설명한다.krugman의 모형에서는 어떤 정부가 고정환율제도를 운용하고 있으며, 또한 재정적자를 유지하면서 통화팽창으로 재정적자를 보전하고 있다고 가정한다. 다시 말해, 정부는 채권을 발행하여 중앙은행에 매도하고 중앙은행은 반대급부로 통화를 발행하는 경제를 가정하고 있다. 제1세대 모형에 따르면, 팽창적인 통화정책과 그에 따른 이자율의 하락은 자본의 유출을 야기하게 된다. 자본유출은 자국의 통화가치를 하락시키는 압력으로 작용한다. 이에 따라 정부는 고정환율제도하에서 자국의 통화가치를 유지시키기 위해 외환시장에 개입하면서 외환보유액을 사용하게 된다. 외환보유액이 일정수준까지 감소하게 되면 결국 외환보유액이 부족해 목표환율을 유지할 수 없다고 판단함에 따라 투기적인 공격이 거세져 고정환율 유지정책은 실패하고 통화가치가 급락하는 외환위기가 발생한다는 것이다.

외환위기에 관한 제1세대 모형은 두 가지 중요한 함의를 갖는다. 첫째, 과거에 발생한 많은 외환위기의 사례에서 국내경제정책과 환율정책 간에 기본적인 불일치가 확연히 존재했다는 점이다. 이는 1980년대 발생한 남미의 외환위기 사례가 전형적이다. 국내경제정책과 환율정책 간의 기본적인 불일치는 중앙은행이 외환보유액을 충분히 축적하고 있을 경우에는 큰 문제가 없으나, 외환보유액이 불충분할 경우 투기자들은 그 나라 통화에 대한 매도공격을 강화하게 된다는 것이다. 둘째, 갑작스런 통화가치의 급락은 투자자들의 비합리성이나 시장조작음모에 의해 발생하는 것이 아니라 그 나라 경제기초의 취약함에 따른 논리적인 결과라는 것이다. 다시 말해, 제1세대 모형은 완전경쟁시장, 국내외 재화의 완전대체성, 자본이동의 완전성 및 유위험 이자율평가가 성립한다고 가정하고 있으므로, 외환위기의 원인이 경제기초의 문제점에 있다고 보고 있으며 시장 투자자의 비합리성에 있다고 보지는 않는다.

제1세대 외환위기 모형은 그 중요성에도 불구하고 몇 가지 중요한 비판에 직면해왔다. 첫째, 실증적으로 근래에 발생한 주요 외환위기의 경우 제1세대 모형에서 가정하고 있는 것처럼 재정적자와 통화팽창에 의한 재정적자의 보전 현상이 존재하지 않는다는 점이다. 1992~1993년 ERM위기의 경우 외환위기 이전에 통화팽창에 의한 재정적자 유지와 같은 근본적인 문제는 없었다. 그리고 1997~1998년 아시아 외환·금융위기의 경우 외환위기 직전의 재정수지는 오히려 건실했던 것으로 나타나고 있다. 둘째, 제1세대 모형에서는 환율을 방어하기 위해 외환보유액을 소진함에 따라 외환보유액이 불충불할 시점에 투기적 공격을 당할 수 있다고 강조하고 있으나, 환율을 방어하는 정책수단으로 외환보유액 외에 다른 정책수단을 사용할 수도 있다는 점이다. 예를 들어, 금리를 상승시키는 정책을 활용함으로써 외환보유액을 소진시키지 않고도 자국통화를 방어할 수 있다. 국내금리가 상승하면 국내통화의 매각은 기회비용을 증가시키므로 통화가치 급락과 자본유출을 막을 수 있다. 셋째, 통화당국은 고정환율을 유지하려고 노력한다고 가정하고 있으나, 현실적으로 통화당국은 제1세대 모형에서 가정하고 있는 것보다 더 똑똑하다는 점이다. 즉, 정부의 정책을 너무 기계적으로 단순화시키고 있다는 것이다. 현실적으로 통화당국은 고정환율을 유지함에 따른 비용과 편익을 면밀히 고려한다고 볼 수 있다. 만약 고정환율을 유지함에 따른 비용이 편익보다 크다고 판단될 경우에는 투기적 공격이 감행되기 이전에 변동환율제도로 전환하여 외환위기를 미연에 방지할 수도 있다는 것이다.

(2) 제2세대 모형

위에서 언급했던 것과 같은 결점을 가진 제1세대 모형을 대체하기 위해 소위 제2세대 외환위기 모형이 1992~1993년 ERM위기가 발생한 직후 등장하였다. Obstfeld가 바로 대표적인 제2세대 외환위기 모형이다. 제2세대 외환위기 모형에서는 정부의 환율방어 정책에 대응하는 투기자들이 정부보다 전략적 편익 면에서 우위에 있으며, 이에 따라 투기자들이 형성하는 자기실현적 예상에 의해 외환위기가 발생한다고 주장한다. 외환보유액과 국내경제가 제1세대 모형처럼 외환위기가 발생할 만큼 상당히 나쁘지는 않더라도 국내 경제기초가 다소 취약한 경우 국내 경세를 회복시키기 위해 정부 정책이 변화할 것이라는 자기실현적 예상이 환투기를 유발하여 외환위기가 발생한다는 것이다.

제2세대 외환위기 모형에서는 제1세대 모형처럼 통화당국의 정책적 대응이 기계적으로 단순하지 않다고 가정한다. 통화당국은 고정환율을 유지하는 것과 평가절하를 실행하는 것에 따른 비용과 편익을 면밀히 고려한다고 가정한다. 예를 들어 고정환율 유지에 따른 편익은 고정환율이 국제투자와 무역을 활성화시키는 데 기여할 수 있다는 점을 들 수 있다. 또한 고정환율은 수입물가의 안정화를 통해 인플레이션을 안정화하는 작용을 할 수 있다. 한편, 자국통화의 절하 정책에 따른 편익을 살펴보면, 자국 환율을 절하시키면서 경기부양정책을 실행할 수 있다. 예를 들어, 국내 경제가 침체국면으로 실업률이 상승하고 있다면 정부는 팽창적인 통화정책을 실행하여 경기를 활성화시키길 원할 것이다. 하지만 환율을 고정적으로 유지시키는 한 팽창적인 통화정책을 추진하기는 어렵다. 만약 고정환율을 유지함에 따른 편익이 비용보다 크다고 판단될 경우에 정부는 평가절하 정책을 실행할 것이다.

그런데 향후에 통화가치가 하락하는 방향으로 정부정책이 변화할 것이라고 사람들이 미리 예상하는 경우에는 정부의 환율유지 정책에 따른 비용이 상승하게 된다. 즉, 통화가치하락이 예상될 경우 국내통화표시 채권의 가치하락과 금리상승, 그리고 물가상승을 수반하게 되고 이러한 금리상승과 물가상승은 총생산과 고용을 악화시키는 작용을 하게 된다. 결국, 정부는 자국통화를 절하시키는 정책을 불가피하게 추진하게 되고 이것은 외환위기로 악화될 수 있다. 다시 말해, 제2세대 외환위기 모형에서는 사람들이 향후에 통화가치가 하락할 가능성이 높다고 미리 예상하는 경우에는 고정환율을 유지하는 비용과 편익의 균형이 깨지고 비용이 더욱 증가함으로써 평가절하가 불가피하다고 주장한다.

이렇듯 제2세대 외환위기 모형의 중요한 함의는 국내 경제기초가 나빠지는 뚜렷한 변화가 없더라도 투기자들의 예상이 통화가치의 절하방향으로 변화하면 외환위기가 발생할 수 있다는 점이다. 제2세대 외환위기 모형은 왜 그리고 언제 사람들의 예상이 통화가치 절하 가능성이 높은 쪽으로 변화하는 지에 대해 충분히 설명하지 못하며 외환위기 이전의 국내외 금융시장의 금융위기상황을 충분히 고려하고 있지 않다는 점이 단점으로 지적되고 있다.

(3) 도덕적 해이 모형

아시아에 금융위기가 발생한 후 제1세대 및 제2세대 모형으로 아시아 금융위기를 제대로 설명하기가 어려워지자 외환위기 및 금융위기를 분석하는 다양한 모형이 등장했다. 아시아 금융위기에서는 제2세대 모형에서 가정하고 있는 것처럼 외환위기가 발생하기 이전에 재정적자문제가 존재하지 않았으며, 제2세대 모형에서 설명하지 못한 은행위기가 발생하였다.

이에 따라, 아시아 금융위기를 설명하기 위해 제기된 대표적인 모형이 도덕적 해이 모형이다. 도덕적 해이 문제는 은행의 자산운용 행위에서도 찾을 수 있다. 은행들이 기업들의 속사정을 제대로 파악할 수 없는 정보의 비대칭이 은행과 기업 사이에 존재하는 상황에서, 정부가 기업대출에 대해 암묵적 지급보증을 해준다면, 은행은 대출심사 및 사후감시를 소홀히 하고 기업도 대출한 자금을 위험하게 투자하는 도덕적 해이 문제가 커지게 된다.

도덕적 해이 모형은 아시아 정부들이 기업과 금융기관에게 암묵적인 정부보증을 제공해 왔고, 금융기관들은 이를 믿고 무분별하게 대출해 주었으며 기업들은 과잉투자를 하는 도덕적 해이가 금융위기를 초래한 결정적 원인이라고 주장한다. 즉, 기업들의 과잉투자는 부동산과 주식시장 등 자산시장의 거품을 초래하였고 결국 거품이 붕괴되는 과정에서 부실대출이 증가하고 자산 가격이 하락하면서 금융위기가 발생했다는 것이다. 일단 자산거품의 붕괴조짐이 나타날 경우, 대규모 자본유출이 수반되므로 자국통화가 급락하는 외환위기가 금융위기와 함께 발생하게 된다. 그리고 외국의 금융기관들도 아시아 정부와 IMF의 암묵적 보증을 믿고 아시아 금융기관과 기업들에게 무분별하게 달러를 빌려주는 도덕적 해이가 존재하였고, 이것이 아시아 금융위기를 더욱 확산시키는 역할을 했다고 본다.

도덕적 해이 모형은 외환위기의 원인이 도덕적 해이와 이로 인한 금융부실과 같은 대내적 요인에 있다는 점에서 중요한 시사점을 제공하고 있으나, 다음과 같은 비판을 고려하면 도덕적 해이 모형으로 아시아 금융위기를 충분히 설명하기는 어렵다.

Chang and Velasco(1998)는 화재보험이 벽난로 앞에서 부주의하게 행동하는 도덕적 해이를 야기한다는 이유로 화재보험 자체가 금지되기를 아무도 원하지 않는 것처럼, 각국 정부와 IMF의 최종대부자로서의 역할은 오히려 금융위기를 막는 데 도움이 된다고 주장했다. 또한, Willett(1999)은 아시아 각국 정부가 민간부문의 엄청난 대외채무를 지급보증 해주기에는 너무 작은 액수의 외환보유액을 갖고 있었고, IMF도 국채 보유 외국기관에게만 구제금융제공이 가능하므로, 외국의 금융기관들이 아시아 금융기관과 기업들에게 무분별하게 달러를 빌려준 것의 결정적 원인이 아시아 정부와 IMF의 암묵적 보증이었냐고 보기 어렵다는 주장을 한 바 있다. 한편, 일각에서는 고도성장기의 과잉투자는 애매한 개념이라고 주장한다.[4] 투자 당시엔 그것이 무리한 투자인지 합리적 투자인지 알 수 없는 경우가 많으며 대기업들이 잘못된 의사결정구조에 따라 수익성을 제대로 따지지 않고 투자했다면 과거의 아시아 경제성장이 논리적으로 설명되지 않는다는 것이다.

(4) 정부의 감독과 규제

다른 연구에서는 아시아 금융위기의 원인을 분석하는 데 있어서 금융시장의 개방과 자본이동의 규제·감독 문제에 초점을 두고 있다. Mckinnon and Pill(1997)은 금융시장 자유화에 대한 과도하게 긍정적인 예상이 외국자본의 무분별한 유입을 초래하였고, 과다 신용공여에 의한 소비 붐이 붕괴하여 급격한 자본유출 및 외환위기가 발생했다고 주장하였다. Furman and Stiglitz(1998)는 자본수지 자유화가 급속하게 진행되는 과정에서 자본이동에 대한 비효율적인 정부의 감독과 규제로 인해 특히 단기외채가 급증한 것이 아시아 금융위기의 원인이라고 강조하였다. 당시 아시아의 금융기관들은 단기외채 위주로 자금을 조달하여 장기로 국내외에 운용하는 만기 불일치를 보임으로써 유동성 위기에 대한 취약성을 안고 있었다. 또한, 외채는 대부분이 달러표시였으므로 통화 불일치의 문제도 안고 있었다. 따라서 외국의 투자자들이 대거 단기 외채에 대한 만기연장을 거부하자 금융위기가 발생하였으며, 동시에 외환위기도 발생하였다. 이러한 연구들은 신흥국들이 금융시장을 개방하고 자유화 조치를 실행함에 있어서 적절한 순서를 따르고 자본이동에 대한 건전한 감독 장치가 마련되어야 한다는 교훈을 제공하며 또한 경제학자들은 무역수지의 자유화와 국내 금융시장의 자유화가 이루어진 후 마지막 단계에서 자본수지의 자유화가 이루어져야 한다고 충고한다.

(5) 전염효과 이론

그 외에 많은 연구들은 국제금융위기와 외환위기의 주요 원인으로 전염효

4) 장하준·정승일, 쾌도난마 한국경제, 부키

과를 강조한다. 전염효과란 특정국가에서 발생한 금융위기가 실물부문이나 금융부문에서 상호의존도가 높은 다른 국가로 전파되는 것을 말한다. 1997년 중반 태국에서 발생한 금융위기가 인근의 말레이시아, 인도네시아, 필리핀으로 번졌고, 1997년 말에는 훨씬 큰 경제규모를 가진 한국에까지 외환위기가 전파된 것은 대표적인 전염효과의 예이다. 그리고 1994년 멕시코에서 발생한 금융위기가 다른 남미국가들로 전파된 소위 '데킬라 효과'와 1998년 러시아에서 외환위기가 발생한 직후 브라질 레알화에 대한 투기적 공격으로 인해 브라질에서 외환위기가 발생한 것도 상당부분 전염효과로 설명이 가능하다.

전염효과는 무역부문이나 금융부문에서 상호의존도가 높은 국가들 사이에 쉽게 나타날 수 있다. 무역부문의 상호의존도가 높은 경우란 쌍방 간 무역규모가 큰 경우나 서로 수출시장에서 경쟁관계인 경우를 말한다. 한 국가에서 외환위기가 발생하면 쌍방의 무역규모가 큰 국가의 수출이 감소함에 따라 충격이 전파될 수 있다. 또한, 한 국가에서 외환위기가 발생하여 통화가치가 급락하면 수출 경쟁국가에서는 경쟁적 위치를 유지하기 위해 평가절하 정책 시행이 불가피하다고 투기자들이 예상하기 때문이다. 예를 들어 1997년 10월 한국과 수출 경쟁국가인 대만이 태국발 금융위기의 충격으로 평가절하를 실행하자 투기자들은 경쟁국가인 한국의 통화가치 절하를 예상하고 투기적 공격을 강화한 것이 그러한 사례에 해당된다.

금융부문의 상호의존도가 높은 경우란 양국 금융기관 간에 자본이동 규모가 크거나 공통대부자가 존재하는 경우를 의미한다. 아시아 금융위기가 발생하기 이전에 동남아시아 국가들과 한국은 공통적으로 일본의 상업은행들로부터 막대한 자금을 차입하였다. 즉, 일본의 상업은행들은 동남아시아 국가들과 한국에게 공통대부자 역할을 하였고, 일본의 상업은행들이 자금을 회수하자 여러 아시아 국가들 간에 위기가 전염됐다고 볼 수 있다. 마찬가지로 1980년대 남미에서 발생한 금융위기의 전염효과에는 미국의 상업은행들이 공통대부자로서 역할을 수행했다고 볼 수 있다.

또한 전염효과가 발생하는 중요한 원인이 투기자들의 군중행위에 있다는 견해가 있다. Masson(1998)에 의하면 비합리적인 국제투자자들의 심리적 요인이 투자패턴에 큰 영향을 미친다고 주장하였다. 즉, 어떤 경제충격이 발생하여 어떤 투자자가 특정지역으로부터 자금을 회수하기 시작하면, 군중심리에 의하여 다른 투자자들도 집단적으로 특정지역의 여러 국가들로부터 자금을 회수하기 때문에 전염효과가 발생한다는 것이다. 한편, Calvo and Mendoza(1999)는 자본시장이 글로벌화 되어 있는 상황에서 어떤 경제충격이 발생하면 투자자들은 연관성이 높은 경제구조를 가진 국가들에 대해 그룹별로 투자하는 것이 비용과 위험면에서 유리하기 때문에 전염효과가 발생한다는 견해를 제기하였다. 다시 말해, 각 국가의 상태를 개별적으로 분석하는 것은 오히려 위험하고 비용이 더 크기 때문에 합리적인 투자자들의 경우에도 군중행위가 나타날 수 있다는 것이다.

이와 같이 전염효과는 근래의 금융위기 확산을 설명하는 데 유용하다. 그러나 이러한 전염효과도 경제기초가 취약한 국가에 한해서 발생한다는 점으로 미루어 볼 때 모형 자체만으로 금융위기를 온전히 설명하기에는 불충분하다고 볼 수 있으며 보완적으로 활용되어야 할 것이다.

2.3 아시아 금융위기 및 미국 서브프라임 금융위기

(1) 아시아 금융위기

아시아 금융위기가 발생하고 확산된 원인과 경로에 대하여 앞서 설명한 모형들을 바탕으로 정리해 보자면 펀더멘털(fundamental)[5)] 위주의 모형에서는 투기적 공격이 취약한 펀더멘털에 의해 정당화되며 금융위기의 원인은 시장의 비합리성에 있다고 보기보다는 경제 내부의 문제점에 있다고 본다. 아시아 금융위기는 펀더멘털 위주의 모형으로 설명이 가능한데, 외환 보유액의 실질적인 규모나 단기외채의 실질적 금액과 같이, 당시에 아시아 국가들이 안고 있던 비슷한 펀더멘털의 문제에 관한 정보가 금융위기가 발생할 때까지 제대로 노출되지 않았다. 아시아 국가들 내부에 존재했던 유사한 펀더멘털 문제가 감춰져 있

5) 국가경제 따위에서 기본적인 내재 가치를 나타내는 기초경제 여건을 말한다.

거나 아시아의 경제 기적이라는 고도의 경제성장률에 의해 구조적 문제가 가려져 있었다고 볼 수 있다.

그러나 펀더멘털 위주의 모형에서 어떻게 취약한 펀더멘털이 금융위기가 발생하도록 작용하는지에 대한 문제를 충분히 해결하지 못했다면, 앞에서 언급한 전염효과 모형으로 아시아 금융효과를 부분적으로 설명할 수 있다. 취약한 펀더멘털은 경우에 따라서 금융위기를 초래하거나 하지 않을 수 있지만 전염효과 모형은 어떤 경제가 충격을 받아서 위기가 발생하면 경제적으로 연관성이 높은 다른 국가들도 펀더멘털의 상황과 관련 없이 위기를 겪을 수 있다는 견해를 제시한다. 더 나아가 보다 '순전한 전염효과' 모형에서는 투자자들이 다른 투자자들의 행위를 따르는 군중행위를 보이는 경향이 있다고 본다.

당시 금융위기를 겪었던 아시아 국가들에게 존재했던 유사한 펀더멘털의 문제는 비단 전통적 거시경제변수에 국한된 것은 아니며 정치적 혼란도 포함한다. 예를 들면 외환보유액 대비 높은 단기외채비율이 유동성 위기와 외환위기의 발생가능성을 증대시켰다는 것이나 상당한 규모의 신용공여가 민간부문의 비생산적 프로젝트에 쓰여 결과적으로 많은 부실대출을 초래하고 은행의 재무제표를 악화시켰다는 것, 정부의 부적절한 정책적 대응과 혼란이 불확실성을 가중시켰다는 것 등의 유사 문제들이 존재한다. 여러 아시아 국가에서 발생한 금융위기는 공통의 근원적 뿌리문제를 가지고 있다. 이는 전염효과로 부분적인 설명이 가능하지만 전염효과는 군중행위라는 가설에 기반을 둔 '순전한 전염효과'와는 거리가 있다.

(2) 우리나라의 외환·금융위기

1) 원인

우리나라가 외환·금융위기에 빠지게 된 원인 및 위기의 특징과 위기 이후의 회복과정[6]에 대해 살펴보자면 우리나라의 위기는 당시 대다수의 전문가들이 미처 예상하지 못한 가운데 발생하였고, 그 원인 규명에도 학자들 간에 이견

6) 이하 한국의 외환·금융위기에 대한 설명은 윤영진·조갑제의 「한국행정 60년」을 참고.

이 노출되었다. 그럼에도 우리나라의 금융위기 원인을 크게 외부적 요인에 있다고 보는 견해와 한국 내부의 문제점에서 기인한다고 보는 견해 두 가지로 구분해 볼 수 있다.

첫 번째 견해는 우리나라의 거시경제여건이 크게 열악하지도 않았지만 금융시장이 개방된 상태에서 동남아의 금융위기가 주변국인 우리나라에도 전염되어 나타났다는 견해이다. 이러한 전염효과는 투자자들이 시류에 편승하는 투자행태를 보이는 소위 군중행위에 의해 더욱 증폭되었다고 설명한다.

두 번째 견해는 우리나라의 경제위기가 우리 경제 내부의 취약성에 기인한다는 견해이다. 특히 대기업들이 팽창정책을 추진하면서 과잉투자 및 중복투자가 누적되었고 정부는 관치금융체제를 지속함에 따라 금융기관의 도덕적 해이로 인해 기업들에게 과다하게 신용을 제공해 준 금융기관들이 외부충격에 취약한 구조적 문제를 가지고 있었다는 견해이다.

결과적으로 보면 우리나라의 금융위기는 외부적 원인도 있었으나 내부적으로 내재돼 있던 외채구조의 취약성 및 정부의 금융위험 관리능력 부재에서 비롯됐다고 축약할 수 있다. 즉, 우리나라의 외환·금융위기도 동남아시아에서 나타난 것과 비슷한 경제기초의 문제에 근본적인 원인이 있었다고 볼 수 있다.

문제를 보다 세부적으로 살펴보면 첫째, 자본계정 자유화 정책이 부주의하게 추진된 점을 지적할 수 있다. 특히 국제 은행차입거래에 대한 규제완화로 인해 1990년대에 민간 부문의 외채 누적규모가 급속히 증가하였으며 단기외채의 비중이 높아지면서 외채의 구조도 불안정해졌다. 1993년 6월말 기준 우리나라 은행들의 총외채규모는 400억 달러였으나 1996년 6월말 외환위기 직전에는 1천 40억 달러로 급증하였다.

플라자 합의 이후 1980년대 후반에 일본 엔화가 달러 대비 크게 절상되면서 우리나라의 경상수지 흑자규모가 증가하였다. 경상수지 흑자규모가 커지자 미국 등으로부터 무역과 금융시장 개방에 대한 압력이 증대되었다. 1989년부터 시작된 몇 차례의 회의 끝에 한·미 양국은 금융시장 개방 및 자유화에 관한 3단계 청사진에 합의하였다. 1992년 3월에 제1단계 자본시장 개방 및 자유화 계획이 발표되었고 같은 해 6월에 제2단계 계획이 발표되었다. 1993년 김영삼 대통령의 문민정부가 들어서면서 자본시장 자유화 정책은 더욱 가속화되었는데 예를 들어, 1995년 5월 은행과 민간기업의 장기 외화차입에 대해서는 규제를 유지하였으나 단기적 외화차입이 정부의 허가 없이 이루어질 수 있도록 허용되었다.

이러한 금융시장 개방은 당시의 경상수지 적자와 높은 경제성장률에도 그 원인이 있다. 우리나라의 국제수지는 실질임금상승과 물가상승 등으로 인해 1990년대 초에 경상수지가 흑자에서 적자로 전환되었다. 1990년대 중반 우리나라의 경상수지 적자규모는 GDP 대비 1.2%(1994년), 2.0%(1995년), 4.9%(1996년)로 증가하였다. 정부는 경상수지 적자로 인해 부족해진 달러를 보전하고 대기업의 대규모 투자재원을 조달하기 위해 민간의 해외차입을 허용하고 자본시장을 개방하였다. 즉, 국내외 금리차가 크고 경상수지 적자로 인해 기업들의 달러가 부족한 상황에서 은행 및 종금사들이 해외 단기차입금으로 달러를 조달했다. 하지만 경상수지 적자에도 불구하고 그 규모가 외환위기를 불러올 정도는 아니었다고 인식되었고, 전반적인 경제성장 추이는 고도성장세를 유지하였으므로 외국인 투자자들로부터 자본유입은 꾸준히 증가하였다. 1990년대에 들어서 경제성장률이 평균 8%를 상회하였고 투자와 수출 등 GDP의 부문별 구성요인들이 높은 성장률을 보임으로써, 1990년대 중반까지 자본수지의 흑자규모가 급증세를 나타냈음을 알 수 있다. 물가상승률도 5% 이내로 억제되어 왔으며 재정수지 또한 다년간 균형을 유지했다.

당시 자본유입의 구조를 살펴보면 외환위기 이전에는 은행 및 당국의 해외차입 규모가 매우 큰 반면 직접투자수지는 지속적인 적자를 면치 못했다. 또한 우리나라가 OECD회원국이 되면서 은행들의 신용등급이 상승한 것도 국내은행들의 해외차입을 증가시키는 작용을 했다고 볼 수 있다.

금융시장 개방 및 자유화 정책은 정책금융을 제거하고 금융기관들의 경영자율성을 제고시킨 측면에서 긍정적인 면이 있다. 하지만 금융시장 개방화 과정의 정책적 실패는 민간부문이 해외로부터 외화를 차입하는 데 규제와 제도를 마련하지 못했다는 점에 있었다. 이와 같이 차입에 의존한 취약한 경제구조하에서, 당시 수출의 14%를 자지하던 반노체 산업과 주력산입인 칠깅신업이

1996년부터 세계적으로 침체기에 들어서면서 1997년대 초부터 대기업들이 부도를 내기 시작했다. 1997년 1월 한보철강이 부도를 냈고, 연이어 3월에 우성과 삼미, 4~5월에는 진로, 건영, 대농이 무너졌다.

둘째, 우리나라 경제는 유동성 위기에 취약한 외채구조를 갖고 있었다. 국제금융 및 외환업무의 미숙으로 인해 당시 외환자금을 지나치게 단기차입 위주로 조달하여 장기로 국내외에 운용하는 만기 불일치를 보임으로써 유동성 위기에 대한 취약성을 안고 있었다. 또한, 외채는 대부분이 달러표시였으므로 통화 불일치의 문제를 안고 있었다. 1997년 6월 말, 은행 차입금 중 약 68%는 만기가 1년 미만인 단기 차입금이었으며, 은행의 해외 차입금 중 85%는 민간 기업에게 장기적으로 빌려주었는데 정부는 이러한 만기 불일치 문제의 심각성을 인식하지 못했다. 1996년 말 우리나라의 외환보유액 대비 단기 외채 비율은 아시아 금융위기를 겪은 국가들 중에서 가장 높았으며, 1997년 11월에는 가용 외환보유액이 겨우 10억 달러에 불과했던 점은 위기를 촉발시킨 직접적인 원인이 되었다. 따라서 이러한 정보가 노출되기 시작하면서 외국은행들은 단기 외채에 대한 만기연장을 거부하기 시작하였으며 또한 1997년 11월 세계신용평가기관이 한국의 신용등급을 낮춤으로써 한국의 금융시장에 대한 대외 신뢰도는 더욱 악화됐다.

셋째, 정부의 부적절한 정책적 대응과 정치적 혼란이 금융시장에 대한 불확실성을 증대시켰다. 1997년 초 대선기간 중, 정부는 부도에 직면한 기아자동차를 산업은행을 통해 구제하려는 정책을 추진했다. 하지만 기아자동차 구제안은 산업은행도 지급불능에 빠질 수 있다는 우려를 낳았고, 이로 인해 외국인 투자자들은 대출금 회수를 가속화하였다. 또한 정부는 1997년 11월 금융개혁법을 통과시키려고 하였으나, 대통령 선거를 의식한 야당의 반대로 인해 실패하면서 금융시장에 대한 불확실성이 더욱 증대되었다.

넷째, 동남아시아로부터 우리나라로 외환위기가 간접적으로 전염됐다. 1997년 10월 동남아시아의 금융위기가 진정되지 않고 있는 가운데, 우리나라의 수출경쟁국인 대만이 자국통화를 대규모로 평가절하시켰고, 연이어 홍콩 주식시장이 23.3%로 폭락하면서 우리나라의 금융위기가 본격적으로 시작되었다.

즉, 태국과 인근국가의 금융위기가 직접적으로 우리나라에 전염되었다기보다는 경쟁국가인 대만과 홍콩의 금융시장 혼란을 통해 간접적으로 전파됐다고 볼 수 있다.

2) 극복과정

외환·금융위기가 심각한 상태에 이르자, 결국 정부는 1997년 12월 3일 IMF와 구제금융 양해각서를 체결하고 자금을 지원받았다. 정부는 IMF(210억 달러), 세계은행(100억 달러), ADB(40억 달러), 그리고 주변국 협조융자(약 230억 달러)를 포함하여 총 580억 달러 수준의 긴급자금지원에 합의했고 이러한 자금지원에 따른 양해각서를 제출함으로써 IMF로부터 경제전반에 걸친 감시 감독을 받는 이른바 'IMF 체제'에 들어갔다.

IMF가 권고하고 우리나라 정부가 양해한 프로그램의 주요 내용은 크게 세 가지로 정리할 수 있다. 첫 번째는 환율과 국제수지 개선을 위한 처방이다. IMF는 우리정부에 환율 안정과 국제수지 개선을 위해 긴축재정과 긴축금융정책을 요구하였다. 그러나 그 이후 우리나라의 경제 상태를 고려하지 않고 과거 남미 경제에 적용하던 긴축정책 매뉴얼을 기계적으로 적용하여 경제를 더욱 위축시켰다는 국내외의 비판을 받게 됨에 따라 정부와 IMF는 1998년 2월 4차 의향서 협의 때부터는 긴축정책을 점진적인 완화정책으로 전환하였다. 두 번째는 구조조정을 위한 처방이었다. 앞서 언급한 바와 같이 금융위기의 원인이 금융과 산업이 연계된 부실문제에 있다고 보았기 때문에 전반적인 금융구조조정과 개혁, 산업구조와 기업지배구조 개혁을 요구했다. 특히 금융시스템의 취약성을 개선하기 위해 금융제도의 정비, 우리나라은행법의 개정 등이 시행되었다. 세 번째는 금융자유화를 위한 처방이었는데 예를 들어 자유변동환율정책 채택, 전면적인 자본 자유화, 수입 다변화 정책의 폐지 등을 요구하였다.

우리나라가 IMF 프로그램으로 인해 가장 개선된 부문은 금융부문이라고 할 수 있다. 금융구조조정 결과 일반은행의 BIS 자기자본비율이 향상되고 부실채권규모가 급속히 축소되었으며 외국계 금융기관이 증가했다. 1997년 말에는 일반은행의 BIS 자기자본비율이 7%에 머물렀으나 공적자금투입이 시행됨으로써 2002년 말에는 전 은행이 BIS 기준 최저 자기자본비율인 8%를 상회했고 일반은행의 경우 동비율이 10.5%로 상승하였다. 수익성 면에서도 일반은행의 자기자본 순이익률이 1997년 -14.2%, 1998년 -52%에서 2002년 말 12%로 크게 상승했다. 부실채권의 경우에도 총여신 대비 고정이하 여신의 비율이 1998년 10.5%에서 2002년 말에는 3.9%로 축소되었다.

이와 같이 외환위기 이후 매우 신속하고 대대적으로 진행된 우리나라의 금융구조조정은, 앞서 언급한 바와 같이 금융기관의 수익성, 건전성, 지배구조 등의 면에서 어느 정도 소기의 성과를 거두었다고 평가할 수 있다. 그러나 위험도와 수익성을 너무 중시한 나머지 기업대출보다는 가계대출을 선호하고, 여전히 담보가 부족한 중소기업에 대한 대출을 회피하는 현상이 나타나게 되었다. 그리고 외환위기 이후의 금융구조조정은 은행권에 집중되었으며, 정부출자에 의한 부실채권정리에 의해 주로 이루어졌다. 금융구조조정이 은행 중심으로 이뤄지면서 증권사는 상대적으로 규모나 경쟁력 면에서 은행에 비해 크게 뒤떨어진다는 소위 은행 위주 금융구조에 대한 비판도 제기되었다.

(3) 미국 서브프라임 금융위기

1) 서브프라임

서브프라임이란 금융기관이 개인의 신용도를 측정한 결과 신용도가 낮다고 평가된 사람을 일컫는 포괄적인 개념이다. 따라서 서브프라임 모기지(subprime mortgage) 대출이란 신용도가 낮은 개인에게 제공되는 주택대출을 말한다. 서브프라임 금융위기는 2007년 중반 이래 미국에서 서브프라임 모기지 대출자들이 대량으로 대출금을 상환하지 못하게 됨에 따라 모기지 대출을 기초로 발행한 증권화 상품의 가치가 급락하며 이에 투자한 수많은 금융기관들이 거액의 손실을 보면서 금융위기로 확대된 것을 총칭한다.

미국의 주택가격은 2006년 중반에 최고점에 이르렀으며, 이후에 금융위기에 대한 초기 경고가 나오기 시작하면서 집값도 하락세를 보이기 시작했다. 주택가격이 하락하자 미국의 모기지회사들은 막대한 손실을 입게 되었고 2007년 1월부터 7월까지 미국에서 90개 이상의 모기지 회사가 파산하였고 4만 명의 종업원이 해고되었다. 특히 2007년 4월 미국 제2위의 서브프라임 모기지회사인 New Century Financial이 무너지고, 6월에 월 가의 5대 투자은행 중 하나인 Bear Stearns 산하의 2개의 서브프라임 헤징펀드가 파산하면서 서브프라임 모기지 문제에 대한 우려가 커지게 되었다.

그러나 미국의 서브프라임 모기지 대출 규모는 2006년 기준 전체 미국 모기지 대출 잔액의 14%에 불과했으므로 당시 많은 사람들은 서브프라임 모기지론의 연체나 채무불이행이 큰 비용을 발생시키지는 않을 것으로 예상했다. 2007년 7월 미국연방준비제도의 Bernanke 의장은 서브프라임 모기지론과 관련된 신용손실이 약 5백억 달러에서 1천억 달러 정도가 될 것으로 추정했다.

2) 진행과정

하지만 2007년 8월에 들어서자 미국 최대 모기지회사인 Countrywide Financial에서 유동성위기와 예금인출사태가 발생하여 미 연방은행이 재할인율을 0.5% 인하하고 유동성을 공급하였다. 또한, 미국의 서브프라임 문제는 유럽 금융시장에까지 영향을 미치면서 세계 금융위기로 확산되기 시작했다. 독일은 중급은행인 IKB산업은행이 미국 서브프라임과 관련된 투자로 막대한 손실을 입자 2007년 8월 독일연방은행 주도로 구제안을 발표하였다. 또한, 같은 시기에 프랑스의 대형은행인 BNP파리바는 미국 서브프라임 관련 투자를 하고 있던 산하 3개사 펀드의 자산동결조치를 시행했다. 영국에서도 2007년 10월 중견 모기지 회사인 Northern Rock에서 예금인출사태가 발생하자 잉글랜드은행이 긴급구제금융을 지원하였다. 이러한 일련의 사태로 유럽과 미국의 단기금융시장에서는 유동성이 급속히 위축되고 금리가 급등함에 따라 유럽중앙은행과 미연방준비제도는 신속히 대규모 유동성을 공급하였다. 유럽 이외에도 영국, 캐나다, 호주, 스위스, 노르웨이, 러시아 등도 대량의 유동성을 공급했다.

미국의 서브프라임 위기가 글로벌 금융위기로 확대되면서 2008년 4월 IMF에서 발간한 '국제금융안정 보고서'에서는 전 세계 금융부문의 잠재손실은 9천450억 달러에 이를 것으로 추산되었다. 또한, IMF 및 몇몇 경제학자들은 서브프라임 금융위기를 1930년대 대공황 이후 발생한 국제금융위기 중 가장 충격이 큰 것으로 평가하였다.[7] 실제로, 2008년 8월 기준 전 세계 금융기관이 입은 서브프라임 관련 손실 및 여타 신용손실 규모는 5천억 달러에 이르렀다.

이와 같이 초기 예상규모보다 훨씬 큰 엄청난 규모의 금융위기가 발생하게 된 배경과 원인에 대해 많은 연구들이 진행되고 있으나, 다양한 요인들이 복합적으로 작용했던 것으로 파악된다. 미국의 서브프라임 금융위기가 발생하게 된 초기 원인을 거시경제적 요인과 미시경제적 요인으로 분리하여 정리하면 다음과 같다.

3) 요인분석

거시경제적 측면에서 살펴보면, 미국은 경제침체기를 겪은 이후 2001년부터 실행된 팽창적 통화정책으로 인해 과잉유동성 국면이 장기간 지속되었다. 2000년대 전반에는 연방준비은행과 여러 중앙은행에 의해 초저금리 정책이 장기간에 걸쳐 실행되면서 전 세계적인 유동성 과잉 추세가 지속되었다. 유동성 과잉은 국내수요 및 특히 주택투자에 불을 붙였고, 미국의 주택가격은 2000년부터 2006년 중반까지 두 배 이상 증가하였다. 이러한 민간부분의 투자 급증과 상당한 규모의 재정적자로 인해 미국경제는 막대한 경상수지 적자를 보였다.

한편, 당시 일부 경제학자들은 미국의 막대한 경상수지 적자의 지속불가능성과 세계경제의 경착륙 위험을 경고하고 있었다. Roubini(2006)는 2000년 이후 몇 년간 미국 경상수지 적자 급증의 주된 원인은 낮은 수준의 민간 순저축에 있다고 설명하면서, 미국이 GDP 대비 7% 이상의 경상수지 적자를 지속할 경우 미국의 대외부채는 결국 지속 불가능한 수준으로 증가하여 글로벌 경기침체를 겪게 될 것이라고 주장하였다.

그러므로 당시 미국은 막대한 경상수지 적자를 개선하기 위해 국민저축 증대를 유인할 정책이 필요했다. 민간 저축 확대와 투자 감소를 위해서는 미국의 고금리정책 및 내수진정을 위한 정책이 필요했다. 고금리정책을 유지함으로써 부동산 투자를 포함한 국내투자를 진정시키고 민간저축의 증대를 유인하여 경상수지 적자를 개선할 필요가 있었다. 미 연방준비은행은 2004년 5월에 1% 수

7) www.guardian.co.uk/business/2008/apr/10/useconomy.subprimecrisis/

준이었던 연방기금 금리를 2006년 6월 5% 수준까지 급격히 상승시켰고 이러한 금리의 급격한 상승은 신용이 열악하거나 저소득층이 차입한 서브프라임 모기지론에 대한 채무상환 부담을 가중시키는 작용을 하였다.

거시경제적 측면에서 살펴보면 증권화된 금융상품에 대한 규제와 업무처리 관행이 확립되지 못했다는 점이 버블을 확대시키는 데에 중요한 역할을 했다. 서브프라임 금융위기는 증권화 시장을 무대로 한 최초의 금융위기라는 점에서 '21세기형 금융위기'라고 지적되기도 한다. 증권화란 금융기관이 보유하고 있는 자산을 특수목적회사에 양도해서 자산이 만들어내는 현금흐름에 대한 신용도를 바탕으로, 특수목적회사를 통해 그 자산을 증권으로 전환해 자본시장에 매각함으로써 자금을 조달하는 것을 말한다. 증권화는 자금조달자 입장에서 보면 대출채권을 매각해서 증권 매입자에게 위험을 전가시킬 수 있고, 자산을 축소시킴으로써 자기자본비율을 증가시킬 수 있다는 이점이 있다.

미국의 증권화 시장 규모는 2006년 말 기준 약 8.7조 달러이며, 그중에서 주택대출을 담보로 발행하는 주택저당증권이 6.5조 달러, 주택 이외 자산을 담보로 발행하는 ABS가 2.2조 달러에 이른다. 미국의 증권화 시장 규모는 2007년 한국의 GDP규모(9,699억 달러)의 약 9배에 달하는 큰 시장이다. 더 나아가 MBS는 금전채권으로써 부채담보부증권의 담보자산이 될 수 있으므로 ABS 투자자들은 MBS들을 모아서 또 다른 채권, 즉 CDO를 발행하였다. 이렇게 증권화가 반복되면서 주택 대출의 위험은 한층 더 복잡하게 전환되었고, CDO의 투자자가 근원적인 주택 대출 자체의 위험이 어떠한지를 파악하기 어려운 구조가 형성되었다. 따라서 전 세계의 많은 금융기관들이 MBS의 Pool로 이루어진 CDO에 대규모 투자를 했고, 미국 주택가격 하락에 따라 MBS의 부실이 가속화되면서 투자자들은 막대한 CDO의 손실을 입게 되었다. 이와 같은 금융 혁신과 증권화 과정에서 발생할 수 있는 위험의 파급효과와 시스템의 위험에 대한 규제 미비로 인해 서브프라임 모기지 문제가 글로벌 금융위기로 크게 확산되었다고 볼 수 있다.

2.4 유럽통화동맹과 유럽금융위기

(1) 최적통화지역

최근 유럽지역에서 단일통화 유로의 사용이 동유럽 국가들까지 확대되었다. 이와 관련하여 최적통화지역 이론은 어떤 국가가 유로 지역에 가입되는 것이 적합한지, 그리고 유로 지역에 포함되기 위해서는 어떤 조건이 갖춰져야 하는지에 대한 유용한 논거를 제공해 준다. 또한 아시아 국가들의 경우에도 유로와 마찬가지로 단일통화 혹은 역내 고정환율을 사용할 수 있는 여건이 되는지 여부를 최적통화이론을 통해 논의할 수 있다.

최적통화지역이란 역내의 국가들이 단일 통화를 채택하기에 적합한 최적의 지역을 의미한다. 최적통화지역 이론은 Mundell(1961)과 McKinnon(1963)에 의해 제기된 이래로 성립을 위한 다양한 기준에 대한 연구에 의해 발전되어 왔다.[8)] 즉, 최적통화지역 이론은 어떤 국가들 간에 고정환율제도를 유지하는 것이 비용 대비 편익이 더 큰지에 대한 논거와 척도를 제공하는 이론이다. 단일통화란 환율을 영구적으로 고정시키는 것과 마찬가지이므로 최적통화지역 성립여부에 대한 논거는 고정환율을 지지하는 논거와 비슷하다.

단일통화 채택에 따른 주된 편익은 다양한 거래비용이 감소한다는 점이다. 국제거래를 위해 통화를 교환하는 데 따른 거래비용이 감소될 수 있으며, 환율변동에 따른 불확실성이 감소함에 따라 거래비용이 감소될 수 있다. 한편 단일통화 채택에 따른 주된 비용은 자국통화를 발행하지 않고, 독자적 통화정책을 추진하지 못함에 따라 자국의 물가를 스스로 조절하지 못한다는 점이다.

최적통화지역의 성립기준에 대해서는 여전히 학자들 간에 이견이 있지만, 전통적으로 중요하다고 인식되는 기준은 ① 가격과 임금의 유연성, ② 생산요소의 자유로운 이동, ③ 대외 개방도 및 경제규모, ④ 비슷한 인플레이션율 등이 있다.

기준 ①과 ②는 독자적인 통화정책을 포기하는 데 따르는 비용과 밀접한 연관이 있다. 가령, 아시아 소비자들의 한국산 제품에 대한 선호도는 하락하

8) Tower and Willett(1976), Tavlas(1993) 참조.

고 일본산 제품에 대한 선호도는 증가했다고 하자. 한국제품에서 일본제품으로의 수요전환으로 인해 한국 경제는 경상수지 적자에 직면하게 되고, 일본은 경상수지 흑자상태가 될 것이다. 대외 불균형에 직면할 경우, 대외균형으로 조정하는 지출전환정책을 실행할 수 있다. 만약 고정환율제도를 택하고 통화정책을 포기한다면, 환율조정에 의한 지출전환정책과 통화정책에 의한 지출변화정책은 사용할 수 없다. 고정환율제도하에서 정부는 긴축적인 재정정책을 통해 총수요를 위축시킴으로써 대외균형을 달성할 수 있으나 국내경제가 위축되고 실업이 증가하는 고통을 겪게 된다.

이때 만약 가격과 임금이 유연하게 변한다면 국내 경제의 고통기간 없이도 자동적으로 대외균형을 달성할 수 있다. 한국산 제품에 대한 수요 감소로 인해 물가가 감소한다면 한국산 제품의 가격경쟁력이 제고되어 자연히 대외균형으로 회복될 수 있으며, 임금의 하락은 총공급을 증대시켜 국내경제는 실업의 고통기간 없이 대외균형을 확보할 수 있다.

또한 기준 ②가 충족되어 한국과 일본 간에 노동과 자본의 이동이 자유롭다면 대외 불균형의 조정이 쉽게 이루어질 수 있다. 적자국인 한국의 실업 노동자들이 흑자국이면서 노동의 초과수요가 있는 일본으로 쉽게 이동함으로써 대내균형과 대외균형이 달성될 수 있다. 또한 자본이동이 자유롭다면, 자본조달을 통해 경상수지 적자를 쉽게 상쇄시킬 수 있을 것이다. 자본이동이 자유롭기 위해서는 역내 국가 간 금융통합이 진전되어야 한다. 그러므로 환율의 변화(상대가격의 변화)가 아닌 다른 방법으로 대내외 균형을 달성할 수 있나면, 앙국 간 고정환율제도가 적합할 수 있다.

기준 ③과 관련하여 McKinnon(1963)은 개방도가 높을수록 통화동맹에 가입하는 것이 보다 유리하다고 주장했다. 교역재의 비중이 높은 소규모 개방경제일수록 자국통화의 절하 시에 물가불안에 처할 위험성이 크고, 자국 통화 절상 시에는 경기침체 및 실업상승에 처할 위험이 크기 때문이다. 또한 기준 ④와 관련해서는, 인플레이션율이 비슷할 경우 고정환율이나 통화동맹을 채택하는 것이 더 유리한데 그 이유는 인플레이션율이 비슷한 국가들일수록 구매력평가설에 기초한 장기적 균형환율이 변동하지 않을 것이기 때문이다.

이상의 요건들이 충족될 경우 역내의 국가들끼리 환율을 고정시키거나 단일통화를 사용하면서도 역내의 장기적인 무역불균형과 실업률을 최소화시킬 수 있다.

(2) 유럽통화동맹

1) 유럽통화제도

1973년 브레튼우즈체제가 막을 내리자 전 세계 국가들은 일반적으로 변동환율제도를 채택하였으나, 유럽경제공동체의 초기 가맹국이었던 유럽 6개국(독일, 프랑스, 이탈리아, 벨기에, 룩셈부르크, 네덜란드)은 1972년 역내국가 통화 간에 환율의 일정범위(±1.125%)에서는 고정적이고 달러 등 역외 통화에 대해서는 자유롭게 변동하는 '스네이크 체제' 혹은 'EC공동변동환율제도'를 출범시켰다.

'스네이크 체제'하에서 1970년대 오일쇼크, 경상수지 적자 및 경제침체 등으로 역내 통화 간의 환율불안정이 가중되고 회원국의 탈퇴 및 빈번한 평가절하·절상 등이 발생하였다. 이로 인해 1979년 3월 8개국(독일, 프랑스, 이탈리아, 벨기에, 룩셈부르크, 네덜란드, 덴마크, 아일랜드)은 서유럽의 환율을 안정시키기 위하여 '스네이크 체제'를 확대 개편하여 '유럽통화제도'를 발족하였다. 유럽통화제도(EMS : European Monetary System)의 주요내용은 유럽통화단위의 창출, 환율조정장치의 설정, 가맹국 간 자금지원을 위한 유럽협력통화기금의 도입으로 정리할 수 있다.

유럽통화단위(ECU : European Currency Unit)는 12개 회원국 통화의 가중치로 정의된 복합통화로서 단순히 회계단위로 사용되었고, 각국 통화는 당시에 여전히 통용되었다. 유럽환율조정장치(ERM : European Exchange Rate Mechanism)는 각 가맹국 통화가 다른 가맹국 통화에 대해 고정된 중심환율을 기준으로 ±2.25% 이내에서 변동하도록 허용하였다. 이탈리아와 스페인에 대해서는 경제사정으로 인해 ±6%까지 변동폭을 허용하였으며 1992~1993년에 ERM에 외환위기가 발생하자 1993년 8월 ERM은 전 가맹국에 대해 최고 ±15%까지 변동폭을 확대했다. 이러한 ERM의 넓은 변동폭은 1999년 유로가 도입될 때까지 유지되었다. 환율이 허용된 변동폭의 75%에 다다르면 가맹국은 환율안정을 위해 의무적으로 시장에 개입해야 했으며, 이에 필요한 자금을 유럽협력통화기금으로부터 조달받을 수 있었다. 또한, 국제수지 적자를 겪고 있는 가맹국은 필요자금을 일정한도 내에서 조달받을 수 있었다.

1992년 ERM에 외환위기가 발생한 주된 이유는 독일이 통일 이후의 인플레이션을 억제하기 위해 추진한 고금리 정책에 의해 독일 마르크화가 상대적으로 강세를 보이자 약세 예상 통화에 대한 투매현상이 발생했기 때문이다. 이와 같이 자본이동의 자유화가 진전된 상황에서, 회원국들이 통화정책에 대한 주권을 가지고 있으면서 고정환율제도를 유지해야 하는 EMS는 외환위기에 취약한 딜레마를 안고 있었다. 이를 해결하기 위해 가맹국의 독자적인 통화정책을 포기하고, 단일통화를 창설하려는 움직임이 나타났고 1989년 6월 유럽집행위원회 의장인 자크 델로르는 '유럽경제통화동맹'을 목표로 하는 3단계의 이행계획을 제안하였다. 유럽경제통화동맹(EMU : European Monetary Union)은 단일 유럽중앙은행을 창설하고 각국의 통화를 단일통화로 대체하는 것이 골자이다.

2) 유로화 도입

EMU창설을 위해 1991년 12월 마스트리히트 조약을 체결하였고 1993년까지 12개 전 가맹국의 의회에서 비준되었다. 마스트리히트 조약은 1999년 1월 1일 이전에 단일 유럽중앙은행을 창설하고 단일통화를 도입하기 위한 몇 가지 사전 조건을 설정하였다. 마스트리히트 조약에서는 다음과 같은 소위 '경제수렴조건'을 충족하는 국가만 EMU에 가입할 수 있음을 명시했다. ① 인플레이션율에 있어서 가맹국 중 가장 낮은 율을 나타내는 3개 국가의 평균 인플레이션율을 1.5% 포인트 초과해서는 안 된다. ② 재정적자가 GDP의 3%를 넘어서는 안 된다. ③ 정부 부채는 GDP의 60%를 초과해서는 안 된다. ④ 장기 이자율은 가맹국 중 가장 낮은 인플레이션율을 나타내는 3개 국가의 평균 이자율을 2% 포인트 초과해서는 안 된다. 재정적자나 정부부채의 경우 허용 기준을 초과하더라도 하락추세가 뚜렷할 경우 예외적인 허용 조항을 포함하였다. 1998년까지 회원국들은 위의 허용범위를 상당부부 충족하게 되었다. 1997년에는 EMU의 신뢰성을 더욱 제고시키기 위해 '안정과 성장 협약'을 체결하여 EMU가입 이후에도 재정적자가 3% 이내에 운영되도록 함에 따라 재정운용에 대한 구속력을 강화시켰다.

마침내 1999년 1월 1일 EMU가 출범하여 유로화가 도입되고 유럽중앙은행(ECB)제도가 설립되었다. 초기 참여국은 11개국(오스트리아, 벨기에, 독일, 핀란드, 프랑스, 아일랜드, 이탈리아, 룩셈부르크, 스페인, 포르투갈, 네덜란드)이었으며 그리스는 2001년에 합류했다. 유럽중앙은행제도는 유럽중앙은행과 회원국별 중앙은행으로 구성되며 ECB가 지역 내 단일통화정책을 실시하기 시작했다. 유럽중앙은행의 의사결정은 총재를 포함한 6명의 집행위원회와 각국 중앙은행 총재로 구성되는 정책이사회에 의해 이루어진다. 유럽중앙은행은 '물가안정'을 최우선 목표로 규정하고 있으며, 어떤 국가의 정치적 간섭도 받지 않는 높은 수준의 독립성이 제도적으로 보장되었다.

EMU가 출범한 이래 유럽중앙은행에 의해 실행된 공통통화정책은 회원국들 간 마찰을 빚기도 하였다. 저성장 국가와 고성장 국가 간에 서로 원하는 통화정책의 방향이 다르기 때문이었다. 이러한 사실은 유로 지역이 최적통화지역이 아니라는 연구결과와 밀접한 연관이 있으며 최적통화지역의 성립기준 중에서 특히 역내 생산요소의 이동이 미흡하며 국가 간 실업률 격차가 오래 지속된다는 사실이 연구된 바 있다.

유로지역이 과연 최적통화지역의 요건을 갖추고 있느냐의 여부를 떠나 현실적으로 유럽지역은 단일통화를 역사적으로 도입하였고 유로화는 중요한 기축통화로서 미달러화에 도전해왔다. 하지만 EMU가 당면한 과제는 역내 국가들의 다양한 요구와 불균형 문제를 어떻게 조정하느냐에 달려있을 것이다. EMU가 내포하고 있는 이러한 구조적 문제점은 최근 발생한 유럽 금융위기의 주요 원인 중 하나로 지적되고 있다.

(3) 유럽금융위기

그리스, 스페인, 포르투갈, 이탈리아 등 남부 유럽 국가들의 재정수지 악화로 인한 남유럽발 재정위기가 2010년부터 새로운 국제 금융위기로 확대되었다. 유럽 금융위기로 인해 2011년 말 스페인의 실업률은 23%로 유로존 국가들 중 가장 높은 수치를 보였고 그리스가 18.3%, 포르투갈이 12.9%였다. 이러한 남유럽 국가들의 높은 실업률로 인해 유로존 전체의 실업률은 2011년 말 현재 10.3%에 이르렀다.

남유럽 국가들에서 금융위기가 발생하게 된 직접적인 이유는 과도한 재정적자의 지속가능성에 대한 의문이 확대되었고 향후 이들 국가에서 경제침제가 예상되었기 때문이다.

남유럽 재정위기의 진원지는 그리스이다. 그리스의 2009년 말 재정적자는 GDP 대비 12.7%에 이를 정도로 악화된 것으로 나타났다. 그리스 및 남유럽 국가들에서 재정수지가 급속히 악화된 원인은 우선 미국발 글로벌금융위기에 대한 대응과정에서 정부의 재정지출이 크게 이루어진 데서 찾을 수 있다. 하지만 이는 비단 남유럽국가들만의 문제가 아니다. IMF 보고서에 의하면 주요 선진국의 GDP 대비 재정적자비율은 2007년 －1.2%에서 2009년 말 평균 －8.9%로 증가했다. 특히 2009년 중 그리스(－12.7%), 아일랜드(－12.5%), 스페인(－11.2%), 포르투갈(－8.0%), 프랑스(－8.3%)의 재정적자 비율이 큰 폭으로 상승했으며, 유로존 외에 미국(－12.5%), 영국(－11.6%), 일본(－10.5%)도 10%에서 12%대로 급증하였다. 따라서 그리스의 재정적자 수치는 그리 놀라운 수준은 아니다. 문제는 그리스가 재정적자를 줄여나갈 경제적 능력이 있는지의 여부이다. 그리스 정부는 재정적자 규모를 수년간 대규모 감축하겠다는 계획을 발표했으나 당시 시장에서는 여전히 실현 가능성에 대해 의문을 제기했다. EU에서 자금을 지원함으로써 그리스의 급한 불은 끌 수 있었지만 그리스의 경제와 재정이 더욱 악화될 가능성과 다른 유럽국가로 그리스 위기가 전파될 가능성이 충분히 존재한다는 점에서 불안감이 상당기간 지속되었다. 2010년 유럽 재정위기가 시작된 이후 2012년 중반까지 유럽재정안정기금 및 국제통화기금으로부터 구제금융을 지원받은 국가는 그리스, 아일랜드, 스페인, 포르투갈 등 4개 국가다.

유럽 금융위기의 구조적인 원인은 유로존 국가들이 최적통화지역의 성립기준을 충족하지 못함에 따라 역내 국가들 간 불균형이 심해졌기 때문이다. 재정적자를 줄이기 위해서는 경제를 회복시켜 재정수입을 증대시키거나 재정지출을 줄여야 한다. 재정지출의 경우, 그리스와 남유럽 국가들 내부에서는 재정적자 감축안에 반대하는 대규모 파업이 진행되었고, 사회복지적 보조금 지출이 많은 경제구조로 인해 그것을 줄이기 쉽지 않은 상황이 지속되었다. 그리고 그리스와 남유럽 국가들은 EU공동체에 묶여 있어서 경기회복을 위해 활용할 수 있는 경제정책 수단이 제한되어 있었다. 그리스와 남유럽 국가들은 EMU에 가입된 국가들로서 각국의 중앙은행이 존재하지 않으므로 경기회복을 위한 독자적인 통화정책과 환율정책을 실행할 수 없다. 즉 이들 국가는 경기회복을 위한 팽창적인 통화정책이나 수출을 증대시키기 위한 통화가치 절하 정책을 독자적으로 운용할 수 없는 정치적 제약이 존재한다.

역내 자유로운 생산요소의 이동과 같은 최적통화지역의 성립요건을 만족할 경우 이러한 유로존 역내 국가들 간 불균형 문제가 조정될 수 있다. 하지만 유로존의 경우 최적통화지역의 성립기준 중에서 특히 역내 생산요소의 이동이 미흡하다. 이 같은 문제점은 1999년 EMU가 출범하여 유로화가 도입되고 유럽중앙은행제도가 설립되면서 상당수 학자들에 의해 제기된 것이었다.

또한 유로존 국가들 간에 비슷한 인플레이션 등의 최적통화지역 성립요건을 만족하지 못한 상태에서 실행되는 유럽중앙은행에 의한 공통통화정책이 회원국들 간 불균형을 더욱 심화시켰다. 남유럽 국가의 경우 독자적인 팽창적 통화정책과 환율정책을 활용할 수 없고 유럽중앙은행에 의존할 수밖에 없다. 유럽의 경제와 재정이 좋지 않은 상황에서 EMU는 팽창적인 통화정책을 상당기간 유지하며 경기를 활성화하여야 한다. 팽창적인 통화정책에 의한 저금리는 인플레이션이 상대적으로 높은 역내 일부 회원국들에게는 매우 낮은 수준으로 간주되어 자산가격버블과 신용붐(credit boom) 등의 경제상황을 야기했다.

이와 같은 남유럽의 경제위기는, 과거 아시아 금융위기나 최근의 미국발 금융위기에서 나타난 바와 같이, 국제적으로 자유로운 자본이동과 글로벌 은행의 역할에 의해 역내외 국가들에게 전파되어 국제금융위기로 확대되었다. 유럽 국가들은 EMU로 인해 무역부문이나 금융부문에서 상호의존도가 상당히 높으므로 남유럽의 금융위기로 인해 국제적 은행들이 국제적 운용자산을 급격히 감소시킴으로써 다른 국가들로 위기가 전파됐다고 볼 수 있다.

참고문헌

E. Tower, and T.D. Willet, The Theory of Optimum Currency Areas and Exchange Rage Flexibility, Princeton Special Papers in International Finance, no. 11, Princeton., 1976

G. Tavlas, The New Theory Optimum Currency Areas, World Economy, 16 : 211-38, 1993

Heather Stewart, "We are in the worst financial crisis since Depression, says IMF." 〈www.guardian.co.uk/business/2008/apr/10/useconomy.subprimecrisis/〉

John C. Hull, 박경욱 외 2명 역, 선물 옵션 투자의 이론과 전략, 퍼스트북, 2012

KDB대우증권 홈페이지, 해외주식안내-홍콩시장안내 〈www.kdbdw.com/hki/hki3061/n84.do〉

M. Kose, E. Prasad, K. Rogoff, and S. Wei, Financial Globalization : A Reappraisal, IMF Staff Papers, 56 : 8~62., 2009

pmg 지식엔진연구소, 시사상식사전, 박문각, 2009

post119.com/seoulpost/zboard.php?id=jayokuzax&page=116&sn1=&divpage=1&sn=off&ss=on&sc=on&select_arrange=hit&desc=asc&no=338

Robert McDonald, Derivatives Markets, Pearson, 2005

Ross·Westfield·Jordan, Fundamentals Of Corporate Finance, McGraw-Hill, 2010

Schweser FRM Part1 & Part2 books

William Stanley Jevons, In Money and the Mechanism of Exchange, New York : D. Appleton and CO., 1875

www.hankyung.com/news/app/newsview.php?aid=2014080804161

Zvi Bodie·Alex Kane·Alan J. Marcus, Investments 8 ed., McGraw-Hill, 2009

강길환·김주일·안병관, 금융기관론, 탑북스, 2014

강병호, 금융기관론, 박영사, 2015

강병호 외 2명, 금융시장론, 박영사, 2014

고성삼, 회계·세무 용어사전, 법문출판사, 2006

권재중·김대식·김덕영 외 2명, 금융기관론, 율곡출판사, 2013

금융감독원, 금감원의 알기 쉬운 금융 이야기, 부광, 2012

금융감독원, 금융감독개론, 금융감독원, 2015

금융감독원, 금융감독용어사전, 금융감독원, 2011

금융위원회 〈www.fsc.go.kr/know/mar_fi01.jsp?menu=7450100〉

금융위원회 〈www.fsc.go.kr/know/mar_fi02.jsp?menu=7450000〉

금융위원회, 똑똑한 금융내비게이션, 금융위원회, 2012

기획재정부, 시사경제용어사전, 대한민국정부, 2010

김동겸, 금융보험 해설, KiRi Weekly, 2012

김동범, 우리가 꼭 알아야 할 보험상식 101가지, 2001

김동희, 일본주식시장의 역사, 2009. 9. 10. 〈board.mk.co.kr/view.php?id=phatomst_1&p=&c=&f=&fk=&s=&o=&v=&brand_code=&no=12〉

김성욱, 국제통화질서에 관한 법적 고찰, 연세대학교, 2000

김성재, 보험과 리스크관리, 문영사, 2010

김운섭·강철준·윤정연, 금융파생상품의 이해, 한국금융연수원, 2014

김주동·이원근, 보험학원론, 형설출판사, 1996

김준모, 미국 주식시장의 이해 〈www.sks.co.kr/data1/research/qna_file/for010430.pdf〉

김철교, 금융파생상품, 일문사, 2010

단칼에 끝내는 주식 〈daankal.com/pfo/p03.html〉

도중권, 현대생활과 보험, 청람, 2014

두산백과, 두산동아

매일경제, 매경닷컴

매일경제 경제경영연구소, 알기 쉬운 금융 지식, 매일경제신문사, 2012

매일경제 경제경영연구소, 청소년을 위한 금융·경제 핵심 정리, 매일경제신문사, 2014

미래와 경영연구소, NEW 경제용어사전, 미래와 경영, 2006

박은태, 경제학사전, 경연사, 2011

박정식·박종원·조재호, 현대재무관리 제7판, 다산출판사, 2009

보험경영연구회, 리스크와 보험, 문영사, 2013

서정민, 환율제도의 종류와 국가별 차이점, 한국은행, 2005

손대장, 손대장 파이팅, 2010. 2. 22. 〈blog.daum.net/son5554/626〉

손영철·서종군, 금융상품과 세법, 삼일인포마인, 2014

송지영, 현대금융제도론, 청목출판사, 2014

안철원, 금융경제학, 한경사, 2013

오세열·정호정, 파생상품의 이해, 삼영사, 2013

오창수·김경희, 생명보험론, 문영사, 2001

위키백과, 2008년 서브프라임 모기지 사태

유기정의 '옛날신문', KHAN으로 보는 역사, 경향신문, 2011. 8. 10. 〈history.khan.kr/768〉

윤봉한·황선웅, 금융기관의 이해, 문영사, 2011

윤영진·조갑제, 한국행정 60년, 한국행정연구원, 2008

이경룡, 리스크관리와 보험, 영지문화사, 2009

이상수, Basic 고교생을 위한 사회 용어사전, 신원문화사, 2006

이용석, 보험학개론, 두남, 2015

이종수, 행정학사전, 대영문화사, 2009

이홍모, 단숨에 배우는 금융, 새로운 사람들, 2014

임석민, 경영학자가 쓴 '돈의 철학' Money, 나남, 2010

임태순, 금융시장, 한국학술정보, 2010

장동한, 보험과 리스크 관리, 율곡출판사, 2014

장하준·정승일, 쾌도난마 한국경제, 부키, 2005

주요산업 시장분석보고서 시리즈, 2013. 2.

지청·장하성, 재무학원론, 학현사, 2004

최운열·박영석, 투자론, 박영사, 2008

캐서린 이글턴·조너선 윌리엄스, 양영철·김수진 옮김, MONEY 화폐의 역사, 말글빛냄, 2008

한경닷컴, 한경 경제용어사전, 한국경제신문

한국민족문화대백과, 한국학중앙연구원, 국채[National Debt, 國債], 〈terms.naver.com/entry.nhn?docId=572457&cid=46630&categoryId=46630〉

한국은행 올해 국채 산다, 이데일리, 2005. 1. 15. 〈news.naver.com/main/read.nhn?mode=LSD&mid=sec&sid1=101&oid=018&aid=0000242328〉

한국은행 홈페이지 〈www.bok.or.kr〉

한국은행, 우리나라의 금융시장, 한국은행, 2009

한국은행, 한국의 금융시장, 한국은행, 2012

한국은행, 한국의 금융제도, 한국은행, 2012

현대카드·캐피탈 금융공학 블로그 〈finance.hyundaicardcapital.com〉

찾아보기

ㄱ

ㄴ

ㄷ

ㅇ

ㅈ

ㅊ

ㅋ

ㅌ

ㅍ

ㅎ

기타

저자약력

김창기

서울대학교 자연과학대학 졸업 (학사 : 수학전공)
서울대학교 자연과학대학원 졸업 (석사 : 수학전공)
아이오와 대학교 졸업 (석사 : 보험계리, 통계학 전공)
아이오와 대학교 졸업 (박사 : 금융, 보험, 위험관리 전공)
삼성생명, 영풍매뉴라이프생명, 라이나생명 근무
University of Texas - Austin 수학과 전임강사
University of New South Wales, Australian School of Business 교수
현재 고려대학교 경영대학 경영학과 교수 (재무금융)
금융보험연구소 소장

금융학원론

2015년 8월 20일 초판 인쇄
2015년 8월 30일 초판 발행

저 자 김 창 기
발 행 인 김 영 훈
기획 영업 전 영 완
편 집 김 병 성
발 행 처 도서출판 문우사 MoonWoo
주 소 경기도 고양시 일산동구 정발산로 24
(장항동, 웨스턴돔타워) 2동 814호
전 화 031) 901-6542
070) 4200-6542
팩 스 031) 906-6542
이 메 일 moonwoosa@hanmail.net
홈페이지 www.munu.co.kr
출판신고번호 제396-2013-000113호

정가 35,000원 ISBN 979-11-85994-10-9